GÜTERSLOHER
VERLAGSHAUS

G

Entdecken Sie mehr auf
www.gtvh.de

Marlene Crüsemann

Gott ist Beziehung

Beiträge zur biblischen Rede von Gott

Herausgegeben von Claudia Janssen und Luise Schottroff

Gütersloher Verlagshaus

Bibliografische Information der Deutschen Nationalbibliothek

Die Deutsche Nationalbibliothek verzeichnet diese Publikation
in der Deutschen Nationalbibliografie; detaillierte bibliografische Daten
sind im Internet über https://portal.dnb.de abrufbar.

Verlagsgruppe Random House FSC® N001967
Das für dieses Buch verwendete
FSC®-zertifizierte Papier *Munken Premium*
liefert Arctic Paper Munkedals AB, Schweden.

1. Auflage
Copyright © 2014 by Gütersloher Verlagshaus, Gütersloh,
in der Verlagsgruppe Random House GmbH, München

Umschlagmotiv: © Album / Oronoz / AKG
Satz: Satz!zeichen, Landesbergen
Druck und Einband: Hubert & Co GmbH und Co KG, Göttingen
Printed in Germany
ISBN 978-3-579-08174-8

www.gtvh.de

Inhalt

Vorwort

– behutsam und radikal, sorgfältig und warmherzig, heilend, kraftvoll, liebevoll und eindeutig, wissenschaftlich und persönlich und vor allem dialogisch – zuerst fallen uns Adjektive ein, um dieses Buch zu beschreiben. Daran wird deutlich, wie ungewöhnlich inspirierend es ist. Die wissenschaftliche Arbeit von Marlene Crüsemann steht in lebendiger Auseinandersetzung mit den Fragen christlicher Lebenspraxis und einer Spiritualität, die auf gerechten Beziehungen basiert – zum Judentum, zwischen den Geschlechtern, im gesellschaftlichen Kontext. Das Buch ist eine Fundgrube für die Auslegung von Bibeltexten und biblischen Begriffen des Alten und des Neuen Testaments, bekannten Traditionen und oft auch weniger beachteten Begriffen, die anfangen zu glänzen und zu funkeln, wenn sie neu ausgelegt werden.

Das Buch ist ein maßgeblicher Beitrag zu einer erneuerten Theologie, die dazu ermutigt, in Beziehungen zu leben und zu denken. Diese erneuerte Theologie basiert auf drei Diskursen: dem christlich-jüdischen Dialog, der feministischen Theologie und der Sozialgeschichte.

Gott ist Beziehung: Diese Wendung gründet auf Gedanken Martin Bubers und wurde von der amerikanischen Theologin Carter Heyward in die feministische Diskussion eingebracht. Die Bibel spricht über Gott in einer Sprache der Beziehung. Die internationale theologische Entwicklung ist in den letzten Jahren durch den christlich-jüdischen Dialog grundlegend in neue Bahnen gelenkt worden. Sozialgeschichtliche Bibelauslegung erlaubt es, festgefahrene antijüdische Traditionen christlicher Theologie zu überwinden und ihre Inhalte neu zu denken. Marlene Crüsemann gehört zu den Pionierinnen dieses innovativen Ansatzes. In ihren Texten legt sie jeweils offen, wie sie zu ihren Ergebnissen gelangt und welches ihre methodisch-hermeneutischen Grundsätze sind. Damit wird sie zur Lehrerin all derjenigen, die an dieser erneuerten Theologie mitarbeiten wollen.

Die Texte wurden zum Teil als (Kirchentags-)Reden und allgemein verständliche Bibelauslegungen verfasst und sind zum anderen Teil im Kontext wissenschaftlicher Grundlagenarbeit entstanden. Beides gehört in der Arbeit von Marlene Crüsemann zusammen und ist immer aufeinander bezogen. Durch die Zusammenstellung und Bearbeitung in diesem Buch sind die ursprünglich eigenständigen Texte zu einem zusammengehörigen Ganzen geworden. Es werden in vier Kapiteln entscheidende Aspekte der Frage nach Gerechtigkeit und Gott in unserer Gegenwart behandelt.

In der Auslegung zu Psalm 104, mit der dieses Buch beginnt, wird bereits programmatisch deutlich, worum es Marlene Crüsemann in ihrer Theologie geht, nämlich gesellschaftliche Wirklichkeit und biblische Rede von Gott miteinander in den

Dialog zu stellen. Sie zeigt, dass in diesem Psalm, wie in vielen biblischen Texten immer beides zusammengehört: Die Schönheit der Welt und die Entstehungssituation des Textes, in der Menschen an Gewalt und Zerstörung leiden. Es wird deutlich, welche Kraft aus dem Loben der Schöpfung erwächst. Dabei weist sie auf einen für christliche Ohren ungewöhnlichen Aspekt biblischer Theologie hin: Auch Gott braucht das Lob, braucht den Segen der Menschen. Wie der Segen, so ist auch die göttliche Gnade (griech.: *charis*) in einen Kreislauf des Gebens und Nehmens eingebunden. Der Segen Gottes und Solidarität unter Menschen gehören zusammen. Biblische Texte beschreiben diese Beziehung als Raum der Gerechtigkeit.

Ein roter Faden durch ihre Auslegungen ist die Wertschätzung des Gebets als Rede zu und mit Gott. Marlene Crüsemann sagt mit großer Klarheit, dass sich auch das Gebet im Neuen Testament allein an Gott richtet. An der Auslegung des Vaterunsers zeigt sie, wie tief dieses Gebet Jesu in der jüdischen Tradition und der Beziehung zu Gott als Du und Gegenüber verwurzelt ist, in Beziehung zu Gott, der/die sich am Dornbusch als Gott des Lebens vorstellt.

Christliche Identität bedeutet für Marlene Crüsemann mit Israel verbunden zu sein. Sie verwendet für die Beziehung der messianischen Gemeinden, der Menschen aus den Völkern zum Gott Israels das Wort »Adoption«. Dieser Begriff wird biblisch begründet und leistet es, die antijüdischen Theorien, die über Jahrhunderte die christliche Theologie bestimmt haben, zu beenden: Die Vorstellung der Kirche als dem wahren Israel. Hier verweist sie auf die historische Verantwortung christlicher Theologie und zeigt auf eine ermutigende Weise, wie wir uns als Christ_innen den biblischen Traditionen neu annähern können, ohne sie zu vereinnahmen. Sie macht deutlich, dass eine Abgrenzung von Israel und dessen biblischer Theologie die tiefe Botschaft der Texte versperrt. Wegweiser ist in allen ihren Exegesen die Tora, die auch im Neuen Testament Maßstab des Denkens und Handelns ist. Diese Auslegung lässt sie zu Kraftquellen auch für die Gegenwart werden.

Wir danken Prof. Dr. Frank Crüsemann für die Bereitstellung und sorgfältige Bearbeitung der Texte. Er hat maßgeblich dazu beigetragen, dass dieses Buch zustande gekommen ist. Wir danken dem Gütersloher Verlagshaus und seinem Leiter Klaus Altepost für die Realisierung dieser Buchausgabe sowie besonders Diedrich Steen für die Planung und Tanja Scheifele für ihre ausgezeichnete Lektorierung und Begleitung. Der 60ste Geburtstag von Marlene Crüsemann ist für uns ein Anlass, dieses Buch unserer Freundin und Kollegin herauszugeben. Das ist unser Dank für die mittlerweile zwei Jahrzehnte lange kostbare Zusammenarbeit an der Entwicklung sozialgeschichtlicher Theologie.

Claudia Janssen und Luise Schottroff

1. Gott: Glanz in der Welt und des Segens bedürftig
Eine Auslegung von Psalm 104

¹Segne, meine Kehle, Adonaj! Adonaj, mein Gott, du bist so groß, in Glanz und Hoheit bist du gekleidet.

²In Licht hüllst du dich wie in einen Mantel, den Himmel spannst du aus wie eine Zeltbahn.

³Gott zimmert in den Wassern sich hohe Gemächer, bestimmt sich Wolken zum Wagen, fährt auf den Flügeln des Windes daher,

⁴macht sich Winde zu Boten, zu Dienern sich Feuer und Lohe.

⁵Gott hat die Erde fest auf ihre Pfeiler gegründet, dass sie nie und nimmer wanke.

⁶Urflut bedeckt sie wie ein Kleid, auf den Bergen standen Wasser.

⁷Deinem Drohen wichen sie, vor deiner Donnerstimme hasteten sie davon,

⁸stiegen auf die Berge hoch, in Täler nieder hin zum Ort, den du für sie gesetzt hast.

⁹Eine Grenze hast du bestimmt, dass sie die nicht überschreiten, dass sie nicht zurückkehren und die Erde bedecken.

¹⁰Gott sendet Quellen in die Bachtäler, so laufen sie zwischen den Bergen dahin,

¹¹tränken alle Tiere des Feldes; Wildesel löschen den Durst.

¹²Über ihnen wohnen die Vögel des Himmels, aus den Zweigen erheben sie die Stimme.

¹³Berge tränkt Gott aus den hohen Gemächern; so wird von der Frucht deiner Werke die Erde satt.

¹⁴Gras lässt Gott sprießen für das Vieh und Saatgrün für die Arbeit der Menschen, um Brot hervorzubringen aus der Erde,

¹⁵auch Wein, der das Menschenherz erfreut, Öl, von dem das Antlitz glänzt, und Brot, das das Menschenherz stärkt.

¹⁶Es trinken sich satt die Bäume Adonajs, die Zedern des Libanon, die Gott pflanzt.

¹⁷dass die Vögel dort nisten; die Störchin – auf Wipfeln ist ihr Haus.

¹⁸Die hohen Berge gehören den Steinböcken, Felsklüfte sind der Klippdachse Zuflucht.

¹⁹Gott hat den Mond gemacht zum Maß der Zeiten: die Sonne kennt ihren Niedergang.

²⁰Bringst du Finsternis und es wird Nacht, regen sich alle Tiere des Waldes.

²¹Die jungen Löwen brüllen nach Beute, von der Gottheit ihre Speise zu fordern.

²²Strahlt die Sonne auf, ziehen sie sich zurück und lagern in ihren Höhlen.

²³Da ziehen die Menschen aus zu ihrem Tun und zu ihrer Arbeit bis zum Abend.

²⁴Wie sind deiner Werke so viele, Adonaj! Alle hast du sie mit Weisheit gemacht; erfüllt ist die Erde von dem. was du dir geschaffen hast.

²⁵Da – das Meer: groß und weit sich dehnend; dort ist Gewimmel ohne Zahl, kleine Tiere zusammen mit großen.

²⁶Dort ziehen Schiffe dahin, der Leviathan, den du gebildet hast, mit ihm zu spielen.

²⁷Alle harren sie auf dich, dass du ihnen Speise gibst zur rechten Zeit.

²⁸Gibst du ihnen, nehmen sie; öffnest du deine Hand, sättigen sie sich mit Gutem.

²⁹Verbirgst du dein Antlitz, sind sie verstört; entziehst du ihnen ihren Atem, schwinden sie dahin und werden wieder zu Staub.

³⁰Sendest du deinen Atem, werden sie erschaffen, und du erneuerst das Antlitz der Erde.

³¹Die Majestät Adonajs habe Gewicht für immer, möge Adonaj sich dieser Werke freuen!

³²Gott blickt die Erde an, und sie erbebt, rührt an die Berge, und sie rauchen.

³³Singen will ich Adonaj, solange ich lebe, aufspielen meinem Gott, solange ich bin.

³⁴Möge Gott gefallen mein Psalmsingen; ich aber, ich will mich freuen an Adonaj.

³⁵Verschwänden doch die Sündigen von der Erde, und die Frevelnden möge es nicht mehr geben! Segne, meine Kehle, Adonaj! Halleluja![1]

Wer ist es, die da singt? An wen wird diese Selbstermunterung gerichtet? Wer ist imstande, Höhen und Tiefen der Erde zu bejubeln und Gott dazwischen? Wer hat hier den großen gültigen Überblick? Es ist ein menschliches Wesen, das sich zunächst selbst anredet, eine Seele, wie es in den meisten Übersetzungen heißt, die ganz bei sich ist, doch zugleich geöffnet zur weiten Erde, ja zum sichtbaren Kosmos. Und die Gott in allem erkennen kann, als sei Gott schon alles in allem. Dieser Mensch hat sich bewegt, ist bewegt worden. Jetzt, in diesem Moment sind Bedrückung und Verzagtheit verschwunden. Nicht mehr eingesperrt in persönliche Probleme, mit »geheilten Gebrechen, gekrönt mit Gnade und Barmherzigkeit«, wie es im vorangehenden Psalm heißt (103,3f), kann eine Person von sich absehen – und die Welt ansehen, anderes Leben und außermenschliches Leben wahrnehmen. Für wahr nehmen, wie es sich in Wahrheit verhält, eine wirklichere Wirklichkeit entdecken.

Eine wirklichere Wirklichkeit als die nie mehr zu übersehende Hässlichkeit industrieller Landschaften. Einfach wegblicken ist unmöglich geworden: Die Natur verschwindet zwischen lauter wuchernden Gewerbegebieten, samt Super-und Möbelmärkten, der Schwerindustrie, sie wird unter die Glasglocke von »Freizeitparks« verbannt. Städte, Gewässer und Meere, selbst die Luft verkommen zu gigantischen Müllkippen der gierigen »Verbraucher«. Und die Verstörung durch Krieg und die Nachrichten davon, durch das täglich furchtbar neu beginnende Morden, lässt sich nie ausblenden. Doch die Sängerinnen und Sänger des alten Psalms sind nicht naiv

---

1. Übersetzung für den 26. Deutschen Evangelischen Kirchentag Hamburg 1995.

und realitätsfremd. Auch im Altertum fielen die Wälder rund um das Mittelmeer überaus gründlich, zum Beispiel für Paläste und Kriegsschiffe. Die Theologie der Schöpfung aber, wie sie dieses Lied ausdrückt, ist in Israel gerade angesichts von Katastrophen, von Krieg und Deportation, entstanden. »In ihr ringt sich Israel allen schmerzlichen Erfahrungen zum Trotz sein grundsätzliches Ja zur Welt und zum Leben in dieser Welt ab«[2]. Wenn zuvor Ps 103 davon spricht, dass Gott »*seine Wege Mose hat wissen lassen, die Kinder Israel sein Tun*« (V. 7), dann kann Israels Wissen für uns zur maßgeblichen Weltanschauung werden, auch und gerade im Zusammenhang mit unheilvollen Entwicklungen.

Die von Gott verliehene Lebenskraft der Geschöpfe erscheint nun aber dem Lied viel bedeutender, wunderbarer, und, um ein ökologisches Modewort zu gebrauchen, »nachhaltiger« als die bekannten Zerstörungen. Und sie, die hier vorläufig »meine Seele« heißt, die zuweilen den tödlichen Zusammenhängen zuviel Glauben schenkt, darf sich anlehnen, kann dieser hebräischen Stimme lauschen, die von weither kommt, und ihrer Weisheit vertrauen.

Der Name und das Licht

Die Weisheit beginnt schon mit der Sprache. Ein fremdes Wort – Adonaj – taucht in vielen Versen auf. Es soll ein Versuch sein, den hebräischen heiligen Namen Gottes, das Tetragramm, auch wieder als einen Namen anzunehmen, nicht einfach immer nur »*Herr, Herr*«zu sagen, als wüssten wir genau, wer das ist. Die vier Konsonaten, für jüdische Menschen unaussprechlich, werden im Gottesdienst als »Ha-Schem«, der Name, oder »Adonaj«, mein(e) Herr(en), wiedergegeben. So heißt aber nur Gott. Und sie bedeuten in etwa: »Ich bin, der ich bin; ich werde mich erweisen, als die ich mich erweisen werde« (vgl. Ex 3,14). Ein Name, ein auch unbekannter Name, ein immer zu erlernender Name, damit uns Gott neu und anders erscheinen kann. Und so erscheint Gott jetzt:

> »*Adonaj, mein Gott, du bist so groß, in Glanz und Hoheit bist du gekleidet. In Licht hüllst du dich wie in einen Mantel*« (V. 1.2).

So wie das erste Schöpfungswort »Licht« gewesen ist (Gen 1,3), beginnt der Gesang und das Leben der Geschöpfe mit dem Licht. Schimmerndes Kleid, glitzernder Mantel, prächtiges Gewand, glanzvoller Auftritt, goldenes, zuverlässig warmes Licht vom Morgen bis zum Abend, und wieder jeden Morgen an fast allen Tagen, treues,

---

2. Erich Zenger, »Du kannst das Angesicht der Erde erneuern« (Ps 104,30). Das Schöpferlob des 104. Psalms als Ruf zur ökologischen Umkehr, BiLi 64, 1991, 75–86 (75).

wärmendes, erleuchtendes Scheinen, strahlendes Sein. Für uns. Was vermitteln diese Bilder und Erfahrungen aus einem sonnenvertrauten Land – wo so beklagenswert sonnenarme und kalte Sommertage wie manchmal in Mitteleuropa einfach nicht vorkommen – von Gottes Wesen und Güte? In einer alten Kinderbibel gab es anderes zu sehen. Dort saß eine große geierartige Gestalt mit Bart auf der Weltkugel, der schwarze Mond, ein paar Sterne und eine etwas fahle Sonne gruppierten sich um sie. Ein langes, aschefarbenes Gewand, ganz grau, umwallte sie und rieselte herab. Viele Jahre lang wird dann unfreiwillig, sobald von »Gott« die Rede ist, ein grauer Kleidersaum im Bewusstsein auftauchen, der über alle Nöte und Fragen hinwegzufegen pflegt.

Hier dagegen Licht, das dich selbst zum Strahlen bringt, das dir nichts Böses tut, dich aufrichtet, dich täglich davon überzeugt, dass mit Gott das Schönste zu verbinden ist. Was könnte es für ein protestantisches Gewissen bedeuten, Gott nicht immer nur in Entbehrungen und eigenem Versagen suchen zu müssen? Der Psalm lehrt uns, Gott dort zu vermuten, wo befreiende, glücklich zu ergreifende Lebensräume sich eröffnen inmitten auch der feindlichen Elemente.

Weltaufbau und die Wege der Wassermassen

Unbedingt erforderlich ist es, dass die Erdoberfläche am Anfang einen festen Grund bekommt, die besten Pfeiler tragen sie wie einen monumentalen Pfahlbau (so V. 5). Niemals soll der Erdboden insgesamt erschüttert oder verwüstet werden. Nur diese Gewissheit lässt die Zeit lang werden, damit Leben sich entfalten kann. Zuvor beweist der Schöpfer seine gewaltigen baumeisterlichen Fähigkeiten, indem zwischen den unteren und oberen Wassern ein Zeltdach aufgespannt wird: der luftige Himmel als Zwischenraum und Hausdach. Und als Obergemach über diesem ersten Stock des Weltgebäudes erheben sich die selbstgebauten göttlichen Gemächer inmitten des Himmelsozeans als das Weltwunder schlechthin, ein Wolkenkratzer über den Wolken also.

In der Auslegung betont man gern, dass Gott hier wie ein altorientalischer König gepriesen werde. Doch fällt gerade der Begriff »König« hier nicht, und uns sollen zur Würdigung der erstaunlichen Tätigkeiten Gottes noch überraschendere Vergleiche einfallen. Zu Baugehilfen werden Sturm, Blitz und Donner in Dienst genommen, die auch die grundlegende Trennung von Festland und Urflut in Gang setzen (V. 7).[3]

Dieser für uns phantastische Weltaufbau und die damit verbundenen Theorien der Weltentstehung sind inzwischen, wie alle wissen, als Modell längst überholt.

---

3. Vgl. Odil Hannes Steck, Der Wein unter den Schöpfungsgaben. Überlegungen zu Psalm 104, in: ders., Wahrnehmungen Gottes im Alten Testament, ThB 70, München 1982, 240–261 (251f).

Das Gedicht bewegt sich jedoch auf der Höhe der naturwissenschaftlichen und mythologischen Erkenntnisse seiner Zeit, bedient sich aus dem Fundus des international anerkannten Fachwissens. Kanaanäische Aussagen über Wettergottheiten klingen an, Spezialbegriffe der damals anerkannten Urflut-Chaostheorie und auch ein großer Sonnenhymnus aus Ägypten. So wird die schöpferische Macht des Gottes Israels für Zeitgenossinnen glaubwürdig beschrieben und eine Möglichkeit gezeigt, Naturerkenntnisse, die aus dem Bereich »anderer Götter«, aus anderen »Weltbildern« stammen, und Theologie zusammenzubringen.

Heute preisen die Dichter Gott in der Krümmung des Universums. Und die »hohen Gemächer« (V. 3) könnten den Anfang eines Lobliedes bilden über den kunstreichen Aufbau der Erdatmosphäre: wie zwischen Tropo- und Exosphäre, besonders aber durch das Ozon der Stratosphäre in 26 km Höhe ein bis jetzt wirksames, überaus segensreiches Schutzsystem vor der tödlichen kosmischen Strahlung in Urzeiten errichtet worden ist – eine Erfindung, die wahrhaft göttlich genannt werden muss. Ich stelle mir gern vor, dass dann die Menschen vieler Generationen nach uns, auf die wir doch hoffen, für die wir sorgen, wahrscheinlich milde lächeln, wenn sie sich an unser derzeitiges physikalisches Weltbild erinnern; und dass sie trotzdem wichtige alte Beobachtungen anerkennen, wie die Wege der vielen Wasser in dem Psalm so beschrieben sind, dass nach wie vor gültige Zusammenhänge hervortreten.

In elf Versen des Psalms ist von Wasser und Gewässern die Rede, von der Zähmung, Leitung und Verwandlung dieses schwierigen, »bösen« Elements in das wohltuende, »gute« Gerieesel der Flüsse und des Regens. Die Urflut bedeckte einst die Berge (V. 6) wie jetzt noch die submarinen Gebirge. Unter Aufbietung entsprechender Kräfte wird sie vertrieben, geradezu in die Flucht geschlagen: Wir registrieren, dass die feindlichen Wasserfluten quasi »angeschrien« werden (V. 7), damit das Festland frei liegen kann. Ansonsten wird hier niemand, vor allem kein Lebewesen, von Gott angedonnert oder bedroht. Die Flut steigt dann fliehend wieder über andere Berge, füllt Täler und wird schließlich ins Meer verbannt, den »*Ort, den du für sie gesetzt hast*«, wie es in V. 8 heißt. Dies lässt an Vorgänge denken, die sich auch bei der Auffaltung und Überschiebung der Gebirge aus den Ozeanen abgespielt haben.

Doch immer drängt das Meerwasser, die Küsten wieder zu überfluten, bleibt trotz seines ein für allemal vergangenen Chaoscharakters ein überaus gefährliches, aggressives Element. Die Erwähnung der Grenze, die ihm einmal gesetzt wurde, damit das Leben auf den Kontinenten ungefährdet bleibt (V. 9), bildet so den Übergang zur Schilderung von Gottes kontinuierlichen, wieder und wieder stattfindenden Aktionen zur Bewässerung und Fruchtbarmachung des Bodens. Die Blicke heben und senken und heben sich (V. 10ff): Quellen fließen zwischen Bergen zu Tal für die Steppentiere und die Bäume der Vögel. Die Gebirge bekommen Nachschub von den oberen Wassern, welche bis in die unteren Böden fließend Gras, Getreide und Weintrauben hervorbringen. Ölbäume und riesige Zedern trinken ebenfalls. Mehrfach ist vom Sattwerden die Rede: »*So wird von der Frucht deiner Hände die Erde satt*« (V. 13). Dieser angedeutete Wasserkreislauf ist das Aderwerk des Lebens. »Freude durchzieht alle Lande«, lautet das Fazit eines Kommentars.[4]

Als eine ganz bestimmte Wolke weite Teile Europas überquerte, setzte die durchziehende Freude wieder einmal aus. Stattdessen brachte die Katastrophe von Tschernobyl wie durch ein dunkles Konstrastmittel endlich ins Bewusstsein, wie elementar wir nach wie vor mit der Natur verflochten, in den ständigen Austausch des Wassers einbezogen sind. Die Erde wurde nunmehr satt durch Cäsium und andere Gifte, deren Weg über Luft, Regen, Gemüse, Gras, Milch, Fleisch bis in die Fertiggerichte gut zu verfolgen ist, in Honig, Wildpilzen und Tee noch sehr lange. Ein Erkenntnisprivileg besitzt, wer den Vorteil der täglichen Versorgung von Kindern hat. Sie öffnet auch den eigenen Horizont ganz unmittelbar für das furchtbare Leiden der Kinder in der Ukraine und Weißrussland. Und seit dem März 2011 hat die Atomkatastrophe von Fukushima eine bis heute noch unabsehbare Verseuchung der Lebensgrundlagen seiner engeren und weiteren Umgebung ausgelöst.

Räume und Zeiten für alles Lebende

Gegenüber Aussagen von menschlicher Herrschaft über die Erde wie im ersten Schöpfungserzählung weist dieser Psalm den Menschen inmitten der anderen Geschöpfe einen geradezu bescheidenen und demütigen Platz zu. Den Wildtieren, den für Haus und Hof sozusagen unnützen Tieren, wird besondere Aufmerksamkeit gewidmet. Sie bewohnen Räume und Zeiten außerhalb des menschlichen Zugriffs: die Wildesel die wasserarmen Steppen, Steinböcke und Klippdachs, das kleinste Huftier, die Kletterfelsen hoch über der Baumgrenze und die Wadis, der Storch nistet in den Zedern des Libanon und übersommert in Europa. Und die Vögel sind die Vögel des Himmels, sie fliegen allen Käfigen und Volieren davon. Die Nacht ist für die lautstarken Raubzüge der Löwen und ihrer Artgenossen bestimmt, nicht für etwa die der Menschen.

Das »Menschlein« (*enosch*, V. 15), wie es zweimal genannt wird, kann friedlich existieren, indem es den Acker bis Sonnenuntergang bestellt, um Getreide anzubauen. Der trägt hier keine Disteln und Dornen. Nicht der Schweiß im Angesicht des Schwerarbeiters wird betont, sondern das pflegende, schönglänzende Öl, nicht die Mühsal, Brot zu gewinnen, sondern die Herzensstärkung, die von ihm ausgeht und die Freude durch den Wein – wenn er Freude macht. Wie im Frieden des 23. Psalms sind die ruhigen Wasser nahe, der volle Becher, das grüne Land, ein gedeckter Tisch.

---

4. Hans-Joachim Kraus, Psalmen, BK XV/2, Neukirchen-Vluyn ⁵1978, 882.

Dieses Existieren in einem größeren Zusammenhang kann Trost und Erkenntnis vermitteln: Albert Schweitzer gewann die Grundzüge seiner Ethik, als er verzweifelt vor dem Horror des 1. Weltkriegs einen afrikanischen Fluss hinauffahrend nach Bausteinen einer neuen Kultur suchte. Vier Nilpferde mit ihren Jungen, die sich auf einer Insel in der Abendsonne in die gleiche Richtung wie das Schiff bewegten, brachten ihm die Formel »Ehrfurcht vor dem Leben« zu Bewusstsein: »Ich bin Leben, das leben will, inmitten von Leben, das leben will.«[5]

Dass aber es die mächtige Übeltäter und -täterinnen gibt, die sich als die einzigen wirklichen Gefährlichen in der Schöpfung erweisen und sich nicht mit der Rolle des weitgehend friedlichen Koexistierens begnügen, führt am Ende des Psalms zu dem angstvollen Wunsch nach ihrer Vernichtung (V. 35). Auf welche Art dies am wirkungsvollsten geschehen kann, zeigt Berurja, eine Schriftgelehrte des 2. Jahrhunderts in ihrer originellen und maßgeblichen Auslegung:

> »In der Gegend von Rabbi Meir wohnten Verbrecher, die ihm viel zusetzten. Rabbi Meir betete daher, dass sie sterben mögen. Seine Frau Berurjah hörte das mit an. Dann sprach sie zu ihm: Wie kannst du nur vermuten, dass ein solches Gebet erlaubt wäre!? Etwa weil es im Psalm 104,35 heißt: ›Mögen die Sünder von der Erde verschwinden‹? Aber das Wort, das du als ›Sünder‹ (hebräisch: *chatta-im*) liest, kann auch als ›Sünden‹ (hebräisch: *chata-im*) gelesen werden. Und sieh dir auch den zweiten Teil des Verses an: ›Und mögen die Frevler nicht mehr sein‹. Das bedeutet, dass es, wenn es keine Sünden mehr gibt, auch keine Frevler mehr geben wird. Du sollst also dafür beten, dass diese Menschen Buße tun. Dann wird es keine Frevler mehr geben« (bBerakot 10a)[6].

Wer sind die, die Übles tun, die anderen das Lobsingen oder gar das Leben unmöglich machen? Wer zerstört die kunstvollen lebenserhaltenden biologischen Systeme? Wer bewegt die Sündigen zur Umkehr, dass das Land vor ihnen Ruhe haben kann?

Die echten alten Ungeheuer hingegen sind gezähmt. An ihre einstige Macht wird mit dem Leviathan, der sich im Meer tummelt, erinnert. Dieser ist in anderen biblischen Texten »ein bedrohliches Untier, seine Entstehung hängt mit der Weltschöpfung selbst zusammen, seine endgültige Vernichtung steht noch aus. Darüber hinaus erscheint der Leviathan als Gottesfeind«.[7] Wenn er nunmehr geradezu als Spielgefährte Gottes durch die Wellen taucht, soll dies sein einziger Daseinszweck

---

5. Albert Schweitzer, Aus meinem Leben und Denken (1931), Fischer Taschenbuch 12876, Frankfurt/M. [7]2008, 138f.
6. Zitiert nach Jakob J. Petuchowski, »Es lehrten unsere Meister ...«. Rabbinische Geschichten, Freiburg u.a. 1979, 61.
7. Jürgen Ebach, Leviathan und Behemoth. Eine biblische Erinnerung wider die Kolonisierung der Lebenswelt durch das Prinzip der Zweckrationalität, Paderborn u.a. 1984, 25.

sein, und er kann ansonsten keinen Schaden mehr anrichten (V. 26). Die widrige, menschenfeindliche Kreatur, die Monster und andere Ungeheuer dürfen existieren, aber unverfügbar für Menschen, die das Spiel mit ihnen nicht beherrschen können.

Gerade für scheinbar nutzlose Existenzen, für Pflanzen und Tiere, die sich nicht kultivieren lassen oder als exotische Schaustücke eignen, für Wesen, die sich selbst für überflüssig halten oder gar von anderen so angesehen werden, gilt die Aussage aus dem Buch der Weisheit:

> »*Denn du liebst alles, was ist, und verabscheust nichts von dem, was du gemacht hast: denn du hast ja nichts bereitet, gegen das du Hass gehabt hättest. Wie könnte etwas bleiben, wenn du nicht wolltest? Oder wie könnte erhalten werden, was du nicht gerufen hättest?*
> *Du schonst aber alles; denn es gehört dir, Adonaj, du Liebhaber des Lebens, und dein unvergänglicher Geist ist in allem.*« (Weish 11,24 – 12,1)

»Alle harren auf dich

> *dass du ihnen Speise gibst zur rechten Zeit.*
> *Gibst du ihnen, nehmen sie;*
> *Öffnest du deine Hand, sättigen sie sich mit Gutem*« (V. 27.28)

Alle Geschöpfe warten auf Gott! Aber es ist ein glückliches Warten, das belohnt wird durch die Gaben zur »rechten Zeit«: das ist der richtige Augenblick, in dem das Nötige gebraucht, sogleich gegeben und zuverlässig ausgeteilt wird.

Vergebliches Warten kann jedoch zerstören und Vertrauen in die Güte der Verhältnisse gar nicht erst aufkommen lassen. Rechtzeitig erhaltene Nahrung und Zuwendung sind nötig für ein unbekümmertes Aufwachsen und Fortgedeihen. Und nur Gutes macht richtig satt, nicht die Entbehrung. Ein erschütterndes Beispiel seelisch-körperlicher Mangelernährung findet sich in einem Bestseller des 17. Jahrhunderts, in »Gottholds zufälligen Andachten« des Barockpredigers M. Christian Scriver aus Magdeburg:

Die Vater-Liebe.
Es erzählte ein gottseliger Prediger / daß er in seiner Jugend / von seinem frommen Vater / der auch ein Diener Christi und seiner Kirchen gewesen / sehr hart wäre gehalten worden / als aber der Vater in seinem Letzten sich befunden / habe er ihn vors Bette lassen kommen und gesaget: Ich habe dich bißher / mein Kind / ob du wohl mein einiger Sohn gewesen / nicht wissen lassen / wie lieb ich dich hätte; nun aber will ich dich der Gnade GOttes befehlen / und dich segnen / und du solt / mit

GOttes Hülffe / wohl gesegnet bleiben. So recht / sagte Gotthold / so solten es billig alle Väter machen; Denn es ist ein Stück der väterlichen Liebe / die Liebe verbergen / und die Kinder nicht zu zeitig lassen mercken / daß man sie liebet: Die frühzeitige Entdeckung der Liebe ist den Kindern / wie den Blumen das warme Wasser / dadurch sie zwar etwas zeitiger ausschlagen und grünen / hernach aber verdorren. Nun der liebreichste und weiseste Vater über alle andere hält es nicht anders / seine liebste Kinder müssen offt lange nicht wissen / wie lieb er sie hat. Sie müssen von Jugend auff auf die Creutz-Schule gehen / ihr geringstes Versehen wird mit einer wachsamen und scharffen Ruthen gestraffet / sie müssen Thränen-Brodt essen / werden hart gehalten und kärglich erzogen / der himmlische Trost / die geistliche Freude / die süße Genießung ihres Glaubens / der Anblick des Göttlichen gnädigen Antlitzes / wird ihnen sparsam gereichet / sie bitten offt mit betrübten und zerschlagenem Hertzen / und mit viel tausend Thränen um die Versicherung der Vergebung ihrer Sünden ... Und denkt offt ein frommes Hertz: Heist das Gottes Kind seyn? Nicht eine fröhliche Stunde fast haben / nicht einen väterlichen freundlichen Anblick / nur immer in die Schule / immer unter der Ruthen und dergl. Allein diß ist die zwar wunderliche / doch unvergleichliche Liebe und Güte GOTTES![8]

Soweit Christian Scriver. Was soll man mehr bewundern: die unbedingte Anerkennung und Entschuldigung auch der lieblosesten Vatergestalt samt ihrer kärglichen Zuwendung oder die Fähigkeit der menschlichen Seele, aus düsteren Erlebnissen, aus der traurigsten Jugend noch Nahrung, noch Notrationen für Glauben und Vertrauen an Gott zu gewinnen? Ich weiß nicht, wie vielen Generationen christlicher Kinder derartige »Vaterliebe« zu einem Spiegelbild der Liebe Gottes hat werden müssen. In Psalm 104 dagegen ist von »Thränen-Brodt«, »Creutz-Schule«, Schlägen mit der Rute, sparsamster Darreichung des noch als anwesend gedachten gnädigen Angesichts nicht die Rede. Der Text weiß von einer reich austeilenden, niemanden benachteiligenden schöpferischen Güte. Die liebsten Kinder Gottes, Tiere und Menschen, können von Anfang an wohl wissen, wie sehr sie geliebt werden. Das ist die Speise zur rechten Zeit. Das Warten, welches in Röm 8 »noch« als das ängstliche Harren der Kreatur beschrieben wird, ist hier in Psalm 104 »schon« verwandelt und geheilt: Alle nehmen aus Gottes Händen, ohne Ängste, Seufzen und Qual – ein Beispiel dafür, wie die Verheißungen des Neuen Testaments in alttestamentlichen Texten Erfüllung finden können.

Wenn wir uns nun auf die Suche machen nach einem passenderen Modell für die Tätigkeiten Gottes, als es Scrivers Vater sein konnte, gibt es überraschende Entdeckungen. In einem anderen alttestamentlichen Text findet sich der Lobpreis einer

---

8. M. Christian Scriver, Gottholds zufälliger Andachten Vier Hundert Bey Betrachtung man-cherley Dinge der Kunst und Natur ..., Leipzig 1696, 972ff.

Person (Spr 31), auf deren Hand alle, die zu ihr gehören, sich sicher verlassen können, da sie ihnen lebenslänglich Liebes und kein Leid zufügt. Wer tagsüber einer wenig ertragreichen Beschäftigung nachgeht, kann beruhigt sein. Seine Existenz, seine umfassende Versorgung ruht auf ihrer Schulter, ihrem kräftigen Arm. Auch nachts ist sie aktiv, mit vielfältigem Tun beschäftigt für alle bis zu den Ärmsten, die aus ihrer Hand nehmen. Jeder kriegt, was ihm zukommt. Ihr Aktionsradius gleicht dem der Schiffe. Zwar pflanzt sie keine Zedern, wie Gott im Psalm, aber Weinberge. Sie kümmert sich selbst um ihr schönes Kleid aus Purpur. »*Kraft und Würde sind ihr Gewand, und sie lacht des kommenden Tags*« (V. 25).

Sie haben es gemerkt: Die Rede ist von der sogenannten »tüchtigen Hausfrau« im Sprüchebuch. Zwar soll in patriarchaler Manier zuerst und zuletzt der Mann öffentliche Anerkennung für ihr Wirken einstreichen. Und auch trotz starker Betonung der Selbständigkeit und Würde von Frauen dient wohl auch dieser Text »dem durchsichtigen Zweck, sie in dieser nützlichen Rolle zu bestätigen und festzuhalten«[9]. Doch er erscheint mir als eine wichtige und erhellende Parallele zur segensreichen Versorgungstätigkeit Gottes für die ihm vertrauenden Geschöpfe, wie sie Psalm 104 illustriert. Gott besorgt und verteilt das Essen an viele. Und die Voraussetzung für einen Aufruf wie das »Sorget nicht!« der Bergpredigt ist ein Gott, der selbstbewusst und mit großer Verantwortung derartige »hausfrauliche« Funktionen erfüllt.

Stellen wir von hier aus den Bezug zur Kirchentagslosung[10] her, die Erkenntnis und Tun des Guten als ein Mitgehen mit Gott versteht, so leitet unser Psalm zu einer umfassenden praktischen Bemühung an um den Haushalt Gottes, den *oikos* der Erde. Mitgehen mit Gott heißt in diesem Sinne, liebevolle Sorge tragen zu lernen für die geschöpfliche Welt. Dafür am besten geeignet ist, wer die tägliche praktische Sorge, die endlosen, immer wiederkehrenden Handgriffe und Überlegungen für das Aufziehen von Lebewesen hinreichend geübt hat. Zum Stellenwert von Hausarbeit als einer unabdingbaren Qualifikation für politische Ämter bemerkt die Ethikerin Ina Praetorius: »Nur wer kontinuierlich die Erfahrung der alltäglichen Sorge macht, kann erkennen, woraufhin die Politik – verstanden als Sorge für ›das Ganze‹ – zielen soll. Nur wer die Möglichkeit hat, an der Sorge für das Ganze mitzuwirken, dreht sich bei der Hausarbeit nicht blind im Kreis.«[11]

---

9.   Frank Crüsemann, »… er aber soll dein Herr sein« (Genesis 3,16). Die Frau in der patriarchalischen Welt des Alten Testaments, in: ders./H. Thyen. Als Mann und Frau geschaffen, Gelnhausen u. a. 1978, 13–106 (40).

10. »Es ist Dir gesagt, Mensch, was gut ist«, Mi 6,8, Deutscher Evangelischer Kirchentag Hamburg 1995.

11. Ina Praetorius, Über die materiale Spiritualität der Hausarbeit und ihre politischen Implikationen, in: dies., Skizzen zur Feministischen Ethik, Mainz 1995, 47–57 (56).

Atem Gottes und Kreislauf der Freude

»Verbirgst du dein Antlitz, sind sie verstört; entziehst du ihren Atem,
schwinden sie dahin und werden wieder zu Staub. Sendest du deinen Atem, werden
sie erschaffen, und du erneuerst das Antlitz der Erde.« (V. 29.30)

Lebenskraft und Atem aller Lebendigen werden mitgeteilt durch den Atem, durch
die *ruach*, den Geist Gottes. Leben und Tod erscheinen hier als Atemrhythmus
Gottes, fast wie Ausatmen und Einziehen der Luft. Und ein so verstandener Tod
birgt nicht nur Schrecken, sondern auch Trost: dass Sterben auch anders erfolgen
kann als durch Todeslager, Terror, Bomben und sogenannte Heckenschützen in den
Zentren so vieler Städte, wo Kriege toben, dass es am Ende des langen Lebens geschieht im Ausatmen, im ruhigen Zurückgeben des von Gott geschenkten Atems.
Und danach ist der Atem Gottes ebenfalls das Prinzip aller Belebung und Neuer-
schaffung.

Wenn wir nun zurückkehren zur Ausgangsfrage: »Wer ist es, die hier singen
soll?« kommt unter diesem Aspekt ein wichtiger Zug des hebräischen Verständnis-
ses vom Menschen ans Licht. Denn die meist mit »Seele« übersetzte hebräische
Vokabel *nefesch* meint ursrpünglich »Kehle«, und dies besonders in den Psalmen.
Ist also der Sitz der Seele, der Lebenskraft, eigentlich die Kehle, dann kommt der
Atemspende Gottes eine besonders heilsame Aufgabe zu: Sie öffnet die verstopfte
Kehle und löst alle Verkrampfungen körperlich-seelischer Natur zu einem befreiten
Aufatmen. Ein erlösender Vorgang, von Friedrich-Wilhelm Marquardt in anderem
Zusammenhang folgendermaßen umschrieben:

Der »Seelen Seligkeit ist« vielmehr »das Tief-Durchatmen in dem Augenblick,
in dem Menschen gerade eben einer großen Bedrohung ihrer Existenz, ihrer hand-
greiflich nahen Verlassenheit, entrissen und entronnen sind, – in dem ihnen ihr
Leben neu geschenkt ist – in dem sie sich wie neugeboren fühlen und erfahren.
Dieser Atemzug ist das« Ziel »des christlichen Glaubens«. Diese Rettung »verstehen
wir als Atemzug des aus Pressionen wieder entlassenen Menschen: Augenblick des
Glücks der Freiheit ... Das wird ein Augenblick des Jubels sein; da werden ekstati-
sche Freudenschreie aus zugeschnürten Kehlen sich Luft machen«.[12]

Am Ende des Psalms angelangt, können wir so endlich die letzte Verwandlung
des Anfangs- und Schlussverses vollziehen. Aus »*Lobe den Herrn, meine Seele*« wurde
»*Lobe, meine Kehle, Adonaj*«. Und schließlich tritt auch das »Loben« in seiner eigentlichen Bedeutung hervor, nämlich der *beracha*, des Segens. Meine Seele, meine
Kehle segnet Gott. Welch ein unausgeschöpfter Gedanke, dass Gott des Segens be-

---

12. Friedrich-Wilhelm Marquardt, Was dürfen wir hoffen, wenn wir hoffen dürfen? Eine Eschatologie,
    Bd. 1, München 1993, 109f.

dürftig ist und um unseren Segen bitten könnte![13] Die Frage von Dorothee Sölle: »Warum hat die abendländische Theologie eine Lehre von der ›creatio ex nihilo‹ entwickelt, aber nie eine ›creatio ex amore‹ gedacht«[14] – diese Frage erhält von hier aus eine einleuchtende Antwort: Weil die christliche Theologie immer noch nicht richtig wahrgenommen hat, dass auch Gott angewiesen ist auf etwas, womit die mit Komplexen beladene Menschenseele nie rechnet. Können wir uns vorstellen, dass der Beweggrund Gottes für die Riesenveranstaltung der Weltschöpfung sein Warten auf unseren Segen ist, unsere Bejahung aus der Freude heraus: »Alles hast du gut gemacht!«?[15] Können wir auch nur ansatzweise erahnen, was es bedeutet, dass Gott mit der Schöpfung und mit dem Dasein für sie sein Bestes gegeben hat? Und traurig wird über den allzu sporadischen Applaus der Lieblinge? Der Kreislauf der Freude pulsiert nicht ohne unser Zutun. »*Ich will mich freuen an Adonaj. Möge Adonaj sich seiner Werke freuen. Ich will singen für ihn, solange ich bin. Möge Gott mein Singen und Dichten gefallen*«. Die Relationen der Freude in V. 31–35 sind nur überzeugend und beglückend, wenn alle teilnehmen. Die Freude Gottes beruht auf unserer Freude über Gott. Die Angewiesenheit Gottes auf die Antwort der Menschen wird von Martin Buber eindringlich in Worte gefasst: »Daß du Gott brauchst, mehr als alles, weißt du allezeit in deinem Herzen; aber nicht auch, dass Gott dich braucht, in der Fülle seiner Ewigkeit dich? Wie gäbe es den Menschen, wenn Gott ihn nicht brauchte, und wie gäbe es dich?«[16]

Eine ungewöhnliche Predigt der New Yorker Rabbinerin Margaret Moers Wenig hat mir geholfen, das Bedürfnis Gottes nach menschlicher Freude und Segen noch besser zu verstehen. Die Predigt gründet sich auf Belege aus der Bibel und der rabbinischen Tradition. Gott erscheint dort als alte Frau, die an Yom Kippur, dem Versöhnungstag, in ihrer Küche sitzt und auf die abwesenden erwachsenen Kinder wartet. Sie traut sich nicht, die Kinder herzubitten, aus Angst, diese könnten wieder Nein sagen. Derartige etwas heikle Verhältnisse können nicht weniger problematisch als Beziehungen zu den Vätern sein. Aus gemischten Gefühlen gegenüber der eigenen Mutter meinen wir oft, zuwenig oder eher das Falsche für sie tun zu können, weil sie ja immer schon auf ihre Weise viel mehr getan hat, als wir einholen können. Aber immerhin vermittelt die Vorstellung von Gott als einer alt werdenden Frau in ihrer Küche eine Ahnung davon, dass sie sich freuen könnte, wenn wir auf sie zugehen, dass sie glücklich ist, wenn wir gelegentlich vorbeikommen und von unserem Leben erzählen, von Plänen, die sich zerschlagen haben, von Träumen, die sich erfüllen. Und wir erinnern uns an früher: »O ja, da war's, wo wir lernten, Tränen

---

13. S. dazu Magdalene L. Frettlöh, Theologie des Segens. Biblische und dogmatische Wahrnehmungen, Gütersloh 1998, 378–403.

14. Dorothee Sölle, lieben und arbeiten. Eine Theologie der Schöpfung, Stuttgart 1985, 29.

15. Vgl. Mk 7,37.

16. Martin Buber, Ich und Du, in: ders., Werke, Erster Band, München u. Heidelberg 1962, 77–170 (133).

abzuwischen. Von ihr lernten wir, ein weinendes Kind zu trösten und jemanden im Schmerz zu halten«[17].

Gottes Freude wächst durch die so von ihr erlernten göttlichen Eigenschaften. Werde ich, werden wir unseren eigenen Gesang anstimmen können, der aus unserem eigenen, einzigartigen Leben entspringt? Von jetzt an zum Beispiel? Unser ganzes Leben lang? Für die Befreiung, für das Öffnen der Kehle, für den belebenden Atemdurchzug durch Lunge und alle roten Blutkörperchen, für die Verwandlung des menschlichen Herzens, eines der schwierigsten Kunststücke der Welt, ist Gott selbst zuständig und wird uns dazu verhelfen. Bis zum Jubelgesang, der die großen Zusammenhänge aus eigener Erfahrung überblicken kann – ein Beweggrund des 104. Psalms und auch des Lobgesangs der Maria –, ist es schon gut und ein Segen, am Leben zu sein und dann mit Freuden am Leben zu bleiben. Das legen Worte des großen jüdischen Theologen Abraham Joshua Heschel zusammen mit einem Gedichtschluss von Kurt Marti nahe:

»Drei Dinge sind nötig für ein sinnvolles Leben: Gott, eine Seele und ein Augenblick. Diese drei sind immer da. Einfach nur dasein ist ein Segen; einfach nur leben ist heilig«[18] – »denn das ist ja das leben: dich erkennen / die sonne unter uns«[19]. Halleluja

17. Margaret Moers Wenig, Gott ist eine Frau – und sie wird älter, EvTh 52, 1992, 382–388 (386).
18. Abraham J. Heschel. Wachsen in der Weisheit, in: ders.. Die ungesicherte Freiheit. Essays zur menschlichen Existenz, 1985, 59–71(71).
19. Kurt Marti, paradiescollagen. in: ders., geduld und revolte. die gedichte am rand, Stuttgart 1984, 32f (Zeilen von Symeon dem Theologen u. Theodor Däubler).

I. Was sollen wir tun?
Gerechtigkeit und Tora

2. Gerechtigkeit als Beziehung

»Auf dem Weg der Gerechtigkeit ist Leben« – mit dem Satz aus Spr 12,28[1] versuchen wir, die Bedeutung von Gerechtigkeit für das einzelne Leben und für die Verflochtenheit der vielen Lebenswege neu zu lernen. Doch hat sie selbst einen Lebensweg. Gerechtigkeit ist ins Leben gerufen worden durch die Geschichte Gottes mit Israel und der Völkerkirche. Einige der Etappen, Kreuzungen, Herbergen, Abgründe und Wohnstätten, welche die Gerechtigkeit auf ihrem Lebensweg, in ihrer Biographie erreicht hat, wollen wir uns hier vergegenwärtigen. Erstaunlich ist ja, dass mit den Kirchen in unserer Gesellschaft immer noch ein Ort existiert, wo von Gerechtigkeit gesprochen wird, vielmehr gesprochen werden muss, denn sie ist ein Hauptwort der Bibel, das Reden von ihr »der rote Faden« der Schrift[2]. So besteht Grund zur Hoffnung, dass die arme Gerechtigkeit, die bisweilen spinnwebenbedeckt im Keller der Kirche sitzt, wieder heraufkommt in das Gemeindezentrum, wo pausenlos die Steuereinnahmen durchgerechnet werden. Die Frage ist, mit welchen Visionen unsere Kirche überleben kann. Es ist nicht untypisch, dass ein Kongress in Hamburg unter dem Motto »Unternehmen Kirche« allen Ernstes folgende Aussicht förderte: Die Kirche als erstklassige Spenderin von Trost und Sinn solle dies auch vornehmlich tun. So könne sie sich als Top-Angebot inmitten des wachsenden Therapie- und Esoterikmarkts gewinnbringende Anteile sichern.[3] Aber würde daraus etwas anderes entstehen als weitere Vereinzelung und Isolierung derjenigen, die zu den Losern und Absteigerinnen gehören, wenn auch nun getröstet, oder besser vertröstet? Und sollen die Gewinner und Gewinnerinnen in ihrem rücksichtslosen Vorwärtsgehen auch noch mit kirchlichem Zuspruch von Sinn und Segen belohnt werden, wenn sie mal eine melancholische Stunde haben?

Wenn also der Glaube privatisiert wird, damit selbst die Kirche als eine Art Unternehmen immer mehr um sich selbst kreisen kann, dann brauchen wir Hilfe aus der alle erstickenden Selbstbezogenheit. Die Gerechtigkeit kann das, denn sie ist ein Begriff der Beziehung. Sie existiert recht eigentlich nur in Beziehungen, verstanden als Verbundenheit und Solidarität. Und sie stiftet eine Verbundenheit, die uns ermächtigt, über uns hinauszuwachsen in einem gemeinsamen Handeln. Die feministische Theologin Carter Heyward spricht in ihrem einflussreichen, unter Bezug auf Martin Buber entstandenen theologischen Entwurf von einer wachsenden

---

1. Der Losung des 27. Deutschen Evangelischen Kirchentags in Leipzig 1997.
2. Walter Dietrich, Der rote Faden im Alten Testament, EvTh 49, 1989, 232–250.
3. Vgl. Uwe Birnstein, Unternehmen Kirche – Image statt Imago dei, JK 58, 1997, 194–198.

2. Gerechtigkeit als Beziehung | 27

Macht für alle in gerechten Beziehungen.[4] Gerechtigkeit ist etwas elementar Irdisches. Sie sorgt dafür, dass alle Anteil an einem guten Leben in Ehre und Lebensfreude bekommen. Was hat es auf sich mit diesem Wort des Alten Testaments, das, wie Gerhard v. Rad sagt, von zentraler Bedeutung ist für »alle Lebensbeziehungen des Menschen«: zu Gott, zu anderen Menschen, zu Tieren und zu »naturhafter Umwelt«, diesem »höchste(n) Lebenswert«, auf dem alles Leben beruht, »wenn es in Ordnung ist«?[5] Begriff und Sache der biblischen Auffassung von Gerechtigkeit lassen sofort und immer wieder erkennen, dass sie alles andere verkörpert als etwas Düster-Drückendes einer unerfüllbaren Forderung oder ein Maß, das für alle zu groß ausfällt. Gepriesen wird in vielen Texten vielmehr etwas vorstellbar Schönes: Sie ist ein Regen, der aus Wolken regnet. Berge und Hügel tragen sie. Sie ist ein Mantel, in den man sich hüllt. Keine möchte sie im Herzen verborgen halten, sondern sie überall besingen, auch bei den Tränkrinnen der Tiere, weil Gott sie für alle schafft, die Unrecht leiden (Hos 10,12; Jes 45,8; Ps 72,3; Jes 61 10; Ps 40,11; Ri 5,11; Ps 103,6).

In diesem Fall sind selbst Wörterbücher überraschend und erbaulich. Das hebräische Wortfeld *zedek - zedaka*, im Deutschen meist mit »Gerechtigkeit« wiedergegeben, aber auch mit »Gemeinschaftstreue«[6], ist nahezu gleichbedeutend mit Rettung und Heil[7]. *zedaka*/Gerechtigkeit wird die wiederholte Rettungstat Gottes in der Geschichte Israels genannt. Diesem Tun Gottes korrespondiert das Verhalten der Menschen. Es entsteht ein Zustand von »Richtigkeit«.[8] Erst eine gerechte Gemeinschaft ist eine richtige Gemeinschaft. In ihr verkümmert man nicht, liegt nicht morgens schon am Boden in Angst vor einem Tag mühseliger und sinnloser Tätigkeiten, ist es nicht mehr nötig, unter Stress und Enttäuschung die Schwächeren anzuschreien, zu quälen und zu verprügeln, zu erniedrigen und zu mobben. Es entsteht vielmehr eine förderliche Wechselseitigkeit, in der es mir möglich ist, wahrhaftig zu werden, die Ursachen von Zerstörung und Selbstzerstörung zu finden, beim Namen zu nennen.

*

Psalm 17: Hilferuf und Bittgebet eines unschuldigen Menschen: »*Mein GOTT, höre: Gerechtigkeit, merk auf mein Schreien, vernimm mein Gebet von Lippen, die nicht trügen!*« (V. 1) Ein Mann, eine Frau beschreibt im Gebet die eigene Lage als ausweg-

---

4. Carter Heyward, Und sie rührte sein Kleid an. Eine feministische Theologie der Beziehung, dt. Übers. Stuttgart 1986.

5. Gerhard v. Rad, Theologie des Alten Testaments I, 6. Aufl. München 1969, 382.

6. Klaus Koch, Art. *sdq* gemeinschaftstreu/heilvoll sein, THAT II, München/Zürich 1976, 507–530.

7. Bo Johnson, Art. *sadaq* u. a., ThWAT VI, Stuttgart u. a. 1989, 898–924 (903).

8. Frank Crüsemann, Recht und Theologie im Alten Testament, in: Das Recht der Kirche, Bd. I: Zur Theorie des Kirchenrechts, hg. v. Gerhard Rau u. a., Gütersloh 1997, 289–336 (311).

los. Sie betrachtet sich als unschuldig gegenüber mächtigen Feinden und einer Bedrohung, der sie sich Tag und Nacht ausgesetzt sieht: »*Wo wir auch gehen, da umgeben sie uns; ihre Augen richten sie darauf, dass sie uns zu Boden stürzen, wie ein Löwe, der nach Raub giert, wie ein junger Löwe, der im Versteck sitzt ...*« (V. 11f). Er fühlt sich ausgeliefert den Machenschaften bestimmter Leute, die ihm quasi auflauern, heute würden wir von Organisationen sprechen oder einem mächtigen Apparat. Es sind die »Gottlosen«, die »Ruchlosen«, *die »Leute dieser Welt, die ihren Teil schon haben im Leben*« (V. 14), die »*nur Wohlstand suchen*«[9]. Der oder die Verzweifelte plädiert in eigener Sache vor Gott und bittet um Schutz. »*Prüfe du doch, Gott, mein Anliegen, deine Augen sehen doch, was richtig ist. Auf meiner Seite: Gerechtigkeit!*« (V.1–3*)

Es gibt eine unverschuldete Bedrückung, der gegenüber nur die Schuldlosigkeit festgestellt werden kann von Gott und den Menschen. Die Fakten sind objektiv nachprüfbar: Wenn im Süden Brasiliens durch die Währungsreform ein Zentner bester Möhren für die Erzeuger nur noch einen Preis bringt, der dem Gegenwert einer Eiswaffel in der Stadt entspricht; wenn man mit vielen anderen von sogenannten Arbeitgebern entlassen wird, damit das Unternehmen an der Börse mehr Gewinn machen kann.

Es gibt wirkliche Unschuld, und zwar durch die Unverhältnismäßigkeit des Unglücks, das nicht selbst verursacht wurde. Das gilt es zu beachten in Zeiten, da modische Ratgeber uns suggerieren, dass Missgeschick und sozialer Abstieg hauptsächlich unsere eigene Schuld sind, weil unser Outfit und die innere Einstellung Mängel aufweisen, weil wir zuwenig an unserer Ausstrahlung gearbeitet oder den Mondkalender missachtet haben, weil unser Unterbewusstsein noch nicht genügend auf »Geld« programmiert ist, wie manche Coaches empfehlen oder ganz einfach, weil wir nicht selbst »gut auf uns aufgepasst« haben ... Dies ist ja die Kehrseite all der schönen Ratgeber für das Überleben in einer Ellenbogengesellschaft: Wenn Sicherheit und aller Erfolg in der Hand der Einzelnen liegen sollen, dann haben wir auch ganz allein den Misserfolg zu verantworten und auszubaden. Demgegenüber nennen die Psalmengebete die Kräfte und Gestalten beim Namen, die anderen die Lebensgrundlagen rauben.

Diese Unschuldigen sind die Gerechten, sie bezeichnen vor Gott ihre Sache als ein gerechtes Anliegen. Und Gott wird das bestätigen. Denn Gott hat es gefallen und gefällt es immer wieder, die Armen für gerecht zu erklären: Die mein Volk fressen, »*erschrecken sehr, denn Gott ist bei dem Geschlecht der Gerechten. Euer Anschlag gegen die Armen wird zuschanden werden, denn Adonaj ist ihre Zuversicht*«. Diese Worte aus Psalm 14 zeigen: »Die Elenden und Armen dieser Welt sind nicht einfach

---

9. Dieser Teilvers nach: Die Berge tanzten. Die Psalmen. Aus dem Urtext übertragen von Alisa Stadler, Wien/München 1986, 39.

schuldlos, aber sie sind deswegen noch lange nicht schuld an ihrem Elend«[10]. Sie werden gerecht genannt, weil nicht sie es sind, die die Gemeinschaft verlassen haben, sondern weil sie von der Gemeinschaft verlassen worden sind.

Die Psalmengebete setzen auf die Antwort Gottes. Sie suchen und erfahren eine Antwort, die viel mehr ist als das einfache »Erhören«, womit das hebräische Verb für »antworten« in den meisten deutschen Übersetzungen wiedergegeben wird.[11] Gott antwortet: »*Weil die Elenden Gewalt leiden und die Armen seufzen, will ich jetzt aufstehen, spricht Adonaj, ich will Hilfe schaffen dem, der sich danach sehnt*« (Ps 12,4). In dieser Gewissheit können denn auch die Betenden am Ende des 17. Psalms sagen: »*Ich aber will schauen dein Angesicht in Gerechtigkeit, ich will satt werden, wenn ich erwache, an deinem Anblick*« (V. 15).

Was wird geschehen, nachdem so gebetet wurde? Wo vom Erwachen die Rede ist als Folge der Antwort Gottes, wird es auch ein Aufstehen geben, einen aufrechten, mutigen Gang. Die Witwe, die nach Lk 18 unter dem ungerechten Richter leidet, die allein, schutzlos ohne Fürsorge und Anwalt lebt, findet Mut und Ausdauer, ihn mit ihrem gerechten Anliegen so lange zu nerven, bis er nachgeben und für ihr Recht sorgen muss. Er wird durch sie in seine Humanität hineingezwungen, in eine, wenn auch unfreiwillige Beziehung, welche aber Gerechtigkeit herstellt. Sie hält ihn durch ihre Beharrlichkeit davon ab, das Böse als Gleichgültigkeit zu begehen.

*

Psalm 17 schließt mit einer Art Herzensaufschwung: »*Ich will dein Gesicht sehen in Gerechtigkeit, will satt werden an deinem Anblick*« (V. 15). Ich sehe darin eine besondere Qualität des Gesprächs zwischen Israel und seinem Gott. Die Betenden bringen zum Ausdruck, dass sie trotz größter Not ihr Gegenüber nicht einfach als Mittel zum Zweck herbeirufen wollen, dass sie in aller Bedrängnis selbst noch ein schönes Geschenk in Händen halten für Gott, wenn sie erscheint. Das menschliche Geschenk ist die Freude über die Gegenwart Gottes und die Gewissheit von Fülle in ihr. Das Beten wird nun beiden Seiten gerecht, und es zeigt sich im Dialog eine weitgehende Wechselseitigkeit oder Gegenseitigkeit zwischen Gott und den ihn Anrufenden.

Gegenseitigkeit als Schlüsselwort feministischer Theologie »ist ein theologischer und ethischer Grundbegriff, der die Voraussetzung für eine gerechte Beziehung sowohl zwischen den Menschen wie zwischen Gott und den Menschen benennt«,

---

10. Frank Crüsemann, Gottes Ort. Israel- und Armentheologie in Psalm 14, in: Gott an den Rändern. FS Willy Schottroff zum 65. Geburtstag, hg. v. Ulrike Bail und Renate Jost, Gütersloh 1996, 32–41 (36) = ders., Kanon und Sozialgeschichte. Beiträge zum Alten Testament, Gütersloh 2003, 175–181 (179).
11. Vgl. Rainer Kessler, Der antwortende Gott, WuD 21, 1991, 43–57 = ders., Gotteserdung. Beiträge zur Hermeneutik und Exegese der hebräischen Bibel, Stuttgart 2006, 177–190.

so definiert Dorothee Sölle ein Denken, bei dem »nicht das einsame Ich oder die einsame Gottheit« der Ausgangspunkt ist, sondern die grundlegende Beziehungshaftigkeit aller Lebewesen von Anfang an.[12] Denn niemand entsteht losgelöst von anderen in einem isolierten und abgeschlossenen Prozess, sondern entfaltet sich in Gegenseitigkeit oder eben gar nicht.

Es ist aufregend, die bekannten theologischen und philosophischen Systeme im Lichte dieser Grunderkenntnis neu zu betrachten. Besonders aufregend werden aber die biblischen Texte. Sie enthalten einerseits, da sie aus der patriarchalen Welt des Altertums stammen, Aussagen über Gott, die sich am herkömmlichen Männerbild orientieren, ihn also aktiv, gestaltend, befehlend, ordnend, planend auftreten lassen. Als traditionell weiblich stellt sich dann der menschliche Part dar: empfangend, gehorchend, demütig dienend. Solch einseitige Beziehungen, bei denen einer immer nur gibt und die oder der andere immer nur nimmt, sind aber auf die Dauer nicht lebensförderlich, wiewohl sie immer ihr Recht und ihren Ort behalten werden. Doch die kleinen Kinder werden schließlich erwachsen und treten ihren Eltern, Geschwistern sowie den Freundinnen und Freunden erfreulicherweise eigenständig gegenüber. So sind wir jetzt dabei, jene Traditionen der Bibel zu entdecken, in denen Gott nicht aus einer allein infantilen Perspektive gesehen und angesprochen wird. Auch der Glaube wird endlich erwachsen. Dies lässt sich besonders anhand der Psalmen im Alten und im Neuen Testament illustrieren.[13]

Wir fragen weiter nach dieser Gottesbeziehung in Gegenseitigkeit, um so den Lebenslauf, den Weg der Gerechtigkeit nach dem Zeugnis Israels etwas besser zu verstehen.

*

Am Anfang der Geschichte Israels steht die Befreiung aus politischer Unterdrückung und Zwangsarbeit in Ägypten. Sein Gott zeigt sich ihm in einer Rettungstat, einer Gerechtigkeitstat (Ri 5,11) des möglich gewordenen Herausgehens aus der Sklaverei. Gott antwortet den Gepeinigten: »*Ich habe das Elend meines Volkes in Ägypten gesehen und ihr Geschrei über ihre Bedränger gehört; ich habe ihre Leiden erkannt*« (Ex 3,7). »*Mein Volk*« – in diesem Ausdruck zeigt sich eine Bindung, die mit der langen Wanderung in das Gelobte Land gefestigt werden soll.

»Liebe gibt Ebenbürtigkeit«. So heißt es bei Fontane.[14] Jedoch gibt sie sie nicht immer sofort. Und wenn am entscheidenden Anfang einseitige Rettungstaten stehen,

---

12. Dorothee Sölle, Art. Gegenseitigkeit, Wörterbuch der feministischen Theologie, Gütersloh 1991, 142–144 (142).
13. Vgl. Magdalene L. Frettlöh, Gott segnen. Systematisch-theologische Überlegungen zur Mitarbeit des Menschen an der Erlösung im Anschluss an Ps 115, EvTh 56, 1996, 482–510.
14. Theodor Fontane, Der Stechlin (1899), gegen Ende des 15. Kapitels.

wird es besonders schwierig damit. Wie soll die gerettete Person reagieren, wenn außer der Hilfe auch noch Liebe und eine längere Beziehung angetragen werden? Das ist hier anders als in der Geschichte vom barmherzigen Samaritaner, der im Vorübergehen ein Leben rettet und dann weitergeht, allenfalls zur Nachsorge noch einmal vorbeikommt. Die Geschichte zwischen Gott und seinem Volk, die mit Lebensrettung beginnt, wird in etwas dauerhaft Ernstes übergehen. Kann aber die Liebe das Stadium des Dankens überwinden und ein anderes Gefälle entstehen als ein Oben und Unten von Geben und Nehmen? Wie sollen diejenigen, die Wohltaten erfahren haben, herauskommen aus der ewigen Dankbarkeit oder einer Konsumhaltung im Verhältnis zum Schenkenden? Oder auf welche Weise schließt Gott aus, dass es sich bei der rettenden Intervention um eine momentane Laune handelt? Dass er nicht wie ein willkürlicher Spieler die Marionetten bewegt, sie mal hierhin, mal dorthin zappeln lässt?

Die Lösung liegt zunächst darin, dass Israel zu wirklicher Freiheit befreit wird, nicht allein aus dem Sklavenhaus der politischen Unterdrückung, sondern auch in seinem Verhältnis zu Gott. Es besteht die echte Freiheit, Nein zu sagen zu Gott. Und Israel hat davon auch entschieden Gebrauch gemacht, besonders am Anfang. So kann man die Erzählungen des Pentateuch vom wiederholten Murren in der Wüste lesen: als freie Äußerung der Unzufriedenheit über den Mangel an Lebensmitteln, aber auch über die mangelhafte Glaubwürdigkeit Gottes, welche weitere Aktionen und Reaktionen hervorruft. Ebenso hat Israel aber wieder und wieder freiwillig Ja gesagt zu Gott, in der Erfahrung, dass die göttliche Gegenwart und das Leben gleichbedeutend sind.

Zum anderen lässt die eingegangene Verbindung mit seinem Volk Gott selbst nicht unberührt. Auf die Frage des Mose, welchen Namen Gottes er dem Volk Israel mitteilen solle, bekommt er die berühmte Antwort: »*Ich werde sein, der ich sein werde*« oder »*ich werde da sein, ich bin da, als der ich – für euch – da sein werde*« (Ex 3,14). Darin liegt, so meine ich, nicht eine geheimnisvolle Reserviertheit oder die Zurückweisung allzu menschlicher Neugierde, sondern ein großes Wagnis Gottes: Gott gibt sich selbst frei, nicht als ein autonomes Ich, aber frei in diese Bindung hinein. Gott »weiß« in diesem Moment noch nicht, wenn man so sagen darf, um die eigenen Erscheinungs- und Seinsweisen in der Zukunft, weil die gemeinsame Geschichte erst kommt.

Wie Gott sich zeigen wird, hängt ab vom gemeinsamen Weg. Das Gebot, keine Götterbilder von Gott anzufertigen, bedeutet in diesem Sinn: Die Menschen lassen Gott frei sein gerade in seinem Verhältnis, seiner Zuwendung zu ihnen. Wir werden Gottes befreiender Macht dann gerecht, wenn wir sie freilassen aus dem Zwang unserer Vorstellungen. So konnte Gott für Israel das werden, was ihnen am Anfang versprochen wurde, bis in die Finsternisse des Exils, der wiederholten Zerstörung des Tempels und der Vertreibungen, der Verfolgungen durch die Christenheit und weltliche Staaten, in die Gott dann selbst mitleidend mitgegangen ist als Schechina, als verborgene, als ebenfalls gequälte Gegenwart bei ihrem Volk.

*

Auf mindestens zweierlei Weise belebt und bereichert Gott diese Relation in Gegenseitigkeit. Einmal, indem ein neuer Anfang gestiftet werden kann, wenn nach menschlichem Ermessen alle an ihr Ende gekommen sind, wenn der Weg zu Ende ist, der eben noch gangbar schien. Dann zeigt sich die göttliche Präsenz als »Meisterin im Erfinden rettender, lebensförderlicher Ausnahmen«[15]. Die jüdische Pessach-Liturgie kann deshalb Gottes Handeln auch als heilvolle Diskontinuität der Neuanfänge beschreiben: »Hätte (der Ewige) für unsere Bedürfnisse in der Wüste vierzig Jahre reichlich gesorgt, aber uns nicht mit dem Manna gespeist, – genug der Gnade wär's für uns gewesen. Hätte er uns mit dem Manna gespeist, aber uns nicht den Sabbath geschenkt, – genug der Gnade wär's für uns gewesen. Hätte er uns den Sabbath geschenkt, aber uns nicht zum Berge Sinai ... hingeführt, – genug der Gnade wär's für uns gewesen«[16] und so weiter.

So erschafft Gott zum anderen am Sinai als bleibende *zedaka*-Tat (Ps 119,142) eine dritte Dimension für die Verbindung mit Israel und dann auch den Völkern. Die dritte Dimension ist wichtig, um aller Undeutlichkeit im Zusammenwirken von allein zwei Größen, also etwa einer losgelösten Zweier-Beziehung zu entgehen. Geschaffen wird ein Raum für diese Beziehungen, eine schöne Behausung, der Gottesraum, in dem eine unmissverständliche Lebenspraxis möglich sein soll, sozusagen Beziehungssicherheit gegeben ist, in der Gottes Gerechtigkeit sich manifestiert in der Gestaltung einer richtigen, gerechten Welt durch menschliches Handeln: Erschaffen und geschenkt wird die Tora, das gute Gesetz. Damit wird Gott unmissverständlich und auch das Bleiben in Gottes Nähe.

Kann denn aber diese Größe »Gesetz«, bei dem für uns sofort die roten Lämpchen »Gesetzlichkeit« oder gar »Strafgesetz« aufblinken, ein wohnlicher Gottesraum sein? Macht Gesetzgebung nicht immer wieder alles eng und niedrig? Doch genau dagegen steht die Tora: Sowohl gegen die Enge eines Gottesbegriffs, dem alle menschlichen sozialen Belange gleichgültig sind, als auch gegen einen flachen religiösen Betrieb, in dem das Wort Gottes und die ausgeschlossenen Anderen in zwischenmenschlicher Gefühls- und anderer Seligkeit vergessen werden. Die »wahre Gemeinde entsteht nicht dadurch, dass Leute Gefühle füreinander haben (wiewohl freilich auch nicht ohne das), sondern durch diese zwei Dinge: dass sie alle zu einer

---

15. Michael Welker, Gottes Geist. Theologie des Heiligen Geistes, Gütersloh 1992, 233 (über die Liebe als Wirkung von Gottes Geist).
16. Nach Stéphane Mosès, Der Engel der Geschichte. Franz Rosenzweig, Walter Benjamin, Gershom Scholem, Frankfurt/M 1994, 179ff.

lebendigen Mitte in lebendig gegenseitiger Beziehung stehen und dass sie untereinander in lebendig gegenseitiger Beziehung stehen«.[17]

Die Tora ist inmitten der altorientalischen Rechtssammlungen etwas vollkommen Einzigartiges, weil sie die richtige Gottesbeziehung und die Sorge für gerechte materielle Verhältnisse zusammenholt und daraus ein luftiges und weites Gebäude erstellt. Der Segen Gottes und die Solidarität unter den Menschen korrespondieren darin. Sie ist ein »Palast in der Zeit«, wie insbesondere auch der Sabbat genannt wird.[18]

Schon das älteste Rechtsbuch, das sogenannte Bundesbuch aus dem 8. Jahrhundert v. Chr. zeigt diese Struktur[19]: Gebote über die kultische Alleinverehrung Gottes in Unterscheidung zu anderen Gottheiten sind das eine. Doch sie gehören unauflöslich zusammen mit Schutzbestimmungen für die sozial Schwächsten der Gemeinschaft, den ökonomisch und rechtlich Benachteiligten. An den Fremden, Armen, Witwen und Waisen erweist sich die richtige Gottesbeziehung. Niemand soll sie bedrängen und unterdrücken.» *Wirst du sie bedrücken und werden sie zu mir schreien, so werde ich ihr Schreien erhören*« (Ex 22,22). Es dürfen nicht nur keine Wucherzinsen, sondern überhaupt keine Zinsen von ihnen genommen werden. Ihr damaliges Existenzminimum in Form des Obergewandes steht für eine Pfändung nicht zur Verfügung (Ex 22,24). Dieses älteste biblische Wirtschaftsgesetz setzt an beim Angelpunkt fortschreitender sozialer Abhängigkeit, dem Schuldenwesen und der Verschuldung.

Bereits im alten Israel hatte man also begriffen, dass wirtschaftliche Prozesse um Gottes willen reguliert werden müssen zum Schutz der Kleinen. Das biblische Wirtschaftsrecht, zu dem auch der Schuldenerlass im Sabbatjahr gehört, wird zur Zeit in vielen kirchlichen Kreisen wiederentdeckt. Ein Zinsverbot heute wäre das Aus für die täglichen Billionen-Gewinne, die mit Devisenspekulationen und Termingeschäften gemacht werden und mit deren Hilfe der Reichtum einiger Weniger ins Unermessliche steigt. So etwas zu fordern, erscheint illusorisch. Und vielleicht wird auch die realistischere Möglichkeit, diese Gewinne geringfügig zu besteuern, ein schöner Traum von mehr Gerechtigkeit bleiben.

Sicher ist aber auf jeden Fall, dass wir vom Gott der Bibel nicht mehr reden dürfen, wenn wir gleichzeitig zu ungerechter Wirtschaftspolitik schweigen. Und wenn die Kirche nur ihr eigenes Haus retten will, gerät sie in Gefahr, den Raum Gottes zu verlassen. Die Tora als Raum Gottes soll auch für uns Christinnen und

---

17. Martin Buber, Ich und Du, in: ders., Werke, I. Band. Schriften zur Philosophie, München/Heidelberg 1962, 77–170 (108).

18. Abraham J. Heschel, Der Sabbat. Seine Bedeutung für den heutigen Menschen, Neukirchen-Vluyn 1990, 11ff.

19. Vgl. Frank Crüsemann, Die Tora. Theologie und Sozialgeschichte des alttestamentlichen Gesetzes (1992), 3. Aufl. (Sonderausgabe) 2005, bes. 199–228; ders., Recht, 323ff.

Christen ein Lebensraum in Gerechtigkeit sein. In seiner Bergpredigt bringt Jesus ziemlich am Anfang zum Ausdruck, dass er nicht gekommen ist, die Tora aufzulösen, sondern sie zu erfüllen. Kein Buchstabe und Häkchen des Gesetzes werden vergehen, solange es Himmel und Erde gibt. »*Wer es tut und lehrt, der wird groß heißen im Himmelreich*« (Mt 5,17ff/Lk 16,17). Und so lernen wir Gemeinden aus den Völkern nach dem Taufbefehl alles zu halten, was er den Seinen befohlen hat (Mt 28,20). Wir können dies heute nur in aller Demut tun angesichts der Tatsache, dass die maßgeblichen Kreise der Christenheit es viele Jahrhunderte lang unternommen haben, das Volk Israel zu verurteilen und verfolgen, welches der Tora, dem Raum der Gerechtigkeit, treu geblieben ist.

Zu lernen gibt es, in welch hohem Maße Gott selbst seine Tora respektiert. Gott verzichtet gern auf Anbetung und gottesdienstliche Feiern von Leuten, die nur ihre eigene Gottesbeziehung im Sinn haben, sich mit einer exklusiven Zweidimensionalität begnügen wollen. Gegen solchen Heilsegoismus steht eine göttliche Selbstlosigkeit zugunsten derer, die nichts zu feiern haben. Der Prophet Amos: »*Ich bin böse auf eure Feiertage und verachte sie und mag eure Versammlungen nicht riechen. Tu weg von mir das Geplärr deiner Lieder; denn dein Harfenspiel mag ich nicht hören. Es ströme aber das Recht wie Wasser und die Gerechtigkeit wie ein nie versiegender Bach*« (5,21.23f). Ähnlich kann man in Jes 58 sehen, wie selbstbezogene Bußübungen, die doch in die Nähe Gottes führen sollen, diese im Gegenteil vertreiben. Erst die Öffnung gegenüber den bedürftigen Nächsten gibt auch die Perspektive auf Gott wieder frei.

Martin Buber erzählt von einer entscheidenden Begegnung oder besser »Vergegnung« – so bezeichnet Buber eine verfehlte Begegnung, – die diese Wahrheit für ihn aus dem Negativen heraus bewiesen hat. Er nennt die Geschichte »Eine Bekehrung«.[20] Bis dahin habe er sich oft Stunden religiöser Entrückung und Erleuchtung hingegeben, die ihn aus dem Alltag heraushoben. Nun aber widerfuhr ihm ein »richtendes Ereignis, richtend mit jenem Spruch geschlossener Lippen und unbewegten Blicks, wie ihn der gängige Gang der Dinge zu fällen liebt. Es ereignete sich nichts weiter, als dass ich einmal an einem Vormittag, nach einem Morgen ›religiöser‹ Begeisterung, den Besuch eines unbekannten jungen Menschen empfing, ohne mit der Seele dabei zu sein. Ich ließ es durchaus nicht an einem freundlichen Entgegenkommen fehlen, ich behandelte ihn nicht nachlässiger als alle seine Altersgenossen, die mich um diese Tageszeit wie ein Orakel das mit sich reden lässt aufzusuchen pflegten, ich unterhielt mich mit ihm aufmerksam und freimütig – und unterließ nur, die Fragen zu erraten, die er nicht stellte. Diese Fragen habe ich später, nicht lange darauf, von einem seiner Freunde – er selber lebte schon nicht mehr –

---

20. Martin Buber, Zwiesprache, in: ders., Werke, I. Band. Schriften zur Philosophie, München/Heidelberg 1962, 171–214 (186f).

ihrem wesentlichen Gehalt nach erfahren, habe erfahren, dass er nicht beiläufig, sondern schicksalhaft zu mir gekommen war, nicht um Plauderei, sondern um Entscheidung, gerade zu mir, gerade in dieser Stunde. Was erwarten wir, wenn wir verzweifeln und doch noch zu einem Menschen gehen?«

Danach hat Buber die Herausnahme, die religiöse Ekstase aufgegeben. »Ich kenne keine Fülle mehr als die Fülle jeder sterblichen Stunde an Anspruch und Verantwortung«; »... du wirst nicht in einer unverbindlichen Fülle verschlungen, du wirst gewollt für die Verbundenheit«.[21] Die Erfahrung, eine wichtige Stunde nicht erkannt, einen stummen Hilferuf nicht gehört zu haben und diesen einen im Leben nicht mehr hören zu können, ist wie das Jüngste Gericht. Es kann den Zugang zu Gott dunkel erscheinen lassen. Wir verstehen dann etwas besser, was Jesu Vision vom großen Weltgericht besagt (Mt 25), wenn es die Gegenwart Jesu Christi mit der Gestalt der leidenden Schwester identifiziert.

*

Es bleibt jedoch, weiterhin und jederzeit in den Tora-Raum Gottes der tätigen Gerechtigkeit gehen zu können oder dort aufgesucht zu werden. Dass vor allem Paulus ihn zeitweise verschlossen fand, bedeutet nicht, er habe mit Christus das Ende der Tora verkündet. Die neutestamentliche Wissenschaft erkennt das in letzter Zeit mehr und mehr.[22] Paulus geht davon aus, dass er in einer entsetzlichen Welt lebt, in der niemand mehr gerechte Taten vollbringt. Er zitiert die Schrift (Röm 3,10ff): »*Da ist keiner, der Gutes tut, auch nicht einer*« (Ps 14,3); »*ihre Füße eilen, Blut zu vergießen, auf ihren Wegen ist lauter Zerstörung und Jammer, den Weg des Friedens kennen sie nicht*« (Jes 59,7f). Er deutet seine Zeit unter dem Imperium Romanum ähnlich wie der Prophet Habakuk die seine als eine Epoche, in der die Tora eine Schwäche erleidet, Hab 1,4: »*Darum ist das Gesetz ohnmächtig, und die rechte Sache kann nie gewinnen; denn der Gottlose übervorteilt den Gerechten*«.

Wie ist es dazu gekommen? Paulus sieht die Welt überwältigt von der kosmischen Gewalt der Sünde (Röm 5,12f), die die Menschen versklavt, die das gute Gesetz korrumpiert, so dass ich, obwohl ich das Gute will, unter ihrer Herrschaft nur das Schlechte vollbringe (Röm 7,19f). Luise Schottroff nennt in ihrer Analyse diesen Teufelskreis die »Schreckensherrschaft der Sünde«, ein Terrorregime, das alle Menschen unter den Tod verkauft.[23] Nun aber hat Gott in Jesus Christus neu gehandelt. Sein Tod und seine Auferstehung haben die Macht der Sünde und des Todes gebrochen (Röm 5,8ff). Im Glauben, in der treuen Beziehung zu ihm, ge-

---

21. Ebd. 187.
22. Dazu der Beitrag zu Röm 3,28–31 unten S. 53–66.
23. Luise Schottroff, Die Schreckensherrschaft der Sünde und die Befreiung durch Christus nach dem Römerbrief des Paulus, in: dies., Befreiungserfahrungen, ThB 82, München 1990, 57–72 (59ff).

winnen wir Zugang zur Gerechtigkeit Gottes (Röm 5,1f), zu seiner Rettungstat, die hier wie auch in den alttestamentlichen Texten ein Gnadenerweis ist. Damit ist das von der Schreckensherrschaft der Sünde erstickte Gesetz befreit, so dass wir als befreite Menschen danach leben können. Röm 3,31: »*Heben wir denn das Gesetz auf durch den Glauben? Das sei ferne! Sondern wir richten das Gesetz auf!*« Zusammenfassend sagt Peter von der Osten-Sacken in einer Studie zum Brief an die Gemeinde in Rom: »Jesus Christus – Ziel und Erfüllung der Tora; der Geist – die Kraft der Erfüllung; der Glaube – die Aufrichtung der Tora; die Liebe – ihre Erfüllung im menschlichen Miteinander, das ist die Aussagenkette, die sich durch den ganzen Römerbrief hinzieht«.[24]

*

Es ist gut, im Raum der Gerechtigkeit zu leben. Dadurch merken wir, dass manchmal unsere Verkündigung von der Rechtfertigung des sündigen Individuums zu sehr steckenbleibt in der reinen Gott-Mensch-Beziehung, wir wieder und wieder auf der Schwelle der Rechtfertigung stehenbleiben. Was kommt aber mit der Rechtfertigung, was kommt aus der »*Gerechtigkeit, die aus dem Glauben kommt*«? Diese Formulierung stammt aus Hebr 11,7 und ist eine Aussage über Noah, dessen Glaube Gott geehrt hat, indem er die Arche baute. Der Glaube drückt sich demnach in einer Rettungstat, einer Gerechtigkeitstat zum Überleben von Tieren und Menschen aus!

Es ist gut, im Raum der Gerechtigkeit zu leben. In ihm begegnen wir lebendigen Menschen und dem lebendigen Gott. Je mehr ich die Größe des Raumes wahrnehme, seine weltweiten Dimensionen, desto schöner wird er. Ich erfahre darin, dass ich nicht einfach Opfer oder Täterin bin, sondern mich ständig zwischen drei möglichen ethischen Zuständen bewege. Ich kann selbst für mich sorgen und tue es auch. Oder ich bin hilfsbedürftig, und andere nehmen die Gelegenheit wahr, mir Gutes zu tun. Schließlich bin ich imstande, die Not anderer zu erkennen und manchmal wirksam zu helfen. Diese Zustände wechseln im Leben der Einzelnen ab, wenn alles gut geht und die Beziehungen im Gleichgewicht sind. Sie können bei einem Menschen aber auch alle gleichzeitig erscheinen, was den Reichtum des Lebens ausmacht.

So ist es nicht schlecht, zu lernen, für sich selbst zu sorgen und für das eigene Recht zu kämpfen. Vielen Frauen fällt das immer noch schwerer als alle vorauseilende Fürsorge. Doch ist auch die Fürsorge sehr gut, wenn sie sich nicht an eigent-

---

24. Peter von der Osten-Sacken, Das Verständnis des Gesetzes im Römerbrief, in: ders., Die Heiligkeit der Tora. Studien zum Gesetz bei Paulus, München 1989, 9–59 (43). Vgl. Karin Finsterbusch, Die Thora als Lebensweisung für Heidenchristen, StUNT 20, Göttingen 1996; Luise Schottroff, »Gesetzesfreies Heidenchristentum« – und die Frauen?, in: dies./Marie-Theres Wacker (Hg.), Von der Wurzel getragen. Christlich-feministische Exegese in Auseinandersetzung mit dem Antijudaismus, BIS 17, Leiden u. a. 1996, 227–245.

lich Selbständige verzettelt, sondern unterscheiden gelernt hat. Das Dasein für andere als Grundpfeiler einer künftigen Männerethik bleibt auch für Frauen weiter bedeutsam, da es ja über den Rand der Kleinfamilie hinausdrängt in die politische Verantwortung. Und endlich können wir es aushalten, uns zeitweiliger und dauernder großer Not nicht mehr zu schämen, sondern heißen die willkommen, die Gott uns schickt, damit wir gemeinsam im Raum Gottes gehen lernen.

Es ist gut, im Raum der Gerechtigkeit zu leben. In ihm erfahren wir, dass unser Tun nicht nichts ist. Gerade diejenigen, die sich klein wähnen, erfahren das. In Luthers schönem Lied »Aus tiefer Not schrei ich zu dir« (EG 299), einer Nachdichtung des 130. Psalms, heißt es in der 2. Strophe: »Es ist doch unser Tun umsonst auch in dem besten Leben.« Damit ist zweifellos gemeint, dass wir uns die Gnade Gottes als unsere Lebensgrundlage nicht erwerben können. Doch was geht in der Bauersfrau vor, die es ihr Leben lang andächtig in der Kirchenbank mitsingt? Bekommt sie jemals eine Ahnung davon, dass ihr Tun für die belgischen und polnischen kriegsgefangenen Zwangsarbeiter, denen sie durch gute Ernährung das Leben rettete, alles andere als »umsonst« gewesen ist? Und dass es damit auch in Augen Gottes nicht umsonst war? Denn wir können doch nicht ewig unser Handeln nur im Hinblick auf uns selbst und unsere eigene Seligkeit betrachten.

Eine Tat mit Blick auf die anderen ist nie umsonst, auch nicht in dem vermeintlich schlechtesten Leben. Ich denke dabei an den Guerrillero, dessen Leben wir natürlich nicht beurteilen können, der bei einer Geiselbefreiung in Lima im April 1997 kurz vor seinem Tod einem anderen das Leben bewahrte: »Nach der ersten Explosion rannte ein Terrorist in unser Zimmer, wo sich 20 Geiseln aufhielten«, berichtet der damalige Landwirtschaftsminister von Peru, Rodolfo Munante. »Er richtete seine Maschinenpistole auf mich und sah mir in die Augen. Dann senkte er den Blick, wendete sich ab und schloss die Tür«. Sekunden später starb der Guerrillero im Kugelhagel.[25]

Beim Betreten des Gottesraums der Gerechtigkeit können sich scheinbar aussichtslose Aktivitäten zu einer Hoffnungsgröße entwickeln. Viviane Forrester aus Paris ist zwar keine arme Witwe, doch hat sie im Alter von 71 Jahren lauthals und hartnäckig ihre Empörung über das ungerechte Wirtschaftssystem artikuliert, »das bis aufs Knochenmark aus den Menschen heraussaugt, was ihnen noch an Menschlichkeit geblieben ist«. Durch ihr Buch »L'horreur économique« (Paris 1996) – Der Wirtschaftshorror – ist sie zu einer Symbolfigur eines massenhaften Widerstands geworden. Sie schrieb den späteren Bestseller nach eigener Auskunft, ohne etwas von Ökonomie zu verstehen, allein um ihre Empörung zum Ausdruck zu bringen über die riesige Anzahl von Arbeitslosen und Obdachlosen in einem so reichen Land. Und um das Schamgefühl der Arbeitslosen sowie die Duckmäuserei der An-

---

25. In: Der Spiegel Nr. 18/28.4.1997, 145f.

gestellten zu durchbrechen, die um ihren Arbeitsplatz fürchten.[26] Das ist ihr gelungen. Es zeigt sich, dass auch unter den Besitzenden sehr viele einen Wohlstand ablehnen, der mit Naturzerstörung, mit Entlassung und sozialem Abstieg von Millionen MitbürgerInnen in der Welt verbunden ist. Es wächst die Überzeugung, dass sehr viele Menschen nicht auf Kosten anderer leben wollen, dass hemmungsloser Egoismus letztendlich abstoßend ist. Im Raum der Gerechtigkeit wächst die Macht in Beziehung aller Menschen.

*

Zum Schluss möchte ich an Worte eines Gedichts von Ernst Weiß erinnern. Ernst Weiß (geb. 1882) ist ein heute fast vergessener jüdischer Arzt und Schriftsteller deutscher Sprache aus Böhmen. Er nahm sich 1940 vor dem Einmarsch der deutschen Truppen in Paris, wohin er ins Exil gegangen war, das Leben. Sein Gedicht »Die niedere Tür« beschreibt jene Taten der Gerechtigkeit, die inmitten entfesselter Unmenschlichkeit allein noch Treu und Glauben an eine andere Realität ermöglichen. Es ist das Tun, welches aus liebender Zuwendung, aus der gütigen Liebe entspringt, der *chesed*, wie die Schwester der Gerechtigkeit[27] im Hebräischen heißt. Paulus hat sie im 1. Brief an die Gemeinde in Korinth preisend besungen: »*Die Liebe hat einen langen Atem und sie ist zuverlässig, sie ist nicht eifersüchtig*« (13,4), »*sie ist nicht egoistisch*« (V. 5), »*wo Unrecht geschieht, freut sie sich nicht, vielmehr freut sie sich mit anderen an der Wahrheit*« (V. 6), »*sie ist fähig zu schweigen und zu vertrauen*« (V. 7), »*die Liebe gibt niemals auf*« (V. 8).[28] Diese tätige Liebe, die auch höchst einseitig sein kann, bleibt vor und nach aller Arbeit an der Beseitigung ungerechter politischer Strukturen das Fundament des Lebens. Sie überschreitet Grenzen. Ihr begegnen wir in unseren finstersten Stunden, und wir selbst können sie jederzeit und unter allen Umständen tun. Sie ist von weltentscheidender Bedeutung, denn, so lehrt uns die jüdische Weisheit: Jeder Mensch ist die ganze Welt.

»Die Welt ist nicht entschieden«. Sie entscheidet sich vielmehr in jedem Moment weiter und neu, und das Gedicht zählt auf, was es erfahren hat: Menschen in medizinischen Berufen, die mitzufühlen in der Lage sind und ihr eigenes Leben riskiert haben für hoffnungslose Fälle, heitere Toren, die jenseits aller Effektivität das Paradies der Tiere und der Musik entdecken, dahingegangene Menschen, deren Bereitschaft zum Guten und zur Beglückung bleibender Trost ist, Augenblicke des Schweigens und der Liebe. Es endet so:

---

26. Die Zeit Nr. 19/2.5.1997, 30.
27. Vgl. Jürgen Ebach, Gerechtigkeit und …, in: »Auf dem Pfad der Gerechtigkeit ist Leben…«, hg. v. Michael Weinrich. Reformierte Akzente I, 1996, 10–24 (19ff).
28. Übersetzung: Bibel in gerechter Sprache, 4. erweiterte Aufl. Gütersloh 2011.

»Aber ich weiß nicht, wie dem Wucherer und Mörder und Sieger dieser Zeit verziehen sein kann.

Aber es geht noch die Waage. Offen ist die niedere Türe; die Welt ist nicht entschieden.

Der Blick der Liebe macht zittern die Gerechtigkeit und ist mein Trost«.[29]

---

29. Zitiert nach: Johannes Bobrowski, Meine liebsten Gedichte, hg. v. Eberhard Haufe, Stuttgart 1985, 224f.

3. »Das Jahr, das Gott gefällt«
Die Traditionen von Erlass- und Jobeljahr in Tora und Propheten, Altem und Neuem Testament (Dtn 15; Lev 25; Jes 61; Lk 4)[1]

I.

Das Lukas-Evangelium entfaltet in seinen ersten Kapiteln die messianische Bedeutung des Jesuskindes als Hoffnung Israels, welche sich nach der Prophetin Hanna mit der Befreiung Jerusalems (1,38) und im Magnificat von Maria (und Elisabet) mit der Erhöhung der Erniedrigten, der Sättigung der Hungernden des Volkes (1,52ff) verbindet. In diesen Trost Israels werden alle Völker einbezogen und so erleuchtet (2,29ff). Dementsprechend eng ist die Gestalt Jesu mit dem Alten Testament, der Schrift, verbunden: Sein Heranwachsen wird geschildert als ein Lernen der Schrift, des Argumentierens mit ihr im Tempel (2,46f). In der Wüste weist er den Satan mit Schriftzitaten in die Schranken (4,4.8.12). Und auch sein erstes öffentliches Auftreten und Reden an einem Sabbat in der Synagoge von Nazaret besteht in einer Schriftlesung mit anschließendem Predigtwort. Hier zeigt sich exemplarisch, was der Inhalt seines Evangeliums vom Reich Gottes ist, welches er dann in allen Städten und Synagogen verkündet (4,43f). Er nimmt in Nazaret, wie er es gewohnt ist, am Gottesdienst teil, steht zur Prophetenlesung[2] auf und bekommt die Jesajarolle überreicht. Er liest folgendes (Lk 4,18f):

> »Die Geistkraft ›der Lebendigen‹ ist auf mir, denn sie hat mich gesalbt, den Armen frohe Botschaft zu bringen. Sie hat mich gesandt auszurufen: Freilassung den Gefangenen und den Blinden Augenlicht! Gesandt, um die Unterdrückten zu befreien, auszurufen ein Gnadenjahr ›der Lebendigen‹!«[3]

Dieses Schriftwort, sagt Jesus in seiner Predigt, wird heute vor euren Ohren erfüllt (Lk 4,20f).

---

1. Verfasst gemeinsam mit Frank Crüsemann.
2. Zu den gottesdienstlichen Lesungen vgl. Charles Perrot, The Reading of the Bible in the Ancient Synagogue, in: Mikra. Text, Translation, Reading and Interpretation of the Hebrew Bible in Ancient Judaism ans Early Christianity, hg. v. Martin Jan Mulder, CRI , Assen u. Philadelphia 1988, 137–159.
3. Hier und im Folgenden alle Bibelzitate nach der Bibel in gerechter Sprache, 4. erweiterte Aufl. Gütersloh 2011 (Taschenausgabe).

II.

Es sind vor allem Worte aus Jes 61,1f, die das Lukasevangelium zur programmatischen Charakterisierung der Botschaft Jesu heranzieht. Folgt man dem hebräischen Urtext, lauten die Verse:

> *»Die Geistkraft Adonajs, der Macht über mich, ist auf mir.*
> *Weil Adonaj mich gesalbt hat, bin ich gesandt,*
> *den Armen frohe Botschaft zu verkünden ...,*
> *auszurufen den Gefangenen die Befreiung*
> *und den Gebundenen die Lösung ihrer Fesseln,*
> *auszurufen ein Jahr des Wohlgefallens für Adonaj*
> *und einen Tag der Vergeltung für unsere Gottheit,*
> *zu trösten alle, die trauern ...«* (Jes 61,1f).

Sieht man genau hin, handelt es sich bei der Lukasfassung um ein Mischzitat, denn mit der Nennung der Blinden folgt der Text der Septuaginta, der griechischen Übersetzung des Alten Testaments, die hier vom Hebräischen abweicht. Und der Satz über die *Unterdrückten* – und mit ihm die zweite Erwähnung des *Befreiens* – stammt gar aus Jes 58,6, einem anderen Kapitel des, wie wir heute sagen, gleichen anonymen Propheten aus der (ersten) nachexilischen Zeit Israels. Grundlegende Züge von Jes 61[4] werden damit noch verstärkt.

Die prophetische Zeitansage in dieser prophetisch-messianischen Selbstvorstellung ist auf einen hohen Ton gestimmt. Mit der Kraft des Gottesgeistes wird allen Gefangenen Befreiung, allen Trauernden Trost angesagt. Das Licht einer neuen Weltzeit strahlt *jetzt*, in *diesem* Jahr auf. Weil die Liebe Gottes zu Recht und Gerechtigkeit (V. 8) sich weltweit durchsetzt, entsteht so ein Augenblick, der zu Jubel Anlass gibt (V. 10f). Doch: dieser Moment ist wieder vergangen, das *Jahr des Wohlgefallens* wurde von einem anderen abgelöst. Das Angekündigte war bestenfalls momentan sichtbar geworden. Und war es bei Jesus etwa anders? Genommen als rein prophetische Gegenwartsbeschreibung kann und muss man es wohl so kritisch betrachten. Aber die prophetischen Zeitbestimmungen stehen in größeren Zusammenhängen. Da ist nicht nur die Kette der Hoffnung wichtig, bei der sich immer neue Hoffnung an einem alten Licht entzündet. Vor allem greifen die prophetischen Stimmen *zentrale Aussagen der Tora* auf. Damit liegt hier ein besonders wichtiges und instruktives Beispiel für den Zusammenhang von Tora und Propheten vor. Biblisch gesprochen, kann Prophetie nicht ohne die Tora sein, setzt sie voraus und in Kraft. Die

---

4. Dazu bes. Willy Schottroff, Das Jahr des Gnade Jahwes (Jes 61,1–11), in: Luise u. Willy Schottroff (Hg.), Wer ist unser Gott?, München 1986, 122–136.

erfahrene und erfahrbare Fülle hängt offenkundig an diesem Zusammenhang. Er macht die Rede von dem einen »Jahr des Wohlgefallens« gültig, obwohl das nächste und viele weitere längst begonnen haben.

Viele Auslegungen des Neuen Testaments sehen bei Lukas vor allem einen Bezug auf das sogenannte *Jobeljahr* von Lev 25. Das ist aber zu eng gegriffen. Nicht nur hat es literatur- und theologiegeschichtlich zur Zeit von Jes 61 den Text von Lev 25 wohl noch gar nicht gegeben. Vor allem ist die Grundaussage, ohne die vieles missverständlich wird, zweifellos Dtn 15,1ff. Die Hoffnung auf grundlegende Befreiung gründet sich nach Ausweis eines in Qumran gefundenen Textes aus der Zeit des Neuen Testaments speziell auf die Zusammenschau von Dtn 15; Lev 25 und Jes 61 (11QMelchizedeq[5]). Die Rede von dem »Jahr«, in dem »Befreiung« ausgerufen wird, verweist zunächst zurück auf die Regelung des siebten Jahres nach Dtn 15,1ff, mit dem die ältere Vorstellung eines arbeitsfreien Sabbatjahres in Gestalt einer agrarischen Brache (Ex 23,10f) in eine grundlegende Regelung zur wirtschaftlichen Gerechtigkeit und zur sozialen Gleichheit in Israel verwandelt wird, einen der Grundpfeiler der Wirtschafts-Verfassung des Gottesvolkes:

> *»Ihr sollt alle sieben Jahre einen Schuldenerlass durchführen. Mit diesem Schuldenerlass hat es folgende Bewandtnis: Jede Person, die ein Darlehen ausstehen hat, erlässt, was sie ihren Nächsten geliehen hat. Das heißt: Sie tritt nicht an ihre Nächsten heran, auch nicht an ihre Geschwister, denn es ist ein Schuldenerlass im Sinne Adonajs ausgerufen worden«* (Dtn 15,1–2).

Das Gesetz zielt auf eine regelmäßige, rechtlich garantierte Befreiung von drückender Schuldenlast.[6] Das Schuldenwesen ist in der gesamten Antike der wesentliche Faktor zur Entstehung von gesellschaftlichen Unterschieden, von Reichtum und Armut, Freiheit und Sklaverei.[7] Verschuldete Familien müssen Kinder verkaufen und verlieren Zug um Zug mit dem Land als Lebensgrundlage auch ihre Freiheit, werden versklavt oder kommen in den Schuldturm (im Gegensatz zur Neuzeit werden Kapitalverbrechen niemals mit Gefängnis bestraft; dieses ist keine Strafinstitution, sondern dient außer für Untersuchungs- und politische Häftlinge allein zur Zahlungserzwingung). Fast alle sozialen Ungerechtigkeiten und damit auch die gesamte biblische Sozialkritik bis in die Evangelien hängen mit dem Schuldenwesen zusammen. Jeder Versuch, Gerechtigkeit in Wirtschaft und Gesellschaft herzustel-

---

5. Dazu Johann Maier, Die Qumran-Essener: Die Texte vom Toten Meer, Bd I: Die Texte der Höhlen 1–3 und 5–11, utb 1862, München 1995, 362.
6. Zu Details vgl. Frank Crüsemann, Die Tora. Theologie und Sozialgeschichte des alttestamentlichen Gesetzes, 3. Aufl. Gütersloh 2005, bes. 264ff.
7. Dazu Rainer Kessler, Das hebräische Schuldenwesen. Terminologie und Metaphorik, WuD NF 20, 1989, 181–195.

len bzw. zu bewahren, muss deshalb hier ansetzen. Das tut Dtn 15 als eines der zentralen Wirtschaftsgesetze der Tora und gibt damit der Tradition des befreienden und gerechten Gottes, wie sie vom Exodus bestimmt ist, eine konkrete Gestalt. Solche Entlastung, solche »Vergebung« der Schulden – und in der *griechischen* Übersetzung wird hier in Dtn 15 mehrfach das gleiche Wort gebraucht wie in der Vaterunserbitte »Vergib uns unsere Schuld« und wie zweimal in Lk 4 – ist Gottes Wille, und wo »dein Wille geschieht«, wird dem großen sozialen Elend bereits in den Anfängen gewehrt. Wird diese Schuldentilgung im Verbund mit anderen Wirtschaftsregeln der Tora durchgängig praktiziert wird, wird es in der Tat, wie V. 4 sagt, keine Armen mehr geben. Das zeigt, wie weitreichend die Implikationen allein dieses Gesetzes sind und warum es zur Grundlage eines umfassenden Jahres der Befreiung werden kann. Wie die Welt wirklich ist, sagt im gleichen Text der realistische V. 11: »*schließlich wird die Armut nicht aus der Mitte des Landes verschwinden*«. Aus dieser Spannung erwächst der immer wieder neue Glanz, den die realisierte Hoffnung ausstrahlt.

Das deuteronomische Gesetz ist als Verfassung für Israel in seiner politischen und wirtschaftsrechtlichen Geltung an bestimmte politische Voraussetzungen gebunden; denn es soll ja nicht nur individuell realisiert werden. Dazu zählt eine Beschränkung auf das wirtschaftliche Inland. Nach V. 3 soll das Gesetz über einen regelmäßigen Schuldenerlass nicht gegenüber »Ausländern« *(nokri)* gelten. Entscheidend zum Verständnis ist, dass dabei nicht das übliche Wort für den »Fremden« *(ger)* verwendet wird; letzteres sind Flüchtlinge, die unabhängig von ihrer Nationalität im Gottesvolk Schutz finden sollen, und die zu den Gruppen gehören, für die die Sozialgesetze des Deuteronomiums gerade gedacht sind (z. B. 14,28f; 16,11.14; 24,17.19.21 u. a.; bes. 10,17ff). Man muss es für selbstverständlich halten, dass sie auch hier einbezogen sind. In V. 3 geht es also um Wirtschaftsbeziehungen zum Ausland, und damit darum, den Geltungsbereich des Gesetzes realistisch zu beschränken. Auslandsschulden konnten bei diesem ersten Versuch, einen gerechten Sozialstaat zu begründen, nicht automatisch einbezogen werden. Es ist klar, dass es heute umgekehrt gerade um eine weltweite Ausweitung von sozialen Rechten gehen muss.

Zum anderen sind innenpolitische Gegebenheiten zu beachten. Der König Josia, unter dem es zuerst in Kraft gesetzt wird (2 Kön 22f) und dem Jeremia attestiert, Recht und Gerechtigkeit getan zu haben (Jer 22,15), dürfte sie praktiziert haben. Seine Nachfolger aber schon nicht mehr. Erst unmittelbar vor dem Exil und bereits während der Belagerung durch die Babylonier hat nach Jer 34,8ff der letzte judäische König Zedekia noch einmal einen Versuch gemacht, solche Gerechtigkeit zu praktizieren. Alle Sklavenbesitzer wurden durch einen Bund feierlich verpflichtet, ihre Sklaven freizulassen, genau wie es für die einzelnen Sklaven Dtn 15,12ff und für den wichtigsten Anlass für Versklavung 15,1f regeln. »Freilassung« *(deror)* ist nun das entscheidende Stichwort, das auch in Jes 61,1 und damit in Lukas 4,18 aufgenommen wird. Sie wird aber wieder rückgängig gemacht, als in einer Belagerungspause die Lage politisch und militärisch nicht mehr so gefährlich schien. Das ist die Stunde der Prophetie: Jeremia klagt, so wird hier erzählt, diesen Bruch der Tora an und weist auf die umfassende Katastrophe als unausweichliche Folge hin.

Mit dem Ende des Exils erwartete Israel, vom zweiten Jesaja angeleitet, eine umfassende Heilszeit. Und zu dieser gehört als eine ihrer Grundlagen, die Aufhebung der Verschuldungen. Zwei Texte hängen wahrscheinlich mit dieser Periode zusammen. Der eine ist Jesaja 61, der andere die Vorstellung eines *Jobeljahres* in Lev 25. Als Teil der von priesterlicher Theologie geprägten umfassenden Kultordnungen des Pentateuch geht es hier um die Heiligung der Zeit. Neben dem siebten Jahr in V. 2–7, das aber keinen Schuldenerlass enthält, sondern sich auf die sakrale Brache, die Nichtbearbeitung des Landes beschränkt, wird hier die Vorstellung eines *Jobeljahres* entwickelt (V. 8–12), benannt nach dem Widderhorn, mit dem es ausgerufen werden soll. Nach sieben Sabbatjahren, im fünfzigsten Jahr soll eine umfassende »Freilassung« (*d^eror*) ausgerufen werden, so dass jeder zu seiner Sippe und vor allem auf seinen angestammten Grundbesitz zurückkehren kann. Dadurch wird eine *restitutio in integrum,* eine grundsätzliche und umfassende Wiederherstellung eines früheren Zustandes erreicht. Ausgegangen wird dabei von dem Grundsatz, dass alles Land Gott selbst gehört (V. 23), deswegen an die menschlichen Besitzer nur ausgeliehen ist, also nicht auf Dauer verkauft werden darf. Alle eingetretenen Änderungen in den Besitzverhältnissen sollen wieder rückgängig gemacht werden.

Ein solches *Jubiläum* – unser Begriff kommt von hier – kann verschieden bewertet werden. Nimmt man den Text von Lev 25 isoliert, das heißt ohne ihn als Ergänzung des Schuldenerlassjahres von Dtn 15 anzusehen – und manches spricht dafür, dass die Priester ihn ursprünglich so konzipiert hatten –, handelt es sich um ein fast reaktionäres, jedenfalls nicht unproblematisches Gesetz. Für ein Sklavinnenleben sind bereits die sechs bzw. sieben Jahre von Dtn 15 hart genug; soll gar 50 Jahre auf Freiheit gewartet werden, so zeigt das nur, dass an der Sklaverei kaum gekratzt wird. Und wenn nach 50 Jahren alle auf ihren ehemaligen Grundbesitz zurückkehren dürfen, ist das nur gerecht, wenn die Landverteilung und mit ihr die gesamte Gesellschaft vorher gerecht war, und alle z. B. gleichen Anteil am Land besaßen. Aber wann war das jemals der Fall? Wir haben ja etwas durchaus Vergleichbares real erlebt, als nach dem Zusammenbruch der DDR alte Besitzverhältnisse wiederhergestellt wurden, – ohne zu fragen, ob denn diese ihrerseits gerecht und rechtmäßig zustande gekommen waren. Vieles spricht dafür, dass diese Vorstellung einer Wiederherstellung nach einem halben Jahrhundert speziell für die Probleme konzipiert wurde, die sich mit dem Exilsende und der Rückkehr von Teilen der ehemaligen Oberschicht stellten, zumal es keine Hinweise auf ältere Traditionen gibt. Hier war ja zu entscheiden, wem denn nun welches Land gehört[8]. Die alte prophetische Kritik an den Großgrundbesitzenden und dem Zustandekommen ihres Besitzes wäre dabei in Rechnung zu ziehen. Historische Hinweise in den Quellen, dass diese Institution im Judentum jemals praktiziert wurde, gibt es – im Unterschied zu Sabbat- und Schulderlassjahr – nicht.

Liest man Lev 25 dagegen als Teil der gesamten Tora, also als Ergänzung zu Dtn 15, kann der Text als Signal dafür verstanden werden, dass und wie auch nach langen Zeiten von Unrecht und nicht praktizierter Gerechtigkeit, selbst bei breit akzeptierter und eingelebter Ungleichheit, ein Neuanfang möglich und geboten ist. Ein Neuanfang, der die Praktizierung der Gerechtigkeitsforderungen der Tora ermöglicht. Ein solches Signal ist in Jes 61 wie in Lk 4 gegeben.

III.

Die Ausgestaltung der Szene in der Synagoge zu Nazaret Lk 4,16–21 gehört zum sogenannten lukanischen Sondergut und somit zu den Kerntexten der jüdisch-christlichen Gruppen aus Männern und Frauen, die hinter dem Lukas-Evangelium stehen. Sie formulieren damit ihre spezifische Sicht der Messianität Jesu und so ihre Vision einer umfassenden Befreiung[9]. Indem Jesus in seiner Prophetenlesung gerade diese Kombination aus Jes 61,1–2/Jes 58,6 zitiert, geschieht etwas Besonderes: Es werden Tora und Propheten in einem zu Gehör gebracht und damit ein fundamentaler Neuanfang im oben genannten Sinn. Der Lesende erscheint durch das Wort von der Erfüllung V.21 selbst als der eschatologische Prophet. Gleichzeitig wird indirekt auf seine Messianität verwiesen (»gesalbt«, V. 18). Die »Musterpredigt« von Gottes Jahr des Wohlgefallens, welche gleichbedeutend mit der Predigt vom Reich Gottes ist[10], besteht also in der wirkmächtigen Verkündigung von »*Mose und den Propheten*« (vgl. Lk 16,31).

Im Verlauf des gesamten Lukas-Evangeliums erfolgen dann die erzählten Einlösungen des Angesagten.[11]

---

8. Vgl. Walter Dietrich, Wem das Land gehört. Ein Beitrag zur Sozialgeschichte Israels im 6. Jahrhundert v. Chr., in: R. Kessler u. a. Hg., »Ihr Völker alle, klatscht in die Hände!«. FS E. S. Gerstenberger, Exegese in unserer Zeit 3, Münster 1997, 350–376.

9. Claudia Janssen, Elisabet und Hanna – zwei widerständige alte Frauen in neutestamentlicher Zeit. Eine sozialgeschichtliche Untersuchung, Mainz 1998.

10. Mark L. Strauss, The Davidic Messiah in Luke-Acts. The Promise and Fulfillment in Lukan Christology, JSNTS 110, Sheffield 1995.

11. Rainer Albertz, Die »Antrittspredigt« Jesu im Lukasevangelium auf ihrem alttestamentlichen Hintergrund, ZNW 74, 1983, 182–206.

»*Den Armen fohe Botschaft zu bringen*«: Die Armen (*ptochoi*) sind gewissermaßen der Oberbegriff aller dann aufgeführten Gruppen. Sie stehen in Sammelaussagen wie den Seligpreisungen an hervorgehobener Stelle (6,20), zweimal werden auch die Blinden mitaufgezählt: In der Täuferanfrage (7,22) und ebenso bei der Empfehlung, welche Gäste zu einem Essen eigentlich eingeladen werden sollen (14,13). Blindheit galt auch in der Antike als einer der schlimmsten Schicksalsschläge und war nahezu unheilbar. So bedeutet Blindenheilung in rabbinischen Texten ein gewaltiges Gotteswunder: »Wenn (Gott) kommt die Welt zu heilen, heilt er zuerst die Blinden« (Midr Ps 146). Wie die Geschichte vom blinden Bettler in Jericho zeigt (18,31ff), ist eine derartig schwere Erkrankung nahezu gleichbedeutend mit Armut und sozialer Not. Somit betreffen die zahlreichen Heilungen von Behinderten und chronisch Kranken in aller Regel verarmte Menschen. Dies ist auch bei der seit achtzehn Jahren gekrümmten Frau anzunehmen, die Jesus am Sabbat heilt (13,10ff). Sein abschließendes Wort vom Lösen ihrer Fesseln (V. 16) spielt zudem auf die Freilassung von Gefangenen an. Im Lukas-Evangelium wird insbesondere Frauenarmut sichtbar[12], wie unter anderem das Beispiel der Recht suchenden Witwe zeigt (18,1ff) sowie das Gleichnis von der verlorenen Drachme (15,8ff). Hierin spiegelt sich der harte Alltag von Frauen am Rand des Existenzminimums, in dem Tagelöhnerinnen für die Hälfte des Männerlohns arbeiten[13].

Das zweite entscheidende Stichwort, die »Befreiung, Freilassung« (*aphesis*) taucht nun zweimal in 4,18f auf und bindet geradezu die beiden Jesaja-Zitate bezüglich der »Gefangenen« (61,1) und »Unterdrückten« (58,6) zusammen. Deren formale Verknüpfung ist die eine Frage, aber die eigentlich spannende lautet, was damit inhaltlich angedeutet und ausgesagt werden soll. Mit *aphesis* übersetzt die Septuaginta die verschiedenen hebräischen termini technici des Erlass- und Jobeljahrs (*deror, semitta, jobel*; s.o.). Das Wort wird im lukanischen Werk dann auch mit der Vergebung von Sünden verbunden. Es bezeichnet in der Nazaret-Szene durch die zitierte Tradition und in Korrespondenz damit in der Vaterunser-Bitte 11,4 den Bereich finanzieller Verschuldung, womit ein Zusammenhang zwischen Gottes Vergebung und der menschlichen Bereitschaft, Schulden zu erlassen, hergestellt wird[14]. Die Bekämpfung ökonomischer Prozesse, deren Opfer zu den »Gefangenen« und

12. Dazu Claudia Janssen/Regene Lamb, Das Evangelium nach Lukas. Die Erniedrigten werden erhöht, in: Luise Schottroff/Marie-Theres Wacker (Hg.), Kompendium Feministische Bibelauslegung, Gütersloh 1998, 513–526.
13. Luise Schottroff, Lydias ungeduldige Schwestern. Feministische Sozialgeschichte des frühen Christentums, Gütersloh 1994, bes. 142ff.
14. Robert B. Sloan, The Favorable Year of the Lord. A Study of Jubilary Theology in the Gospel of Luke, Austin 1977; Frank Crüsemann, »... wie wir vergeben unseren Schuldigern«. Schulden und Schuld in der biblischen Tradition, in: Marlene Crüsemann/Willy Schottroff (Hg.), Schuld und Schulden, München 1992, 90–103.

»Unterdrückten« zählen, ist also auch im Gesamtzusammenhang des Evangeliums zu erwarten. Hier setzt die Zitatkombination einen wesentlichen und programmatischen Akzent für das Zusammenwirken göttlichen und menschlichen Handelns. Denn die Ausrufung der Freilassung in Jes 61 geschieht durch die messianische Gestalt als Leistung Gottes, während die Fastenpredigt Jes 58[15] gerade betont, was Israel tun muss, kann und wird, damit der Schaden des Volkes heilt und der herrliche Glanz Adonajs sichtbar hervorbricht. Jesus erinnert mit dieser kleinen Einfügung an den menschlichen Beitrag zur Lösung der Fesseln.

Im Lukas-Evangelium ist denn auch konkret davon die Rede, was Menschen, speziell Vermögende, tun können, um der Ausrufung des Neuanfangs zu entsprechen: Neben der Schuldenvergebung bzw. -erlassung von 11,4 ist daran gedacht, auch denen zu leihen, die nichts zurückzahlen können (6,30.34), eine kreative Umschreibung von Schuldscheinen zu betreiben (16,6ff), jeglichen Besitz zugunsten der Armen zu verkaufen (12,33; 18,22) oder wenigstens die Hälfte davon, und außerdem betrügerisch erworbene Gewinne vierfach zurückzuerstatten (19,8). Der Wehe-Ruf gegen die Reichen (6,24) kann anders nicht gemildert werden.

So demonstriert das Evangelium, was auch unsere Realität bestimmt: Heilung von Blinden und von ähnlich aussichtslos Kranken liegt nicht in der Möglichkeit der meisten Nachfolger und Jüngerinnen. Beim gerechten Umgang mit dem Geld ist das anders. Vielleicht ist es dabei sogar einfacher, zu den regelmäßigen Erlassjahren der Tora zurückzukehren, als zu den Forderungen Jesu, die den Reichen einen beinahe vollständigen und dauernden Besitzverzicht abverlangen. Wo Schuldenerlass zu sozialem Ausgleich und Rettung der Armen stattfindet, kann es »heute« werden, das Gnadenjahr beginnen.

---

15. Dazu Jürgen Ebach, Jes 58,1–9a – Sozialgeschichtliche Bibelauslegung, JK 51, 1990, 31–34.

4. Sklaverei in Freiheit
Röm 6,19–23

[19]Ich rede in Bildern aus dem menschlichen Leben mit Rücksicht auf die Begrenztheit eures Daseins. Denn wie ihr jeden Teil eures Körpers hingegeben habt zur Sklavenarbeit der Unreinheit und der Gesetzlosigkeit zu immer neuer Gesetzlosigkeit, so gebt nun jeden Teil eures Körpers hin, um der Gerechtigkeit versklavt zu sein zur Heiligung. [20]Als ihr nun Sklavinnen und Sklaven der Sündenherrschaft wart, lebtet ihr hinsichtlich der Gerechtigkeit in Freiheit.

[21]Was hat euch das damals eingebracht? Dinge, deren ihr euch jetzt schämt, denn ihr Ziel ist der Tod.

[22]Aber jetzt, da ihr befreit worden seid von der Sündenherrschaft und Sklavinnen und Sklaven Gottes geworden seid, bringt ihr eure Heiligung hervor mit dem Ziel des ewig lebendigen Lebens.

[23]Denn die Sündenherrschaft bezahlt (euch) mit dem Tod, doch das Geschenk Gottes ist das ewig lebendige Leben in dem Messias Jesus, der mächtig ist für uns.

Leben zu wählen oder sich dagegen für den Tod zu entscheiden, für sich und andere, sind die ungeheuren Möglichkeiten jedes einzelnen Menschen. Genau wie in der Rede des Mose über das Evangelium der Tora (Dtn 30,19), das deuteronomische Gesetz, gibt es laut Paulus die freie Wahl, die eigene Existenz auf den Tod oder das Leben zulaufen zu lassen. Nun wieder, sagt er, ermöglicht durch den gekreuzigten Messias. Die erwünschte umfassende Hingabe an Gott, das lebendige Leben selbst, und die Befreiung darin versucht er, der Gemeinde in Rom so anschaulich wie möglich zu machen. Ab Römer 6,16 nimmt er dazu einen Vergleich, ein Gleichnis: es ist ausgerechnet die Sklaverei!

Bilder sind nicht immer seine Stärke. Doch anders als viele seiner Interpreten weist Paulus wenigstens auf die Bildhaftigkeit seiner Argumentation hin (V. 19). Jene betonen dagegen gern, dass hiernach Menschen *immer* unter einer unbedingten Herrschaft stünden, was für ›uns‹ stets Gehorsam und Sklavendienst für eine Instanz bedeute. So entsteht der freudlose protestantische ›Dienstleib‹ zusammen mit einem Bild von Gott als oberstem Sklavenhalter. Doch Paulus wählt sonst andere Bilder für die Beziehung zu Gott, das der freien Töchter und Söhne, der Erbinnen und Erben, die keine Sklavenarbeit tun müssen (Röm 8,13ff).[1]

---

1. Claudia Janssen, Christus und seine Geschwister (Röm 8,12–17.29f.), in: Marlene Crüsemann/Carsten Jochum-Bortfeld (Hg.), Christus und seine Geschwister. Christologie im Umfeld der Bibel in gerechter Sprache, Gütersloh 2009, 64–80.

Paulus scheint also nicht ganz glücklich zu sein mit seiner Idee, Freiheit, Gerechtigkeit und das wahre Leben durch die Sklaverei zu illustrieren, und ich bin es auch nicht. Denn es ist möglich, dass die Welt des Bildes die Botschaft verdunkelt. Wir können nur fragen, was die Lesenden in Rom bei solchen Aussagen empfanden. Hat es sie auf etwas Bekanntes oder Verborgenes in ihrer Sklavenarbeit aufmerksam gemacht, sofern sie unfrei waren? Sind die Freien und Sklavenbesitzerinnen zusammengezuckt oder erleuchtet worden bei dem Gedanken, selbst eigentlich wie Unfreie zu sein im Dienst für Gott und dies gemeinsam mit ihren Sklaven? Der Text schreibt ja fest, dass alles auf den Charakter der Herrschaft ankommt, sie das Ziel aller Aktivitäten der Leibeigenen bestimmt. Deren Arbeitskraft, Intelligenz, ihr Geschick und Körper gehören dem Herrn oder der Herrin und ihren Zwecken, die förderlich oder verwerflich sein können.

Am Sklavenwesen, besonders dem der Antike[2], bleibt wegen dieser Grundtatsache wenig zu beschönigen, was in der Forschung zur Zeit aber Mode ist, weil neben niederen auch hohe Berufe von Sklaven ausgeübt wurden, sie oft geschunden und arm waren, doch auch gepflegt und mit Reichtümern bedacht werden konnten. Nicht wenige haben die gute Herrschaft in einem jüdischen Haus gefunden, wo Erleichterungen wie die Sabbatruhe den Sklavinnen und Sklaven zugute kamen.[3]

Auf die absolute Gewalt der Sklavenbesitzenden aber ist Paulus aus mit seinem Vergleich. Sie kann gut oder schlecht sein, Macht der Sünde oder Macht Gottes, tertium non datur. Doch was ist mit der Freilassung, die er selbst begrüßt (1 Kor 7,21)[4]? Hätte nicht die messianische Befreiung besser damit ausgesagt werden können, durch Gott als Löser aus Schuldsklaverei, der Erlösung für alle? So bleibt Paulus selbst Sklave seines Gleichnisses, das etwas Totalitäres hat.

Die Sünde als Sklavenhalterin

Es wird bestimmt durch sein eigentümliches Verständnis der Sünde als einer transpersonalen, universalen Macht (Röm 5–8)[5], quasi einer Sklavenhalterin, die stärker

---

2. Dazu J. Albert Harrill, The Manumission of Slaves in Early Christianity, Tübingen 1995, 11–67.
3. Henneke Gülzow, Christentum und Sklaverei in den ersten drei Jahrhunderten, Bonn 1969, 18ff.
4. Anna-Maria Busch, Dem Ruf Gottes folgen. Geschwisterlichkeit im Kontext von Sklaverei und Freiheit, in: Marlene Crüsemann/Carsten Jochum-Bortfeld (Hg.), Christus und seine Geschwister. Christologie im Umfeld der Bibel in gerechter Sprache, Gütersloh 2009, 95–110.
5. Luise Schottroff, Die Schreckensherrschaft der Sünde und die Befreiung durch Christus nach dem Römerbrief des Paulus (1979), in: dies., Befreiungserfahrungen, München 1990, 57–72; vgl. Claudia Janssen, Leben ist möglich, Römer 8,1–11, Sozialgeschichtliche Bibelauslegung, JK 63, 2002, 55–58, und den folgenden Abschnitt in diesem Buch zu Röm 3,28–31.

ist als Gottes gutes Gesetz, die sogar die Tora benutzen kann, um Menschen zu korrumpieren, so dass die Tora unfähig wird, sie von ungerechten und zerstörerischen Taten abzuhalten. In diesem Sinne muss die Tora geradezu selbst befreit werden zu neuer Wirksamkeit. Denn alle paulinische Dialektik bei der Diskussion des »Gesetzes« hebt nicht die Tora als ethische Richtschnur für Christusanhängerinnen und -anhänger auf (Röm 3,31). Was verschleiernd in manchen Übersetzungen von *anomia* in V. 19 mit »Ungerechtigkeit« wiedergegeben wird, ist nichts anderes als Torawidrigkeit, als Gesetzlosigkeit, aus der die Gemeinde herausgeführt werden muss. Die Realität der Gesetzlosigkeit wurde von Paulus zuvor mit Psalmworten beklagt, sie ist gekennzeichnet durch Mord, durch die Füße derer, die zum Blutvergießen eilen (Röm 3,15).[6]

Vielleicht drückt heute nichts so sehr die Wahrheit der paulinischen Auffassung von der Sünde als einer Sklavenhalterin aus, als dass Menschen aus Glauben und im Namen Gottes töten. Gerechtigkeit wird zu Selbstgerechtigkeit, der eigene Glaube ist nur stark, wenn andere ungläubig sein müssen, die eigene Ideologie darf durch keine gegenläufige Tatsache erschüttert werden. Nicht so zu reden und nicht so handeln zu wollen, darum geht auch der Kampf, den Paulus mit sich selbst führt, mit seiner Neigung zum Eifer, zum leidenschaftlichen Engagement. Darum ist es so wichtig, die konkreten Taten anzuschauen, welche aus dem Engagement entspringen. Heilig sollen sie sein, das heißt, etwas von Gott in die Welt bringen, von unzerstörbarem Leben, von Heilung und Aufrichtung.

»Liebe wirkt als stilles Bauen in der Welt, Hass als laute, das Dasein selbst vernichtende Katastrophe«.[7] Es ist frappierend, wie lange die lebenserhaltenden und lohnenden Vorgänge währen und dauern müssen, welch kurze Zeit die anderen brauchen, wie schnell man zerstörend arbeiten kann.

Aufforderung zur Hingabe

Das zweite Moment, welches Paulus neben der absoluten Herrschaftsvorstellung bei dem Gleichnis der Sklavenarbeit inspirierte, dürfte damit zusammenhängend die paradoxe Aktivität der Unterworfenen sein. Sich ganz zur Verfügung zu stellen, sich hinzugeben (*parhistemi*, V. 19), das ganze Können und Tun auszurichten auf die Arbeit für die Herrschaft, ist Signum der Sklavenexistenz. Etwas anderes ist entweder unmöglich oder sinnlos, weil Verweigerung Bestrafung und damit Selbstschädigung nach sich ziehen könnte. Das Eigentum gehorcht den Besitzenden, und wenn

---

6. Luise Schottroff, Die Lieder und das Geschrei der Glaubenden. Rechtfertigung bei Paulus, EvTh 60, 2000, 332–347 (340f).
7. Karl Jaspers, Einführung in die Philosophie (1953), 21. Aufl., München 1998, 48.

es lebendes Eigentum ist, ist sein Leben nicht mehr sein eigen, wenn auch zu eigenem Antrieb fähig. Dieser wird gelenkt und benutzt. So kommt es zum »freiwilligen« Gehorsam, dem paradoxen Zusammenspiel von unausweichlichem Druck mit erforderlicher Bereitwilligkeit. Das ist kein schönes Bild für die Beziehung zu Gott, und Paulus kann es auch nicht durchhalten. Die Sklavenhalterin Sünde erscheint schließlich als Feldherrin, die den Tod als Soldatenlohn auszahlt. Doch Gott fällt aus dem Rahmen und gibt unendlich reiches Leben als Geschenk, als Begabung dafür (*charisma*, V. 23).

Die Aufforderung zur Hingabe der Existenz an die richtigen Ziele bleibt trotz der unguten Nebentöne jedoch unmittelbar ansprechend. Dass die gleiche Arbeit unter einer neuen »Herrschaft«, unter veränderten Verhältnissen und Rahmenbedingungen plötzlich fruchtbar wird, etwas Sinnvolles, Brauchbares und Nötiges entsteht, ist wie eine Versetzung auf das richtige Gleis, wie ein Samenkorn, das aus den Dornen zur bekömmlichen Erde wechseln kann. Unter diesen Bedingungen wird die Aktivität der von der Sündenmacht Befreiten etwas Besonderes: Die eigene Heiligung, das unzerstörbare Leben in Gottes Gegenwart, das andere lebendig machen kann, wird von ihnen selbst hervorgebracht (V. 22) – so dass (in Abwandlung des lutherischen Hymnus) mit der Macht dieser Befreiten *sehr viel* getan ist und getan werden kann. Und damit ist ebenfalls die Welt der Sklaverei verlassen, denn diese Sklavinnen und Sklaven arbeiten gleichzeitig für sich selbst, für ein aufrechtes Leben: Heiligung ist Teilhabe am Sein Gottes.

Lebendiges Leben

Wie weit reicht die paulinische Bildersprache und seine leidenschaftliche Predigt in eine Gegenwart, die gern unübersichtlich genannt wird? Kommt er an mit solch vorfeministischen Parolen wie Hingabe oder der stumpfen Metapher vom ewigen Leben, welche entstaubt, entschlüsselt, neu erzählt und aufgefaltet werden müsste in etwas ewig Begehrenswertes? Ewiges Leben, um wirklich Leben zu sein, müsste lebendig sein in dem Sinn, dass es überrascht, verwandelt, vertieft und beglückt – ohne Ende. Die einzelnen Menschen, die kleinen Gruppen, in denen Verständigung möglich ist, leben von den Augenblicken, in denen Gott, das unzerstörbare, ewige Leben plötzlich erscheint und sie zur wirksamen guten Tat oder auch nur zur richtigen politischen Einsicht kommen.

Das hängt ab von dem Mut und der Lebendigkeit eines und einer jeden. »Die Entgrenzung des Lebens, das unbegrenzte Leben, das ist das, was ewiges Leben meint. Hingabe, sich dem Leben anvertrauen, das ist Glaube. Glaube ist nicht das Herunterbeten von mehr oder weniger verständlichen Dogmen, nicht das Sprechen der Sprache Kanaans. Er ist die Erfahrung, dass sich Hingeben und Vertrauen in das Leben möglich ist, oft wider alle Ängste und allen Zweifel. Er ist alternativlos, wenn man lebendig sein will. Sonst bleibt nur der Tod«.[8]

So wird das ewig lebendige Leben von uns selbst hervorgebracht als Frucht der Hingabe an Gott, in der wir frei werden sollen als gerechte Menschen, die einander aufleben lassen. Gleichzeitig und in eins ist es wunderbarerweise Gottes Geschenk für uns. Vor dessen Großartigkeit schütteln wir überwältigt die Köpfe, denn wir wissen von keinem Verdienst.

8. Elisabeth Hölscher, Röm 6,19–23: Was uns trägt (8. Sonntag n. Trinitatis), in: Predigtstudien VI/2, 2001/2002, Stuttgart u. Zürich 2002, 92–95 (94).

5. »Heißt das, dass wir die Tora durch das Vertrauen außer Kraft setzen?«
Röm 3,28–31 und die ›Bibel in gerechter Sprache‹

Röm 3,28–31 lautet in der Übersetzung der ›Bibel in gerechter Sprache‹[1]:

> [28]*Nach reiflicher Überlegung kommen wir zu dem Schluss, dass Menschen aufgrund von Vertrauen gerecht gesprochen werden – ohne dass schon alles geschafft wurde, was die Tora fordert.* [29]*Oder ist Gott allein Gott jüdischer Menschen? Und nicht auch Gott der Völker? Ja, gewiss: auch der Völker.* [30]*So gewiss Gott die Eine ist! Sie spricht die Beschnittenheit auf Grund ihres Vertrauens gerecht und auch die Unbeschnittenheit durch das Vertrauen.* [31]*Heißt das, dass wir die Tora durch das Vertrauen außer Kraft setzen? Ganz gewiss nicht! Vielmehr bestätigen wir die Geltung der Tora.*

I.

Die Übersetzung von Röm 3,28b – »*ohne dass schon alles geschafft wurde, was die Tora fordert*« – gehört seit Erscheinen der ›Bibel in gerechter Sprache‹ (2006) zu ihren meistdiskutierten: Hier wird die griechische Wendung *choris ergon nomou* anscheinend so verstanden, als ob die Taten gemäß der Tora, des jüdischen ›Gesetzes‹, durch die *pistis*, das Vertrauen oder den Glauben zwar nicht entscheidend für die Rechtfertigung, die Gerechtmachung der Menschen seien, aber doch nach wie vor eine positive Größe, also weiterhin bestimmend für die Praxis der an Jesus als Messias Glaubenden. Der Satz klingt, als ob das Bemühen, nach der Tora leben zu wollen, nach wie vor zu gelten hätte, obwohl das Vertrauen eine neue Basis des Menschenlebens darstellt und zur Gerechtigkeit führt. Im Kontext wird eine solche Übersetzung gestützt durch V. 31: Hier spricht Paulus anscheinend ein mögliches Missverständnis seiner Argumentation an, nämlich die Frage, ob nun die Tora durch die *pistis* außer Kraft gesetzt sei, worauf ein entschiedenes Nein als Antwort kommt: »*Ganz gewiss nicht. Vielmehr bestätigen wir die Geltung der Tora*«, in den Worten der revidierten Lutherübersetzung von 1984: »*Wie? Heben wir denn*

---

1. Bibel in gerechter Sprache, hg. von Ulrike Bail, Frank Crüsemann, Marlene Crüsemann, Erhard Domay, Jürgen Ebach, Claudia Janssen, Hanne Köhler, Helga Kuhlmann, Martin Leutzsch, Luise Schottroff, Gütersloher Verlagshaus, Gütersloh 1. u. 2. Aufl. 2006, 3. Aufl. 2007. Übersetzerin: Claudia Janssen. Hiernach im Folgenden alle Zitate aus Röm, wenn nicht anders ausgewiesen; zur 4., erweiterten und verbesserten Auflage, Gütersloh 2011 (Taschenausgabe) s. unten zu Anm. 38.

das Gesetz auf durch den Glauben? Das sei ferne! Sondern wir richten das Gesetz auf.«

Ein solches Verständnis der Relation von Glaube und Tora, von der jüdischen Tora als weiterhin gültiger, auch christlicher Norm, ist folgerichtig auf entschiedenen Widerspruch vonseiten einer lutherischen Theologie gestoßen, die den Glauben ohne die »Werke des Gesetzes« im äußersten Fall so definiert, dass die Tora nach Jesus Christus funktionslos geworden und abgeschafft sei und sie im Bereich der christlichen Gemeinden damals wie heute keinen Platz mehr haben könne. So behauptet Jens Schröter: »Nur unter dieser Voraussetzung – dass das Gesetz für diejenigen, die in Christus sind, nicht mehr gilt – kann darüber diskutiert werden, wie die Formulierung vom ›Aufrichten des Gesetzes‹ in Röm 3,31 zu verstehen ist. Es zeigt sich nämlich, dass Paulus darunter das *rechte Verständnis des Gesetzes* als einer Institution versteht, die zeitlich begrenzt war, dazu diente, die Sünde aufzuzeigen, mit der Gerechtsprechung nichts zu tun hat und in Christus an ihr Ende gekommen ist. Auf keinen Fall ist es deshalb zulässig, die Formulierung des Paulus in Röm 3,27 und 28 in ihr Gegenteil zu verkehren und den Eindruck zu erwecken, er würde an der weiterhin bestehenden Forderung des Gesetzes festhalten.«[2] Nun ist es eben die Frage, wie die »Formulierung des Paulus« in Röm 3,27f. aufzufassen, zu interpretieren und zu übersetzen ist. Insbesondere die Wendung *choris ergon nomou* lässt sich wie alle Texte unterschiedlich übersetzen und es hilft nichts, wenn eine Seite einer anderen vorwirft, deren Wiedergabe sei »auf keinen Fall ... zulässig«, als wäre, wer so spricht, eine gesetzgebende oder rechtsprechende Instanz (was im Zusammenhang einer postulierten ›Gesetzesfreiheit‹ seinen besonderen Reiz hat). Ob eine Übersetzung jeweils sachgemäß ist, kann auch nicht von vornherein nach ihrer vermeintlichen Wörtlichkeit oder Textnähe entschieden werden, so dass »Textreue« und »Interpretation« keine Gegensätze sind: »Noch die texttreueste Übersetzung ist zugleich Interpretation, noch die offenste Übersetzung beschneidet weitere Möglichkeiten, den Text zu verstehen«.[3] Nicht selten allerdings wird der altertümliche deutsche Ausdruck ›ohne des Gesetzes Werke‹ nicht nur für die einzig mögliche, da anscheinend wörtlichste deutsche Übersetzung des griechischen

---

2. Jens Schröter, Übersetzung und Interpretation. Bemerkungen zur »Bibel in gerechter Sprache«, in: Ingolf U. Dalferth/Jens Schröter (Hg.), Bibel in gerechter Sprache? Kritik eines misslungenen Versuchs, Tübingen 2007, 99–111 (104). Zur Auseinandersetzung mit J. Schröter s. Luise Schottroff/Claudia Janssen, Wider den Antijudaismus. Die »Rechtfertigung aus Glauben« richtet sich nicht gegen die Tora, in: zeitzeichen September 2007, 8. Jg., 52–54 (auch unter www.bibel-in-gerechter-sprache.de) sowie Micha Brumlik, Ein neuer Kulturkampf ist entbrannt, in: Frankfurter Rundschau 23. Juni 2007, 63. Jg., Nr. 143, 34 (www.fr-online.de/doku u. unter www.bibel-in-gerechter-sprache.de).
3. Jürgen Ebach, Wie kann die Bibel gerecht(er) übersetzt werden?, in: Helga Kuhlmann (Hg.), Die Bibel – übersetzt in gerechte Sprache? Grundlagen einer neuen Übersetzung, Gütersloh 4. Aufl. 2007, 36–60 (51).

choris ergon nomou gehalten, sondern gleichgesetzt mit den eigenen, ursprünglichen Worten des Apostels Paulus, wie auch die obige Kritik suggeriert.

Von anderer Seite kann hingegen die viel zu lutherische Färbung der Übersetzung von Röm 3,28b in der ›Bibel in gerechter Sprache‹ bedauert werden. Ekkehard und Wolfgang Stegemann kritisieren, dass die Formulierung »... ohne dass schon alles geschafft wurde, was die Tora fordert« sprachlich im alten lutherischen Paradigma verharre, das mit seinem Zerrbild von der angeblichen jüdischen »Werkgerechtigkeit« zur antijüdischen Verleumdung des Judentums als Religion der »Leistung« und der Selbstgerechtigkeit geführt hat: »Dieser ›falschen‹ Religion des Judentums ist dann unter Berufung auf den Römerbrief die christliche Religion gegenübergestellt worden, deren Hauptworte ›Glaube‹ und ›Gnade‹ sind«[4]. Die Übersetzung lege als Meinung des Paulus nahe, »er habe die Tora für *unerfüllbar* gehalten und die Toraobservanz als *Anstrengung* verstanden; dem dadurch entstandenen soteriologischen Mangel wolle er durch *Vertrauen auf Jesus* abhelfen. Die Interpretation verharrt damit im alten Paradigma der Paulusdeutung. Das soll hier weder kritisiert noch soll die Übersetzung als fehlerhaft bezeichnet werden. Das wäre schon darum unsinnig, weil diese Interpretation der sog. Gesetzeswerke nach wie vor die deutschen Übersetzungen und weithin die deutschsprachige Exegese dominiert«.[5] An diese Kritik wäre die Frage zu richten, ob mit einem zugegeben vorliegenden sprachlichen Anklang an das Vokabular von Bemühen und Leistung inhaltlich tatsächlich keine Alternative zu einer protestantischen Diffamierung der Tora und des Judentums formuliert sein sollte.

II.

Die folgenden Ausführungen möchten vor dem Hintergrund solcher gegensätzlichen Kritiken erörtern, wie die Übersetzung des Kerntextes der Rechtfertigungslehre in der ›Bibel in gerechter Sprache‹ exegetisch begründet, ob sie sachlich angemessen und sprachlich geglückt ist.

Dabei steht die Frage im Zentrum, wie das griechische Syntagma *erga nomou* im Kontext des paulinischen Briefes an die Gemeinde in Rom zu verstehen und

---

4. Ekkehard W. Stegemann/Wolfgang Stegemann, Nicht schlecht verhandelt. Anmerkungen zur Bibel in gerechter Sprache, KuI 22, 2007, 3–20 (15); im übrigen bescheinigen Stegemann/Stegemann der Röm-Übersetzung sprachliche Eleganz (14). Zur Kritik der seit Luther gleichermaßen antijüdischen wie antikatholischen Ausrichtung der Rechtfertigungslehre s. jetzt insbesondere und grundlegend Klaus Wengst, »Freut euch, ihr Völker, mit Gottes Volk!« Israel und die Völker als Thema des Paulus – ein Gang durch den Römerbrief, Stuttgart 2008, 13–67 (»Über den antijüdischen Schatten protestantischer Paulusauslegung«).
5. Stegemann/Stegemann, a.a.O. 16.

dann zu übersetzen ist, wie überhaupt die jeweilige Sicht seiner Stellung zur Tora, zum jüdischen ›Gesetz‹, die Interpretation und Wiedergabe jedes einzelnen Verses leiten kann. Im engeren Kontext von Röm 3,28–31 ist es zum Beispiel möglich, trotz der dialektischen Argumentationen, die Paulus liebt, einerseits V. 28 oder andererseits V. 31 einzeln absolut zu setzen und so entweder die Tora für überflüssig oder im Gegenteil für maßgeblich zu halten.

Lektüreweisen und Übersetzungen finden nicht in einem Vakuum statt, sondern sind Resultate ganz unterschiedlicher Methoden und Auslegungsgemeinschaften, darauf hat gerade im Zusammenhang mit dem Römerbrief Hubert Frankemölle hingewiesen: »Die produktionsorientierte, historisch-kritische Exegese wurde in den vergangenen Jahrzehnten durch text-orientierte (linguistische) und leser-orientierte (rezeptionsästhetische) Methoden ergänzt. Die Vielschichtigkeit und Pluralität der Textsinne und ihre Einbindung in die Geschichte Israels und der Urkirche wurden dadurch klarer erkannt, ebenso die Verflechtung der Leser und Interpreten in die je unterschiedliche Glaubensgemeinschaft«.[6] Zu diesen neuen Methoden gehören feministische und befreiungstheologische Lektüreweisen sowie die sozialgeschichtliche Bibelauslegung als Zweig der historisch-kritischen Exegese. Jede Perspektive ist in der Lage, Facetten der paulinischen Texte neu zu gewichten und zu interpretieren, so dass das Bild des Apostels zusammen inmitten der differenzierter wahrgenommenen historischen Bezüge reichere Konturen und neue Akzente gewinnt.[7] Indem die ›Bibel in gerechter Sprache‹ ausdrücklich den Versuch unternimmt, besonders im Bereich des Neuen Testaments hinsichtlich antijüdischer Auslegungen und Übersetzungstraditionen wachsam zu sein[8] und dagegen die Möglichkeiten des jeweiligen Textsinns zu stärken, die dem widersprechen, steht

---

6. Hubert Frankemölle, Völker-Verheißung (Gen 12–18) und Sinai-Tora im Römerbrief. Das »Dazwischen« (Röm 5,20) als hermeneutischer Parameter für eine lutherische oder nichtlutherische Paulus-Auslegung, in: Michael Bachmann, unter Mitarbeit von Johannes Woyke (Hg.), Lutherische und Neue Paulusperspektive. Beiträge zu einem Schlüsselproblem der gegenwärtigen exegetischen Diskussion, WUNT 182, Tübingen 2005, 275–307 (301). Frankemölle weist ebd. auch darauf hin, dass die Reichweite jeder Methode begrenzt sei und keine ein Monopol beanspruchen könne, wobei er Martin Luther zur rezeptionsorientierten Leseweise zählt.
7. Zu einer Bestandaufnahme z. B. feministischer Paulusrezeption s. Marlene Crüsemann, Art. Paulus, in: Wörterbuch der Feministischen Theologie, 2. überarb. u. grundlegd. erweit. Aufl., hg. v. Elisabeth Gössmann u. a., Gütersloh 2002, 444–448 = unten S. 132–143.
8. Vgl. Einleitung der Bibel in gerechter Sprache, 10f; Martin Leutzsch, Dimensionen gerechter Bibelübersetzung, in: Helga Kuhlmann (Hg.), Die Bibel – übersetzt in gerechte Sprache? Grundlagen einer neuen Übersetzung, Gütersloh, 4. Aufl. 2007, 16–35, hier: 23–27 sowie ders., Umgang mit Antijudaismus im Neuen Testament nach der Shoah: Am Beispiel von Röm 3,27–31 (2007), in: http://www.bibel-in-gerechter-sprache.de/./downloads/Antijudaismus_Roem3.pdf: die sachgemäße Übersetzung des Begriffs *nomos* mit »Tora« in Röm 3,27ff signalisiere eine Abkehr vom antijüdischen Stereotyp des ›gesetzlichen‹ Judentums (3–5), worauf für das NT schon Stimmen des deutschen Judentums im 19. Jh. gedrungen hätten (5 Anm.18).

deren Übersetzung des Briefs an die Gemeinde in Rom in besonderer Verantwortung. Denn die Parameter der internationalen Paulusforschung haben sich in den letzten Jahrzehnten einschneidend verändert.

Die sogenannte neue Paulusperspektive hat beginnend mit einem Aufsatz von Krister Stendahl aus dem Jahr 1963 herausgearbeitet, dass die Frage Luthers »Wie bekomme ich einen gnädigen Gott« eher nicht die des Paulus ist: »Paulus ist zu seiner Sicht des Gesetzes nicht dadurch gelangt, dass er dessen Wirkung auf sein Gewissen geprüft und abgewogen hat. Es war vielmehr sein Ringen mit der Frage über den Ort der Heiden in der Kirche und im Plan Gottes, mit dem Problem Juden – Heiden oder Judenchristen – Heidenchristen, welches ihn zu seiner Interpretation des Gesetzes getrieben hat«.[9] Paulus wird nun in das Judentum seiner Zeit eingeordnet und seine Sicht der Tora in das jüdische Selbstverständnis, das von einer angeblichen Leistungsreligion nichts weiß und auch nichts von der Theorie, dass die Menschen sich durch ›gute Werke‹ ihr Heil verdienen müssten. Dieses Zerrbild des Judentums, das bis zur Schoah und noch etliche Jahre danach insbesondere die protestantische Theologie und das Denken ihrer größten Ver-

---

9. Krister Stendahl, Paulus und das »introspektive« Gewissen des Westens, in: KuI 11, 1996, 19–33 (engl.: HThR 56, 1963, 199–215), hier: 22f; s.a. ders., Das Vermächtnis des Paulus. Eine neue Sicht auf den Römerbrief, Zürich 2001. Eine Würdigung der Leistung K. Stendahls bietet Friedrich Wilhelm Horn, Juden und Heiden. Aspekte der Verhältnisbestimmung in den paulinischen Briefen. Ein Gespräch mit Krister Stendahl, in: Michael Bachmann (Hg.), Paulusperspektive, 17–39. Zur ›neuen Paulusperspektive‹ zusammenfassend und auf Vorläufer hinweisend: Christian Strecker, Paulus aus einer »neuen Perspektive«. Der Paradigmenwechsel in der jüngeren Paulusforschung, KuI 11, 1996, 3–18, mit besonderer Berücksichtigung der Arbeiten von Ed P. Sanders (Paulus und das palästinische Judentum, Göttingen 1985; ders., Paulus. Eine Einführung, Stuttgart 1996) und James D.G. Dunn (Romans, 2 Bde. WBC 38, Dallas 1988; ders., The Theology of Paul the Apostle, Grand Rapids u. Cambridge 1998), auf dessen Aufsatz die neue Parole zurückgeht (J.D.G. Dunn, The New Perspective on Paul, BJRL 65, 1983, 95–122), und zuletzt insbesondere Ivana Bendik, Paulus in neuer Sicht? Eine kritische Einführung in die »New Perspective on Paul«, Judentum und Christentum 18, Stuttgart 2010. Das Verhältnis Judentum – Menschen aus den Völkern als Schlüssel des Röm arbeitet auch Ekkehard W. Stegemann, Der eine Gott und die eine Menschheit. Israels Erwählung und die Erlösung von Juden und Heiden nach dem Römerbrief, Habil.-Schrift Heidelberg 1981, monographisch heraus sowie Klaus Wengst, Freut euch; s.a. den Kommentar von Klaus Haacker, Der Brief des Paulus an die Römer, ThHK 6, Leipzig 1999. Zu dieser *new perspective* sind zudem die Arbeiten von Luise Schottroff und Peter von der Osten-Sacken zu zählen, indem auch sie eine neue und positive Sicht der Tora in die Römerbriefexegese einbringen, s. bes. Luise Schottroff, Die Schreckensherrschaft der Sünde und die Befreiung durch Christus nach dem Römerbrief des Paulus, in: dies., Befreiungserfahrungen. Studien zur Sozialgeschichte des Neuen Testaments, München 1990, 57–72 (= EvTh 39, 1979, 497–510); dies., Die befreite Eva. Schuld und Macht der Mächtigen und Ohnmächtigen nach dem Neuen Testament, in: Christine Schaumberger/Luise Schottroff, Schuld und Macht. Studien zu einer feministischen Befreiungstheologie, München 1988, 15–151; dies.., Die Lieder und das Geschrei der Glaubenden. Rechtfertigung bei Paulus, in: Claudia Janssen/Luise Schottroff/Beate Wehn (Hg.), Paulus. Umstrittene Traditionen – lebendige Theologie. Eine feministische Lektüre, Gütersloh 2001, 44–66 (= EvTh 60, 2000, 332–347); Peter von der Osten-Sacken, Das Verständnis des Gesetzes im Römerbrief, in: ders., Die Heiligkeit der Tora. Studien zum Gesetz bei Paulus, München 1989, 9–59.

treter geprägt hat, ist in der wissenschaftlichen Literatur Gott sei Dank nicht mehr
so oft anzutreffen.

III.

Wie aber wird der ›Glaube ohne die Werke des Gesetzes‹ nach Röm 3,28 in dieser
neuen Perspektive gedeutet und welche Rolle spielt dann die Aussage von V. 31 von
der Aufrichtung der Tora? Eine Möglichkeit ist es, die *erga nomou* als diejenigen
Gebote der Tora zu verstehen, die soziologisch das besondere Merkmal Israels sind,
wie Beschneidung und Speisegesetze,[10] welche aber für die Menschen aus den Völkern nicht übernommen werden müssen, um zur Gemeinde des Gesalbten Jesus
und damit zu Gott zu gehören. Das ist das Thema des Paulus im Brief an die Gemeinden in Galatien. Von daher gibt es viele Versuche, dieses spezifische Verständnis der *erga nomou* auch im Brief nach Rom vorauszusetzen und den Abschnitt
3,28–31 als Relativierung dieser identitätsstiftenden, das jüdische Volk von den anderen Völkern trennenden Gebote zugunsten der nichtjüdischen Mitglieder in den
Gemeinden zu deuten.[11] Rechtfertigung wäre damit die Eröffnung der Gerechtigkeit
Gottes für die Menschen der Völkerwelt, *choris ergon nomou* hieße konkret, dass
pistis, Glauben, Vertrauen, Treue dafür der entscheidende Akt ist, nicht etwa die
Beschneidung nichtjüdischer Männer. Im Kontext spricht für eine solche Deutung
3,29: *Oder ist Gott allein Gott jüdischer Menschen? Und nicht auch der Völker? Ja,
gewiss: auch der Völker.* Dazu kommt anschließend das Thema von Röm 4 von Abraham als dem Vater aller Glaubenden, der vor seiner Beschneidung und damit ohne

---

10. Vgl. etwa James D.G. Dunn, Die neue Paulus-Perspektive. Paulus und das Gesetz, KuI 11, 1996,
 34–45 (ein Auszug aus dessen Röm-Kommentar, a.a.O. LXIII-LXXII), der außerdem den Sabbat als
 angeblich trennende Institution nennt (42f). Das bei Dunn damit einhergehende Klischee vom jüdischen Partikularismus und engem Nationalstolz als einem jüdischen Missverständnis der Tora,
 dem die Weite des christlich-paulinischen Universalismus entgegenstehe, wird kritisiert von Luise
 Schottroff, »Wir richten die Tora auf« (Röm 3,31 und 1 Kor 5,1–13), in: Freiheit und Recht. FS Frank
 Crüsemann, hg. v. Christof Hardmeier/Rainer Kessler/Andreas Ruwe, Gütersloh 2003, 429–450
 (430f).

11. So u. a. auch Haacker, Kommentar Röm, 83f.85–97; Michael Bachmann, Keil oder Mikroskop? Zur
 jüngeren Diskussion um den Ausdruck »›Werke‹ des Gesetzes«, in: ders. (Hg.), Paulusperspektive,
 69–134, mit Verweis auf 4QMMT und den dortigen hebr. Ausdruck für Toraobservanz *ma'asse ha-to-
 rah* als Äquivalent für griech. *erga nomou*; dem folgt mit weiteren guten Argumenten Wengst, Freut
 euch, 185–188.189–204, passim. Eine Auseinandersetzung mit Bachmanns These bietet Otfried
 Hofius, »Werke des Gesetzes«. Untersuchungen zu der paulinischen Rede von den ἔργα νόμου, in:
 Dieter Sänger/Ulrich Mell (Hg.), Paulus und Johannes, WUNT 198, Tübingen 2006, 271–310, indem
 er anhand von Röm, Gal u. a. Quellen herausarbeitet, dass das Syntagma allgemein das Handeln nach
 der Tora meint, »die Bedeutung ›das Tun des Gesetzes‹ ... in ganz umfassendem Sinn das Leben nach
 der Weisung Gottes, das ausdrücklich als ein von Gottesfurcht bestimmtes Leben charakterisiert
 wird« (310).

sie, nur aufgrund seines Vertrauens in die Zusagen Gottes, von Gott Gerechtigkeit zugesprochen bekam (4,9ff). Folglich lauten die alternativen Übersetzungen der Wendung *choris ergon nomou* in 3,28: »*ohne Rücksicht auf die im Gesetz vorgeschriebenen Handlungen*«[12] oder »*unabhängig von der von der Tora gebotenen (religiösen) Praxis*«[13].

Mit dieser Interpretation muss keine Ablehnung der ethischen Dimensionen der Tora einhergehen: »Zwischen den ἔργα νόμου im Sinne der ›vom Gesetz vorgeschriebenen (spezifisch jüdischen kultischen) Handlungen‹ und den ›guten Werken‹ der Ethik muss also klar unterschieden werden. Die paulinische Abwertung der ›Werke des Gesetzes‹ zielt nicht auf eine allgemeine Verhältnisbestimmung zwischen Glauben und Handeln, sondern ist ein Votum für die Gleichstellung von Juden und Nichtjuden vor dem Angesicht Gottes (und damit auch innerhalb der Kirche).«[14] Von daher kann dann Röm 3,31 als eine Bejahung der gesamten Tora im Hinblick auf jüdische Menschen gelesen werden und als teilweise Inkraftsetzung für Menschen aus den Völkern, so zum Beispiel Klaus Wengst: »Mit der Betonung von Treue und Vertrauen annulliert« Paulus »die Tora nicht; davon unbeschadet sollen Jüdinnen und Juden selbstverständlich das ihnen Gebotene tun – einschließlich dessen, was die Tora an (religiöser) Praxis gebietet. Durch das Hinzukommen von Menschen aus den Völkern werden aber die ›Rechtsforderungen‹ der Tora (Röm 2,26; Röm 8,4) auch von ihnen ausgeführt. Das ist alles andere, als die Tora außer Kraft zu setzen«.[15] Die Tora wird mit dieser Lösung und ihrer Sicht der *erga nomou* nicht für abgeschafft erklärt. Es gibt jedoch noch eine andere Möglichkeit, zu diesem Ergebnis zu kommen, und darauf basiert die Übersetzung der ›Bibel in gerechter Sprache‹.

IV.

»*... ohne dass schon alles geschafft wurde, was die Tora fordert*« – diese Wiedergabe von *choris ergon nomou* in Röm 3,28 geht von einem umfassenden Begriff der Tora

---

12. Haacker, Komm. 85.
13. Wengst, Freut euch, 189f; eine ähnliche Position vertritt Roland Bergmeier, Vom Tun der Tora, in: Michael Bachmann (Hg.), Paulusperspektive, 161–181, allerdings ohne eigene Übersetzung von V.28 und der anderen Verse.
14. Haacker, Komm. 84; vgl. Wengst, Freut euch, 188.
15. Wengst, Freut euch, 204. Im übrigen fällt auf, dass bei der Diskussion der *erga nomou* die Interpretation von Röm 3,31 oft keine oder eine sehr geringe Rolle spielt, s. z.B. das Register des von M. Bachmann hg. Sammelbandes zur lutherischen und neuen Paulusperspektive (a.a.O.); auch im ebenso materialreichen Aufsatz von Hofius, »Werke des Gesetzes«, findet sich zu Röm 3,31 nichts. Ist das »Aufrichten der Tora« für die Interpretation ihrer »Werke« wirklich so nebensächlich, um Paulus gerecht zu werden?

aus, nicht von einem partiellen, der allein auf identitätsstiftende Gebote Israels wie die Beschneidung beschränkt wäre. Dafür spricht im Kontext die Aussage von Röm 3,20, wonach niemand, kein Mensch, vor Gott Gerechtigkeit erlangt durch das Tun der Tora *(ex ergon nomou ou dikaiothesetai pasa sarx)*: Das setzt doch voraus, dass zuvor die Rede davon gewesen ist, dass Menschen jeglicher Herkunft es mit den *erga nomou* versucht haben könnten. Nun wird in den ersten drei Kapiteln aber nicht der Drang nichtjüdischer Menschen etwa nach Beschneidung thematisiert[16], sondern Paulus schildert eine Welt voller Bosheit und Gewalt, von Ungerechtigkeit und dauerndem Unvermögen, das Gute zu tun. Dies betrifft alle Menschen: »*Niemand tut Gutes, nicht eine Einzige, nicht ein Einziger*« (Röm 3,10/Ps 14,3). Das bedeutet, dass die Taten der Güte und der Gerechtigkeit, die die Tora gebietet, faktisch nicht in der Welt realisiert werden. So lassen sich die Redegänge von Röm 1,18–3,9 zusammenfassen. Nichtjüdische Menschen, die das Wissen um das richtige Handeln im Herzen tragen (2,15), könnten danach leben. Jüdische Menschen, denen die Tora und die Worte Gottes anvertraut sind, könnten es noch viel leichter und besser (2,17ff). Doch auch bei ihnen klaffen Wissen und praktisches Leben auseinander, so beschreibt es Paulus mit der Differenz von Lehre und eigener Praxis (2,21ff). In einer dichten Zusammenstellung von Schriftzitaten vorwiegend aus den Psalmen wird in Röm 3,10–18[17] das Fazit aus den vorherigen Erörterungen gezogen, es ist erschütternd: Alle sind korrumpiert worden, handeln nicht rechtschaffen, die Körperglieder aller sind einbezogen in die Aufrichtung der Ungerechtigkeit in der Welt – die Münder und Zungen der Menschen fluchen, betrügen und lügen, Füße eilen zum Blutvergießen, zu Gewalt, Zerstörung und Krieg, nirgends gibt es Gottesfurcht. Hier wird nach Luise Schottroff eine umfassende Klage laut über den heillosen Zustand der Welt, der durch menschliches Handeln verursacht worden ist: »Paulus hat mit den Worten seiner Bibel ... einen Klagepsalm gedichtet«, dieser »steht nicht zufällig am Ende der umfassenden Analyse der Macht der Sünde in Röm. 1,18ff: die Analyse mündet in einen Psalm«.[18] »Die Sprache der Schrift dient dabei auch als Medium gesellschaftlicher Analyse«.[19]

Diese Lektüre setzt voraus, dass Paulus mit Röm 1–3 keine bloße Rhetorik formuliert, die vor allem der Überführung sowohl jüdischer als auch nichtjüdischer

---

16. Vgl. die sprachliche Analyse von Hofius, »Werke des Gesetzes«, 286–294.
17. Koh 7,20; Ps 14,1–3/53,2–4; 5,10; 140,4; 10,7; Jes 59,7f; Spr 1,16; Ps 36,2 (LXX, Stellenangaben nach MT).
18. Schottroff, Die befreite Eva, 84.85. Auf die Bedeutung von Röm 3,9–20, angesichts der weitgehenden inhaltlichen Vernachlässigung der Zitatcollage in der Forschung, für die Interpretation von Röm 1–3 und damit für die Rechtfertigungslehre hat Luise Schottroff mehrfach hingewiesen, hier: 84–87; s. dies., Rechtfertigung, 54–56; vgl. Schottroff/Janssen, Wider den Antjudaismus, 52: Diese paulinische Klage über den Zustand der Welt spricht eindrucksvoll auch gegenwärtige Erfahrungen des Schreckens aus.
19. Schottroff, Rechtfertigung, 56.

Sünder_innen dient, sondern dass er selbst leidet, selbst zuvor gerungen hat und ringt, Gottes Gerechtigkeit erscheinen zu sehen und damit die der Menschen, die das Richtige zu tun vermögen. Um das richtige Tun geht es Paulus durchgängig und immer wieder, selbst noch in Röm 7,7ff beschreibt er ein Ich, das zwischen dem Willen, nach der guten, gerechten und heiligen Tora Gottes zu handeln, und dessen faktischer Ausführung zerrissen ist.[20]

Die Übersetzung von Röm 1,17 in der ›Bibel in gerechter Sprache‹ betont, was der Kern des paulinischen Evangeliums ist, dass es in der Folge des Briefes darum geht zu zeigen, wie Gott seine Gerechtigkeit in der Welt durchsetzt, wo sie bisher nicht sichtbar geworden ist: »*In ihr (sc. der Freudenbotschaft) wird enthüllt, wie Gott Gerechtigkeit schafft (dikaiosyne theou)*[21], *als Ursprung und Ziel des Vertrauens. So steht es geschrieben*: Gerecht ist, wer Vertrauen lebt.« Diese Zitierung von Hab 2,4 – in der Übersetzung Luthers (1545): »DER GERECHTE WIRD SEINES GLAUBENS LEBEN«[22] – ist die Essenz des später in Röm 3,21ff ausgeführten Gedankens der Gerechtsprechung aller Menschen durch »das Vertrauen auf Jesus, den Messias«[23] oder anders übersetzt: die »Treue des Gesalbten Jesus«[24]. Die Gerechtsprechung und Gerechtmachung ereignet sich wirksam aber nicht allein in der Existenz von Einzelnen, sondern sie hat ein klares Ziel, nämlich die Verwandlung der Welt, ja der

---

20. Zu Röm 7 als einer »Verteidigung der Heiligkeit und des Gutsein des Gesetzes« s. Stendahl, Paulus und das introspektive Gewissen, 28–30.
21. Entsprechend der lutherischen Interpretation übersetzt die Lutherrevision *dikaiosyne theou* in Röm 1,17: »die Gerechtigkeit, die vor Gott gilt«; die Einheitsübersetzung: »die Gerechtigkeit Gottes«; die Neue Zürcher Bibel, 2007: »Gottes Gerechtigkeit«. Jürgen Ebach, Gott ist gerecht, und Gott macht gerecht. Bibelarbeit über Römer 3,21–31, in: ders., Weil das, was ist, nicht alles ist! Theologische Reden 4, Frankfurt 1998, 206–225, betont, dass die griech. Wendung *dikaiosyne theou* die Gerechtigkeit als Gottes Eigenschaft, Gottes Gerechtsprechung und Gottes Wirken gleichzeitig ausdrückt und schlägt als Wiedergabe vor: »Gott *macht* gerecht« (209). Sinngemäß entspricht dem die Übersetzung von Röm 1,17 in der ›Bibel in gerechter Sprache‹.
22. Hab 2,4 bei Luther 1545 lautet: »DENN DER GERECHTE LEBET SEINES GLAUBENS«; in der Lutherrevision 1984: »der Gerechte aber wird durch seinen Glauben leben«, Röm 1,17 lautet hier: »der Gerechte wird aus Glauben leben«; die ›Bibel in gerechter Sprache‹ übersetzt Hab 2,4: »Aber wer gerecht ist, bleibt wegen der eigenen Treue am Leben«; ähnlich die Einheitsübersetzung (die das Zitat in Röm 1,17 dann wiedergibt: »*Der aus Glauben Gerechte wird leben*«) u. auch Neue Zürcher Bibel (an beiden Stellen fast wie die Einheitsübersetzung, also gibt keine dieser Übersetzungen ein ›wörtliches‹ Hab-Zitat in Röm 1,17 wieder); vgl. zu *emunah/pistis* den Art. »Glaube, glauben« im Glossar der ›Bibel in gerechter Sprache‹ (von Frank Crüsemann, 2352–2355).
23. *dia pisteos Iesou Christou* in Röm 3,22 in der Übersetzung der ›Bibel in gerechter Sprache‹.
24. So die Übersetzung in Röm 3,22 von Wengst, Freut euch, 189; s. ebd. 190f die Diskussion zum *genitivus obiectivus* bzw. *genitivus subiectivus* von *dia pisteos Iesou Christou*. Dies ist auch die Übersetzung für den Deutschen Evangelischen Kirchen Leipzig 1997, abgedruckt in der Bibelarbeit von Frank Crüsemann, Gott glaubt an uns – Glaube und Tora in Römer 3, in: ders., Maßstab: Tora. Israels Weisung für christliche Ethik, Gütersloh 2003, 67–85 (67), vgl. die Bemerkungen zu *pistis* ebd. 82ff sowie die Auslegung in diesem Sinn in der Bibelarbeit von Jürgen Ebach, Gott ist gerecht, und Gott macht gerecht, 211ff.

ganzen Schöpfung, die in Wehen liegt, die auf die Geburt, die Offenbarung der Freiheit der Kinder Gottes wartet, welche als Befreite imstande sind, gerecht, richtig und lebensförderlich zu handeln (Röm 8,4.18–23).[25] So hat Paulus von Anfang an mit dem Thema von der Durchsetzung der Gerechtigkeit Gottes in Röm 1,17 die ganze Welt im Blick und schlägt mit der globalen Klage in den ersten Kapiteln einen großen Bogen zur Erlösung der ganzen Schöpfung in Kap. 8. Das Zitat von Hab 2,4 in Röm 1,17 setzt den Anfang mit einer Vision des Lebens in Gerechtigkeit, des richtigen Lebens, wie es durch Vertrauen ermöglicht wird. Dieses gerechte Leben in *pistis* – Vertrauen, Glaube, Treue – wird für Paulus verwirklicht, dem dienen die einzelnen Gesprächsgänge bis Kap. 8, durch Jesus Christus.

Der programmatische Bezug auf Hab 2,4 weist auf eine gewisse Bindung von Paulus an den Propheten Habakuk hin. Über das Zitat von Hab 2,4 hinaus hat er meines Erachtens jedoch noch mehr von Habakuk übernommen, nämlich dessen Analyse der Gegenwart sowie dessen Sicht der Tora. Auch der Prophet klagt in seiner eigenen Zeit in Juda über Unrecht, Gewalt und Elend unter dem Schatten einer Großmacht, bei Paulus ist es das Imperium Romanum, bei Habakuk die Bedrohung durch Babylon. Auch das Buch Habakuk beginnt in Hab 1,2–3 wie der Brief an die Gemeinde in Rom ab Röm 1,18 mit einer Bestandsaufnahme der herrschenden Ungerechtigkeit, der Rechtlosigkeit seiner Zeit, mit einer Klage über Gewalt und Verbrechen. Diese Themen bestimmen das ganze Prophetenbuch. Habakuk beklagt, dass die Tora in seiner Gegenwart nicht durchsetzungsfähig ist (Hab 1,4):

Deshalb ist das Gesetz (tora) entkräftet,
und das Recht (mischpat) zeigt sich überhaupt nicht mehr.
Ja, die Ungerechten umzingeln die Gerechten.
Verdrehtes Recht kommt dabei heraus.[26]

Die Erfahrung, dass das Rechtssystem der Tora angesichts praktizierter Verbrechen auf allen Ebenen kapituliert und damit die Dimension des Segens der Weisungen des Deuteronomiums im Lande nicht Realität werden kann,[27] führt zu dem Schluss, dass die Tora aktuell keine Macht hat, sie in eine Phase der Ohnmacht eingetreten ist. Dagegen formuliert das Buch Habakuk die sehnsüchtige Hoffnung auf ein erneutes Kommen Gottes zur Rettung seines bedrohten Volkes (Hab 3).

---

25. Zur Geburt des neuen Lebens der Schöpfung in Korrelation zur Befreiung der Töchter und Söhne Gottes nach Röm 8,18–27 s. L. Schottroff, Befreite Eva, 110–120, s. a. Claudia Janssen, Christus und seine Geschwister (Röm 8,12–17.29f), in: Marlene Crüsemann/Carsten Jochum-Bortfeld (Hg.), Christus und seine Geschwister. Christologie im Umfeld der Bibel in gerechter Sprache, Gütersloh 2009, 64–80.

26. ›Bibel in gerechter Sprache‹, Übersetzung von Gerlinde Baumann.

27. S. dazu Marshall D. Johnson, The paralysis of torah in Habakkuk i 4, VT 25, 1985, 257–266.

Diese Theorie einer Schwächung der Tora angesichts umfassender Erfahrungen von Rechtlosigkeit[28], die zum ersten Mal in der Bibel im Buch Habakuk formuliert wird, hat Paulus inspiriert und zu seiner ganz eigenen Theorie über die Tora und deren Zuordnung zur *hamartia*, der Sündenmacht, beigetragen. Einen expliziten Niederschlag dieses paulinischen Bezugs auf Hab 1,4 finden wir in Röm 8,3 in Form einer Anspielung: »*Denn was der Tora nicht möglich war, weil sie sich auf Grund der Begrenzungen der menschlichen Existenz als ohnmächtig erwies* (adynaton tou nomou en ho esthenei dia tes sarkos*), tat Gott mit der Sendung seines eigenen Sohnes, der unter den gleichen von der Sündenmacht beherrschten Bedingungen lebte ...*«. Diese in der Forschung insgesamt wenig diskutierte Aussage über die Tora[29] schließt zusammen mit 8,10 explizit und thematisch die weit ausgreifende Abhandlung über die *hamartia* (die Sündenmacht bzw. das Sündigen) ab, die den Brief als Begriff seit 2,12 begleitet, der Charakterisierung des Inhalts der ersten Kapitel in 3,9.23 dient und besonders die Kap. 5–7 prägt: Hiermit wird auch die Tora freigesprochen und von ihrer epochalen Schwächung erlöst, so dass ihre Rechtsordnung oder Rechtsforderung (*dikaioma*, 8,4) von der Gemeinde erfüllt, und so nach den gerechten Weisungen der Tora gelebt werden kann.[30]

Bei der Exegese des Römerbriefs und der Beschreibung seiner Rechtfertigungslehre kommt alles auf die ständige Unterscheidung von Tora und Sündenmacht an. Viele negative Aussagen über die Tora, die im Laufe mancher Auslegung formuliert werden, kommen durch diese mangelnde Unterscheidung zustande, weil verkannt wird, dass für Paulus die Kraft des Bösen, aus der alles Existieren in Ungerechtigkeit resultiert, mit der *hamartia* zusammenhängt (Röm 5–6) und nicht mit den Eigenschaften der Tora (Röm 7,12). Luise Schottroff hat die bei Paulus mit der *hamartia/* Sünde verbundenen Vorstellungen analysiert; metaphorisch geht es um Weltherrschaft, um ein globales System der Unterwerfung aller Menschen: »Die Sünde

---

28. Thematisch vergleichbar sind auch die Klagen des 4. Esrabuchs über die Verwüstungen im Land Israel durch den römischen Krieg (nach 70 n. Chr.) als jüdisches Leiden an der Ohnmacht der Tora, s. Schottroff, Schreckensherrschaft der Sünde, 66–69; dies., Rechtfertigung, 59f.

29. Die Aufmerksamkeit gilt in der Regel der *hamartia* und der Sendung des Sohnes; vgl. z.B. Ulrich Wilckens, Der Brief an die Römer (Röm 6-11) VI/2, Zürich u. Neukirchen-Vluyn 1980, 124-128, der Röm 8,3 mit am ausführlichsten behandelt. Bei C.E.B. Cranfield, The Epistle to the Romans, Vol. I, ICC, Edinburgh 1975, 378f Anm.3, findet sich immerhin ein Hinweis auf die Diskussion der Alten Kirche ob *to ... adynaton tou nomou* aktiv oder passiv zu verstehen sei.; s. a. E.W. Stegemann, Der eine Gott, 169f. An wichtigen Stellen seiner Abhandlung erwähnt wird Röm 8,3 von P. v.d. Osten-Sacken, Verständnis des Gesetzes, z.B. 21f: »Wenn der Apostel, wie vielfach vertreten, im Römerbrief tatsächlich ein Interesse gehabt hätte, Jesus Christus als Ende oder Abschaffung des Gesetzes zu explizieren, dann hätte er in Röm 8,3b eine unvergleichliche Gelegenheit dazu gehabt, indem er formulierte, Gott habe durch die Sendung des Sohnes ... das Gesetz abgeschafft. Aber gerade davon findet sich kein einziges Wort« (22).

30. Zur »positiven Zielbestimmung« der Tora für die Gemeinde nach Röm 8,4 s. Wengst, Freut euch, 268ff.

herrscht als Königin (*basileuein* 6,12; 5,21), sie herrscht als *kyrios* (… 6,14), ihr Herrschaftsraum ist der *kosmos* (5.12.13) … Sie hält den Menschen als Gefangenen (7,23). Sie ist Kriegsherrin, die Sold bezahlt (6,23), deren Waffe der Mensch ist (6,13), ihr weltweites Herrschaftssystem ist der Tod (5,21). Die Sünde ist Gesetzgeberin, sie unterwirft die Menschheit durch ihren *nomos* (7,23.25; 8,2) … Der *nomos* der *hamartia* ist nicht die Tora, sondern gerade der Zwang, der es unmöglich macht, den Willen Gottes, die Tora, zu erfüllen … Die Weltherrschaft der Sünde wird erst von den Glaubenden durchschaut. Durch den Glauben an Christus wird erkannt, dass sich die Weltherrscherin Sünde sogar noch der Tora bedient hat«.[31] Hinzu kommt das Bild der Sünde als Sklavenherrin (Röm 6,12–23) und als Dämon, der wie in den Heilungsgeschichten der Evangelien einen einzelnen Menschen gegen dessen Willen beherrscht (Röm 7,14–25).[32] Zu beachten ist, dass diese analog der weltweiten Herrschaft des römischen Kaisers beschriebene imperiale Herrschaftsausübung durch die Sündenmacht für Paulus keinerlei Entlastung hinsichtlich der individuellen Schuld bringt. Im Gegenteil, denn die Röm 3,21ff vorangehenden Klagen betonen die Mittäterschaft aller, alle sind als Täterinnen und Täter verwickelt in ein System von Taten der Ungerechtigkeit, der Ausübung von Verbrechen, und erhalten es damit aufrecht: »Die *eigenen* falschen Taten werden aus der Perspektive der Opfer beschrieben« (Röm 3,10–18). Paulus »mutet sich und seinesgleichen zu, sich selbst nicht als Opfer der Misere, als Opfer der Sündenherrschaft zu verstehen, sondern die eigenen Taten aus der Perspektive der Opfer und Gottes zu verstehen«, das betrifft gerade auch die »Mittäterinnen«.[33]

V.

Unter Beachtung dieses Aspekts der Mittäter_innenschaft, die Paulus in den ausführlichen Klagen von Röm 1–3 entfaltet, formuliert die Übersetzung von *choris ergon nomou* in Röm 3,28 in der ›Bibel in gerechter Sprache‹ sehr genau: »ohne dass schon alles geschafft wurde, was die Tora fordert«. Das heißt, dass ungeachtet des andauernden Blutvergießens in der Welt, ungeachtet allen bisherigen Scheiterns,

31. Schottroff, Schreckensherrschaft der Sünde, 59f.
32. Schottroff, Schreckensherrschaft der Sünde, 61ff; vgl. dies., Befreite Eva, 32ff.76ff; dies., Rechtfertigung, 57ff; zur Personifikation der Sünde in Röm 5–7 s.a. Günter Röhser, Metaphorik und Personifikation der Sünde. Antike Sündenvorstellungen und paulinische Hamartia, WUNT/II 25, Tübingen 1987, bes. 103–177.
33. Schottroff, Befreite Eva, 84–87, hier: 86. Vgl. auch die Kurzfassung der Beschreibung des Verhältnisses von Tora und Sünde nach Röm bei Andreas Ruwe/Martin Vahrenhorst, Art. Tora/Nomos, in: Sozialgeschichtliches Wörterbuch zur Bibel, hg. v. Frank Crüsemann/Kristian Hungar/Claudia Janssen/Rainer Kessler/Luise Schottroff, Gütersloh 2009, 590–596 (595).

nach der lebensförderlichen Weisung der Tora zu leben, Menschen für gerecht erklärt werden, weil sie durch die Treue Jesu oder das Vertrauen auf Jesus als Messias aus dem Herrschaftsbereich der Sündenmacht und des Todes befreit worden sind. Das Evangelium, das Paulus verkündet, bedeutet: Im Herrschaftsbereich des Vertrauens auf Christus, und das ist die Gemeinde, sind die Einzelnen gerecht gesprochen, gerecht gemacht und können daher gerecht leben,[34] das heißt, aufhören mit der Beteiligung an Beutezügen, an der Lebensvernichtung, dem Übertreten der Gebote. Sie sind imstande, Gott und die Menschen zu lieben, die Fülle der Tora zu leben (Röm 13,8–10). Doch auch die Gemeinde lebt noch auf Hoffnung hin. Sie hofft auf die vollständige Erlösung der Welt, das beschreiben die Geburtsbilder von Röm 8, sie setzt ihre Zuversicht auf den heiligen Geist, die Geistkraft, den Atem Gottes als Beistand für die oft Ohnmächtigen (8,26ff): »*Alles wirkt zum Guten zusammen für die, die Gott lieben, weil Gott entschieden hat, sie zu rufen. Das wissen wir*« (V. 28).

Die Übersetzung von Röm 3,28 der ›Bibel in gerechter Sprache‹ lässt sich also aus einer Exegese des ganzen Zusammenhangs von Röm 1–8 verstehen. Sie trägt dem Kontext der paulinischen Argumentation Rechnung, der die gute Tat gemäß der Tora[35] nicht denunziert, sondern ihre mangelnde Umsetzung beklagt. Um alle Anklänge an das falsche und fatale Bild des Judentums als einer Leistungsreligion[36] zu vermeiden, könnte die Übersetzung sprachlich noch etwas verbessert werden. Dementsprechend heißt es – vergleichbar anderen Übersetzungslösungen im Römerbrief für das Syntagma wie: das richtige »*Handeln, das die Tora fordert*« (Röm 2,15) bzw. »*unabhängig vom Tun der Tora*« (für *choris nomou* in Röm 3,21) oder in der Übersetzung für den Leipziger Kirchentag »*abgesehen von den in der Tora gebotenen Taten*«[37] – in der überarbeiteten Fassung der ›Bibel in gerechter Sprache‹ jetzt: »*ohne dass die ganze Tora getan wurde*«[38]. Alle diese Lösungen beruhen auf einer

---

34. Der »Glaube macht Menschen gerecht, weil glauben heißt, anfangen gerecht zu leben, vielleicht zunächst ganz im kleinen, wie ein Kind, Neugeburt ist ja ein anderes Wort dafür ... Die Gemeinde, in der das geschieht, ist deshalb der Körper des Messias, ist das Werkzeug, mit dem Gott Gerechtigkeit in der Welt schaffen will«, F. Crüsemann, Gott glaubt an uns, 84f.

35. In Röm 2,15 ist so positiv vom *ergon nomou* die Rede, dass es sogar in die Herzen nichtjüdischer Menschen eingraviert sei. Interessant ist hier die Übersetzungsstrategie der Lutherrevision (1984): Während sonst in Röm 3,28 u.ö. von den »Werken« des »Gesetzes« die Rede ist, steht in 2,15 nicht etwa, dass das »Werk des Gesetzes« ins Herz geschrieben sei, sondern das, »was das Gesetz fordert«. Luther selbst übersetzte diese Wendung in Röm 2,15 noch konkordant: »des Gesetzes werck sey beschrieben in jrem hertzen« (1545).

36. S.o. das zitierte Votum von Stegemann/Stegemann, Nicht schlecht verhandelt, 15.

37. Abgedruckt bei F. Crüsemann, Gott glaubt an uns, 67.

38. So Claudia Janssen für Röm 3,28 in der 4., erweiterten und verbesserten Auflage der »Bibel in gerechter Sprache« , Gütersloh 2011 (1. Aufl. der Taschenausgabe), hg. von Ulrike Bail/Frank Crüsemann/Marlene Crüsemann/Erhard Domay/Jürgen Ebach/Claudia Janssen/Hanne Köhler/Helga Kuhlmann/Martin Leutzsch/Kerstin Schiffner/Luise Schottroff/Johannes Taschner und Marie-Theres Wacker.

Exegese, die Röm 3,31 von der grundsätzlichen Aufrechterhaltung der Tora bei Paulus gemäß dem Brief an die Gemeinde in Rom beim Wort nimmt: »Jesus Christus – Ziel und Erfüllung der Tora; der Geist – die Kraft der Erfüllung; der Glaube – die Aufrichtung der Tora; die Liebe – ihre Erfüllung im menschlichen Miteinander, das ist die Aussagekette, die sich durch den Römerbrief hinzieht«.[39] Sie sind im Einklang mit einer biblischen Theologie der Gerechtigkeit, ohne die es keine ›Bibel in gerechter Sprache‹ gäbe. »Auf dem Weg der Gerechtigkeit zu gehen, wenn die Gerechtigkeit denn biblische Gerechtigkeit ist, anderen zum Recht zu verhelfen, bedeutet parteilichen, solidarischen Einsatz für die Schwachen. Dieses Tun fordert die Tora. Auch deshalb will Paulus die Tora nicht außer Geltung setzen, sondern aufrichten.«[40]

So bleibt jedenfalls die Frage von Röm 3,31 nach einer möglichen Aufhebung oder Außerkraftsetzung der Tora durch den Glauben, durch das Vertrauen, nicht lange im Raum stehen, sondern wird sogleich beantwortet: »*Ganz gewiss nicht! Vielmehr bestätigen wir die Geltung der Tora*«, oder in der Wiedergabe Luthers »*Das sey ferne / sondern wir richten das Gesetz auff*«. Bestehen bleibt sie jedoch für jede christliche Auslegung des Briefs an die Gemeinde in Rom als Frage, inwiefern sie zu einer solchen Bestätigung der Tora Israels beitragen kann.

---

39. V.d. Osten-Sacken, Verständnis des Gesetzes, 43.
40. Ebach, Gott ist gerecht, und Gott macht gerecht, 225.

6. Du wirst gebraucht!
Der Leib des Messias nach 1 Kor 12,21–27[1]

[21]*Das Auge kann doch nicht der Hand sagen:* ›*Dich brauche ich nicht*‹. *Auch der Kopf kann zu den Füßen nicht sagen:* ›*Euch brauche ich nicht*‹.
[22]*Nein, im Gegenteil! Gerade auf die Körperteile, die als weniger wichtig gelten, kommt es an.* [23]*Die Körperteile, die uns nicht vorzeigbar scheinen, umgeben wir mit besonderer Aufmerksamkeit, und bei unseren schlecht angesehenen Körperteilen wenden wir besondere Sorgfalt auf,* [24]*unsere angesehenen brauchen das nicht. Gott aber hat den Körper zusammengefügt und den benachteiligten einen höheren Wert gegeben,* [25]*damit es im Körper keine Zerrissenheit gibt, sondern alle Glieder füreinander sorgen.* [26]*Wenn ein Körperteil leidet, leiden alle anderen mit; wenn ein Körperteil besonders gewürdigt wird, freuen sich alle anderen mit.*
[27]*Ihr seid der Körper des Messias, jede und jeder ein Teil davon.*[2]

Das ›Bild‹ der Gemeinde als Leib Christi, als Körper des Messias (*soma christou*), das Paulus in 1 Kor 12,12–27 und Röm 12,4–8 entwirft, ist und bleibt geheimnisvoll. Daran haben unzählige Auslegungen und Predigten auch im Rahmen der Volkskirchen nichts ändern können.

Es ist wohl eine vermeintliche Klarheit und Bekanntheit, die zur obigen Abgrenzung des Textabschnitts geführt hat: Er beginnt mitten in der Argumentation des Paulus, bei der er zum zweiten Mal einzelne Körperteile ›reden‹ lässt. Zuvor beschreibt er, wie durch die Geistkraft, das *pneuma*, den Atem Gottes die leibliche Einheit des Messiaskörpers, die Gestalt der Gemeinde ins Leben gerufen wird, die aus der Verschiedenheit der einzelnen Körperglieder, also der einzelnen Menschen und dann ihrer Aufgaben lebt. Zusammengefügt werden Menschen ganz unterschiedlicher Identität: jüdische und griechische, versklavte, also Unfreie, zusammen mit Freien, genau so wie in einem menschlichen Körper die Verschiedenheit seiner einzelnen Teile konstitutiv und unentbehrlich für das Leben des Ganzen ist (1 Kor 12,12–14). Es folgen erste von Paulus vorgestellte Äußerungen von Körperteilen, die sich anscheinend minderwertig gegenüber den anderen vorkommen:

Der Fuß könnte meinen, weil er keine Hand darstelle, gehöre er nicht zum Körper – trotzdem gehöre er ganz zweifellos dazu. Ebenso könnte das Ohr meinen, weil

---

1. 1 Kor 12,21–27 war der Text für das Feierabendmahl am 34. Deutschen Evangelischen Kirchentag in Hamburg 2013.
2. Übersetzung für den DEKT Hamburg 2013.

es nicht Auge sei, hätte es nicht teil am Ganzen des Körpers. Auch diese Äußerung kann offensichtlich als unsinnig gelten, denn ein Körper, der nur aus Augen bestehe, könne ja nicht hören, oder er könne nicht riechen, bestünde er allein aus dem Gehör. Gott hat den Körper aus vielen unterschiedlichen Teilen bestehend erschaffen, daher gehört jeder einzelne Teil nach Gottes Willen dazu. Wenn alle Teile identisch wären, gebe es gar keinen Körper. Dieser sei der eine Körper, weil es die Vielzahl seiner Teile gebe (V. 15–20).

Mit der ›Rede‹ der innerhalb des Organismus vermeintlich höher gestellten Körperteile Auge und Kopf an die Adresse von Händen und Füßen und dem Versuch, einen Teil des Körpers, einen Teil der Gemeinde auszuschließen, »Dich brauche ich nicht!«, beginnt das Thema des Gebrauchtwerdens.[3] Wer darf wagen, so etwas zu behaupten? Wer überhaupt kann die Erlaubnis haben, im Namen des Ganzen zu reden und anderen die Zugehörigkeit abzusprechen? Hier zeigt sich die unmittelbare und fortdauernde Brisanz des ›Bildes‹ einer Gemeinschaft als eines Körpers, der aus gleichberechtigten Teilen besteht.

Geheimnisvolle Realität

Warum ist eine solche Vorstellung der Gemeinde als Messiasleib tiefgründig und geheimnisvoll?

Einerseits scheint sich Paulus einer geläufigen Metaphorik zu bedienen, denn es sind etliche derartiger Körper-Gleichnisse aus antiker griechisch-römischer Literatur bekannt. Das meistgenannte ist eine Rede, die Menenius Agrippa im Jahr 494 v. Chr. gehalten haben soll (Livius II 32,7–33,1), als die hierarchische politische Ordnung zwischen Patriziern und Plebejern in Rom gefährdet war. Ein Gleichnis sollte die aufständischen Plebejer zur Räson bringen, ihren untergeordneten sozialen Rang weiterhin zu akzeptieren: Früher hätte es eine Zeit gegeben, in der im Leib des Menschen keine Harmonie herrschte. Einzelne Glieder hätten sich abgesondert und darüber entrüstet, dass sie für den Bauch sorgen müssten, der selbst nichts täte, als an der gelieferten Nahrung sich zu erfreuen ... So stritten sie, um den Bauch durch Hunger zu zähmen. Aber dadurch seien sie selbst und der ganze Körper in schlimme Entkräftung geraten. So hätten sie schließlich verstanden, dass der Bauch sehr wohl arbeite, nämlich für den Blutkreislauf des ganzen Körpers sorge und so alle Glieder ernähre. Diese Gleichnisrede habe den Zorn der Plebejer gegen die Patrizier beschwichtigt und die Revolte beendet.

---

3. Der Bezug zur Losung des Kirchentags »Soviel du brauchst« nach Ex 16,18, der damit gegeben ist, begründet die Abgrenzung des Kirchentagstextes zum Feierabendmahl.

Bezeichnend für dieses wie für zahlreiche andere Beispiele[4] ist die herrschafts-stabilisierende Absicht der Rede, das Interesse, die gesellschaftliche Ungleichheit samt Überordnung der Oberschicht oder des Adels in einem Staatswesen zu legitimieren und abzusichern.

Dagegen setzt das Körpergleichnis des Paulus geradezu einen revolutionären, auf jeden Fall die Gleichrangigkeit der Einzelnen wahrenden Akzent,[5] indem es die sonst wenig Angesehenen aufwertet, wie anschließend in 1 Kor 12,21–24a zu sehen ist. Hier wird gerade keine Herrschaft der Einen über die Anderen aufgerichtet oder begründet, sondern im Gegenteil jede mögliche Hierarchiebildung innerhalb der Gemeinde bekämpft. Auch Paulus selbst erklärt damit deutlich, dass ihm nicht etwa die Rolle eines Chefs seiner Gemeinden zukommen kann. Vielmehr ist er als Apostel Teil einer Gemeinschaft (Röm 12,5), in der auch andere Apostelinnen, Propheten und Lehrende sind (1 Kor 12,28).

Diese kritische Anknüpfung an geläufige soziale Gleichnisse ist aber nur die eine Ebene. Gleichzeitig macht Paulus deutlich, dass die Gemeinde nicht als *Bild* oder Gleichnis eines Körpers zu begreifen ist, sondern dass sie der Leib Christi, der Körper des Messias Jesus tatsächlich und realiter *ist*: »Ihr *seid* der Körper des Messias, jede und jeder ein Teil davon« (V. 27). Der »Leib Christi ist für Paulus also nicht ein Bild oder eine in symbolischen und ethischen Erwägungen zustande gekommene Vorstellung, sondern eine naturhafte Größe«[6].

Können wir uns annähernd vorstellen, zu welch großem Selbstbewusstsein die Menschen der frühen Gemeinden ermutigt wurden, die sich als unentbehrliches Organ des Messiaskörpers verstehen lernten, eines realen Körpers, der wirksam als Kraft des Lebens und der Auferstehung in der Welt lebt und sich bewegt? Dass Gott ihnen auf diese Weise vertraut und zutraut, nicht nur *wie* der Messias Jesus zu heilen, aufzurichten, das Reich Gottes zu verkünden, nein, sogar gemeinsam, vereint *als* Verkörperung Jesu in ihrer Zeit zu handeln.

»Die Menschen, die an den Messias Jesus glauben, sind sein Körper in der Welt, sie stellen seine Anwesenheit dar, sie sind damit zugleich seine Glieder, die Werkzeuge des Messias, durch die er handelt. Realisiert sich in Christus das Projekt Gottes, die Welt für sich zu gewinnen, wie es so viele Verheißungen des Alten Testaments

---

4. Eine größere Auswahl davon findet sich bei Andreas Lindemann, Der Erste Korintherbrief, HNT 9/1, Tübingen 2000, 275f.

5. S. dazu Wolfgang Schrage, Der erste Brief an die Korinther (1 Kor 11,17–14,40), EKK VII/3, Zürich u. a. 1999, 220f; Luise Schottroff, Der erste Brief an die Gemeinde in Korinth, ThKNT 7, Stuttgart 2013, 250–253.

6. Albert Schweitzer, Die Mystik des Apostels Paulus, Tübingen 1930, 127. Dass der Leib Christi für Paulus kein Bild, keine Metapher ist, betont W. Schrage, Komm. 212, und insbesondere L. Schottroff, 1 Kor, 2013, 246f (Basisinformation zu Leib Christi); ebd. auch zu der in biblisch-alttestamentlicher Sprache wurzelnden Vorstellung von einem »kollektiven Körper, einem kollektiven Menschen« (246).

formuliert haben, so sind die neuen Gemeinden einzeln wie in ihrer Summe die Anwesenheit und Möglichkeit dieses Messias. Mit diesem Körper kann und will er sein Werk tun. Für die Frage nach Kirche heute und in Zukunft scheint mir dieser Begriff des Körpers des Messias Möglichkeiten zu bieten, die bisher kaum ausgeschöpft worden sind.«[7]

Indem diese gegenwärtige und dauernde Verkörperung Jesu in der Gemeinde von Paulus als Tatsache beschrieben wird, nicht als Vision oder schöner Traum, können in ihr die Menschen auch frei entdecken, welche denn ihre eigenen, besonderen Gaben sind. Gleichzeitig wehrt eine solche Ermutigung der irrigen Annahme, sich selbst für allein wichtig und den maßgeblichen Teil der Gemeinde zu halten, der andere abwerten dürfte.

»Dich brauche ich nicht ...«?

Oder es entsteht die Versuchung, sich selbst einfach mit dem Ganzen gleichzusetzen. Dies besagen die in V. 21 zitierten Reden des Auges an die Adresse der Hand und des Kopfes an die der Füße: »Dich brauche ich nicht, euch brauche ich nicht!« Dies mag auf mögliche Vorkommnisse in der korinthischen Gemeinde hindeuten. Hier fällt ja auf, dass jeweils eine einzelne Stimme Platzanweisungen an andere Mitglieder erteilt, indem sie diese für unnütz, gar überflüssig erklärt. Vorausging der geringschätzende Blick von mir auf die Anderen, die scheinbar nicht gebraucht werden. Der Fehler ist jeweils diese verkürzte, um nicht zu sagen verkehrte Perspektive. Wer gebraucht wird für den gesamten Organismus, entscheiden nicht die Einzelnen. Dieses »Dich brauche ich nicht ...« ist schon von daher falsch, weil »ich« das gar nicht bestimmen kann, sondern der Körper insgesamt das Entscheidende ist. Und der braucht wesentlich *alle* seine einzelnen Teile, Organe und Glieder, so weist es das von Paulus als nichthierarchisch definierte Körpergleichnis aus, das er mit dem »naturhaft« verstandenen *soma christou*, der Gemeinde, zusammenbringt.

Mancher Ketzervorwurf, manches Anathema der endgültigen Verurteilung Andersdenkender in der Kirchengeschichte geht auf eine solche falsche Perspektive zurück, indem ein Teil – zum Beispiel der kirchenleitende – meint, an Stelle der Gesamtheit sprechen zu dürfen oder gar sich selbst allein als Körper des Christus zu verstehen scheint.

In den folgenden Versen 22–26 setzt sich der geradezu antihierarchische Zug in der paulinischen Sicht harmonischer Gemeindeverhältnisse fort. Auch hier bleibt

---

7. Frank Crüsemann, Das Alte Testament als Wahrheitsraum des Neuen. Die neue Sicht der christlichen Bibel, Gütersloh 2011, 207.

er stets einerseits auf der Ebene der Gleichniserzählung und bringt andererseits deutliche Anspielungen auf soziale Erfahrungen zur Sprache: Alle Körperteile werden gebraucht! Und als entscheidendes Gegenargument in Richtung derer, die andere für überflüssig halten, heißt es nun ausdrücklich: (22) »Gerade auf die Körperteile, die als weniger wichtig (*asthenestera*) gelten, kommt es an. (23) Die Körperteile, die uns nicht vorzeigbar (*atimotera*) scheinen, umgeben wir mit besonderer Aufmerksamkeit (*time*), und bei unseren schlecht angesehenen (*aschemona*) Körperteilen wenden wir besondere Sorgfalt auf, (24a) unsere angesehenen brauchen das nicht.« Deutlich wird an der Wortwahl, zumindest ab V. 23, dass offenbar als Beispiel für »nicht vorzeigbare« oder »unanständige« Körperteile an die Geschlechtsteile gedacht[8] ist – insbesondere *aschemon* hat eine sexuelle Konnotation –, die mit besonderer Sorgfalt bekleidet, auf jeden Fall im Alltagsleben und bei der Arbeit gut geschützt werden. So soll die hohe Wertschätzung gerade der gewöhnlich schamhaft verborgenen Körperteile hervorgehoben werden, um damit zu zeigen, dass im Raum der Gemeinde diejenigen besondere Hochachtung erfahren, die außerhalb ihrer zu den Verachteten gehören.

Denn die gewählten Bezeichnungen im Bild der Körperteile *asthenestera* mit der Grundbedeutung »schwächer«; *atimotera*: »weniger geehrt, verachtet«; *aschemona*: »unanständig« sind »Unterlegenheitsbegriffe«[9], die auf die soziale Sphäre verweisen. In der gesamten Korrespondenz mit der Gemeinde in Korinth fällt auf, wie sehr Paulus davon spricht, dass er selbst »Schwäche« (*astheneia*), Herabsetzung und Verachtung (*atimia*) am eigenen Leib erfährt und so auch seine eigene Biographie nach den sozialen Maßstäben seiner Zeit »ganz unten« angesiedelt ist. Besonders eindringlich zählt er das Ausmaß dieser erlittenen Verachtung zuvor in 1 Kor 4,10–13 auf, er und alle »>Verachteten< sind gesellschaftlicher Missachtung und Misshandlungen ausgesetzt ... Es wird deutlich, dass er hier den Blick von außen beschreibt, die Bewertung der Armen und Marginalisierten in Korinth durch die Mächtigen in der Gesellschaft, die ihnen Rechte versagt, sie misshandelt, ausbeutet und wie Abschaum behandelt«[10]: (4,10b) »*Wir sind schwach* (astheneis), *und ihr, ihr seid stark? Seid ihr angesehen* (endoxoi)? *Wir werden verachtet* (atimoi). [11]*Bis zu dieser Stunde leiden wir Hunger und Durst, wir laufen in Lumpen, werden geschlagen und sind obdachlos.* [12]*Wir arbeiten hart mit unseren eigenen Händen; wenn wir beschimpft werden, segnen wir; wenn wir verfolgt werden, halten wir durch.* [13]*Wenn wir*

---

8. Vgl. die Diskussion bei Schrage, Komm. 226–228, unter Anführung zahlreicher Belege, z. B. mit der Auffassung, dass Geschlechtsteile und Gesäß gemeint sein könnten (nach Meyer u. Heinrici, zit. 227 Anm.675).
9. L. Schottroff, Kommentar 1 Kor, 250.
10. Claudia Janssen, Anders ist die Schönheit der Körper. Paulus und die Auferstehung in 1 Kor 15, Gütersloh 2005,195; ebd. 195f zur weiteren Interpretation und zum Zusammenhang von 1 Kor 4,10ff mit 1 Kor 1,27; 12,23; 15,43.

verleumdet werden, stellen wir die Dinge freundlich richtig. Wie Kehrdreck der Welt sind wir geworden, Abschaum in den Augen der Leute, bis jetzt!«[11]

Gemeinsamkeit: Fürsorge, Leiden und Freude

Vor solchen Lebensverhältnissen in der Außenwelt der Gemeinde Jesu hat Gott mit ihr einen Schutzraum erschaffen, so fährt Paulus mit der transparenten Gleichniserzählung fort (V. 24b), in welchem jede und jeder Benachteiligte (*hysteroumeno*), die ansonsten Letzten, von Gott einen höheren Wert (*time*) verliehen bekommen. Dies soll seinen Ausdruck im entsprechenden Umgang der Gemeindemitglieder finden, in einem schrankenlosen Miteinander: »damit es im Körper keine Zerrissenheit (*schisma*) gibt, sondern alle Glieder füreinander sorgen« (V. 25). Hier spiegelt sich die Aussage des Briefeingangs von der sozialen Zusammensetzung der Gemeinde als der von Gott Gerufenen wider (»*nicht viele Gebildete*«, »*nicht viele Mächtige, nicht viele aus den Elitefamilien unter euch*«, 1 Kor 1,26) zusammen mit der globalen sozialen Umwertung aufgrund dieser Erwählung (1,27f): »*Vielmehr hat Gott die Ungebildeten der Welt erwählt, um die Gebildeten zu beschämen; und die Schwachen* (asthene) *der Welt hat Gott erwählt, um die Starken zu beschämen.* [28]*Und die Geringen und die Verachteten der Welt hat Gott erwählt, die die nichts gelten, um denen, die etwas sind, die Macht zu nehmen*«. Die Gemeinde als Körper des Messias ist nach Paulus der Ort in der Welt, wo diese Umwertung, dieser soziale Ausgleich aufgrund der göttlichen Zuwendung zu denen, die aus der Perspektive der Eliten »Abschaum« sind, bereits im Miteinander gelebt werden kann und gelebt wird. Die Wertschätzung Gottes wird erfahren in der gegenseitigen Anerkennung und Fürsorge.

Wie sehr das Denken und wahrscheinlich auch das Handeln des Apostels Paulus durch den Faktor der solidarischen Gegenseitigkeit geprägt ist, vermitteln die Briefe an die korinthische Gemeinde an vielen Stellen und besonders eindrücklich dann der 2 Kor, der davon strukturell durchzogen ist.[12] Der organische Austausch, die Wechselwirkungen innerhalb des menschlichen Körpers malen diese für die Gemeinden konstitutive Gegenseitigkeit weiter aus und helfen, sie sich einzuprägen. (V. 26) »*Wenn ein Körperteil leidet, leiden alle anderen mit; wenn ein Körperteil be-*

---

11. Übersetzung: Bibel in gerechter Sprache, 4. erweiterte Aufl. Gütersloh 2011, sowie auch die weiteren folgenden Bibelzitate (außerhalb von 1 Kor 12,21–27).

12. Vgl. Marlene Crüsemann, Trost, *charis* und Kraft der Schwachen. Eine Christologie der Beziehung nach dem zweiten Brief an die Gemeinde in Korinth, in: dies./Carsten Jochum-Bortfeld (Hg.), Christus und seine Geschwister. Christologie im Umfeld der Bibel in gerechter Sprache, Gütersloh 2009, 111–137 [= unten S. 184–205], etwa 113–118 [186–191]zu den geteilten Leiden und der wechselseitigen Tröstung in 2 Kor 1.

sonders gewürdigt (doxazetai) *wird, freuen sich alle anderen mit*«: Weil durch den einen Organismus eine feste und unlösbare Verbindung zwischen allen Teilen des Körpers gegeben ist, ist der Schmerz der Einzelnen das Leiden aller. Es genügt, an dieser Stelle an die umfassende und oft umwerfende Wirkung starker Kopf- oder Zahnschmerzen auf das ganze Individuum zu erinnern. Mit einer solchen Vorstellung kann Paulus wieder seine unmittelbare und mitunter tägliche Erfahrungen sowie die der Gemeinde andeuten. In 2 Kor 1,5–7 spricht er von Leidenserfahrungen des Messias Jesus, die maßlos über »uns«, und das sind alle miteinander, hereinbrechen; er führt das geteilte Leiden mit der gegenseitig bewirkten Tröstung und Ermutigung dialektisch zusammen: Der Trost zeige seine Macht, »wenn ihr dasselbe erleidet, was wir erleiden, ohne daran zu zerbrechen. Wie ihr das Leiden teilt, so teilt ihr auch die Tröstung«. Das korrespondiert mit dem Körperbild und seinem pulsierenden Kreislauf.

Springt auch die Freude unmittelbar über, wenn ein Bruder, eine Schwester eine besondere Würdigung erfährt? Die Kehrseite dieses selbstverständlichen Austausches ist die Möglichkeit zur Selbstverschließung vor den Leiden anderer, aber auch vor deren besonderer Befähigung, Leistung und Ausstrahlung. Ein weiterer Schatten kann durch das Verbergen der eigenen Schmerzen, aber auch der eigenen Freude, der Unterdrückung der eigenen Begabungen entstehen in der Meinung, dies alles hätte für die Gemeinschaft keinen Wert. Hier ist ein Festhalten an der Idee der von selbst fließenden Verbindungen innerhalb eines Organismus erleichternd: Das Ganze, die Gemeinschaft *braucht* die Teilhabe am Leiden der einzelnen Menschen, weil dies der Zugang zur Wirklichkeit ist. Sie benötigt ihn gerade auch, um wirksam helfen zu können. Und jedes Mitglied der Gemeinde kann leben, weiterleben und aufleben in der Gewissheit, dass sein Beitrag und besonderes Talent von großem Wert ist für das Ganze, eine potentielle Freude für alle ... Mit den Worten Rahel Levin Varnhagens: »Es muß sich einer an dem freuen, was in uns notwendig war und unser niemals ruhendes Gewissen uns schaffen hieß: und so müssen wir wieder an seiner Arbeit uns freuen. Hierin liegt für mich die Notwendigkeit der Liebe.«[13] Es kann auch die Gebrochenheit eines Menschen, eines Werks sich als hilfreich für andere erweisen, und manches Mal ist es nur diese.

---

13. Brief vom 2. Juli 1801 aus Berlin an Wilhelm Bokelmann in Cadix; zitiert nach Hannah Arendt, Rahel Varnhagen. Lebensgeschichte einer deutschen Jüdin aus der Romantik, Serie Piper, Neuausgabe 1981, 5. Aufl. München 1984, 218.

7. Gefäße der Ehre
1 Thess 4,1–8

[1]Im übrigen, ihr Brüder und Schwestern, bitten und ermahnen wir euch in dem Herrn Jesus, da ihr von uns überliefert erhalten habt, wie ihr wandeln und Gott gefallen sollt – ihr wandelt ja auch so –, dass ihr dabei immer hervorragender werdet. [2]Denn ihr wisst, welche Anordnungen wir euch gaben durch den Herrn Jesus. [3]Dieses ist nämlich der Wille Gottes: eure Heiligung, dass ihr euch von der Prostitution fernhaltet, [4]indem jeder und jede von euch das eigenes Gefäß in Heiligung und Ehre besitzt/erwirbt/gebraucht, [5]nicht in leidenschaftlicher Begierde wie die Völker, die Gott nicht kennen, [6]und dass niemand im Prozess seine Geschwister übervorteilt und ausbeutet, weil Gott dies alles verfolgt, wie wir euch schon früher gesagt und nachdrücklich bezeugt haben. [7]Denn Gott hat uns nicht zur Unreinheit berufen, sondern zur Heiligung. [8]Wer dies demnach ablehnt, lehnt nicht Menschen ab, sondern Gott, der euch seinen heiligen Geist gibt.

Seufzend müssen wir uns alle sechs Jahre diesem Text zuwenden, sofern wir uns an der derzeitigen evangelischen Perikopenordnung orientieren und darüber zu predigen haben. Seufzend deshalb, weil wir es mit einer der unerfreulichsten und vertracktesten neutestamentlichen Redewendungen zu tun bekommen: Was heißt »sein eigenes Gefäß besitzen« oder »erwerben« oder »gebrauchen« (*to heautou skeuos ktasthai*, V. 4)? Von ihrer Interpretation hängt die des ganzen Abschnitts ab. Und jede Übersetzung ist selbst schon eine entschiedene Interpretation, das können wir hier als an einem Paradebeispiel für viele andere biblische Texte lernen. Über Abwägungen von Wahrscheinlichkeit und Unwahrscheinlichkeit kann eigentlich niemand hinauskommen, da der erste Brief an die Gemeinde in Thessaloniki im Unterschied zu den langen ethischen Diskussionen anderer Paulusbriefe zu kurzen, sehr allgemeinen Mahnungen neigt. Und damit bleibt jede Deutungsvariante eine Hypothese, natürlich auch die hier vertretene.

Für nahezu alle gängigen Bibelübersetzungen und Kommentare hingegen liegt der Fall völlig klar: Hier gehe es um Frauen, *skeuos* /»Gefäß« sei als ein ›Euphemismus‹ für die Ehefrau zu verstehen[1] – über eine derartig merkwürdige Feststellung von Euphemismen mag frau gar nicht näher nachdenken ... Diese vorherrschende Auslegungsrichtung verdient jede feministische Kritik.[2] Durch den einflussreichen

---

1. So z. B. Traugott Holtz, Der erste Brief an die Thessalonicher, EKK XlII, Zürich u. a. 1986, 157f.
2. Luise Schottroff, Sozialgeschichtliche Bibelauslegung zu 1 Thess 4, 1–8, in: JK 53, 1992, 500f.

Artikel von Christian Maurer im Theologischen Wörterbuch zum Neuen Testament beherrscht eine spezielle Variante davon die Diskussion.[3] Er sieht eine original paulinische Redewendung aufgrund eines angeblich rabbinischen Sprachgebrauchs: »eine Frau als Gefäß benutzen« im Sinne von ehelichem Verkehr und Zusammenleben. Doch die genannten spärlichen Stellen können meines Erachtens eine solche rabbinische Sprachgewohnheit nicht belegen.[4] Auch in der griechischen Literatur ist unter *skeuos* nie »Frau« zu verstehen, so dass ausgerechnet die häufigste Übersetzung auf den schwächsten Füßen steht.

Von seiner Grundbedeutung »Gerät, Gefäß, Instrument« her, die auch für das hebräische Äquivalent gegeben ist, und mit der zusätzlichen Möglichkeit eines übertragenen Sinns kann der Begriff *skeuos* vielfältig verwendet werden. Nimmt man wie 1 Thess 4,4 das ebenfalls flexible Verb *ktaomai* (»erwerben, gewinnen«, aber auch »besitzen, haben, bewahren«) hinzu, ergeben sich vielfältige mögliche Kombinationen. Die angeführte Literatur repräsentiert das Spektrum ein wenig, ist aber nur ein kleiner Ausschnitt. So plädiert Torleif Elgvin für »beherrschen des männlichen Glieds (oder Körpers)«, und Gerhard Jankowski und Ton Veerkamp bieten die originelle Deutung »seine Sachen erwerben« (freilich könnte der Singular von *skeuos* doch eher in eine andere Richtung weisen). Luise Schottroff liest mit anderen »seine eigene Ehefrau erwerben«. Das ergibt eine bestechend geschlossene Interpretation, die zudem V. 6 einbezieht, womit dann bei der Eheschließung vor Habgier bezüglich der Mitgift gewarnt wird.

Doch aufgrund meiner neuen eigenen Gesamtauslegung des 1 Thess[5] glaube ich, dass solche Spezialitäten eher nicht zu erwarten sind. Für sich betrachtet handelt es sich um eine merkwürdige Schrift. Es müssten, wenn denn der vorliegende Text für die Auslegung maßgeblich ist, drei mutmaßliche Autoren den Brief verfasst haben: Paulus, Silvanus und Timotheus. Im Präskript 1,1 sind sie gleichrangig aufgeführt, der Aposteltitel wird beiläufig allen dreien verliehen (2,7). Nur an drei Stellen (3,5; 5,27) gibt es Sätze in der 1. Person Singular, deren eine (2,18) sogar die Echtheit des sonst durchgängigen Plurals unterstreicht, da Paulus explizit von den Gefährten abgesetzt wird. Damit ergibt sich die überraschende Schlussfolgerung, dass herkömmliche Ausdrücke wie »Paulus schreibt, sagt, meint« usw. am Text des 1 Thess vorbeigehen und die beabsichtigte Dreizahl der Absender ihn uns etwas fremder

---

3. Christian Maurer, Art. *skeuos*, in: ThWNT Vll, Stuttgart 1964, 359–368.
4. Siehe a. Torleif Elgvin, ›To master his own Vessel‹. 1 Thess 4.4 in Light of new Qumran Evidence, in: NTS 43, 1997, 604–619; Gerhard Jankowski/Ton Veerkamp, Was ist sexistisch: der Text oder die Auslegungstradition? Notwendige Anmerkungen zur traditionellen Auslegung von 1 Thess 4,1–8, in: Texte und Kontexte 56, 1992, 3–24.
5. Marlene Crüsemann, Die pseudepigraphen Briefe an die Gemeinde in Thessaloniki. Studien zu ihrer Abfassung und zur jüdisch-christlichen Sozialgeschichte, BWANT 191, Stuttgart 2010, zum Plural der Autoren : S. 79–95; zu 1 Thess 4,4 s. S. 14f.

macht. Darüber hinaus gibt es gewichtige Gründe, dass dies kein echter Brief der drei Apostel ist, sondern erst aus nachapostolischer Zeit stammt.[6]

Was nun 1 Thess 4,4, betrifft, so gibt es seit der Alten Kirche neben »Frau« eine zweite Hauptlesart für *skeuos,* die aber heute sehr selten ein ausgeführtes Thema einer Auslegung ist. Diese meint den materiellen Aspekt des Selbst, die Geschöpflichkeit einer Person. Sie steht in einer Reihe mit dem Töpfergleichnis zum Beispiel in Röm 9,19ff (nach Jes 45,9) und auch in 2 Kor 4,7, wo besonders der Körper in seiner Zerbrechlichkeit ins Bild kommt. Aus paulinischer Tradition stammt die wichtige Parallele von 1 Petr 3,7, die für den oberflächlichen Blick wieder in Richtung »Frau« zielt. Doch das Gegenteil ist der Fall. Da hier die Männer angewiesen werden, wie sie mit dem »schwächeren Gefäß« zusammenleben sollen, wird klar, dass die Menschen beider Geschlechter in ihrer Erscheinung *skeuos* genannt werden. Hinzuzunehmen für das Profil des 1 Thess ist die eigentümliche und mehr griechische Vorstellung in 1 Thess 5,23 von der Dreidimensionalität der Person: »Geist«/*pneuma,* »Seele«/*psyche* und »Leib«/*soma.*

Kurz, in unserem Text wird vermutlich das Sorgen für den eigenen Körper anempfohlen. Daneben stehen ähnliche allgemeine Aussagen wie in dem kleinen Katalog der sogenannten Laster von Kol 3,5 mit jeweils denselben Worten »Unreinheit, Leidenschaft der Begierde« sowie auch der Andeutung von Habgier.

Hinzu kommt das leitende Stichwort *porneia* (ungerechte sexuelle Beziehungen, Prostitution), dem man einen sexuellen Sinn wohl nicht absprechen kann. Dies gehört sozialgeschichtlich in den gleichen Kontext wie 1 Kor 6,12ff, wo ebenfalls von der Sorge um den eigenen Leib die Rede ist. Hier möchte Paulus die griechischen Männer innerhalb der der Gemeinde in Korinth dazu bewegen, die Beziehungen zu Prostituierten zu unterlassen, um so das Eigentumsrecht Christi auf den eigenen Leib zur Geltung zu bringen.[7] Auch für Männer der Unterschicht war es nichts Ungewöhnliches, die in den griechisch-römischen Städten allgegenwärtige Prostitution in ihr Leben zu integrieren. Eine davon abweichende Ethik konnte offenbar nur unter engagierter Argumentation und stets wiederholten Mahnungen wirksam werden. In 1 Thess 4,3ff wird nun aber so allgemein formuliert, dass dies auch inklusiv den Frauen gesagt sein könnte: den eigenen Körper zu bewahren inmitten einer gesellschaftlichen Sphäre, die für ihn gefährlich sein soll.

Eine Aufforderung zur Selbstbestimmung über den eigenen Körper kann aber eigentlich kaum von außen kommen, das ist in sich widersprüchlich. So wie von außen leicht Hurerei oder sexuelle Beliebigkeit genannt werden kann, was als Geschenk einer Liebe gedacht ist. Doch wäre in unserer Zeit überhaupt die Sexualität

---

6. S. dazu insgesamt meine in der vorigen Anm. genannte Arbeit.

7. Renate Kirchhoff, Die Sünde gegen den eigenen Leib. Studien zu *porne* und *porneia* in 1 Kor 6,12–20 und dem sozio-kulturellen Kontext der paulinischen Adressaten, Göttingen 1994.

an erster Stelle zu nennen, wenn es um ein ›unheiliges‹ Verhältnis zum eigenen Körper geht? Ist nicht vielmehr eine umfassende »leidenschaftliche Begierde« darauf aus, ihn umzuformen, Aussehen und Sportlichkeit zu verbessern und ihn damit verwechselbarer zu machen? Der modische Zwang, den Körper in all seinen Konturen neu zu stylen nach den gängigen Schönheits- und Verhaltensidealen, nimmt erhebliche Normierung, Zurichtung und weitere Deformierung in Kauf. Das kann nun paradoxerweise auch durch das neue Ideal von ›Ganzheitlichkeit‹ passieren, wenn es in Form einer die anderen und sich selbst herabsetzenden Parole auftritt.

Die oft geforderte Ganzheitlichkeit ist zu simpel und fragwürdig, wenn damit plötzlich alle ganz einfach und heil werden sollen. Es bleibt doch, dass wir uns selbst immer gegenüber sind, schon innerhalb des Bewusstseins und Selbstbewusstseins, erst recht im Hinblick auf den eigenen Körper. Allein im Respektieren dieser Differenzerfahrung in der eigenen Person kann so etwas wie Ganzheitlichkeit überhaupt erkannt und angestrebt werden. Dann ist es auch möglich, so die Auffassung etwa von Moshé Feldenkrais, die Beziehung von Bewusstheit und Körper als eine prinzipiell umkehrbare zu erfahren und dabei fundamental neu zu lernen. Den eigenen Körper zu respektieren in seiner spezifischen Anfälligkeit und Stärke, sich selbst gegenüberzutreten zu können als Geschöpf, wäre dann ein Schritt, ihn zu heiligen und in Ehren zu halten.

Gefäß – dieses Bild für das Selbst und den Körper kann sich unwillkürlich zu vielen Zeiten einstellen. In ihrem letzten Brief an mich schrieb meine Jugendfreundin mir die rätselhaften Worte: »Ein schönes Gefäß – auf einmal sieht man darin überall Risse und Sprünge und weiß, es wird zerbrechen, man kann nichts dagegen tun«. Viel später habe ich verstanden, dass sie von sich selbst gesprochen hatte, um einen anscheinend unaufhaltsamen Prozess beim Namen zu nennen. Und weitere Jahre danach bin ich doch auch froh darüber geworden, dass sie wenigstens dieses eine Mal und am Ende sehen und sagen konnte, dass sie schön gewesen ist, in ihrer Art und überhaupt. Erst heute erscheint mir darin die Klage des Psalms, den damals keine von uns kannte: »*Ich bin geworden wie ein zerbrechendes Gefäß*« (Ps 31,13).

Angesichts vielfältiger Gefährdungen bietet die Theologie des 1. Briefs an die Gemeinde in Thessaloniki ein Bestreben nach Bewahrung und Konservierung (3,13; 5,23), wenn nicht gar Abschottung nach außen (4,12) für die »Gefäße« und die »Übrigbleibenden«, und für die Toten als Trost, dass sie bei der Ankunft des Herrn Vorrang haben (4,13ff). Mein Herz aber hängt an einem Bild der kabbalistischen Mystik: Wenn der Messias kommt, wird er die Gefäße wieder zusammenfügen, die dem göttlichen Licht einst nicht standhielten.[8] Und darüberhinaus, so bleibt zu hoffen, auch jene zerbrechenden Gefäße, die der Finsternis nichts entgegensetzen können.

---

8. Zur Lehre des Isaak Luria (1534–1772) siehe z. B. Johann Maier, Geschichte der jüdischen Religion, Berlin u. New York 1972, 469–475.

8. »Wer nicht arbeiten will, soll auch nicht essen«
Sozialgeschichtliche Beobachtungen zu 2 Thess 3,6–13

Die apostolische Vorschrift von 2 Thess 3,10: »*Wer nicht arbeiten will, soll auch nicht essen*« ist isoliert betrachtet sicher einer der strengsten Sätze der Bibel und steht als solcher im Neuen Testament, von dem der irrende Volksglaube annimmt, es sei sanft und freundlich. Der Satz hat seit der Alten Kirche eine reiche Nachgeschichte und war besonders für die Mönchsethik wichtig[1]. Doch im 20. Jahrhundert kam es zu einem Höhepunkt seiner Rezeption, als er in Art. 12 der Sowjetischen Verfassung von 1936 unter Stalin staatsrechtlichen Rang gewann, was vermutlich über Lenins[2] Lektüre der Werke Bebels geschah. In seinem überaus erfolgreichen Buch »Die Frau und der Sozialismus« schreibt August Bebel: »Die Nichtarbeiter, die Faullenzer, giebt's *nur* in der bürgerlichen Welt, weil diese Faullenzer *Andere* für sich arbeiten lassen. Der Sozialismus stimmt einmal ausnahmsweise mit der Weisung der Bibel überein, die sagt: Wer nicht arbeitet, soll auch nicht essen.«[3]. Dieser Impuls, Gleichheit zu schaffen, indem niemand von der Arbeit anderer profitieren soll, selbst »faullenzt« und diese, selbst nicht arbeitend, ausbeutet, kann durchaus auch für den sozialhistorischen Hintergrund der biblischen Aussage angenommen werden, wie noch zu erörtern ist.

Ganz überein stimmt der Sozialismus mit der Bibel hier aber nicht. Für genau Lesende zeigt sich sofort die Differenz zwischen dem biblischen Text und dem vermeintlichen Zitat, welche dann auch die kommunistischen Versionen von Bebel übernommen haben: In 2 Thess 3,10 steht »Wer nicht arbeiten *will (thelei)* ...«! Hält somit der 2 Thess eine Hintertür für Schwache und Kranke offen oder für ungeübte Reiche oder einfach Unfähige, die wollen, aber nicht können? Wie sollen wir uns

---

1. Zur Wirkungsgeschichte des Satzes seit der Alten Kirche s. Wolfgang Trilling, Der zweite Brief an die Thessalonicher, EKK XIV, Zürich-Einsiedeln-Köln/Neukirchen-Vluyn 1980, 148f.

2. Lenin nennt es allerdings ohne weiteren Nachweis ein »sozialistisches Prinzip«: »›Wer nicht arbeitet, soll auch nicht essen‹, dieses sozialistische Prinzip ist *schon* verwirklicht; ›für das gleiche Quantum Arbeit das gleiche Quantum Produkte‹, – auch dieses sozialistische Prinzip ist *schon* verwirklicht ...«. W.I. Lenin, Staat und Revolution (1917), in: ders., Ausgewählte Werke Bd. II, Berlin 1966, 315–420 (396).

3. August Bebel, Die Frau und der Sozialismus (Die Frau in der Vergangenheit, Gegenwart und Zukunft.), 10. Aufl. Stuttgart 1891, 264f. Zuletzt machte das Zitat von Bebel, und somit das fast korrekte Bibelzitat, als Äußerung Franz Münteferings/SPD einigen Wirbel, der es 2006 zur Verteidigung der Hartz-Gesetze gegen angeblich faule Nutznießende des Arbeitslosengeldes richtete (s. Katharina Schuler, Arbeiten fürs Essen, www.zeit.de v. 10.5.2006). Heute spielt es in den Debatten über ein Grundeinkommen weiterhin eine Rolle.

die Probleme und Lösungsversuche einer Gemeinde vorstellen, die solche Mahnungen empfängt?

Es ist nicht mehr der historische Paulus, der hier Anweisungen erteilt. Der pseudepigraphe 2 Thess wendet sich mehrere Jahrzehnte nach der apostolischen Gründerzeit an die mazedonische Gemeinde in Thessaloniki, indem er den ersten Brief dorthin, den 1 Thess, formal imitiert und gleichzeitig für gefälscht erklärt, diesen also ersetzen und selbst als der einzige und wahre Paulusbrief dorthin angesehen werden möchte.[4] Seine Botschaft ist gegenüber 1 Thess in erster Linie eine völlig andere Beurteilung der zeitgeschichtlichen Situation zusammen mit einer alternativen Vorstellung des endzeitlichen Gerichts, was in 2 Thess 1 und 2 verhandelt wird.[5] Daneben erscheinen die ethischen Ausführungen in 2 Thess 3 zunächst als nachrangig. Könnte der Autor eines pseudepigraphen Schreibens diese nicht auch einfach als Füllmaterial angefügt haben, um die apostolische Verfasserfiktion zu festigen, ohne dass sie von konkreter Bedeutung sind und ein wirkliches Problem seiner Zeit beeinflussen wollen?[6] Die relative Ausführlichkeit der Anweisungen zu Arbeit und Lohn, die literarisch aus wenigen Motiven des 1 Thess entwickelt werden, spricht jedoch eher für ein reales soziales Problem seiner Zeit, dem der Text begegnen will.

2 Thess 3, 6–13:
6Schwestern und Brüder, im Namen Jesu Christi, dem wir gehören, gebieten wir euch: Zieht euch von allen Geschwistern zurück, die ein Leben ohne Regeln führen und sich nicht an der Überlieferung orientieren, die ihr von uns empfangen habt. 7Denn ihr wisst ja selbst, wie man unserem Vorbild folgen soll. So haben wir bei euch nicht regellos gelebt 8und bei niemandem umsonst unser Brot gegessen, sondern wir mühten uns Tag und Nacht mit schwerer Arbeit und Anstrengung, um niemandem von euch zur Last zu fallen. 9Nicht, dass wir kein Recht dazu hätten, vielmehr wollten wir uns selbst für euch zum Vorbild geben, damit ihr wisst, wie ihr uns nachahmen sollt. 10Denn auch als wir bei euch waren, ordneten wir an: Wer nicht arbeiten will, soll auch nicht

---

4. Dies lässt sich aus 2 Thess 2,2 schließen, wo vor gefälschten Briefen gewarnt wird, sowie aus dem Nachsatz in 2 Thess 3,17, der Beteuerung eines handschriftlichen Echtheitszeichen, welches in 1 Thess ja fehlt. Diese These hat v.a. Andreas Lindemann, Zum Abfassungszweck des zweiten Thessalonicherbriefes, ZNW 68, 1977, 35–47 profiliert; vgl. weiter Marlene Crüsemann, Die pseudepigraphen Briefe an die Gemeinde in Thessaloniki. Studien zu ihrer Abfassung und zur jüdisch-christlichen Sozialgeschichte, BWANT 191, Stuttgart 2010, Kapitel 6.1.

5. Zur Analyse von 2 Thess 1f als Korrektur der Gerichtsvorstellung des 1 Thess sowie zu deren sozialgeschichtlichen Implikationen s. M. Crüsemann, Die pseudepigraphen Briefe, Kapitel 6.2–6.4 und dies., Der zweite Brief an die Gemeinde in Thessalonich. Hoffen auf das gerechte Gericht Gottes, in: Luise Schottroff/Marie-Theres Wacker (Hg.), Kompendium Feministische Bibelauslegung (1998), 3. Aufl. 2007, 654–660, 656–659.

6. Dies nimmt Willi Marxsen, Der zweite Thessalonicherbrief, ZBK/NT 11.2, Zürich 1982, 98, an, auch Trilling zunächst, um dann seine Meinung zu ändern (s. Wolfgang Trilling, Der zweite Brief an die Thessalonicher, EKK XIV, Zürich-Einsiedeln-Köln/Neukirchen-Vluyn 1980, 152).

essen. [11]Wir haben nämlich gehört, dass einige unter euch ein Leben ohne Regeln führen und nichts arbeiten, sondern nur so tun, als ob sie arbeiteten. [12]Solchen Menschen gebieten wir aber und ermahnen sie in Jesus Christus, dem wir gehören: Sie sollen in Ruhe arbeiten und ihr eigenes Brot essen. [13]Ihr aber, Schwestern und Brüder, werdet nicht müde, Gutes zu tun.[7]

Ein Stichwort aus 1 Thess 5,14 wird in 2 Thess 3,6 aufgegriffen und zu diesem Abschnitt strenger Mahnung entfaltet: Die Gemeinde soll sich zurückziehen vom *adelphos ataktos*, also vom Bruder oder von der Schwester, »die ein Leben ohne Regeln führen«, »von allem Bruder / der da vnördig wandelt« (Luther 1545), »von jedem Bruder, der unordentlich lebt«, (Lutherrevision 1984), »alle(n) in der Gemeinde, die ohne Ordnung leben« (Neue Zürcher 2007), »allen in der Gemeinde, die die Anweisungen missachten« (Gute Nachricht Bibel Rev. 1997), »von jedem Bruder, der einen faulen Lebenswandel führt«[8]. Auffällig ist, dass die ganze Gemeinde außer den sich falsch Verhaltenden angesprochen wird, sie werden auf diese Weise allein schon sprachlich isoliert, passend zur inhaltlichen Forderung, sich von ihnen zurück zu ziehen. Was haben sie falsch gemacht? *Ataktos/ataktos* und das zugehörige Verb *ataktein* kommen im Neuen Testament nur hier in den Thessalonicherbriefen vor (1 Thess 5,14; 2 Thess 6.7.11) und ist abgeleitet von dem Verb *tasso*, »(fest)setzen, bestimmen, befehlen«[9]. *Ataktein* bezeichnet vor diesem Hintergrund ein Verhalten, das sich bestimmten Strukturen oder Ordnungen widersetzt, wie zum Beispiel Philo die Situation vor der Schöpfung, also das Chaos, nennt (Op.22), oder Josephus einen anscheinend ebensolchen militärischen Rückzug (Bell 3.113).[10] Der Maßstab für ein konstatiertes *ataktein* ist jeweils eine bestimmte Anordnung, eine gesetzte Ordnung, wie der Sachzusammenhang zeigt. Wenn im Nachsatz 2 Thess 3,6b die »Überlieferung *(paradosis)* ..., die ihr von uns empfangen habt« als Maßstab für akzeptiertes Verhalten genannt wird, so erscheinen die fiktiven Verfasser Paulus, Silvanus und Timotheus (1,1) als Oberbefehlshaber, als Leiter, die absolute Ordnungen setzen, welche in keiner anderen Tradition oder Person begründet sind außer in den Verfassern selbst, also weder durch Gottes Weisung, eine Schriftstelle oder ein Jesuswort. Der anonyme Autor bzw. die anonymen Autoren[11] beziehen sich natürlich auf die

---

7. Übersetzung: ›Bibel in gerechter Sprache‹, hg. v. Ulrike Bail, Frank Crüsemann, Marlene Crüsemann, Erhard Domay, Jürgen Ebach, Claudia Janssen, Hanne Köhler, Helga Kuhlmann, Martin Leutzsch und Luise Schottroff, 2006, 3. Aufl. 2007. Alle weiteren Bibelzitate, sowie nicht anders ausgewiesen, ebenfalls nach der ›Bibel in gerechter Sprache‹.
8. Trilling, Komm. 140.
9. R. Bergmeier, Art. *tasso*, EWNT III, 1983, 807–808.
10. S. Maarten J.J. Menken, Paradise Regained or Still Lost? Eschatology and Disorderly Behaviour in 2 Thessalonians, NTS 38, 1992, 271–289 (275f).
11. Zu der These, dass es sich bei den Verfassern des 2 Thess mutmaßlich um Männer gehandelt hat, s. M. Crüsemann, Der zweite Brief an die Gemeinde in Thessalonich, 1998, 654ff; dies., Die pseudepigraphen Briefe, 2010, 246 Anm.24.

realen Apostel als absolute Autoritäten, indem sie sich als diese ausgeben, haben aber nicht bedacht, dass und wie Paulus selbst sein ethisches Urteil jeweils mit anderen Autoritäten und Maßstäben zu begründen pflegte, zum Beispiel in den komplizierten Argumentationen für eine Kopfbedeckung von Frauen im Gottesdienst in 1 Kor 11, 2–16. Allein schon die Art der Begründung ethischer Regeln zeigt also die nichtpaulinische Verfasserschaft des 2 Thess.

Doch die Verfasser treiben die Fiktion noch weiter. Sie beschreiben ihre eigene vorbildliche Arbeitsweise als anschauliches Gegenteil von *ataktos*, dass sie selbst mit schwerer Arbeit ihr Brot verdient hätten, damit sie von der Gemeinde nichts hätten annehmen müssen (2 Thess 3,7–9), um dann in V. 10 als Gipfel eine angebliche Anordnung zu zitieren, die sie wörtlich bei ihrem Aufenthalt in Thessaloniki so gegeben hätten: »*Wer nicht arbeiten will, soll auch nicht essen.*« Mit einer solchen Begründung – »*als wir bei euch waren, ordneten wir an …*« – lässt sich jedes Verhalten fordern, das eine Absicherung durch eine apostolische Autorität[12] braucht, denn die historischen Fakten sind mehr als eine Generation nach Paulus nicht mehr zu überprüfen. Ein angebliches Apostelwort der Gründerzeit wird also scheinbar zitiert, während es »in Wirklichkeit« erstmals ergeht. Dabei stehen drei Zeitebenen gleichzeitig im Raum: 1. die Zeitebene des ursprünglichen Aufenthalts der historischen Apostel bei der Gemeinde, an welche 2. im angeblich echten Schreiben aus ihrer Feder, dem vorliegenden 2 Thess, erinnert wird, sowie 3. die der wahren Verfasser und der von ihnen Angeredeten, wahrscheinlich nach 70 n. Chr.[13]

Wenn wir also den Sinn des Satzes in 3,10 sozialgeschichtlich erschließen wollen, kann dies allein die 3. Zeitebene betreffen. In dieser Zeit des 2 Thess wird neben der Schöpfung neuer Paulusworte vermittels des Motivs der Nachahmung ein bestimmtes Apostelbild kreiert, um die Gemeinden zu leiten. Dabei dient die persönliche Praxis des Paulus, in der korinthischen Gemeinde seinen Unterhalt durch Erwerbsarbeit selbst zu bestreiten, statt den ihm als Wandermissionar rechtmäßig zustehenden Lohn für Verkündigungsarbeit zu kassieren (1 Kor 9,6.12.18) als Leitbild. Auch im ersten Brief an die Gemeinde in Thessaloniki erscheint dieses: »*Ihr erinnert euch doch, Schwestern und Brüder, an unsere schwere Arbeit und Anstrengung: Tag und Nacht arbeiteten wir, um niemand von euch zur Last zu fallen, und verkündeten unter euch die Freudenbotschaft Gottes*« (1 Thess 2,9). Unter anderem aus dieser in 2 Thess 3,8 fast wörtlich wiederholten Aussage – »*sondern wir mühten uns Tag und Nacht mit schwerer Arbeit und Anstrengung, um niemandem von euch zur Last zu fallen*« – lässt sich die pseudepigraphe Abfassung des zweiten Briefes

---

12. Die Vorgehensweise gefälschter Paulusbriefe, durch ›fiktive Selbstauslegung‹ neue apostolische Traditionen einzuführen, hat Annette Merz, Die fiktive Selbstauslegung des Paulus. Intertextuelle Studien zur Intention und Rezeption der Pastoralbriefe, NTOA 52, Göttingen u. Fribourg 2004, anhand des 1. und 2. Timotheusbriefes und des Titusbriefes methodisch detailliert erschlossen.
13. Zu diesen Zeitebenen s. M. Crüsemann, Die pseudepigraphen Briefe, 258–268.

erschließen, da der erste Brief sozusagen auf dem Schreibtisch des Verfassers der zweiten gelegen haben, also die literarische Vorlage[14] gebildet haben muss. Im Zusatz 2 Thess 3,9 wird daraus noch mehr: Die Apostel sollen nicht allein zur materiellen Schonung der Gemeinde einen Lohnberuf ausgeübt haben, sondern aus pädagogischen Gründen, um für alle intentional sich selbst als allgemeines Vorbild (*typos*) zu etablieren, »vielmehr wollten wir uns selbst für euch zum Vorbild geben, damit ihr wisst, wie ihr uns nachahmen sollt«. Eingeleitet wurde diese Argumentation in V. 7 mit dem angeblichen Wissen der Gemeinde um die dann doch explizit erfolgende Instruktion solcher Vorbildlichkeit: »Denn ihr wisst ja selbst, wie man unserem Vorbild folgen soll ...«. Gemessen an den paulinischen Bemerkungen in 1 Kor 9,6–18 zum individuellen Verzicht auf sein Missionarsgehalt, der dort umständlich erklärt und verteidigt wird, und auch an der einfachen Schilderung des 1 Thess lässt sich bei der Argumentation des 2 Thess zweierlei hervorheben: Die ›Apostel‹ reden als selbstgeprägte Prototypen einer vorbildlichen Lebensweise und geben vor, auch hauptsächlich zu diesem Zweck seinerzeit in der Gemeinde aufgetreten zu sein. »In 2 Thess hat Paulus den Prozess der Typisierung zum Typus des Typus durchlaufen (d. h. in 2 Thess wird der Apostel als Typus konstruiert) und die Nachahmung zur Verpflichtung der Gemeinde erhoben«.[15] So findet zweitens eine Verschiebung des ›Berufsbildes‹ des zusätzlich arbeitenden Wandermissionars auf die ganze Ortsgemeinde – und womöglich weitere Gemeinden – statt. Was zuvor einen singulären Missonarstypus auszeichnete, soll jetzt die konkrete materielle Tätigkeit und allgemeine Arbeitshaltung jedes einzelnen Gemeindemitglieds prägen.

Das geforderte Gegenteil des beanstandeten Verhaltens, das *ataktos* genannt wird, ist also zugleich formal und inhaltlich definiert: Formal bedeutet es, den hier geäußerten, angeblich traditionellen apostolischen Anweisungen zu folgen – wobei es gewiss für die realen AdressatInnen unfair gewesen ist, dass diese tatsächlich vor dem fiktiven Brief gar nicht existierten – während es inhaltlich um eine Form von Erwerbsarbeit geht, die allein das Recht gewährt, das eigene Brot zu essen (2 Thess 3,8.12). »Brot« (*artos*) und die Wendung »Brot essen« stehen biblisch für die Grundversorgung und das Lebensnotwendige[16] an Nahrung schlechthin (Mt 4,4/Dtn 8,3 par. Lk 4,4; Mk

---

14. Siehe dazu die grundlegende Arbeit von William Wrede, Die Echtheit des zweiten Thessalonicherbriefs untersucht, Leipzig 1903, 4–12.19.24–27 mit der Auflistung und Gegenüberstellung der literarischen Parallelen zwischen 1Thess und 2 Thess; vgl. Trilling, 2 Thess, 22ff; Maarten J.J. Menken, 2 Thessalonians, London und New York 1994, 36–40. Eine eingehende Diskussion der intertextuellen Bezüge zwischen 2 Thess 3,6–12 und 1 Thess hat Yann Redalié, Les désordonnés de Thessalonique relus et corrigés (2 Th 3,6–12), in: Emmanuelle Steffek/Yvan Bourquin (Hg.), Raconter, interpréter, annoncer. Parcours de Nouveau Testament, FS Daniel Marguerat, Genève 2003, 335–348, unternommen.
15. Regina Börschel, Die Konstruktion einer christlichen Identität. Paulus und die Gemeinde von Thessaloniki in ihrer hellenistisch-römischen Umwelt, BBB 128, Berlin u. Wien 2001, 436.
16. Horst Balz, Art. *artos*, EWNT I, 1980, 383–386 (385).

3,20), also für nichts weniger als das tägliche Brot im Sinne der Vaterunserbitte (Mt 6,11 par. Lk 11,3), das unmittelbar Nötige zum täglichen Überleben. In 2 Thess 3,10 wird es nun abhängig gemacht vom Gehorsam gegenüber einer bestimmten, behaupteten Überlieferung in Kombination mit einer bestimmten verlangten Tätigkeit. So gesehen scheiden sich an dem Befehl *»Wer nicht arbeiten will, soll auch nicht essen«*, sowie seiner Befolgung und Überwachung, Leben und Tod. Die ›Apostel‹, also deren Imitatoren, haben damit ein quasi göttliches Gesetz formuliert, eine Tora, die unmittelbar Leben und Tod verteilen will und kann wie etwa Dtn 30. Darin liegt meines Erachtens zusammen mit der sozialen die theologische Fragwürdigkeit des Satzes.

Sind nun aus der Perspektive des ›Briefes‹ die *ataktoi* die Faulen, die grundsätzlich Arbeitsscheuen? Und welche Art von Arbeit fordert er? In 2 Thess 3,11 wird beides präzisiert und konkretisiert, indem schließlich von einer angeblichen Benachrichtigung über diese Missstände erzählt wird: »Wir haben nämlich gehört, dass einige unter euch ein Leben ohne Regeln führen *(peripatountas en hymin ataktos)* und nichts arbeiten *(meden ergazomenous)*, sondern nur so tun, als ob sie arbeiteten *(periergazomenous)*«. Festgestellt wird auf der einen Seite deutlich, dass die solchermaßen Angeklagten nicht arbeiten, um ihnen auf der anderen Seite doch eine Art Tätigkeit zu konzedieren, die *periergazomai* genannt wird. Es kann also nicht um absolutes Faulsein, um keinerlei Art von Tätigkeit gehen, sondern um feststellbare Aktivitäten, die aber von den Verfassern nicht als Arbeit anerkannt, sondern sogar Nicht-Arbeit genannt werden.

Was tun die *periergazomenoi*?[17] Im englischsprachigen Raum hat sich die Wiedergabe mit »busybodies«[18] eingebürgert: »Wichtigtuer_innen, Übereifrige, aufdringliche Menschen«, während die deutschen Übersetzungen unterschiedlich formulieren: »sondern treiben Furwitz« (Luther 1545); »unnütze Dinge treiben«

---

17. Die Identität der *periergazomenoi* mit den Protagonisten einer nach 2 Thess 2,2 falschen Datierung des »Tags JHWHs« als gegenwärtig schon eingetroffen wird des öfteren angenommen; demnach hätte die solchermaßen propagierte präsentische Eschatologie zu einer Arbeitsverweigerung, zur Aufgabe der alltäglichen Tätigkeiten geführt (vgl. z. B. den Ansatz von Glenn S. Holland, The Tradition that You Received from Us: 2 Thessalonians in the Pauline Tradition, Tübingen 1988, 52.98ff.126f u.ö.; sowie Menken, Paradise, 285–289; ders., Thess, 136–141; Eckart Reinmuth, Der zweite Brief an die Thessalonicher, in: Nikolaus Walter/Eckart Reinmuth/Peter Lampe, Die Briefe an die Philipper, Thessalonicher und an Philemon, NTD 8/2, Göttingen 1998, 157–202 [187ff]; tendenziell auch Börschel, Konstruktion, 439; zu dieser Position in der älteren Exegese s. Ronald Russell, The Idle in 2 Thess 3,6–12: An Eschatological or Social Problem?, NTS 34, 1988, 105–119 [105–107]). Eine solche Identifizierung wird allerdings vom Text des 2 Thess nirgends weder explizit hergestellt noch angedeutet. Im Rahmen einer Gesamtinterpretation des Briefes haben solche Ansätze den Vorteil, die Kap. 1–2 und 3, die thematisch unverbunden erscheinen, stärker inhaltlich zu verzahnen. Das sollte aber nicht vom Versuch abhalten, zuerst die Anweisungen von 3,6–13 selbst sozialgeschichtlich zu analysieren.

18. So u. a. die Kommentare von Menken, 2 Thess, 136, und Earl J. Richard, First and Second Thessalonians, Sacra Pagina Series 11, Collegeville 1995, 378 u. passim.

(Lutherrevision 1984); »alles mögliche treiben« (Einheitsübersetzung); »treiben unnütze Dinge« (Neue Zürcher 2007); »treiben sich unnütz herum« (Gute Nachricht Bibel Rev. 1997). Da das Verb innerhalb des Neuen Testaments nur hier vorkommt, erschließt sich seine Übersetzung vorrangig aus der Interpretation des Textzusammenhangs. Im klassischen Griechisch liegt von der Grundbedeutung des zuviel Arbeitens[19] der Akzent weniger auf Faulheit, sondern auf Umtriebigkeit, Betriebsamkeit, und der Ausdruck kann daher auch unnötige Tätigkeiten meinen. Die Bezeichnung *periergazomenoi* lässt tendenziell darauf schließen, dass diese möglicherweise alles andere als untätig gewesen sind, auch aus der Perspektive einer Kritik, sondern im Gegenteil allzu tätig, allzu betriebsam und allgegenwärtig. Doch all dieses ihr auffälliges Tun wird als Nicht-Arbeit bezeichnet, allenfalls als Scheintätigkeit, weit entfernt von der wahren Arbeit, für die das Schreiben eintritt. Der Konflikt scheint eher in einer unterschiedlichen Bewertung von Arbeit in der Gemeinde bestanden zu haben, nicht einfach in einem Gegenüber von Fleiß und Faulheit. Eine falsche Art der Betätigung wird angeprangert.

Dabei spielen die Dimensionen von Über- und Unterordnung eine Rolle. Da der Verstoß gegen ein angebliches Gebot der Apostel moniert wird, geht es zunächst um die Einforderung des Gehorsams gegenüber diesen obersten Autoritäten. Hinzu kommt eine konkrete Ortsanweisung für die Getadelten. In 2 Thess 3,12 wird Arbeit in »Ruhe« verordnet: »Sie sollen in Ruhe arbeiten«. Damit sind Stichworte 1 Thess 4,11 aufgenommen: »wir ermahnen euch ..., euch ruhig zu verhalten, euch um die eigenen Angelegenheiten zu kümmern und mit den eigenen Händen zu arbeiten«. »Ruhe« bzw. »sich ruhig verhalten«/*hesychia, hesychazein* drückt ein Ideal der griechisch-römischen Gesellschaft aus, das in der deuteropaulinischen Literatur des öfteren beschworen wird, besonders auffällig in der Disziplinierung für lernende Frauen in 1 Tim 2,11f, das in Unterordnung unter den Mann geschehen soll und das mit einem Lehrverbot verbunden ist. Die »Ruhe«/*hesychia* »ist eine Tugend der politisch Untergeordneten, die sich mit der ihnen zugemessenen Position bescheiden, ohne aufzubegehren«.[20] Vor diesem

---

19. So Liddell/Scott/Jones 1373: »to work beyond measure or to overwork«; vgl. Richard, Thessalonians, 382, der an die englische Redensart «never working but always busy« erinnert und meint, es gehe in 2 Thess 3,11 speziell um eine Art geschäftiges Einmischen in die Angelegenheiten anderer Leute. Ähnlich Beverly Roberts Gaventa, First and Second Thessalonians, Interpretation, Louisville 1998, 128: »people who occupy themselves with other people's business rather than their own.« Abraham J. Malherbe, The Letters to the Thessalonians, AncB 32B, New York u. a. 2000, ein Vertreter der Authentizität des 2 Thess, nennt Äußerungen antiker Philosophen (453), die sich von solchen »busybodies« abgrenzen, z. B. Dio Chrysostomos (Or 21.2–3).Eine mögliche zeitgenössische Konkretion bietet die Meldung über Entlassungen bei einem Internetkonzern: »Niemand hat selbst etwas getan. Befehlsgeber in der Überzahl: Yahoo hat festgestellt, dass zu viele Mitarbeiter herumlaufen und sagen, was andere zu tun haben – und selbst nichts tun«, Entlassungen beim Produktmanagement seien geplant (www.sueddeutsche.de v. 22.4.2009).

20. Merz, a.a.O. 280. Auf *hesychazein* als Begriff für den ›Quietismus‹ griechischer Philosophen bei ihrem Rückzug aus dem öffentlichen Leben macht Russell, The Idle, 109, aufmerksam.

Hintergrund blicken wir also auf Auseinandersetzungen zwischen aktiven Gruppen in einer Gemeinde, in denen es um die Bewertung von Arbeit geht, das heißt, Abwertung und Aufwertung verschiedener Tätigkeiten, sowie um eine positionelle Entmachtung der als *ataktos* qualifizierten Gruppe. Möglicherweise hat diese Gruppe zuvor gegen diejenige, die hinter dem falschen Apostelbrief steht, ähnliche Kampfbegriffe gebraucht.

Wie diese als falsche Betriebsamkeit getadelte Arbeit ausgesehen hat, ist kaum zu ermitteln. Der Begriff *periergazomai* lässt allenfalls auf erhöhte Aktivität und einen möglicherweise damit einhergehenden Anspruch auf Führungspositionen schließen. Etwas anders sieht es mit dem von 2 Thess selbst propagierten Arbeitsideal aus. Durch die Anknüpfung an das Bild aus der Paulustradition vom »Tag und Nacht mit schwerer Arbeit und Anstrengung« (2 Thess 3,8) handwerklich beschäftigten Apostel wird klar, dass unter Arbeit die schwere landwirtschaftliche, industrielle und handwerkliche Berufstätigkeit der großen Masse der Bevölkerung des Imperium Romanum zu verstehen ist. Das wiederholt gebrauchte Verb »arbeiten«/*ergazesthai* (2 Thess 3,8.10.11.12) in diesem Abschnitt unterstreicht dies. »Gearbeitet haben im Altertum alle, deren Lebenssituation sie dazu nötigte und die fähig dazu waren: Männer, Frauen, Kinder und Tiere. Eine Freistellung von der (körperlichen) Arbeit konnte sich nur die schmale Oberschicht und diejenigen leisten, die es zu Reichtum gebracht hatten. Die überwältigende Mehrheit der antiken Gesellschaft musste selbst für ihr Auskommen sorgen, ohne auf die Arbeit von Lohnarbeitenden oder Sklavinnen und Sklaven zurückzugreifen. Insbesondere die Arbeit von Frauen und Kindern ist in den Quellen und in der Forschung vielfach unsichtbar. In der griechischen und römischen politischen Theorie ist die Verachtung von Lohnarbeitenden und Handwerkern anzutreffen ... (Plato rep. 421d; 296d ...) ... Die gesellschaftliche Realität und das Selbstverständnis der Mehrheit der Bevölkerung in der Antike entsprachen dem nicht«. Zahllose Bilder und Inschriften »dokumentieren den Stolz derer, die für Lohn arbeiteten und derer, die ein Handwerk ausübten«.[21]

Mit ihrer Betonung und Definition der Arbeit als körperlich anstrengender Lohnarbeit verordnen die Verfasser des 2 Thess ihrer Gemeinde die Zugehörigkeit zur hart arbeitenden Bevölkerungsmehrheit ihrer Welt, zu den arbeitenden Freien und auch den Sklavinnen und Sklaven.[22] Damit wird eine klare gesellschaftliche

---

21. Jürgen Kegler/Ute Eisen, Art. Arbeit/Lohnarbeit, in: Sozialgeschichtliches Wörterbuch zur Bibel, hg. v. Frank Crüsemann/Kristian Hungar/Claudia Janssen/Rainer Kessler/Luise Schottroff, Gütersloh 2009, 16–22 (17).

22. Russell, The Idle, als einer der wenigen, die überhaupt nach den sozialen Hintergründen des Textes fragen, sieht die Adressaten als Angehörige der Bettelarmen und Arbeitslosen in den hellenistischen Städten, die von den Gemeindemitgliedern, die von ihnen als reiche Wohltäter betrachtet würden, ausgehalten werden wollten ohne selbst zu arbeiten. Da er 2 Thess für echt hält, meint Russell, dass Paulus diese Armen ermahne, stattdessen doch lieber zu arbeiten (112f). Eine ähnliche Verortung

Positionierung vorgenommen: Die Gemeinde soll die Zugehörigkeit zum Bereich der körperlich arbeitenden Schicht der Bevölkerung nicht aufgeben, sondern ihren Platz bei den Unterprivilegierten finden bzw. behalten. Indem nur dies als echte Arbeit anerkannt wird, gibt es ein Kriterium für die Beurteilung der Tätigkeiten in der Gemeinde. Ob die *ataktoi* und *periergazomenoi* sich wirklich nie die Hände schmutzig machten und diese Arbeit anderen überlassen haben, sie also tatsächlich »umsonst« (2 Thess 3,8) das Brot aßen, das andere verdient hatten, ist die Frage. Ihr Selbstverständnis wird sicher ein anderes gewesen sein als das Bild der Anklage, anders als die massiven Vorwürfe, die sie vermittels eines gefälschten Apostelbriefs sich anhören mussten. Indem »Paulus, Silvanus und Timotheus« im 2 Thess Folgsamkeit und Unterordnung propagieren, begeben sie sich trotz der Option für die Zugehörigkeit zur arbeitenden Unterschicht gegenüber Teilen der Gemeinde in eine höhere Position. Sie führen also als Leitung die Art von Weisungsbefugnis und Ausübung von Autorität zum Thema Arbeit in die Gemeinde ein, die außerhalb ein Signum der reichen Oberschicht ist. Paradoxerweise wird materiell die Zugehörigkeit zum ›Proletariat‹ verlangt unter Zuhilfenahme von Mitteln der abgelehnten Sphäre der Privilegierten, eine Zerreißprobe, die seither viele Kommunitäten innerhalb und außerhalb der Kirche kaum bestehen konnten und können.

Die wichtige Frage nach der sozialen Organisation der angeredeten Gemeinde, die hinter den Ausführungen von 2 Thess 3,6–13 zu vermuten ist, wird bisher in der Forschung kaum gestellt. Sie ergibt sich jedoch folgerichtig besonders aus dem Satz von V. 10: »*Wer nicht arbeiten will, soll auch nicht essen*«. Die Formulierung lässt darauf schließen, dass in der Gemeinde bestimmt werden kann, wer zu essen bekommt und wer nicht. Die Gemeinde kann auch öffentlich feststellen, wer nicht die richtige Form von Arbeit durchführt. Im Raum steht also die Frage, auf welche Weise die Subsistenz in der oder den angeredeten Gemeinde/n gesichert wird. Geht es um geteilten Besitz und Grundbesitz wie in den Erzählungen der Apostelgeschichte, zum Beispiel dem Konflikt um Hananias und Saphira Apg 5?[23] Handelt es sich um berufliche Erwerbsarbeit der Einzelnen außerhalb der Gemeinde oder um innergemeindliche bezahlte Arbeit? Ebenso möglich ist, dass die Erwerbstätigen ihren außerhalb der Gemeinde erarbeiteten Lohn der Gemeinschaft zur Verfügung stellen und damit

---

des für ihn paulinischen Textes im griechisch-römischen Wohltätersystem nimmt Bruce W. Winter, ›If a Man does not Wish to Work …‹ A Cultural and Historical Setting for 2 Thessalonians 3:6–16, TynB 40, 1989, 303–315, vor.

23. Zur sozialgeschichtlichen Analyse dieses Textes s. Ivoni Richter Reimer, Frauen in der Apostelgeschichte des Lukas. Eine feministisch-theologische Exegese, Gütersloh 1992, 29–54; bei den hier vorausgesetzten Vermögensverhältnissen handelt es sich um Privateigentum, das die Besitzenden aber intern der Gemeinde zur Verfügung gestellt haben müssen (40–43). Analog könnte es in der Gemeinde von 2 Thess eine gemeinsame Kasse gegeben haben, die ganz oder teilweise mit Arbeitslöhnen der Mitglieder gefüllt wurde, doch müssen das Spekulationen bleiben.

der materielle Lebensunterhalt, das tägliche Brot für alle finanziert wird. Dabei hätte die Gemeinschaft die Möglichkeit, einzelne Mitglieder von der Essensversorgung auszuschließen. Sowenig die Statuten der hinter dem 2 Thess stehenden Gemeinschaft genau erschlossen werden können, so zeichnet sich doch eine Organisation gemeinsamen Lebens ab, in der Mahlzeiten nicht Privatsache sind und Einkünfte aufgedeckt werden müssen. Gerade auch die mögliche Feststellung, ob jemand arbeitswillig ist oder nicht – »wer nicht arbeiten *will* ...« – setzt eine gewisse Öffentlichkeit und beurteilende Instanz voraus, vor der so etwas untersucht und entschieden werden kann. Diese Instanz muss auch über den Zugang zur Essensverteilung verfügen und jederzeit kontrollieren können, wer zur Teilnahme bei diesen Mahlzeiten berechtig ist. Der Nachsatz in 2 Thess 3,12 – »sie sollen in Ruhe arbeiten und ihr eigenes Brot essen *(ton heauton arton esthiosin)*« – ist als Fortsetzung des Gebots von V. 10 jedenfalls kein Hinweis auf eine private Küche trotz des Ausdrucks des »eigenen« Brotes. Denn dieses »eigene Brot« ist aufgrund von 3,8 als Synonym für den Ertrag der Lohnarbeit zu sehen, als Maß des für die Arbeitenden zur Verfügung stehenden Quantums an Entgelt oder Naturalien. Auch dieser Satz erfordert es, dass eine Instanz seine Befolgung überwacht und die Legitimät solchen Essens überprüft. Da es wiederum um Essenserlaubnis geht, wird klar, dass dies nicht als Privatsache angesehen worden ist.

Im Hintergrund stehen demnach vermutlich Gemeinschaftsmahle, wozu im christlichen Kontext Abendmahlsfeiern gehören bei gleichzeitiger Versorgung mit dem täglichen Brot. Laut Robert Jewett erklärt diese These am besten den Charakter der in 2 Thess 3,10 dargelegten Vorschrift, die er als Beweis für die Jurisdiktion einer christlichen Gemeinschaft in der Form kasuistischen Rechts interpretiert.[24] »The creation of the regulation required a community that was eating its meals together, for whom the willingness or unwillingness to work was a factor of sufficient importance to require regulation, and in which the power to deprive members of food was in fact present«(»Für das Entstehen der Vorschrift war eine Gemeinschaft erforderlich, die ihre Mahlzeiten gemeinsam einnahm, deren Bereitschaft oder Verweigerung zu arbeiten hinreichend wichtig war, Regelungen zu fordern, und in der es tatsächlich Machtverhältnisse gab, Mitglieder vom Essen fernzuhalten«).[25] Die

---

24. Robert Jewett, Tenement Churches and Communal Meals in the Early Church: The Implications of a Form-Critical Analysis of 2 Thess 3:10, BR 38 (1993), 23–43 (33–39), mit Verweis auf parallele Gemeinschaftsregeln in Qumran und griechisch-römischen Vereinsgilden. Die Wenn-Dann-Struktur des griechischen Satzes ist durch die gängige deutsche Wiedergabe etwas verdeckt, textnäher wäre: »Wenn jemand nicht arbeiten will, soll er oder sie auch nicht essen«. Wie immer man 2 Thess 3,10 als Rechtsvorschrift charakterisieren bzw. solche möglichen Analogien werten mag, wichtig ist, dass deren Befolgung eine Organisation gemeinsamen Essens voraussetzt.

25. Jewett, Tenement Churches, 38 (Übs. M. C.). Als Sitz im Leben von 2 Thess 3,10 imaginiert Jewett des weiteren Hauskirchen, die in großen urbanen Mietskasernen, wie im römischen Trastevere, Gemeinden bildeten und die nicht von patriarchalischen Hausvätern der großen Häuser, sondern von Unterschichtsangehörigen geleitet worden seien (23–33).

Feststellung einer eventuellen Arbeitsunwilligkeit und die Möglichkeit, darauf mit Essensentzug zu reagieren, erfordern somit eine gemeinsam verantwortete Organisation des Alltags, des Einkaufs, der Essenszubereitung und vor allem -verteilung. Wenn aber die Verortung dieser Gemeinde in der antiken Unterschicht wahrscheinlich gemacht werden kann, so forciert dies die mögliche Grausamkeit der Vorschrift: Denn es ist etwas anderes, ob Armen das tägliche Brot verweigert wird oder ob es Wohlhabenden passiert, die dann einfach ohne Schaden zu nehmen einen Fasttag einlegen können. Da es nicht möglich ist, die angegriffenen *ataktoi* sozial näher zu definieren, kann über die inhumanen Folgen dieser Anordnungen zur Zeit der Abfassung des 2 Thess nur gemutmaßt werden.

Verwunderlich bleibt, wie wenig kritisch in Kirchengeschichte und Wirkungsgeschichte ein solcher aufgrund des Satzes möglicher Entzug der Existenzgrundlage gesehen worden ist. Dies ist umso erstaunlicher, da der Satz » *Wer nicht arbeiten will, soll auch nicht essen*« in dieser Schärfe in der biblischen Welt singulär ist. Wohl ist es möglich, darin eine Anspielung auf das göttliche Wort von Gen 3,19 nach dem Verlust des Paradieses zu sehen: »*Im Schweiß deines Angesichts sollst du Brot essen*«, so dass 2 Thess 3,10 im günstigsten Fall im Sinne einer allgemeinen *conditio humana* zu interpretieren wäre.[26] Doch ist in Gen 3,19 ebenso wenig ein Verbot ausgesprochen wie im rabbinischen Midrasch[27] oder in der in Mt 10,10 gebotenen Entlohnung für Verkündigende: »*Alle die arbeiten, verdienen, dass sie zu essen bekommen*«. Diese bei aller Berücksichtigung einer auch harten Realität positiv formulierten Bestimmungen zum Erwerb des Lebensunterhalts stehen im Kontrast zum Gesetz von 2 Thess 3,10, dessen Folge ein verordneter Nahrungsentzug für Widerspenstige sein kann. Wer sich veranlasst sieht, es für seine eigene Existenz zu aktualisieren oder gar entsprechende Maßnahmen für andere Menschen zu erwägen, sollte sich von weiteren Gegentexten der Bibel ermutigen lassen, aus derartigen Engführungen auch wieder herauszufinden: »*Sorgt euch nicht ängstlich um euer Leben, was ihr essen oder was ihr trinken sollt, auch nicht um euren Körper, was ihr anziehen sollt. Ist nicht das Leben viel mehr als Essen, der Körper viel mehr als Kleidung? Seht euch die Vögel des Himmels an: Sie säen nicht und ernten nicht, sammeln auch keine Vorräte in Scheunen – und Gott, Vater und Mutter für euch im Himmel, ernährt sie*« (Mt 6,25f).

---

26. Siehe dazu bes. Menken, Paradise Regained, 277ff mit Verweis auf frühere Beobachtungen in dieser Richtung.
27. Bill. III, 642, nennt u. a. GenR 14 (10d): »Der Mensch ward ein lebendiges Wesen Gn 2,7. R. Huna (um 350) hat gesagt: Gott hat ihn zu einem für sich selbst freigelassenen Sklaven ... gemacht; denn wenn er nicht arbeitet, hat er nichts zu essen«.

II. Dein heiliger Name werde wirksam

9. Von der Macht des Gotteswortes

»Lebendig und kräftig und schärfer«, so lauten die drei Adjektive aus Hebr 4,12.[1] Sie sollen bewusst machen, dass das biblische Wort Gottes nicht belang- und bedeutungslos ist, saft- oder kraftlos, leicht zu haben und leicht zu nehmen, eine Wohlfühl-Komponente unter vielen anderen, das nichts von uns verlangte und nichts von uns brauchte. Gleichzeitig wird damit etwas ausgesagt über die Organisation oder Gemeinschaft, heute über den deutschen Protestantismus, der sich an einem solchen Wort orientiert: Er möchte alles andere als harmlos erscheinen, sondern höchst lebendig und kraftvoll ohne Scheu vor scharfen Auseinandersetzungen und eigener Profilierung. Das entsprechende Plakat für den Kölner Kirchentag 2007 strahlt denn auch eine gewisse Gefährlichkeit aus: Das urchristliche Fischsymbol hat plötzlich eine angedeutete Haifischflosse bekommen! Das ist originell, aber auch bedenklich: Soll die Ehrfurcht vor Gott wieder mit Furcht vor den christlichen Kirchen einhergehen? Oder vor ihren Institutionen nach innen und nach außen? Ganz fern liegen heute solche Befürchtungen nicht, Tendenzen zur Hierarchisierung und Domestizierung sind durchaus auch in den evangelischen Kirchen zu beobachten.

So lautet also die verborgene Leitfrage beim folgenden Durchgang durch einige biblische Texte, die wichtige Aspekte des Gottesworts zur Sprache bringen: Wie geht seine Autorität einher mit menschlicher Autorität? Tut sie es überhaupt, und kann sie autoritäres menschliches Verhalten und Reden legitimieren? Doch im Mittelpunkt kann dabei letztlich nichts anderes stehen, als eben dies: das Wort Gottes – und erst in zweiter Linie wir selbst, als solche, die von einem Gotteswort berührt werden. Fontane lässt seinen Stechlin es so sagen: »Das Wort ist das Wunder; es lässt uns lachen und weinen, es erhebt uns und demütigt uns, es macht uns krank und gesund. Ja es gibt uns erst das wahre Leben«.[2]

Im Adjektiv »lebendig« in Hebr 4,12 blitzt die Leben schaffende Macht des göttlichen Worts auf: Es ist zwischen den zwei Buchdeckeln der Bibel nicht leblos, sondern lebt und macht *heute* lebendig. »Kräftig«, oder besser: »wirksam, wirkkräftig«, betont seine Energie, die schöpferische Kraft, aus der alles entsteht, was Gott will. Das dritte Adjektiv jedoch stellt die ganze Aussage weniger in den Horizont

---

1. Diese Losung für den 31. Deutschen Evangelischen Kirchentag 2007 in Köln hatte sich vorher die Hauptversammlung des Reformierten Bundes zum Thema gesetzt, wobei alle vom Präsidium des Deutschen Evangelischen Kirchentags ausgewählten Texte für diesen Kölner Kirchentag vorgestellt werden sollten. Diese biblischen Texte zum Thema »Wort Gottes« sind Basis der folgenden Ausführungen.
2. Theodor Fontane, Der Stechlin, insel tb. 152, Frankfurt/M. 1975, 389 (37. Kapitel).

der Schöpfung, sondern in den eines schonungslosen Gerichts. Diese an sich ein-
drucksvollen Prädikationen gehen allerdings mit einem sehr harten Bildwort einher.

Der ganze Vers lautet[3]: »*Ja, Gottes Wort ist lebendig und kräftig und schärfer –
wirksamer als jedes zweischneidige Schwert. Gottes Wort dringt durch Seele und Geist,
geht durch Mark und Bein. Es richtet über Gedanken und Pläne des Herzens*«. Nach
dem griechischen Text ist nicht klar, ob im Sinne dieses Bildes sowohl das Wort als
auch das Schwert Seele und Geist, Gelenke und Knochenmark jeweils voneinander
trennen, oder ob wir uns vorstellen sollen, dass jedes Element eines lebenden Organismus einzeln durchdrungen wird. Die Imagination einer solchen scharfrichter-
lichen Handlung ist beängstigend genug. Die Aussage ist als Gerichts- oder Drohwort
zu verstehen, das die angeredeten hebräischen Gemeinden beeindrucken, auch ein-
schüchtern möchte. Der Zusammenhang zeigt, dass einige Mitglieder die Gruppe
verlassen haben oder verlassen wollen, dass dieser besondere jüdisch-christliche
Weg, den sie eingeschlagen haben, für manche zu schwierig ist. Weil im Grunde ein
Mensch niemals durch und durch zu kontrollieren ist – obwohl viele Regierungen
und ihre Dienste das ja nach wie vor versuchen –, wird die entscheidende und
durchdringende Visitation dem Wort und Gericht Gottes anheim gestellt. Der nach-
folgende Vers betont, dass kein Geschöpf vor Gott verborgen ist, sondern alle nackt
und schutzlos sind. Hier fällt noch einmal der Begriff *logos*, wiederum mit »Wort«
wiedergegeben. Jetzt ist das Wort der Menschen gemeint, in der Übersetzung für
den Kölner Kirchentag: »bei Gott stehen wir im Wort«. Es steht auf dem Prüfstand,
es muss in dieser einschneidenden Gerichtsszene vor Gott verantwortet werden.

Diese gewagte Metaphorik muss jedoch nicht Intoleranz und Gewalttätigkeit
bedeuten. Denn solange eine Religionsgemeinschaft allein vom *Wort sagt*, dass es
schärfer als ein Schwert sei, jedoch selbst nicht zum Schwert greift, solange sie den
aufkommenden Fundamentalismus anderer nicht mit eigenem beantwortet, solange
sie letztlich Gott das Wort lässt und von der Vorläufigkeit des eigenen weiß, braucht
sie schonungslosen Diskussionen nicht aus dem Weg zu gehen. Der Impuls, den

---

3. In einer Übersetzung für den Kölner Kirchentag. Diese Übersetzungen und entsprechende Exegesen
    sind zugänglich im Sonderheft der Jungen Kirche 67, extra/2006, »Lebendig und kräftig und schär-
    fer«. 31. Deutscher Evangelischer Kirchentag, Köln 2007, Einführung in die Texte der Bibelarbeiten
    und Gottesdienste, darin die Artikel von: Klaus Wengst, »Heute, wenn ihr doch auf Gottes Stimme
    hörtet!« Der Text für den Eröffnungsgottesdienst: Hebr 4,12f (2–7); Luise Schottroff, Der einsame
    Kampf Jesu. Der Text für die Bibelarbeit am Donnerstag: Mt 4,1–11 (8–14); Frank Crüsemann, Das
    Wort Gottes und die Prophetie. Der Text für die Bibelarbeit am Freitag: Jer 23,16–32 (15–24); Clau-
    dia Janssen, Auf dem Marktplatz. Der Text für die Bibelarbeit am Samstag: Apg 17,16–34 (25–37);
    Jürgen Ebach, Gottes Wort und nicht das alte Lied. Der Kirchentagspsalm: Ps 33 (38–43); Marlene
    Crüsemann, Lebendige Widerworte. Der Text für das Feierabendmahl: Mt 15, 21–28 (44–48, s. un-
    ten S. 163–170); Ulrike Bail, Die Farbe(n) Gottes. Der Text für den Schlussgottesdienst am Sonntag:
    1. Kön 19,1–13a (49–55). Im Folgenden werden die Bibeltexte, wenn nicht anders ausgewiesen, nach
    den Neuübersetzungen für den Kölner Kirchentag zitiert.

dieses Bibelwort uns gibt, ist ein kritischer, einer, der die Geister scheidet und zu Differenzierungen aufruft.

In unserem Sprachgebrauch ist das buchstäbliche zweischneidige Schwert eine heikle Sache und nicht leicht zu handhaben. Es gibt immer eine zweite ebenso einschneidende Seite des Gegenstandes, an dem man sich selbst weh tun kann, aber auch die Fähigkeit zu Selbstkritik erlangt. Zu dieser Selbstkritik gehört es auch, jüdische Stimmen wahrzunehmen, die ihr Unbehagen vor eben diesem Text bekunden, der in der gewaltsamen Geschichte der Verbreitung des Christentums mitgeholfen hat, Andersgläubige nicht nur mit dem Wort zu bedrohen.

Matthäusevangelium 4,1–11 – Wort Gottes in der Wüste

Jeder kann das Wort Gottes im Mund führen, gebrauchen und missbrauchen, selbst der Teufel, so hat es auch das Neue Testament gesehen und vorausgesehen: Es geht um die sogenannte Versuchungsgeschichte in Mt 4. Ich beschränke mich auf wenige Anmerkungen zu diesem wichtigen Text.

Auf den ersten Blick erscheint alles eindeutig. Hier steht der Teufel, der Jesus in drei Schritten für sich gewinnen will: Jesus soll in der Wüste Steine zu Brot zu machen, sich spektakulär von der Höhe des Jerusalemer Tempels stürzen, so ein Gotteswunder herbeizwingen, und schließlich die Weltherrschaft übernehmen. Dort steht Jesus, der jedes Mal Nein sagt, die Herausforderung, die Probe auf seine Gotteskindschaft mit Bravour besteht. Er zeigt, dass er wirklich von Gott stammt und zitiert bei jeder dieser Proben eindrucksvoll aus der Schrift, der Tora. »*Der Mensch lebt nicht vom Brot allein*« – oder: »*die Menschen leben nicht einfach vom Brot, sondern von jedem Wort, das aus dem Mund Gottes kommt*« (Dtn 8,3). Besonders betont ist Israels zentrales Glaubenswort und Bekenntnis zu seinem Gott als der einen und einzigen göttlichen Macht, die es gibt. Jesus zitiert zweimal aus diesem 6. Kapitel des fünften Buches der Tora, dem Umfeld des »Höre, Israel!« und seinem Hauptgedanken von der Einzigkeit Gottes, dem allein unser Leben und Lebenswerk gehören soll. Man könnte sagen, dass er sich an dieses Bekenntnis klammert, und so hält er stand: »*Du sollst Gott allein anbeten ...*« (Dtn 6,13/Mt 4,10). Der Teufel hatte ja auch am Ende verlangt, dass Jesus vor ihm niederfalle, falls er die Weltherrschaft erlangen wollte, und so wird letztlich ganz klar, dass er vom Satan versucht worden ist. Denn es gab damals nur einen, dem ein Weltreich gehörte und der Königswürden verschenken konnte. Das war der römische Kaiser, der mit den gleichen Worten seine Vasallenkönige und Statthalter inaugurieren ließ.

Aber ist denn am Anfang alles klar und eindeutig? Fragen und ein genauerer Blick enthüllen die Abgründigkeit dieser Geschichte. Was ist daran so schlecht, aus Steinen Brot zu machen und den Hunger der Welt zu stillen? Ist nicht ein Gottessohn durch Engel geschützt, wenn er, um glaubwürdig zu sein, den Einsatz seines Lebens wagt? Wäre es nicht viel besser, wenn Jesus Christus machtvoll die Welt regiere und niemand anderes? Sind denn solche Wünsche von vornherein böse und erkennbar vom Teufel? Die Fragen an den Text gehen weiter. Wer ist die treibende Kraft hinter allem, auch dem Bösen? In V. 1 steht, dass es der Geist, die Geistkraft Gottes ist, die Jesus in die Wüste führt und so mit dem Versucher zusammenbringt. Weiß Jesus eigentlich, mit wem er da diskutiert? Erst am Ende nennt er ihn beim Namen. Am irritierendsten aber ist, dass der Teufel selbst beginnt, die Bibel zu zitieren. Er kennt die Schrift, Gottes Wort, und weiß anscheinend damit umzugehen. Genau nach dem Moment, als Jesus auf das Wort Gottes hinweist, das die Menschen ernährt (V. 4), bringt auch der Andere die Bibel, den schönen Psalmspruch von den Engeln, die dich auf Händen tragen, damit dein Fuß an keinen Stein stoße (Ps 91,11f/Mt 4,6), einen der beliebtesten Taufsprüche unserer Tage. In diesem Fall soll er die Risikobereitschaft steigern.

Demnach kann jeder und jede ein Bibelwort im Munde führen, selbst der Teufel. Auch eine böse Absicht kann sich der Schrift bedienen. Welche Kriterien gibt es, die Geister zu scheiden und auf sicherem Boden zu stehen? Manchmal steht Wort gegen Wort, Bibelwort gegen Bibelwort. Wer und welche Umstände entscheiden, dass es richtig gebraucht wird? Woran erkennt man seine Instrumentalisierung zu manchmal teuflischen Zwecken? Es ist für uns Christinnen und Christen von höchstem Belang, dass die erlösenden Worte Jesu dem Bekenntnis Israels zum einen und einzigen Gott entsprechen. Ihm und diesem Wort können wir glauben, unser Leben, Reden und Handeln ihm anvertrauen.

Jeremia 23,16–32 – Wort Gottes als Hammer und mehr als ein Traum

Die Auseinandersetzung um das wegweisende Wort Gottes bestimmt alle theologischen und damit zusammenhängenden ethischen Debatten. Mit dem Text von Jer 23,16–23 meldet sich dazu sozusagen ein Hammer-Text zu Wort. Adonaj, das steht für den Namen Gottes, also Gott spricht: »*Ist nicht so mein Wort: wie ein Feuer ... und wie ein Hammer, der Felsen zerschlägt?*« (V. 29) Der Prophet steht damit auf gegen die Wellness-Propheten, die Glück verkünden. Die denen Wohlergehen und Gottes Segen ansagen, die das Volk Israel seiner Meinung nach in die Irre führen. Wenn irgendetwas »kräftig« genannt werden kann, dann solch ein Hammer-Satz. Doch hat Jeremia inmitten des Streits seiner Zeit selbst eine kraftvolle Position? Er sieht sich einer staatlich anerkannten Gruppe, man könnte sagen, verbeamteter prophetischer Leute gegenüber, die den Führungspersönlichkeiten sagen, was diese hören wollen. Konkret geht es, aber das kann hier nur angedeutet werden, um das Verhältnis des bedrohten Staates Juda zur Besatzungsmacht Babylon kurz vor Beginn des Exils. Jeremia rät in diesem Stadium der Geschichte eher zur Anpassung – und das mit solch starken Worten von der Autonomie und Durchschlagskraft des Gotteswort! So stehen sie sich gegenüber: Auf der einen Seite die bekannten und bewährten Kräfte der Prognostiker, die den offiziellen Kurs stützen. Auf der anderen der umstrittene Mahner, der alles verkompliziert und auch ganz paradoxe Sätze als Spruch Gottes verkünden kann: »*Bin ich nur Gott, wenn ich nahe bin ... bin ich nicht Gott, wenn ich fern bin?*« (V. 23).

Was ist Prophetie? Es ist vor allem die sachgerechte Analyse der gegenwärtigen Verhältnisse und der Aufweis der entsprechenden Folgen für die Zukunft. Prophetinnen und Propheten sagen dies in aller Offenheit und bringen in ganz eigenen Formeln und Formen damit die Verantwortung vor Gott ins Spiel. Jeremia wendet sich gegen die, die schon immer genau und mit bewährten Formulierungen wissen, was Gott sagt und tut. Er verlangt Respekt für Gott: Gott kann nur als zugewandt und nah erkannt werden, indem Menschen auch die Ferne Gottes von ihren Vorstellungen und Wünschen akzeptieren. Sonst trägt man seinen eigenen kleinen Hausgott bei sich, der immer sagt, was von ihm erwartet wird, und über den man verfügen kann. »Ist dein Gott tot, nimm meinen« – solch einen anmaßenden Spruch hat es ja schon mal gegeben, mindestens als Autoaufkleber.

Jeremia fährt fort: Diejenigen, die die Nähe Gottes verkünden, berufen sich auf ihre eigenen Träume und Visionen. In diesen Träumen glauben sie, Gott zu vernehmen. Sie sagen: »*Ich habe einen Traum, ich habe einen Traum*« (V. 25), »*und jetzt laufen sie und prophezeien*« (V. 21). Darf demnach Glaube und Religion keinesfalls mit den eigenen Träumen und Idealen übereinstimmen? Können sie von projektiven Vorstellungen völlig freigehalten werden? In welchem Verhältnis stehen menschliche Visionen, Träume und Utopien zum Wort Gottes?

Der dichte Text aus dem Buch Jeremia, der diese Fragen und die ihnen zugrundeliegenden Erfahrungen verarbeitet, sagt nicht, dass es keine Träume geben soll oder sie grundsätzlich wert- und nutzlos seien. Er spricht sich vielmehr für eine fruchtbare Unterscheidung aus: Mein Traum ist mein Traum, aber eben deshalb nicht gleich Gottes Wort. Er darf in mir entstehen, erinnert und als solcher kommuniziert werden. Und obwohl Gott nach mehreren biblischen Texten durchaus im Traum zu Menschen spricht, sollten diese im Umkehrschluss ihren Traum nicht von sich aus mit dem Wort Gottes gleichsetzen. Träume können täuschen und Trugbilder produzieren, sie können eine bittere Realität verschleiern und dadurch die schwächen, die handeln sollten. Sie können zur Ausbeutung anderer benutzt werden und in Verbrechen münden. Auch das zweifelhafteste Unternehmen beruft sich gern auf eine ›Vision‹. Wahre Prophetie muss irgendwann unterscheiden können zwischen eigener Wunschvorstellung und dem lebendigen, nicht plan- und verrechenbaren göttlichen Wort. Diesen Lernprozess spiegelt das umfangreiche und vielschichtige Buch Jeremia, das im Nachhinein einem Propheten recht gibt, der seiner eigenen Umgebung zuerst nicht sonderlich gefiel, weil er derartige unpopuläre Differenzierungen forderte.

Alle Träume, Visionen, Utopien, Rechnungen, Pläne, Projekte entstehen im Herzen, das nach der hebräischen Anthropologie der Sitz des Denkens und Verstehens ist. »Herz« ist in Jer 23 ein weiteres Schlüsselwort. Das menschliche Herz ist autonom und widerspenstig, eines der härtesten Bollwerke gegen andere Menschen, gegen Gott und gegen das Wort Gottes. Das ist eine in der Bibel vielfältig bezeugte und weiterhin gültige Tatsache. Aber auch Gott hat nach Jer 23,20 ein Herz mit eigenen Plänen und Vorhaben, die nur jemand zu erkennen vermag, der bei einer geheimen göttlichen Ratsversammlung gelauscht hätte (V. 22). Das kann kein Mensch. Sind daher die Pläne der menschlichen Herzen grundsätzlich dem Betrugs- und Täuschungsverdacht auszusetzen? Diese Frage bleibt uns.

Wir halten fest: Jeremia war ein Außenseiter ohne Verankerung in staatlichen und kultischen Institutionen, wie viele wahre Prophetinnen und Propheten vor und nach ihm, auch die der frühchristlichen Zeit. Dies konnte auch gar nicht anders sein, denn Gottes Wort, die Tora, die sie zu Gehör bringen, ist selbst an einem Ort verankert, der mit keiner Institution im alten Israel gleichzusetzen ist: dem Sinai, einem u-topischen Berg, der vor aller Staatswerdung den Willen Gottes, die Zehn Worte, die Weisung der Tora als Alleinverehrung Gottes und als gerechtes Zusammenleben zugunsten der Schwächeren symbolisiert.

Die Offenbarung am Sinai geht allem Königtum voran und unterstellt es der Tora. Nach dem Midrasch sind alle in Israel Zeuginnen und Zeugen der Worte vom Sinai, ja, selbst die ganze Welt: »Als der Heilige, gesegnet er, die Tora gab, rief kein Vogel, flog keiner, brüllte kein Stier ... sangen nicht die Serafim ›heilig, heilig‹, wogte nicht das Meer, redeten nicht die Menschen, sondern die Welt schweigt und hört still zu. Und die Stimme ging aus: ich bin Adonaj, dein Gott ... Als der Heilige, gesegnet er, auf dem Berg Sinai sprach, ließ er die ganze Welt schweigen, damit die Menschen erkannten, dass außer ihm keiner sei, und er sprach: Ich bin Adonaj, dein Gott ...« (Midrasch Schemot Rabba 29,9, zu Ex 20,2).

Psalm 33 – das neue Lied

Die menschliche Antwort auf Wort und Tat Gottes ist zuerst das Gotteslob, die *Beracha*, die Worte, mit denen Menschen Gott segnen und preisen, ihre Geborgenheit in der Schöpfung ausdrücken, die durch Gottes Wort ins Leben gerufen wurde, welches das Nichtseiende ins Dasein ruft, wie es in Röm 4,17 heißt.

Psalm 33 fordert dazu auf, für Gott ein neues Lied zu singen, *das* neue Lied (V. 3). Es preist die Aufrichtigkeit des göttlichen Wortes: »*auf alles, was Gott tut, ist Verlass*« (V. 4), zusammen mit seiner Stärke, durch die Himmel und Erde geschaffen wurden. »*Ja, Gott hat gesprochen: Da wurde es, / hat geboten: Da stand es*« (V. 9). Auch Ps 33 spricht von der Souveränität des göttlichen Herzens und seinen Plänen. Die Verse 10 und 11 lauten: »*Adonaj zerstört, was Nationen planen, / macht zunichte, was die Völker sich denken. / Was Adonaj plant, hält stand auf Dauer, / was Gott im Herzen denkt, von Generation zu Generation.*« Hier sind wiederum göttliches und menschliches Denken und Planen diametral auseinander gedacht.

Doch es gibt auch noch den Vers 15, und der sagt über die Menschheit: »*Ihnen allen gemeinsam formt Gott ein Herz, / nimmt all ihre Taten wahr*«. Wie sollen wir das verstehen? Sollen alle ein Herz und eine Seele sein? Vielleicht eher so: Weil Gott jedes einzelne menschliche Herz geschaffen hat, schenkt er auch die Grundlage aller Gemeinsamkeit, die Möglichkeit, einander zu verstehen. Und weil Gott auch diese Gemeinsamkeit formt wie ein einziges Herz, ist Menschen gemeinsam auch die Chance gegeben, göttliche Worte zu hören und darüber nachzudenken.

Diese menschliche Sehnsucht nach Gottes Wort sieht ihm entgegen und vertraut darauf, es aufzunehmen und zu verstehen, wie ein jeder, eine jede es vermag, erst recht mehrere gemeinsam. Wie es gegen Ende des Psalms heißt: »*Unser Leben streckt sich Adonaj entgegen, / unsere Hilfe und unser Schild ist Gott. / Ja, auf Gott freuen wir uns mit Herz und Verstand, / auf Gottes heiligen Namen vertrauen wir*« (V. 21).

Herz und Verstand der rabbinischen Auslegungstradition haben sich auch des Hammers aus Jer 23,29 angenommen. Das Wort, das wie ein Hammer Felsen zerschlägt, zerlegt den Felsen in viele Splitter. Und so, sagen Auslegungen des Talmud, sei auch jedes Wort, das aus dem Mund Gottes hervorging, in siebzig Sprachen zerteilt worden (bSchabbat 88b), und ebenso fielen aus einem einzigen Schriftwort viele Deutungen hervor (bSanhedr 34a), die gemeinsam und kontrovers dem Wort nachgehen und es erhellen. So wird aus einem buchstäblich vermeintlichen oder gar möglichen Totschlagargument, das mit dem Bild des Hammers einhergehen kann, der Reichtum biblischer Schrifterkundung. In dieser Teilhabe aller an der Auslegung der Schrift gibt es kein Schweigegebot und kein Lehrverbot. Was zählt, ist die Kraft des guten Arguments und des aufrichtigen Herzens, das sich um das Verstehen der Wortes Gottes bemüht.

Die Menschen, die im Neuen Testament das Evangelium verbreiten, haben mit ihrem verkündigenden Wort ebenfalls nichts anderes als die Überzeugungskraft ihrer Rede und keinen Hintergrund einer mächtigen und durchsetzungsstarken Institution.

Paulus in Apostelgeschichte 17,16–34

... führt uns auf den Markt und den Areopag von Athen, zu seiner großen Werbeansprache an die Athener Bevölkerung. Das Wort Gottes, das Evangelium von Jesus

Christus muss öffentlich gesagt und vermittelt werden, gerade in einer polytheistischen oder agnostischen Umgebung. Konziliant, anknüpfend, aber mit eigenem Profil. Auf dem Markt der Möglichkeiten und Meinungen – der griechischen Agora – kann jede Botschaft und Lehre zu Wort kommen und überzeugen, *wenn* sie überzeugen kann. Das ist die Kunst. Von Paulus gibt es in der Apostelgeschichte nur zwei große ausgeführte Missionsreden, einmal für das mehrheitlich jüdische Publikum in Antiochia in Pisidien (Apg 13,16–41) und einmal für die nichtjüdische Intelligenz am Sitz des athenischen Gerichts, dem Areopag.

Dorthin wurde er von Interessierten mitgenommen, nachdem er ihnen auf dem Markt aufgefallen war. »*Spermologos*« nennen sie ihn (V. 18), das ist die Saatkrähe, die von überall aufpickt, was andere gesät haben, und das dann auf höchst eigene Art weiterverbreitet. Man könnte auch vom »Sprücheklopfer« sprechen oder mit dem markanten norddeutschen Ausdruck vom »Klugscheißer«. Die Leute von Athen werden vom Text ausdrücklich als notorisch neugierig und nachrichtensüchtig bezeichnet. Jeder und jede rhetorisch und medial Begabte hat bei ihnen die Chance, gut herüber- und herauszukommen.

Wie läuft es mit Paulus? Ausgangspunkt ist, das muss gesagt werden, sein Eindruck von den vielen Götterbildern in der Stadt. Als er die wundervollen klassischen Statuen sah, war er nicht etwa entzückt wie heutige Kunstreisende, sondern ärgerlich und in großer Aufregung über die Vielgötterei. Und dennoch fällt öffentlich kein kritisches Wort bei ihm in diese Richtung. Seine Rede knüpft an griechische Philosophie und Dichtung an und ist selbst wie großes Gedicht. Sie ist aufgeschrieben und tradiert worden, denke ich, um eine Musterpredigt für nichtjüdische Gottsuchende aufzubewahren – und in unserem heutigen Kontext sind es die nichtchristlichen Religionen.

Von dieser Rede können alle lernen, die Gleiches probieren. Paulus würdigt die außerordentliche Religiosität der Angeredeten. Sein Hymnus besingt die unbekannte Gottheit, deren Altar er bei ihnen fand, das große Gemeinsame, das alle zusammenführen kann: die *eine* göttliche Kraft, aus der das All, die Himmelssphären, alles planetarische Leben in seinen Lebensräumen und Zeiten entspringen. Er würdigt die Sehnsucht der Völker nach Transzendenz, und wie weit sie damit kommen. Er geht soweit zu sagen: »*Gott ist ja auch wirklich nicht fern von jeder und jedem von uns, Ja, in Gott leben wir, bewegen wir uns und sind wir*« (V. 27f). Und daher könne Gott kein Objekt sein, kein menschlich fabrizierter Gegenstand der Technik, Wissenschaft oder Kunst. Es ist eine glänzende Rede. Und alles geht gut, bis der Redner zu einer Neuausrichtung des Denkens und Handelns, zur Auferstehung Jesu von den Toten und dem großen Gerichtstag Gottes kommt. Da entfernen sie sich, die einen höflich, die anderen spöttisch.

Im Dialog der Religionen und Kulturen kommt es immer zu diesem Punkt der schwer oder gar nicht zu vermittelnden Differenz. Hier bei dem Eigenen zu bleiben, das lehrt uns das Beispiel des athenischen Paulus, dann, wenn die große Masse wieder geht und nur ein harter Kern, eine kleine Gruppe kommen und bleiben möchte. Wir lernen, vermittelnd aufzutreten, und doch das eigene Profil zu wahren, unabhängig davon, ob der große Erfolg kommt oder nicht – wie in Athen, wo damals keine große Gemeinde entstanden ist. Aber Dionysos, ein Mitglied des Gerichts auf dem Areopag, war dabei und Damaris, eine Philosophin wohl gar.

Matthäusevangelium 15,21–28 – die kanaanäische Frau[4]

Frauen als Trägerinnen der biblischen Botschaft sind seit mehreren Jahrzehnten von der feministischen Bibelwissenschaft entdeckt und ins richtige Licht gestellt worden, auch wenn mancher Theologe und Journalist davon noch nichts mitbekommen hat und lernen mag.

Sie hat auch die Dynamik der biblischen Wundergeschichten neu herausgearbeitet. Diese besteht im Zusammenwirken dessen, von dem eine wunderbare Rettungstat erbeten wird, und den Hilfesuchenden. Die Aktivität der Leidtragenden und ihrer Angehörigen, ihre Bitten und ihr Tun sind es, die Wort und Tat des Gotteswunders mit hervorrufen. Jesus zum Beispiel ist bei genauer Lektüre der Erzählungen kein Wundertäter, der losgelöst von der Energie der Verzweifelten wirken kann. Die Heilungen als Erweis der Schöpfungsmacht Gottes in Wort und Tat vollbringt er nicht allein und losgelöst als isolierter Wundertäter.

In Mt 15 wird erzählt, wie eine Frau aus der kanaanäischen Bevölkerung jenseits der Grenzen des Landes Israel von Jesus die Errettung ihrer schwer erkrankten Tochter erfleht. Sie lässt sich nicht wegschicken von der Jüngerschaft, die ihr Schreien als störend empfindet. »Hilf mir«, sagt sie schließlich (V. 25). Aber Jesus will nicht helfen, sich nicht erbarmen! Doch die gedemütigte Frau dreht die Situation um, indem sie zustimmt. Ihr Vertrauen wird durch die Rettung der Tochter belohnt. Wer spricht hier den entscheidenden Satz, der alles wendet und das Leben wieder aufrichtet? Ist es das, was *er* sagt, oder das, was *sie* sagt? Ist es Wort oder Antwort? Und welches ist das Wort – und welches die Antwort?

In Jesus wurde das göttliche Wort menschliches Leben, wie man Joh 1,14 auch übersetzen kann. Es ist das Wort der lebensfreundlichen Güte, welches die zurückruft, die Unrecht begehen und die Unterdrückten aufrichtet. So spricht er selbst im sogenannten Heilandsruf in Mt 11,28ff[5]: »*So kommt doch alle zu mir, die ihr auch abmüht und belastet seid: Ich will euch ausruhen lassen. Nehmt meine Last auf euch*

---

4. Hierzu ausführlich unten S. 163–170.
5. Nach der Übersetzung der Bibel in gerechter Sprache, 1.–3. Aufl. Gütersloh 2006/2007, so auch das folgende Bibelzitat.

und lernt von mir: Ich brauche keine Gewalt, und mein Herz ist nicht auf Herrschaft aus. So werdet ihr für euer Leben Ruhe finden. Denn meine Weisungen unterdrücken nicht und meine Last ist leicht«. Dies ist ein Gegenentwurf zu den Belastungen und der Ausbeutung derer, die mit imperialer Gewalt über die Völker herrschen.

In Mt 12,18–21 wird mit ihm, dessen Herz nicht auf Herrschaft aus ist, die Verheißung aus Jes 42,1–4 verbunden: Es ist ein Mensch, eine Gestalt mit leiser Stimme, die die Völker Gerechtigkeit lehrt. Gott spricht: »*Ich will meine Geistkraft auf diesen Menschen legen, und er wird den Völkern das Recht verkünden. Er wird nicht streiten noch schreien. Niemand wird seine Stimme auf den Straßen hören. Ein geknicktes Rohr wird er nicht zerbrechen und einen glimmenden Docht nicht auslöschen, bis er der Gerechtigkeit zum Sieg verholfen hat. Seinetwegen werden die Völker von Hoffnung erfüllt werden*«.

Diese leicht überhörbaren Stimmen aus dem Alten und dem Neuen Testament zeigen die einzigartige Qualität des Wortes Gottes: Als die Macht, die das Stärkste überwältigt, weil sie das Schwächste schont und aufrichtet. Wer eine solche überhörbare Stimme hört, öffnet sich für das Wunder der göttlichen Gegenwart.

1 Könige 19,1–13a – Elija am Gottesberg Horeb

Es ist der Prophet Elija, dem eine derartige Gotteserfahrung zuteil geworden ist. Nach dem großen Text von 1 Kön 19,1–13a erleben wir einen entkräfteten und verzweifelten Elija, der aufgeben und sterben will, als er das Schwert seines Streitens für Gott, für Adonaj, den heiligen Namen Gottes, aus der Hand gelegt hat und man ihm nach dem Leben trachtete. Er bittet Gott um den Tod, dass er sein Leben zurücknehme. Da! Ein Engel Gottes, eine unverhoffte menschliche Gestalt und Begegnung, gibt ihm zu essen, und die Lebenskraft kehrt zurück. Und auch das Wort Gottes begegnet ihm völlig anders, als jemals erfahren, gedacht oder geträumt, in Korrespondenz zu seiner eigenen Verletztheit und Schwäche, überwältigend still.

Er hört eine Botschaft (V. 11–13): »›*Geh hinaus und stell dich auf den Berg vor das Angesicht Adonajs. Doch gib acht! Adonaj wird vorüberziehen!‹ Es kam ein Wind, groß und stark, der Berge zerlegte und Felsen zerbrach im Angesicht Adonajs. Im Wind war Adonaj nicht. Und nach dem Wind ein Erdbeben. Im Erdbeben war Adonaj nicht. Und nach dem Erdbeben ein Feuer. Im Feuer war Adonaj nicht. Und nach dem Feuer eine Stimme – hauchdünn, still. Elija hörte. Da verhüllte er sein Gesicht mit seinem Mantel. Da ging er hinaus und stellte sich in den Eingang der Höhle.*«

Die hauchdünne, die stille, die überhörbare Stimme ist noch nicht Gott selbst, aber sie kündigt Gott an. Für diesen Mann Gottes, der tödliche Gewalt mit eigener Schwertgewalt beantwortet hatte, der Gottes Wirken in Gedröhn und Krafttaten, in gewaltigen Naturereignissen sehen konnte, ist dies etwas fundamental Neues: Gott wird begleitet von einer Zurücknahme, einer Ausstrahlung der Schwäche – das hebräische Wort, das die Stimme charakterisiert, heißt in anderen Zusammenhängen »mager« oder »ausgedörrt« – , einem Verzicht auf herrschaftliche Überwältigung des kleinen Menschen. Dies hatte Elija nicht erwartet.

Sich selbst bereit zu halten, zu öffnen für eine Macht, eine Stimme, die nicht im herkömmlichen Sinn gewaltig, gewalttätig und mächtig ist – dies scheint mir der Vorhof zu sein, in dem ein biblisches Wort uns trifft und uns auf Gottes heilige Gegenwart vorbereitet.

Die Worte der Bibel werden von Gott – auch – in den Mund von Menschen gelegt. Menschen sollen das Wort Gottes auslegen in ihre Wirklichkeit hinein und danach leben. Die Pluralität der Menschen und Zeiten macht es unausweichlich, dass darüber nicht immer, nur teilweise Einigkeit herrschen kann, dass darüber diskutiert und auch gestritten werden muss.

Wir haben also das Wort. Aber weil es das Wort Gottes ist, hat es in Wirklichkeit uns. Alles, was wir tun können, ihm den Weg zu bereiten, ist ein aufnahmebereites, geöffnetes Herz, wie es im Gleichnis von der 4-fachen Saat nach Lk 8,15 heißt: »*Was aber auf gute Erde fällt, das sind die, die mit ihrem guten und liebenden Herzen das Wort gehört haben. Sie behalten es und bringen Frucht in beharrlicher Kraft*«.[6]

Dies gilt für uns alle, nicht zu jeder Zeit, aber doch an vielen Tagen unseres Lebens, die uns aufschließen, ganz unverhofft und elementar. Für alle anderen Tage hilft es, sich an die Weisheit des Rabbi Mendel aus Kozk zu halten, der über das Bewahren des Gottesworts nach Dtn 30,14 sagte: »Es heißt: ›*So seien diese (Worte), die ich dir heute gebiete, auf deinem Herzen*‹. Es heißt nicht ›in deinem Herzen‹. Denn das Herz ist zeitenweise verschlossen, die Worte liegen aber auf ihm, und wenn es in heiligen Zeiten sich öffnet, fallen sie in seine Tiefe.«[7]

---

6. Bibel in gerechter Sprache.
7. Martin Buber, Werke, Bd. 3.: Schriften zum Chassidismus, München und Heidelberg 1963, 666.

10. »Meine Seele lobt ›die Lebendige‹!« Beten im Neuen Testament

Die junge schwangere Frau Mirjam preist Gott – in einigen Textzeugen von Lk 1,46 ist es die alte Frau Elisabeth – und bricht in Jubel aus über die Größe Gottes, die ihr scheinbar kleines Leben umwälzt, aber dadurch weltweite Gerechtigkeit schafft, Große stürzt und Geringe erhebt. Das ›Magnificat‹ ist dabei auch eine Art Erhebung Gottes aufgrund der Worte einer einfachen Frau: Gott wird groß gemacht (*megalynei*) durch dieses ihr Gebet! Es ist ihre »Seele«, die spricht. Griechisch *psyche* geht auf das hebräische *nefesch* zurück: Kehle, Leben, Lebenskraft. Beten heißt demnach: das, was lebendig ist in mir, wendet sich an den lebendigen Gott. Eine Umschreibung des Eigennamens Gottes (*kyrios*), der auf das hebräische Tetragramm zurückgeht, ist unter anderem ›die Lebendige‹,[1] die also in Beziehung steht zum je persönlich Lebendigen, der Seele, der Lebenskraft eines Menschen, wie be-dürftig sie manchmal auch sei oder wie übermütig und erfüllt. Im Gebet geht es um eine solche Beziehungsaufnahme. Es ist eine Aktivität der menschlichen Seite, die offenbar gebraucht wird, nicht zuletzt von Gott selbst, der Nähe und Unterkunft sucht: »*du bist heilig, wohnst in den Lobliedern Israels*« (Ps 22,4).

Wie im Alten, so auch im Neuen Testament: Gebet allein zu Gott

Einen einheitlichen Begriff für beten und Gebet gibt es in den biblischen Schriften nicht. Die neutestamentlichen Termini, worunter *proseuchomai/ proseuche* die gebräuchlichsten sind[2], gehen auf ihre hebräischen Äquivalente von bitten, loben und danken zurück: unter anderem *deomai, aiteo, eulogeo, eucharisteo*.[3]

Im Neuen Testament ist genau wie im Alten Gott die alleinige Adresse aller Gebete: Die Psalmgebete von Einzelnen oder einem Kollektiv wenden sich mit Dank, Bitte, Preisung und Klage an den einzigen Gott. Dabei steht in den Erzählungen und zitierten Gebeten der gesamten Bibel spontanes neben geprägtem Sprechen, verbales neben nonverbalem Hervorbringen von Anliegen an Gott: »*Alles in mir*« segnet Gott (Ps 103,1), das sind auch die unaussprechbaren Worte meines

---

1. Nach der ›Bibel in gerechter Sprache‹, hiernach auch die folgenden Bibelzitate (4. erweiterte Aufl. Gütersloh 2011).
2. Horst Balz, Art. *proseuchomai, proseuchē*/beten, Gebet, EWNT III, 1983, 396–409 (397f).
3. Karl-Heinrich Ostmeyer, Kommunikation mit Gott und Christus. Sprache und Theologie des Gebetes im Neuen Testament, WUNT 197, Tübingen 2006, 43ff.250ff. u.ö.

Herzens, so wie »*wir schreien aus tiefstem Innern*« (Röm 8,23), ohne an Formulierungen zu denken.

Dass Gott allein zu verehren und anzubeten (*proskyneo*) ist, betont Jesus im Gespräch mit dem Versucher Mt 4,10; Lk 4,8 unter Verweis auf Dtn 6,13. Dem entspricht, dass die an einem Wunder Jesu Beteiligten und die zuschauende Volksmenge auf das wunderbare Geschehen reagieren, indem sie am Ende Gott preisen (z. B. Mt 15,31; Mk 2,12; Lk 7,16). Jesus heilt und stärkt die Gottesbeziehung derer, die er anspricht, das ist sein Auftrag. Wenn Menschen verehrend vor Jesus niederfallen (Mt 8,2; Lk 24,52), ist diese Proskynese ein Zeichen der Anerkennung Jesu als Messias, keine Geste des Gebets.[4] Gebetsrufe wie das aramäische *marana tha*, »komm, Herr« in 1 Kor 16,22 und seine griechisch formulierte Entsprechung *erchou kyrie* in Offb 22,20 drücken die Sehnsucht nach der Nähe des kommenden Befreiers Jesus aus[5], während das wiederholte flehende Bittgebet, mit dem Paulus nach 2 Kor 12,8 seine chronische Krankheit loswerden möchte und das oft für ein Gebet zu Jesus Christus gehalten wird, durchaus an Gott gerichtet sein kann, wobei mit *kyrios* die Wiedergabe des Gottesnamens anklingt[6].

Am deutlichsten aber betont Jesus selbst durch das Gebet, das er den Seinen vermittelt, an wen sich die betende Gemeinde mit ihren Anliegen wenden soll:

Vaterunser Mt 6,9–13/Lk 11,2–4 – das Gebet Jesu

Mit der Anrufung als »Vater«/*pater* wählt Jesus eine metaphorische Gottesanrede, ein Bild aus dem jüdischen Familienleben, das betonen soll, wem die Gemeinden als »Kinder« alles verdanken: die eigene Existenz, Orientierung und Schutz.[7] Damit verbunden sind einfühlende Fürsorge, Ernährung und Betreuung, also Eigenschaften und Tätigkeiten, die jederzeit auch als weiblich gelten. Da auf Erden niemand sonst »Vater« genannt werden soll (Mt 23,9), ist mit diesem Gebet der ständige kritische Einspruch gegen menschliche patriarchale Herrschaft verbunden. Das Bild Gottes als des liebenden Vaters stammt aus dem Alten Testament (Jes 63,16; 1 Chron

---

4. Maria Häusl/Karl-Heinrich Ostmeyer, Art. Gebet/Klage, in: Sozialgeschichtliches Wörterbuch zur Bibel, hg. v. Frank Crüsemann/Kristian Hungar/Claudia Janssen/Rainer Kessler/Luise Schottroff, Gütersloh 2009, 182–186 (184).

5. Luise Schottroff, Der erste Brief an die Gemeinde in Korinth, ThKNT 7, Stuttgart 2013, 350.

6. Marlene Crüsemann, Trost, *charis* und Kraft der Schwachen: Eine Christologie der Beziehung nach dem 2. Brief an die Gemeinde in Korinth, in: dies./, C. Jochum-Bortfeld (Hg.), Christus und seine Geschwister. Christologie im Umfeld der Bibel in gerechter Sprache, Gütersloh 2009, 111–137 (127f) = unten S. 184–205.

7. Marlene Crüsemann, Reise zum Herzen Gottes – Das Vaterunser. Der Text für den Schlussgottesdienst: Matthäus 6,9–13, in: ... da wird auch dein Herz sein (Mt 6,21): 33. Deutscher Evangelischer Kirchentag Dresden 2011, Junge Kirche extra/2011, 72. Jg., 9–14 (9f) = unten S. 106–116.

29,10) und ist im antiken Judentum gebräuchlich: »Mit *abba* redeten Kinder den Vater an, auch wenn sie erwachsen geworden waren, als im Judentum aramäisch gesprochen wurde. *abba* ist kein Wort der kindlichen Lallsprache, das mit ›Papa‹ oder ›Papi‹ zu übersetzen wäre. Die immer wieder auftretende gegenteilige Behauptung ist durch nichts zu begründen; sie ist falsch«; somit trennt das Vaterbild für Gott Jesus nicht von seinem Volk, sondern er bleibt dadurch mit ihm verbunden[8].

Die Bitten des Vaterunsers bringen alles zum Ausdruck, was Jesu Jüngerinnen und Jünger brauchen für ihre leibliche, psychische und geistliche Existenz, für ihr Überleben und das der anderen Menschen, für das Finden des wahren Lebens: Dass Gottes heiliger Name auf Erden wirksam werde, seine gerechte Welt komme, Himmel und Erde erfüllt seien von der Durchsetzung des heilvollen Willens Gottes, dass auch das Brot für morgen da ist, sie anderen Menschen deren Schulden erlassen und so mit Gottes Vergebung verbunden sind, dass Gott sie vor der Verführung zum Bösen bewahren möge und vor der Verzweiflung zu meinen, dass Gott nicht da sei.

So steht neben dem Vaterunser-Gebet das Vertrauen auf die Gewissheit, dass Gott alle Gebete hört und alle Bedürfnisse kennt (Mt 6,8).

Wenn Jesus selbst betet, deuten die Evangelien oft einen Rückzug an, er betet allein in der Einsamkeit (Mk 1,35) allein auf einem Berg (Mk 6,46) oder in der Wüste (Lk 5,16) und in innigem Austausch mit Gott die ganze Nacht (Lk 6,12). Er ist jedoch nicht immer nur allein: in Gethsemane sollen Jünger in der Nähe sein (Mk 14,33ff) und sein Gotteslob über die Weisheit der einfachen Menschen müssen die gerufenen Belasteten mitbekommen (Mt 11,25–30). Wenn Jesus betet, tut sich der Himmel auf (Lk 3,21).

Psalmen und Neues Testament

Im Neuen Testament gibt es einen durchgängig positiven Bezug auf das Alte Testament. Durch AT-Zitate wird das Neue im Neuen Testament formuliert.[9] Dabei sind dort die Psalmen nach Jesaja das am meisten zitierte Buch.

Das Magnificat Marias Lk 1,46–55 ist nach dem Lied der Hanna in 1 Sam 2,1–10 gestaltet, beginnt gleich mit den Psalmzitaten 34,4 und 35,9 und besingt die Barmherzigkeit Gottes (Lk 1,50) nach Ps 103,13, wo auch das Vaterbild für Gott erscheint. Die Evangelien sind geprägt durch alte und neu zusammengesetzte Psalmen und Gebetsrufe. Das bedeutendste Beispiel ist die Passionsgeschichte, die ein

---

8. Klaus Wengst, Das Regierungsprogramm des Himmelreichs. Eine Auslegung der Bergpredigt in ihrem jüdischen Kontext, Stuttgart 2010, 153.
9. Frank Crüsemann, Das Alte Testament als Wahrheitsraum des Neuen. Die neue Sicht der christlichen Bibel, Gütersloh 2011, 93ff.152ff.

einziger großer Klagepsalm ist mit dem Zentrum von Ps 22,2, Jesu Klageschrei am Kreuz:»*Mein Gott, mein Gott, warum hast du mich verlassen?*« (Mk 15,34). Es lässt sich zeigen, dass die grundlegende Markus-Passion sich unter Aufnahme von anderen Psalmworten erzählerisch vor allem an Abschnitten aus dem 22. Psalm orientiert[10], sie geradezu ein Kommentar dieses gewaltigen Psalms ist. In ihm heißt es am Ende (Ps 22,31f), dass kommende Generationen von der Gerechtigkeit Gottes erzählen werden.

Die ersten dieser Generationen lebten auch in den frühchristlichen Gemeinden, so dass wir uns zu Recht vorstellen können, wie sehr sie die Psalmen liebten und in ihren Gottesdiensten sangen:»Es waren primär die Psalmen des Alten Testaments, die gesungen wurden. Dafür sprechen Mk 14,26; Mt 26,30 und der Wortgebrauch von *psalmos* im Neuen Testament (s. auch 1 Kor 14,26) ... Es ist unangemessen, eine Trennlinie zwischen christlichen Hymnen und AT-Psalmen zu ziehen, wie dies in älterer Auslegungsgeschichte geschieht«[11].

Beten in den paulinischen Gemeinden

So ist gerade die Theologie von Paulus durch das gemeinsame Gebet geprägt. Zunächst fällt auf, wie sein ständiges Gespräch mit Gott den Austausch mit den brieflich Angeredeten bestimmt:»*Euretwegen spreche ich immer wieder Dankgebete zu meinem Gott, weil euch im Messias Jesus die Gnade Gottes geschenkt worden ist*« (1 Kor 1,4). Durch Jesus Christus, den Gesalbten Gottes kommen die Menschen der Völker in Beziehung zum Gott Israels. Es ergeben sich dabei wechselseitige Relationen der Tröstung, der Vermittlung von Liebe und Gotteskraft[12]. Danksagung und Fürbitte der Gemeinden untereinander verknüpfen und verstärken den Austausch mannigfaltiger Gaben, gerade auch der materiellen, so dass schließlich mit allen anderen auch Gott durch Danklieder mit Zuneigung bereichert wird (2 Kor 9,11–15).

Auch die Rechtfertigungslehre des Paulus hat gottesdienstliche Wurzeln[13]. Die Offenbarung der Gerechtigkeit Gottes Röm 3,21–26 wird als Gotteslob formuliert. Und im Klagepsalm von Röm 3,10–18, der aus Zitaten des Alten Testaments, vor allem der Psalmen besteht, werden Leidenserfahrungen der Gemeinde laut, die an

---

10. Bernd Janowski, Die jüdischen Psalmen in der christlichen Passionsgeschichte. Eine rezeptionsgeschichtliche Skizze, in: Freiheit und Recht. FS F. Crüsemann, hg. v. Christof Hardmeier u. a., Gütersloh 2003, 397–413 u. a.
11. Schottroff, Kommentar 1 Kor, 2013, 273.
12. M. Crüsemann, Trost, a.a.O.
13. Luise Schottroff, Die Lieder und das Geschrei der Geschrei der Glaubenden. Rechtfertigung bei Paulus, in: Claudia Janssen u. a. (Hg.), Paulus. Umstrittene Traditionen – lebendige Theologie, Gütersloh 2001, 44–66.

den Strukturen des Bösen in der Welt beteiligt ist, sich nicht aus eigener Kraft befreien kann. Das ist ein Gebet, wie auch der geistgewirkte Jubelschrei der Erlösten: »*Abba, mein Ursprung (pater)!*« (Röm 8,15).

Die Glossolalie, ein Gebet im Gemeindegottesdienst, das herkömmlich als »Zungenrede« interpretiert wird (1 Kor 14), ist das Beten in der jeweiligen Muttersprache der Teilnehmenden, der Sprache des Herzens. Paulus möchte, dass diese Gebete übersetzt werden, so dass alle, auch Außenstehende, davon gestärkt werden können[14].

Orte und Zeiten

Sozialgeschichtlich sind im Neuen Testament viele Orte des gottesdienstlichen und privaten Gebets zu erkennen: Männer und Frauen beten im Jerusalemer Tempel (Lk 2,37f; 18,10; 24,53), bei den Gottesdiensten und Gebetszeiten in den Synagogen (Lk 13,13; Apg 16,13) und in den jüdischen (Apg 1,13f) und jüdisch-nichtjüdisch gemischten (1 Kor 11,4f) messianischen Hauskirchen der Mittelmeerwelt, also im Rahmen der großen Versammlungen und daneben im eigenen »*stillen Kämmerlein*« (Mt 6,6) und im Medium des Briefes (Röm 1,8; Kol 1,3).

Und die Stunden des Betens? Es fällt auf, dass neben einigen Angaben von Gebetszeiten (z. B. Apg 3,1) ein Termin besonders häufig auftaucht, und das ist: »*immer*«! (Lk 18,1; und Paulus(tradition): Röm 12,12; Eph 6,18; Kol 4,4; 1 Thess 5,17). »*Lasst euch nicht von Sorgen bestimmen, bringt vielmehr in jeder Lage eure Anliegen im Gebet und Bitte vor Gott, immer begleitet von Danksagung*« (Phil 4,6). Paulus möchte durch solche Appelle die Beziehung der Menschen aus den Völkergemeinden zum einen Gott, dem Gott Israels fest machen, sie mittels der Eigenbewegung zu Gott hin, die das ständige Gespräch mit ihm sucht, einhüllen in das Vertrauen auf Gott, das »Tag und Nacht« trägt: »*Glücklich sind die Frau, der Mann, die … ihre Lust haben an der Weisung GOTTES, diese Weisung murmeln Tag und Nacht*« (Ps 1,1f). So werden seit den Zeiten der frühen Gemeinden immer mehr Menschen in der Welt – und auch wir sind jetzt mit dabei – einstimmen in den großen Dank- und Lobgesang, der sie durch ihr Leben führen und es krönen wird: »*Ehre sei Gott durch Zeiten und Welten, Amen*« (Röm 11,36).

---

14. Schottroff, Kommentar 1 Kor, 2013, 266ff.

11. Reise zum Herzen Gottes
Das Vaterunser – Mt 6,9–13

⁹*So also betet:*
Du, Gott, bist uns Vater und Mutter im Himmel.
¹⁰*Dein heiliger Name werde wirksam.*
Deine gerechte Welt komme.
Dein heilvoller Wille geschehe,
wie im Himmel, so auf der Erde.
¹¹*Das Brot, das wir brauchen, gib uns heute.*
¹²*Erlass uns unsere Schulden,*
wie wir sie denen erlassen,
die uns etwas schulden.
¹³*Führe uns nicht zum Verrat an dir,*
sondern löse uns aus dem Bösen.[1]

Gottes Herz

Wenn nach Mt 6,21 für uns Menschen gilt »... *wo dein Schatz ist, da wird auch dein Herz sein*«,[2] so ermöglicht das Gebet Jesu, das seine Jüngerinnen und Jünger[3] von ihm lernen, das Gebet aller Christinnen und Christen zu allen Zeiten, in einfachen Worten sich abzuwenden von den falschen »Schätzen« materiellen Habens zu seinem wahren »Schatz«, dem lebendigen Gott der Bibel. Das Zentrum des Den-

---

1. Übersetzung für den 33. Deutschen Evangelischen Kirchentag Dresden 2011, wo es der Text für den Schlussgottesdienst war.
2. Losung des Deutschen Evangelischen Kirchentags Dresden 2011.
3. Die seit dem Beginn der Bergpredigt in Mt 5,1 von Jesus angeredeten *mathetai* sind wohl alle nachfolgenden Jüngerinnen und Jünger: »Eine Einschränkung auf die vier Fischer von 4,18–22 ist ausgeschlossen. Vielmehr sind zunächst alle die gemeint, die sich Jesus bereits vor dem Karfreitag angeschlossen hatten. Dann spiegeln sich in ihnen zugleich die Mitglieder der Gemeinde des Mt, also beide Male selbstverständlich Männer und Frauen« (Peter Fiedler, Das Matthäusevangelium, ThKNT 1, Stuttgart 2006, 106). Grundsätzlich zu beachten ist, dass das Konzept der Jüngerschaft bei Mt mehr als die »Zwölf« umfasst, so wird »Josef von Arimatäa *matheteuteis* (27,57) genannt, was z. B. in der Lutherübersetzung (1984) mit ›Jünger‹-sein wiedergegeben ist« (Luise Schottroff, Heilungsgemeinschaften. Christus und seine Geschwister nach dem Matthäusevangelium, in: Marlene Crüsemann/ Carsten Jochum-Bortfeld (Hg.), Christus und seine Geschwister. Christologie im Umfeld der Bibel in gerechter Sprache, Gütersloh 2009, 23–44 [34]). Zur Bedeutung der »Zwölf« im Verhältnis zum großen Kreis der Jüngerinnen und Jüngern im Mt-Ev insgesamt s. Schottroff, ebd. 34–37.

kens, Wollens und Handelns wird dadurch frei und beweglich. Denn die menschlichen Herzen machen sich auf zum Herzen Gottes, begegnen ihm in dieser Anrufung. Warum es das Herz Gottes ist, das erreicht wird, zeigt die unmittelbare Einleitung für das Gebet (Mt 6,8f): Sie sollen nicht viele Worte machen wie Menschen aus den nichtjüdischen Völkern, die glaubten, auf diese Weise eher erhört zu werden: »*Passt euch ihnen nicht an, denn Gott, Vater und Mutter für euch weiß, was ihr braucht, noch bevor ihr darum bittet*«. Wenn Gott weiß, was die Menschen brauchen, schon bevor sie überhaupt rufen, dann knüpft das an die bildliche biblische Redeweise vom Herzen Gottes an, welches in Kommunikation mit dem menschlichen Herzen steht, erkennen und denken (1 Kön 9,3), Kummer (Gen 6,6) und Mitleid empfinden (Hos 11,8), ja, geradezu sich besinnen und neue Pläne für das Überleben der Menschheit fassen kann (Gen 8,21). So dient das Vaterunser der Bekräftigung der Beziehung zu Gott. Es ist eine Anrufung aus dem Vertrauen heraus, dass Gott nicht nur ein unbedingtes Interesse an den Betenden hat, sondern in engster Zuwendung um alles weiß, was sie bewegt. Warum dann überhaupt das Gebet? Vielleicht braucht auch Gott etwas, nämlich die menschliche Zuwendung, um der Zusammengehörigkeit mit den Betenden sicher zu sein und zu bleiben.

Vater und Mutter im Himmel

Denn die in der Bergpredigt und darüber hinaus bevorzugte Gottesanrede Jesu ist ein Bild aus dem familiären Leben, nämlich »Vater« (griech. *pater*), eine metaphorische Anrede, die sagen will, wem sich die eigene Existenz verdankt, woher Schutz und Orientierung erwächst, wem neben der Autorität vor allem auch einfühlende Fürsorge, Ernährung und Betreuung zugetraut wird[4]. Hier liegt auch der Grund, warum in der Gegenwart die übliche deutsche Übersetzung allein mit »Vater« das intendierte biblische Bild nicht unbedingt wiedergeben kann, denn alle diese Eigenschaften vertreten ja auch Mütter. So ist es um der Wiedergabe der Weite des biblischen Bildes willen angemessen, umschreibend zu übersetzen »*Du, Gott, bist uns Vater und Mutter im Himmel*«[5]. »Gewiß, dies ist eine Interpretation; doch sie

---

4. Klaus Haacker, Was Jesus lehrte. Die Verkündigung Jesu – vom Vaterunser aus entfaltet, Neukirchen-Vluyn 2010, 23ff; Martina Gnadt, Das Evangelium nach Matthäus. Judenchristliche Gemeinden im Widerstand gegen die *Pax Romana*, in: Luise Schottroff/Marie-Theres Wacker (Hg.), Kompendium Feministische Bibelauslegung, Gütersloh 3. Aufl. 2007, 483–498 (484ff).

5. Die Übersetzungsgruppe für den Dresdner Kirchentag 2011 folgt damit derjenigen für den 28. Deutschen Evangelischen Kirchentag in Stuttgart 1999 und deren Lösung »Unser Gott, Vater wie Mutter im Himmel«.

ist der Versuch, dem historisch Gemeinten in der Gegenwart gerecht zu werden«[6]. Die Vater-Metapher meint »keineswegs eine geschlechtlich exklusive Aussage über Gott, als ob das Vertrauensverhältnis zur Gott nur in der Metapher Vater, nicht aber auch in der Metapher Mutter sich ausdrücken ließe. Vor allem: Es ist eine Metapher, also ein Versuch, das Verhältnis Gottes zu den Menschen in Analogie zu menschlichen Erfahrungen auszudrücken, keine ontologische Aussage über Gott«[7]. Hinzukommt die kritische Potenz der *pater*-Anrede Jesu in der Betonung, dass dem himmlischen »Vater« gerade kein menschlicher Vater entspricht, dass kein Mensch »Vater« genannt werden soll (Mt 23,9). Demnach könnte eine Anrede Gottes als »Vater« nur in einer Institution und Gruppe glaubwürdig erklingen, die selbst niemanden sonst so nennt und tituliert. »Mit der Rede von Gott als Vater verbindet sich in der Jesusüberlieferung die Absage an patriarchale Herrschaftsstrukturen in der menschlichen Welt«[8]. In der Zeit der matthäischen Gemeinden erging somit vor allem kritischer Widerspruch gegen die römischen Kaiser, die als höchste Autorität unter anderem »Vater des Vaterlands« genannt werden wollten[9].

Das Bild für Gott als eines liebenden Vaters ist im Alten Testament verankert und im antiken Judentum gebräuchlich,[10] so dass das Vaterunser Jesus nicht von seinem Volk trennt, sondern mit ihm verbindet. Da das Gebet Jesu wahrscheinlich ursprünglich aramäisch formuliert worden ist, wird dort als Anrede *abba* gestanden haben, das wie das hebräische *av* ganz einfach »Vater« heißt. »Mit *abba* redeten Kinder den Vater an, auch wenn sie erwachsen geworden waren, als im Judentum aramäisch gesprochen wurde. *abba* ist kein Wort der kindlichen Lallsprache, das mit ›Papa‹ oder ›Papi‹ zu übersetzen wäre. Die immer wieder auftretende gegenteilige Behauptung ist durch nichts zu begründen; sie ist falsch«[11]. So wie Jesus in seiner Taufe als Erwachsener von einer himmlischen Stimme als geliebter Sohn angeredet wird, ruft er selbst seine Jüngerinnen und Jünger durch das Gebet in eine

---

6. So Wolfgang Stegemann, Das Vaterunser – eine Brücke zu Gott – Mt 6,9–13, in: 28. Deutscher Evangelischer Kirchentag Stuttgart 1999, Exegetische Skizzen. Einführung in die Texte der Bibelarbeiten und Gottesdienste, Stuttgart 1999, 48–53 (50).
7. W. Stegemann, ebd.
8. Martin Leutzsch, Art. *pater* – Vater, Vater und Mutter, Ursprung, in: Bibel in gerechter Sprache, hg. U. Bail u. a., Gütersloh 3. Aufl. 2007, 2375–2376 (2376).
9. Gnadt, a.a.O. 484.
10. Das ist durch einschlägige Studien an alttestamentlichen, frühjüdischen und rabbinischen Texten gezeigt worden: Annette Böckler, Gott als Vater im Alten Testament. Traditionsgeschichtliche Untersuchungen zur Entstehung und Entwicklung eines Gottesbildes, Gütersloh 2000; Angelika Strotmann, Mein Vater bist du! Sir 51,10. Zur Bedeutung der Vaterschaft Gottes in kanonischen und nichtkanonischen frühjüdischen Schriften, FTS 39, Frankfurt/M. 1991; Elke Tönges, »Unser Vater im Himmel«. Die Bezeichnung Gottes als Vater in der tannaitischen Literatur, BWANT 147, Stuttgart 2003.
11. Klaus Wengst, Das Regierungsprogramm des Himmelreichs. Eine Auslegung der Bergpredigt in ihrem jüdischen Kontext, Stuttgart 2010, 153.

Gottesbeziehung, in der erwachsene Menschen sich in Freude und Freiheit als mündige und anerkannte Kinder Gottes erfahren: »*Dieses ist mein geliebtes Kind, ihm gehört meine Zuneigung*« (Mt 3,17).

Entsprechend spiegelt das Vaterunser die Beziehung erwachsener Kinder zu einem Elternteil im Himmel, die genauere Wiedergabe des Griechischen hier ist »in den Himmeln« (V. 9). Im dreigestuften antiken Weltbild wird die Erde unten durch die Unterwelt und oben durch den Himmel umrahmt, wobei jedoch diese Bereiche nicht strikt getrennt sind. Es gibt Durchgänge und offene Grenzen, der Himmel kann in den irdischen Raum hineinragen, wie nach Jes 6,1ff Gott im Jerusalemer Tempel thront, so dass sein Gewandsaum das ganze Gebäude erfüllt.[12] Auch sind »die Himmel« quasi topographisch identifizierbare Regionen, die von wenigen Menschen sogar zu Lebzeiten erreicht werden können, wie es Paulus in 2 Kor 12,1–5 bezeugt. Dort findet er den »3. Himmel« und das Paradies, wo die Gerechten versammelt werden, erfährt die unmittelbare Nähe Gottes, indem er angesprochen wird. Seine enigmatischen Worte vermitteln die Erfahrung höchster Realität dieser himmlischen Welt. So deutet die biblische Vorstellung vom väterlich und mütterlich handelnden Gott im Himmel auf kein abgeschlossenes Jenseits, sondern auf einen Bereich, der zur Welt im Ganzen gehört, in dem sich Gottes Sein bereits in voller Klarheit und Offenbarung manifestiert. Dieser Himmel ist gleichzeitig so nah, dass das gesprochene oder auch nur gedachte Wort eines Gebets dort gehört wird.

Dein heiliger Name werde wirksam

Mit drei *Du-Bitten* beginnt es. Insbesondere die ersten beiden weisen auf den jüdischen Charakter des Vaterunsers, da sie dem Anfang des sehr alten Kaddisch-Gebets entsprechen, das wohl schon zur Zeit Jesu und seither zum Synagogengottesdienst gehört und auch das jüdische Trauergebet ist: »Groß gemacht und geheiligt werde sein großer Name in der Welt, die er nach seinem Willen geschaffen hat. Er richte sein Reich auf in eurem Leben und in euren Tagen und im Leben des ganzen Hauses Israel alsbald und in naher Zeit!«[13]. Jesus verweist als gläubiger Jude die Seinen auf Gott und nicht etwa auf sich selbst. Die Heiligung des Gottesnamens steht dabei an erster Stelle: »*Geheiligt werde dein Name, dein heiliger Name werde wirksam*«. Dass Gott einen Eigennamen hat, mit dem Gott sich dem Volk Israel zu erkennen gibt, ist in aufgrund der ersten Vaterunser-Bitte von höchster Wichtigkeit auch für die christliche Gemeinschaft. Dieser Name besteht aus den vier hebräischen Buch-

---

12. Jürgen Ebach, Art. Weltbild, in: Sozialgeschichtliches Wörterbuch zur Bibel, hg. v. Frank Crüsemann u. a., Gütersloh 2009, 646–648 (647f).
13. S. Wengst, a.a.O. 151.

staben *jod-he-waf-he* = JHWH und wird aus Ehrfurcht seit biblischer Zeit nicht ausgesprochen, sondern mithilfe von Ersatzwörtern wiedergegeben, von denen »Adonaj«[14] eines ist.

Die Bedeutung dieses Namens erfährt Mose am Gottesberg Horeb in einer Offenbarung: Er hört während seines Exils in Midian, wohin er geflohen war, die Stimme Gottes in einem Dornbusch, der brennt und doch nicht verbrennt. Sie sagt, dass Gott die Not und das Schreien seines Volkes Israel unter den Schlägen der Sklaventreiber gehört hat und beauftragt Mose, das Volk in die Freiheit zu führen. Und Mose fragt dabei nach dem Namen dessen, der ihn schickt, um ihn an das Volk weiterzugeben. Da erhält er die einzigartige Antwort »*Ich werde sein, der ich sein werde*« oder »*Ich bin da, weil ich da bin!*« (Ex 3,14). Der Name Gottes, Adonajs, wird demnach mit keinem Nomen, keinem bloßen Wort ausgedrückt und interpretiert, sondern mit dem Satz *ehje ascher ehje*, der um das hebräische Verb »sein« kreist. Mose hört also keinen Begriff, sondern ein Tätigkeitswort. Gottes Wesen, das sich in diesem Namenssatz spiegelt, ist das Sein als Dasein, aber nicht ontologisch und statisch, sondern offen für die Zukunft, die eine gemeinsame sein soll. Diese göttliche Gestalt, die Rettung verspricht, wird sich immer wie neu in ihrem So-Sein, in ihrem So-Für-Euch-Sein erweisen. Damit bleibt der Name Gottes und die Beziehung zu ihm frei von menschlicher Festlegung, ein Attribut seiner Heiligkeit.

»Ich bin da. Gott tritt aus dem Verborgenen, dem Inkognito heraus und hat ›seinen Charakter gezeigt‹. Nicht im Sinne von: Sieh her, es gibt mich. Sondern Gott gibt sich zu erkennen: ›Ich werde für euch DASEIN in Verlässlichkeit, Treue, Gerechtigkeit, Wegweisung und Liebe. Das ist mein Wesen, mein Charakter‹. Wie können wir den Namen eines solchen Gottes heiligen, heilig halten? An erster Stelle durch eine elementare Ehrfurcht vor all dem und all denen, für die Gott da sein will. Gottes Heiligkeit ist der Schutzmantel seiner Geschöpfe, der sie vor allem Unheiligen beschützen will. Sodann durch das Einüben, dass unser ganzes Leben diesem *Da-Sein* Gottes entsprechen möge«.[15]

---

14. Wörtlich: »meine Herren«, eine allein für Gott verwendete Anrede, eine weitere jüdische Lesart neben mehreren anderen ist »*ha-Schem*« = »der Name«. »Adonaj« ist seit vielen Jahren die Wiedergabe des Gottesnamens der Neuübersetzung von Bibeltexten im Rahmen des DEKT. Eine ausschließliche deutsche Übersetzung des sog. Tetragramms mit »Herr« verdeckt eher, dass es sich um einen Eigennamen handelt. Die verschiedenen Lesevorschläge für den Gottesnamen in der ›Bibel in gerechter Sprache‹ sind ein Versuch, den Charakter und die Dynamik des Eigennamens Gottes für die christliche Tradition wieder bzw. weiter zu erschließen.

15. Bärbel Wartenberg-Potter, Wes Brot ich ess, des Lied ich sing. Die Bergpredigt lesen – Mit dem Text der »Bibel in gerechter Sprache«, Freiburg i.B. 2007, 119.

Deine gerechte Welt komme, dein heilvoller Wille geschehe

Der Appell an die rettende Nähe Gottes setzt sich in der nächsten Bitte fort: »*Dein Reich komme, deine gerechte Welt komme*« (V. 10a). Dies ist das Zentrum der Botschaft Jesu: Gottes gerechte Welt, das Reich (*basileia*) »der Himmel« ist so unmittelbar nahe, dass die Angesprochenen ihm entgegengehen, zu ihm umkehren können (Mt 4,17; Mk 1,15). Himmel und Erde kommen miteinander in Berührung, wollen ineinander übergehen. Menschliche Schritte sind nicht bedeutungslos für das Wirken Gottes: »Die Menschen, die umkehren, begeben sich in das Kraftfeld des kommenden Gottesreichs«[16]. Die Bitte um das endgültige Kommen des Gottesreichs ist Teil dieser Hinbewegung. Wo sie gesprochen wird, ist der erste Schritt in dieses göttliche Kraftfeld hinein bereits getan.

Die Vorstellung von der Königsherrschaft Gottes entwickelte sich im Laufe der Geschichte Israels als Gegenkonzept zu erlebter Machtausübung von Königen und Herrschenden, wie zum Beispiel in Ps 146,7–10, wo Gott so gepriesen wird: »*der den Unterdrückten Recht schafft, den Hungernden Brot gibt. Adonaj lässt Gefangene frei. Adonaj öffnet Blinden die Augen. Adonaj richtet Gebeugte auf. Adonaj liebt, die gerecht handeln. Adonaj beschützt Waisen und Witwen, doch den Weg der Gewalttätigen biegt er ab. Adonaj soll als König regieren – für immer, dein Gott, Zion, von Generation zu Generation*«.[17] Dieses ersehnte Königreich Gottes, sagt Jesus, ist nahe und bricht an. Und er betont gerade nach der Bergpredigt die Dimension der Gerechtigkeit, die das Reich Gottes ausmacht und durch die alles Lebensnotwendige für die Menschen bereit gestellt wird, Mt 6,33: »*Sucht zuerst die gerechte Welt (basileia) Gottes, und dies alles wird euch geschenkt*« (Kirchentagsübersetzung); »*Trachtet zuerst nach dem Reich Gottes (basileia) und seiner Gerechtigkeit, so wird euch das alles zufallen*« (Luther, rev. 1984).

Das Reich Gottes schafft Raum dafür, dass die Tora tatsächlich getan wird (Mt 5,17–20; Mt 23,1–3),[18] und sie auch die Enden der Erde, die ganze Völkerwelt erreicht. Es tritt damit in Kraft, was das Matthäusevangelium mit den von ihm zitier-

---

16. Fiedler, Kommentar Mt-Ev, 169.
17. Übersetzung für den DEKT Dresden 2011.
18. Das Werk von Peter Fiedler ist in der wissenschaftlichen Kommentierung des Matthäusevangeliums ein Durchbruch, indem er die unbedingte Geltung und Befolgung der Tora, die Jesus hier lehrt, in den Mittelpunkt stellt und deren Relevanz für die christlichen Kirchen hervorhebt: Ein Evangelium bzw. sein Autor, »dessen Jesus die völlige Tora-Treue vertritt und verlangt und der seine Anhängerschaft zudem auf die Autorität pharisäischer Schriftgelehrter verpflichtet, nötigt vielmehr zu Selbstprüfung: Wie bestimmt die Kirche aus den nichtjüdischen Völkern ihre Identität gegenüber diesem Jesus, den sie als Christus bekennt, ohne seine grundlegenden Weisungen zu befolgen? Und wie bestimmt sie ihre Identität gegenüber dem Judentum, das seine gottgewollte Existenz auf pharisäisch-rabbinischer Grundlage bis heute aufbaut? Der Kommentar will zu solcher Selbstprüfung anregen« (6).

ten Worten des Propheten Jesaja auf Jesus bezieht (Mt 12,18–21/Jes 42,1–4): »*Seht, mein Kind, das ich erwählt habe, das ich liebe und an dem meine Seele Gefallen gefunden hat! Ich will meine Geistkraft auf diesen Menschen legen, und er wird den Völkern Recht verkünden. Er wird nicht streiten noch schreien. Niemand wird seine Stimme auf den Straßen hören. Ein geknicktes Rohr wird er nicht zerbrechen und einen glimmenden Docht nicht auslöschen, bis er der Gerechtigkeit zum Sieg verholfen hat. Seinetwegen werden die Völker mit Hoffnung erfüllt werden*«[19]. Ein geknicktes Schilfrohr nicht vollends zu zerbrechen und einen glimmenden Docht der Öllampe oder der Kerze nicht auszulöschen – das ist eine völlig anderes Rechtsprinzip als die immer wieder aufbrechende Verehrung des Rechts des Stärkeren in der Welt. Die Devise dieses vermeintlich siegreichen Systems scheint zu lauten: »Wenn jeder mit aller Kraft für sich selbst sorgt – und die Stärksten können das am besten –, dann fällt durch den ›gesunden Egoismus‹ der Starken so viel an, dass so auch für die Schwachen genügend abfällt. Übersehen ist dabei nur, dass so die Schwachen selbst zum ›Abfall‹ erklärt werden und dass es an den Rändern des Systems beängstigend viel Menschen gibt, die im wahrsten Sinn des Wortes vom Abfall leben müssen«[20].

Durch das »*Trachten nach dem Reich Gottes und seiner Gerechtigkeit*« (Mt 6,33) hat es nun aber ein Ende damit, dass die Schwachen und scheinbar Nutzlosen zertreten und für Abfall, für »Kollateralschaden« erklärt werden. Dieses Recht soll und wird die Völkerwelt ohne marktschreierische Propaganda lernen und also der gerechten Welt, dem Reich Gottes entgegengehen. Das leise Gebet vieler Menschen vermag mehr: »*Dein heilvoller Wille geschehe, wie im Himmel, so auf der Erde*« (V. 10b). Das Reich, die gerechte Welt Gottes kommt auf die Erde, indem sein Wille sich durchsetzt, so herbeigerufen, überall ausgeführt und getan wird – diese beiden Bitten hängen aufs engste zusammen. »Die zweite und dritte Bitte sind nicht vom politischen Kontext lösbar, das heißt, es sind immer auch Bitten um Befreiung von Mächten, die Gottes heiligen Namen schänden und sein Reich aufhalten. Zur Zeit Jesu und auch des Matthäusevangeliums ist konkret die Befreiung von der universalen Vorherrschaft des römischen Reiches gemeint«[21]. Wer der Realität des Gottesreichs teilhaftig werden möchte, ist gebeten, durch eigenes Handeln den Willen Gottes zu erfüllen und die Welt nicht mit den falschen Mächten allein zu lassen: »*Es werden nicht alle, die zu mir sagen: Herr, Herr!, in das Himmelreich kommen, sondern die den Willen tun meines Vaters im Himmel*« (Mt 7,22, rev. Luther-Übersetzung, 1984).

---

19. Übersetzung: Bibel in gerechter Sprache, 4. erweiterte Aufl. Gütersloh 2011.
20. Wengst, a.a.O. 184.
21. W. Stegemann, a.a.O. 51.

Das Brot, das wir brauchen, gib uns heute

Mit der Brotbitte (V. 11) beginnt die Reihe der drei *Wir-Bitten*, die die unmittelbare Existenz der Betenden betreffen: Sie bringen die Armut der Nachfolgegemeinschaft Jesu wie die der gesamten Bevölkerung Israels zur Zeit Jesu zum Ausdruck, wo das Überleben durch Hunger und Überschuldung bedroht ist. Die in Mt 6,25ff folgenden Ermunterungen der Bergpredigt, sich nicht um das eigene Leben zu sorgen, nicht um Essen und schützende Kleidung für den morgigen Tag (V. 34), sondern sich vertrauensvoll an Gottes Fürsorge für alle Kreatur, für die Vögel des Himmels und die Feldblumen zu orientieren, schildern eindrucksvoll die Lebensbedingungen, die zur Brotbitte ursprünglich gehören: Die angeredeten armen Jüdinnen und Juden besitzen nicht einmal die elementarste ›Grundsicherung‹ einfacher und ausreichender Ernährung und Kleidung für jeden Tag. So spricht zusammen mit gewichtigen philologischen Argumenten[22] viel dafür, dass das im Griechischen sonst nicht nachweisbare Wort *epiousios*, das Luther mit »täglich« übersetzte, das Brot »für morgen« betrifft. Grammatisch möglich ist auch die Wiedergabe »das notwendige Brot« oder »das Brot, das wir brauchen«, was sachlich kein großer Unterschied zum »Brot für morgen« ist: »›Unser Brot für morgen gib uns heute!‹ Hier wird nicht um Reichtümer gebetet, sondern um das Lebensnotwendige. Das, was morgen zum Überleben gebraucht wird, möge heute schon da sein! Wem diese Bitte erfüllt wird, kann ruhig schlafen; das Denken und Trachten nach dem Aufwachen muss sich nicht sofort oder gar allein darauf richten, wie wohl das für den Tag Nötige zusammengebracht werden kann«[23].

Beim Bitten um unser nötiges Brot öffnet sich das eigene Herz für alle, die darum bangen, deren Überleben gefährdet ist. Es betet und handelt für sie, dass sie ausreichend und gut essen können, dass ihr Leben gedeiht.

Erlass uns unsere Schulden

... wie wir sie denen erlassen, die uns etwas schulden (V. 12). Diese Bitte hat einen deutlichen ökonomischen Hintergrund, es geht neben der Befreiung von Schuld aller Art auch um das Erlassen von Geldschulden[24]. Denn das hier gebrauchte griechische Wort *opheilemata*, das für das aramäische *chov/chova* steht, meint wie dieses sowohl die moralische als auch die materiell-finanzielle Verschuldung. Im Rahmen

---

22. Fiedler, Komm. 170f; Wengst, a.a.O. 156f.
23. Wengst, a.a.O. 157.
24. Frank Crüsemann, »... wie wir vergeben unseren Schuldigern«. Schuld und Schulden in der biblischen Tradition, in: Marlene Crüsemann/Willy Schottroff (Hg.), Schuld und Schulden. Biblische Traditionen in gegenwärtigen Konflikten, KT 121, München 1992, 90–103.

der Evangelien sind damit die Lebensverhältnisse der großen verarmten Bevölkerungsschicht im Land Israel im Blick. Die Verschuldungs- und Überschuldungsproblematik traf seit Jahrhunderten in der antiken Völkerwelt vor allem existentiell die Armen und setzte einen Verelendungsprozess allererst in Gang. War es etwa durch Krankheiten und Missernten nicht möglich, Kredite zurückzuzahlen, so konnte das sehr schnell zur Schuldsklaverei der ganzen Familie führen. Wie Neh 5,1–5 zeigt, werden zuerst die Kinder verpfändet, dann das Land, also die Lebensgrundlage der Familie, bevor der Verkauf aller in die Schuldsklaverei droht, angefangen bei den Mädchen und Töchtern. Die Gesetze der Tora sind formuliert worden, um unter anderem mit dem Zinsverbot (Ex 22,24; Dtn 23,20f) und dem regelmäßigen Erlassjahr (Dtn 15,1ff) diesen Kreislauf ins Elend zu unterbrechen, durch einen regelmäßigen Schuldenerlass die Armen zu schützen. In dieser Tradition der Fürsorge Gottes für die Armen durch die Tora steht die Vergebungsbitte des Vaterunsers. Zusammen mit den unmittelbaren Nachsätzen in Mt 6,14f verbindet sie die Erfahrung der Vergebung durch Gott mit der eigenen Bereitschaft, anderen Menschen zu vergeben, wozu auch der Verzicht auf das Eintreiben finanzieller Außenstände, auf Schuldenerlass gehört. »Auf diesem Hintergrund muss man es für absolut ausgeschlossen halten, dass in der Vaterunserbitte gemeint sein könnte: ›... wie wir vergeben unseren Schuldnern – soweit nicht materielle Schulden berührt sind‹ (aber so ähnlich beten doch offenbar wir)«[25].

Das Gebet hält aber noch eine weitere erstaunliche Formulierung bereit, nämlich die Vergangenheitsform des Verbs, wonach es eigentlich heißen muss, »*wie wir sie denen erlassen haben, die uns etwas schulden*«. Demnach würde die eigene Vergebungserfahrung gebunden an die Voraussetzung, dass wir das selbst schon alles gegenüber unseren Mitmenschen getan hätten, was wir von Gott erbitten. Doch eine andere Interpretation des grammatischen Befundes erweist sich als wohl noch effektiver: »genauer wird man an einen *Performativ* denken müssen: ›wie wir sie hiermit unseren Schuldnern erlassen‹. Die Bitte an Gott muß nicht von einer abgeschlossenen, wohl aber einer gleichzeitig wirksam werdenden Erklärung zur Vergebungsbereitschaft begleitet sein«[26].

Von daher könnte das Sprachgeschehen des gesamten Vaterunsers performativ verstanden werden!

Die grundlegende Angewiesenheit auf Vergebung erleben wir jeden Tag an uns selbst: Wie Wenigen können wir wirklich gerecht werden, das heißt, sie verstehen und ihnen beistehen. Wie viele Missverständnisse, Unterlassungen, wie viel Gedankenlosigkeit, Trägheit und Verhärtung des Herzens kommen im einzelnen Leben zusammen! Und wie wenig ist demgegenüber meine Dankbarkeit entwickelt, für

---

25. F. Crüsemann, a.a.O. 91.
26. F. Crüsemann, ebd.

alles, was ich an Gutem erlebe und mir von den Anderen geschenkt wird. Der Gedanke an die Geduld, die Nachsicht und die Liebe Gottes beflügelt aber die menschlichen Verhältnisse und befreit sie von solchen Störungen, so dass dieses alles anders werden kann.

Führe uns nicht zum Verrat an dir

In der letzten Bitte (V. 13) geht es, im Anschluss an die Vergebung von Schulden und Schuld, um Bewahrung vor Situationen, die solches Schuldigwerden herbeiführen können, die über die Kraft der Betenden gehen. Wie immer das griechische Wort *peirasmos* übersetzt wird – Versuchung, Prüfung, Zerreißprobe oder Verrat an Gott – stets kommt der Anstoß aus der einleitenden deutlichen Formulierung, dass Gott selbst es ist, der solche Situationen heraufführt, sie veranlassen kann. Das steht in Spannung gerade auch zum Bild der Güte Gottes, das die Bergpredigt und viele andere Texte entwerfen (z. B. Ps 103), kann aber theologisch nicht anders ausgedrückt werden, da in der Bibel die gesamte Wirklichkeit dem einen Gott untersteht. Das Schöne und das Furchtbare – nichts findet in einem Bereich statt, der nicht von Gott berührt ist, auch wenn der Mensch diese ganze widersprüchliche Welt nicht fassen kann (Hiob 38–42). Zu Anfang der Versuchungsgeschichte[27] Jesu in Mt 4,1 spricht das Evangelium klar von der einzigen Macht, die selbst die Gestalt des Versuchers in Bewegung setzt: Es ist die Geistkraft Gottes, die Jesus in die Wüste führt, um dort vom Teufel auf die Probe gestellt zu werden; das Ziel der göttlichen Führung ist die Konfrontation mit dem Bösen.

So bezeugt diese Bitte die Souveränität Gottes, selbst in ausweglose Prüfungen oder Leidenssituationen führen zu können oder zu wollen, welche die Gefahr einer Entscheidung für das Böse mit sich bringen.[28] Die Versuchungsgeschichte Jesu zeigt auch, dass diese Gefahr vor allem in der Verleugnung Gottes besteht, im Verlassen der engen Beziehung zu Gott. Denn Jesus weist den Versucher in die Schranken, indem er mit Schriftzitaten auf Gott, den einzigen, verweist, seine dritte Antwort lautet: »*Du sollst Adonaj, deinen Gott, anbeten und ihm allein dein Leben weihen*« (Dtn 5,9; 6,13; Mt 4,10).

Die Bitte ist daher der Appell an Gottes Macht, solche Zerreißproben nicht über uns kommen zu lassen: »*Führe uns nicht zum Verrat an dir, sondern löse und aus dem Bösen*«. Das Böse kann sich vieldimensional und verführerisch manifestieren, als Einfluss, Geld und Karriere, die im Dienst zerstörerischer Mächte zu erwerben sind, nicht selten unter dem Deckmantel und der Propaganda des Guten, als Fixie-

---

27. S. dazu oben S. 92f.
28. Haacker, a.a.O. 201ff.

rung auf das Böse und Grausame in der Welt, als Faszination durch das Böse wie der Vorliebe für Horrorfilme, Verbrechen, Kriegsspiele am Bildschirm und in der Realität, als Spott und Verächtlichkeit gegenüber dem guten Willen und den Bemühungen vieler Menschen, einen anderen Weg zu gehen (»Gutmenschen«), als Gleichgültigkeit gegenüber den Leidenden.

»Erlöse uns von dem Bösen« – entferne es von uns! *»Löse uns aus dem Bösen«* – reiß uns heraus aus seinem Strudel!

Diese abschließende Bitte[29] des Vaterunsers ist letztlich die Bitte um Bewahrung vor der Verzweiflung, dass das ganze Gebet nicht wahr sein könnte, dass Ruf und Gebet ins Leere gingen, niemand da sei, es zu hören. Es geht um die Bewahrung der eigenen vertrauensvollen und nie aufhörenden Beziehung zu Gott.

Alles, was wir brauchen

Die wenigen Sätze des Vaterunser-Gebets geben unserer unendlichen Bedürftigkeit, die sich nicht in Worte fassen lässt, eine Form, die das einzelne Ich umgibt mit dem Raum des Gebets der Schwestern und Brüder. Auf diese Weise stehen alle gemeinsam hörbar, leise und vernehmbar, unsichtbar und öffentlich in engem Kontakt mit der väterlichen und mütterlichen Liebe Gottes.

Das Gebet bringt alles zum Ausdruck, was Jesu Jüngerinnen und Jünger brauchen für ihre eigene leibliche, psychische und geistliche Existenz, für ihr Überleben und das der anderen Menschen, im Miteinander, für das Finden des wahren Lebens. So ruft es die Verwandlung der Welt herbei, dass sie in Gerechtigkeit und Frieden neu geboren werde und Gottes heiligen Namen erkenne, in dem Leben ohne Ende ist.

---

29. Der liturgisch gebräuchliche Abschluss des Vaterunsers, die Doxologie »denn dein ist das Reich und die Kraft und die Herrlichkeit in Ewigkeit, Amen« ist eine Zusammenstellung aus späteren Bibelhandschriften und gehört nicht zum ältesten Bestand des Matthäusevangeliums.

12. Zur Übersetzung und graphischen Gestaltung des Gottesnamens in beiden Testamenten der »Bibel in gerechter Sprache«

1. Am Schluss seines grundlegenden Aufsatzes zu den »Dimensionen gerechter Bibelübersetzung« nennt Martin Leutzsch als sein Ideal für die formalen Bedingungen von Übersetzungsarbeit die Legende der Entstehung der griechischen Übersetzung der hebräischen Bibel, der Septuaginta, nach Pseudo-Aristeas (§ 301–311)[1]: 72 Gelehrte erarbeiten jeweils an einem Tag den gleichen Textabschnitt, treffen sich dann zum Plenum und verabschieden nach eingehender Diskussion eine gemeinsam verantwortete Fassung. Und so fort, bis das ganze Buch erarbeitet ist. Anschließend wird die Übersetzung der versammelten jüdischen Gemeinde vorgelesen, und zusammen mit den Autoritäten stimmt schließlich die Gemeinde dem Werk zu. »Die Mitbeteiligung und Zustimmung aller AdressatInnen, für die eine Übersetzung bestimmt ist und auf deren Leben sie Einfluss nehmen soll, ist für mich ein weiteres formales Kriterium gerechter Bibelübersetzung«.[2]

Hat sich unser Bibelprojekt[3] sich diesem Ideal angenähert? In mancher Hinsicht haben wir es übertroffen: Es arbeiten nicht nur Männer mit und die Tagungen einschließlich der Treffen der Übersetzungsgruppen sind zahlreicher. Die Zeit, die die einzelnen Übersetzenden mit »ihrem« Text zubringen, dürfte auch erheblich länger ausfallen. Und besonders die inmitten zeitgenössischer Übersetzungsunternehmen einzigartige Praxiserprobung hat viel mit dem antiken Vorbild zu tun. Auf der anderen Seite ist eine so umfassende und vollkommene Teamarbeit, bei der alle praktisch alles übersetzen, nicht zu leisten. Und es wird ein Erfolg sein, wenn möglichst viele Personen möglichst viele der Manuskripte aus unterschiedlichen Blickwinkeln gelesen haben, bevor diese in Druck gehen: wissenschaftlich, poetisch und eben gerecht in mehrfacher Hinsicht, wobei die Gerechtigkeit gegenüber einer enormen und innovativen Arbeitsleistung der Einzelnen nicht vergessen werden sollte.

---

1. Martin Leutzsch, Dimensionen gerechter Bibelübersetzung, Sonderdruck zum Projekt »Bibel in gerechter Sprache«, Gütersloher Verlagshaus 2002, 27f; a. in: Helga Kuhlmann (Hg.), Die Bibel – übersetzt in gerechte Sprache? Grundlagen einer neuen Übersetzung, Gütersloh (2005) 4. Aufl. 2007, 16–35 (32f).
2. Leutzsch, a.a.O.
3. Bibel in gerechter Sprache, 1. Aufl. Gütersloh 2006, hg. v. Ulrike Bail/Frank Crüsemann/Marlene Crüsemann/Erhard Domay/Jürgen Ebach/Claudia Janssen/Hanne Köhler/Helga Kuhlmann/Martin Leutzsch/Luise Schottroff.

Bei einem Punkt jedoch, denke ich, kommen wir einem inspirierten Arbeitsprozess, als der die Septuaginta-Legende später bei Philo dargestellt wurde, ziemlich nahe, wenn auch auf davon unterschiedene Weise. Hatten alle Gelehrten nach dieser Version durch göttliche Inspiration immer denselben Text produziert, so war es bei uns gerade der jeweilige Widerspruch, der sich als fruchtbares Element auf dem Weg zu einer vorläufigen Einigung erwiesen hat. Und zwar trat das insbesondere bei einem einzige Wort in Erscheinung, welches aber das gewichtigste der Bibel ist, dem Gottesnamen.

2. Die Wiedergabe des Gottesnamens ist das Besondere an unserem Projekt und könnte zu einem Markenzeichen dieser Bibel werden. Denn in diesem Versuch, den Namen Gottes auf neue Weise und unübersehbar in einer Übersetzung kenntlich zu machen, drückt sich die Intention aus, der Vaterunserbitte um Heiligung des Namens zu entsprechen. Dies ist eine wichtige Station in einem langjährigen Prozess.[4] Sie wird sicher nicht die letzte sein, denn alle Übersetzungen sind ihrer Natur nach unabgeschlossen und revisionsbedürftig.

Jürgen Ebach umschrieb in seinem Vortrag für die 2. Sitzung des Beirats des Bibelprojekts, der die religionsgeschichtliche Einzigartigkeit des biblischen Tetragramms betont – dieses Eigennamens, dessen Wortlaut und Aussprache wir nicht kennen, der auch nicht ausgesprochen werden soll und im Judentum seit der Antike durch Ersatzwörter als unverfügbar und lebendig gekennzeichnet wird[5] – die zu leistende Aufgabe folgendermaßen: »Den Namen Gottes in einer Übersetzung angemessen wiederzugeben ist unmöglich. Versuchen wir's also.«[6] Damals hatten wir den schwierigsten Teil der für das Bibelprojekt erforderlichen Lösungsfindung noch vor uns, waren aber seit den Anfängen der Übersetzungsgruppen für den Deutschen Evangelischen Kirchentag in den achtziger Jahren schon weit gekommen.

---

4. Siehe dazu auch die Beiträge des Sammelbandes von Christine Gerber/Benta Joswig/Silke Petersen (Hg.), Gott heißt nicht nur Vater. Zur Rede über Gott in den Übersetzungen der »Bibel in gerechter Sprache«, Biblisch-theologische Schwerpunkte Bd. 32, Göttingen 2008; Luise Metzler/Katrin Keita, Fragen und Antworten zur Bibel in gerechter Sprache, Gütersloh 2009, 56–65, sowie Hanne Köhler, Gerechte Sprache als Kriterium von Bibelübersetzungen. Von der Entstehung des Begriffes bis zur gegenwärtigen Praxis, Gütersloh 2012, 386–390.

5. Jürgen Ebach, Zur Wiedergabe des Gottesnamens in einer Bibelübersetzung, oder: Welche »Lösungen« es für ein unlösbares Problem geben könnte, Referat auf der 2. Beiratssitzung, Kassel 12.5.2003, in: Helga Kuhlmann Hg., Die Bibel – übersetzt in gerechte Sprache? Grundlagen einer neuen Übersetzung, Gütersloh (2005) 4. Aufl. 2007, 150–158; s. dazu auch: Jürgen Ebach, »Name ist Schall und Rauch«. Beobachtungen und Erwägungen zum Namen Gottes, in: ders. u. a. (Hg.), Gretchenfrage. Von Gott reden – aber wie? Bd. II, Jabboq 3, Gütersloh 2002, 17–82 (43–73); Friedrich Niewöhner, Der Name und die Namen Gottes. Zur Theologie des Begriffs »Der Name« im jüdischen Denken, Archiv für Begriffsgeschichte 25, 1981, 133–161.

6. Ebach, Wiedergabe des Gottesnamens, 150f.

Der Impuls für eine Revision der Wiedergabe mit »Herr«, die im Gegensatz zum englischen »Lord« und französischen »Seigneur« Gott im Deutschen nicht nur wie überall selbstverständlich männlich definiert, sondern buchstäblich auf eine Stufe mit »jeder-mann« stellt, kam von feministischer Seite, traf sich aber an diesem zentralen Punkt sofort mit Anliegen des christlich-jüdischen Dialogs. Als langjährige Lösung wurde »Adonaj«, das gebräuchlichste Lexem des Judentums für das Tetragramm in Bibellesung und Liturgie, in die Kirchentagsarbeit eingeführt und in manchen anderen christlichen Gottesdienst.

Für den von Erhard Domay und Hanne Köhler herausgegebenen Band »Lesungen« im Rahmen einer Gütersloher Reihe für Liturgie in gerechter Sprache[7] erweiterte sich die Lesart »Adonaj« mit einem sog. Sonderzeichen durch GOTT in Großbuchstaben, was wahlweise für den Gottesnamen zu lesen ist. »Adonaj«, zu deutsch »mein Herr« oder genauer eigentlich »meine Herren« ist zwar eine Anrede und Bezeichnung allein für Gott und macht als Fremdwort im Gegensatz zum deutschen allgemeinen »Herr« deutlich, dass Gott einen Namen hat, schien aber eine Art Männlichkeit Gottes festzulegen. Das ist aber nicht zwingend, da in einigen bereits vorliegenden Übersetzungen von »Adonaj, der Gottheit Israels« die Rede ist, auch ohne Verbindung mit »Elohim«. Die Lesart GOTT für das Tetragramm ist nicht ohne Vorbilder, da auch die Septuaginta neben dem vorherrschen »KYRIOS« ebenfalls »THEOS« dafür einsetzt[8]. Durch Anschlüsse mit weiblichen Relativpronomina, die weithin ihren anfangs exotischen Klang verloren haben, ist sie offen für das in Gen 1,27 fundamental formulierte Prinzip der Gottebenbildlichkeit der Menschen, das Gott im Rückschluss weder allein als männlich noch allein als weiblich bezeugt. Doch ist »GOTT« beim Vorlesen nicht als Gottesname zu erkennen und verwischt die Struktur biblischer Texte, die abwechselnd das Tetragramm und »Elohim« bzw. andere Gottesbezeichnungen nennen.

So war es kein Wunder, dass zu Beginn der Arbeit am Bibelprojekt Einspruch gegen diese Doppellösung und vor allem gegen die suggestive Männlichkeit von »Adonaj« erhoben wurde. Insbesondere Erhard Gerstenberger und Gerlinde Baumann formulierten derart entschiedene Bedenken, dass eine Einigung fraglich schien.

Die dann von Claudia Janssen entdeckte völlig neue und ausbaufähige Lösungsmöglichkeit brachte uns gemeinsam wieder voran: Eine durchgängige Kopfzeile über jeder zweiten Seite der Bibel nennt mehrere aus der jüdischen Tradition bekannte Lesarten für den Gottesnamen, wie »der/die Lebendige, Heilige, Ewige,« etc. Im Text ist dieser durch eine sichtbare graue Unterlegung markiert, also die Stelle, an der das

---

7. Erhard Domay/Hanne Köhler (Hg.), der gottesdienst. Liturgische Texte in gerechter Sprache, Band 4: Die Lesungen, Gütersloh 2001.
8. Niewöhner, a.a.O. 140.

Tetragramm steht, in die eine von den Übersetzenden zu wählenden Lesart im Rahmen des jeweiligen biblischen Buches einzusetzen ist. Dabei sollte die gewählte Übersetzung des Gottesnamens innerhalb der einzelnen Schrift vonseiten der Übersetzenden möglichst nicht mehr ausgetauscht werden. Im Gemeindegebrauch, so die Idee, könnten dann dort jedoch von den Leserinnen und Lesern jeweils andere Gottesnamen gelesen werden. So soll auf bisher einmalige Weise die Einheit und die Vielfalt biblischen Redens von Gott in einer Übersetzung aufscheinen.

3. Doch es gab bereits wieder einen Haken: die Markierung im Text, so die Abstimmung auf einer der Tagungen, soll durch hebräische Buchstaben umrahmt werden, gewählt wurde das Jod am Anfang und Ende der einzusetzenden Wiedergabe des Gottesnamens. Dies ist ein rabbinisches Kürzel für den Gottesnamen und erinnert zudem im Druck an ein Anführungszeichen. Da die Kopfzeile durch alle Teile der Bibel laufen soll, war auch die Einheitlichkeit der Kennzeichnung des Gottesnamens im Text erforderlich. Denn die Erkennbarkeit der Einzigartigkeit und Selbigkeit Gottes ist gerade für unser Projekt fundamental. Alles, was insbesondere optisch – also bereits auf »den ersten Blick« – dazu führt, diese in Frage zu stellen, sollte vermieden werden.

Von neutestamentlicher Seite her tauchte nun aber das Problem auf, dass im Neuen Testament und in den deuterokanonischen Schriften eine bereits interpretierende Übersetzung des Gottesnamens steht, nämlich das griechische »*kyrios*«, was somit bereits dieselbe Traditionsstufe einnimmt wie unsere Übersetzung aus dem Hebräischen. Sie entspricht dem jüdischen Schutz des Heiligen Namens[9], legt aber auf der anderen Seite Männlichkeit und das nicht zwischen Gottesanrede und Menschenanrede unterscheidende »Herr«-Sagen zu Gott fest. Vom vorliegenden griechischen Text her, so Martin Leutzsch, dürfen wir jedenfalls nicht suggerieren, dass hier aus dem Hebräischen übersetzt wird. Damit fällt das durchgängige »Anführungszeichen« durch hebräische Buchstaben dahin.

Eine von Angela Standhartinger vorgeschlagene Kennzeichnung der Übersetzung des »*kyrios*« für Gott mit den griechischen Buchstaben Kappa-Sigma erwies sich aber als einigungsfördernd, unter der Voraussetzung, dass es am Ende nicht so

9. Die christlichen Handschriften der Septuaginta mit dem griechischen »kyrios« für den Gottesnamen stammen erst aus dem 4. und 5. Jahrhundert. Es spricht einiges dafür, dass in vorchristlichen jüdischen Übersetzungen des Alten Testaments vom Hebräischen ins Griechische der Gottesname als Tetragramm in aramäischen oder althebräischen Buchstaben erhalten blieb (George Howard, The Tetragram and the New Testament, JBL 96, 1977, 63–83; vgl. J.A. Fitzmyer, J.A., Art. kyrios, Exegetisches Wörterbuch zum Neuen Testament II, 1981, 811–820 [816]), ebenso zunächst in den jüdisch-christlichen Texten des Neuen Testaments und ihren Abschriften bei Zitaten aus der Schrift. Der Gebrauch von »kyrios« und »theos« für den Gottesnamen könnte später durch pagane christliche Abschriften begonnen worden sein, die diese Heiligung des Namens nicht mehr verstanden (Howard, a.a.O. 76–83).

aussehen darf, als hätte sich eine ursprünglich hebräische Gottheit insbesondere im Neuen Testament in eine griechische verwandelt, mithin im Bereich der Völker einen grundsätzlich anderen Charakter angenommen. Dies wäre gerade für unser Projekt in höchstem Maße kontraproduktiv.

4. Alles hing nun an der drucktechnischen Umsetzung dieses Lösungswegs und daran, dass die hebräischen und griechischen Buchstaben zwar lesbar, aber nicht so auffällig sind, dass irgendjemand die Idee unterschiedlicher Gottheiten dadurch gewinnen könnte. Verlag und Druckerei haben hier in vielen Schritten und Versuchen intensiv mitgeholfen, eine ansprechende Vorlage zu schaffen.

Die auf der Gesamttagung Ende Januar 2003 mit großer Mehrheit beschlossene Kopfleiste enthält nun folgende Lesevarianten des Gottesnamens für alle Teile der Bibel, die größtenteils aus der jüdischen Tradition, insbesondere auch der deutschsprachigen stammen: »der Ewige«/»die Ewige«, »der Heilige«/»die Heilige«, »Schechina« (Gegenwart), »ha-Schem« (der Name), »ha-Maqom« (Raum, Ort), »der Lebendige«/»die Lebendige«, »der Name«, »der Eine«/»die Eine«, »ER SIE«/»SIE ER«, »Adonaj«, das Buber'sche »DU«, »GOTT« (in Großbuchstaben, besonders oft wohl für neutestamentliche Schriften gewählt, wie bereits zu sehen ist), und schließlich »Ich-bin-da« (aus der Interpretation des Gottesnamens in Ex 3,14, was bereits in die religionspädagogische Praxis Eingang gefunden hat und daher von einer interessierten Tagungsteilnehmerin vorgeschlagen wurde, die nicht dem Übersetzungskreis angehört). Bei jeder laufenden Kopfzeile steht Jod-Jod am Anfang und Kappa-Sigma am Ende. Hier können jeweils natürlich nicht alle genannten Varianten aufgeführt werden, so dass ein Zufallsgenerator die einzelne Kopfzeile bestimmen wird. Dies betrifft das Layout jeder Doppelseite. Innerhalb eines biblischen Buches sollen die Übersetzenden, wie gesagt, jeweils bei der einmal gewählten Wiedergabe des Gottesnamens bleiben.

5. Abschließend sei noch auf eine damit gewonnene Möglichkeit hingewiesen, die in christlichen Bibelübersetzungen bisher nicht gegeben war, nämlich die sprachliche Unterscheidung zwischen den ersten beiden trinitarischen Personen stärker hervorzuheben. Mich selbst hat es bei gottesdienstlichen Lesungen oft gestört, dass bei der Rede vom »Herrn« nicht sofort und auch kaum später deutlich wurde, ob Gott oder Christus gemeint ist. Indem die aus dem Neuen Testament Übersetzenden jeweils exegetisch entscheiden müssen, an welchen Stelle »kyrios« Gott oder Jesus bezeichnet, was oft sehr schnell, doch auch manchmal schwierig zu lösen ist, können Unklarheiten angegangen werden, die bisher sämtliche Übersetzungen gegenüber dem Urtext tendenziell verstärkt haben.

Insgesamt gesehen könnte im Hinblick auf diesen Weg des schrittweisen Versuchs einer Übersetzung des Gottesnamens, zumindest bis heute von einem Prozess gesprochen werden, der auf die Realität der in Ex 3,14 bezeugten Interpretation dieses Namens verweist: »Ich werde da sein, als der oder die ich da sein, mich erweisen werde«, und der einer »sprachlichen Verwirklichung des Bilderverbots«[10] sich annähert.

10. Ebach, Schall und Rauch, 48.

13. Der Gottesname im Neuen Testament Vor allem am Beispiel von 2 Kor 3,16

»*Geheiligt werde dein Name*« – die erste Bitte des zentralen christlichen Gebets (Mt 6,9) setzt voraus, dass die Betenden um den Namen Gottes und seine Bedeutung wissen, ihm die Ehre geben. Vor allem den jüdisch beheimateten frühen Christinnen und Christen dürfte die Heiligung des Gottesnamens selbstverständlich gewesen sein, indem sie ihn durch Ehrfurchtsworte oder durch passive Redeweise über Gott schützten. Ein solches Ehrfurchtswort für Gott ist bereits das griechische *kyrios* = »Herr«, wie es neben anderen solcher Benennungen in Übersetzungen des Alten Testaments und eben im Neuen Testament verwendet wird. Dabei bieten allerdings nur die jüngeren Handschriften ein »normales« *kyrios*. Es gibt Hinweise in der handschriftlichen Überlieferung, dass zuvor durch eine besondere Schreibweise, durch althebräische Buchstaben und Wörter, Sonderzeichen oder Abkürzungen der Gottesname vor allen anderen Wörtern in den alten Schriften hervorgehoben wurde, sowohl des Alten als auch des Neuen Testaments.[1] Von daher ist Vorsicht geboten, wenn in heutigen Auslegungen des Neuen Testaments das Wort *kyrios* für den Gottesnamen von der Benennung Jesu als *kyrios* zu wenig unterschieden wird. Die ›Bibel in gerechter Sprache‹ geht den Weg der allerersten antiken biblischen Handschriften, den Gottesnamen auch graphisch kenntlich zu machen. Dadurch wird die Identität Gottes in beiden Testamenten hervorgehoben und buchstäblich sichtbar, dass Gott in der Bibel einen Namen hat.

Insbesondere wenn im Neuen das Alte Testament zitiert wird, ist beim Übersetzen zu erkennen, wo mit *kyrios* der Gottesname gemeint ist. Die ›Bibel in gerechter Sprache‹ gehört zu den wenigen Übersetzungen, die AT-Zitate im Neuen Testament durch Kursivdruck hervorhebt. An einem einzigen Beispiel kann sofort klar werden, wie wichtig es ist, zu unterscheiden, wer jeweils für den »Herrn« steht und wo der Gottesname gemeint ist. Beim Vergleich deutscher Übersetzungen von 2 Kor 3,12–18, wie z. B. Luther 1545, der Luther-Revision 1984, der Gute Nachricht Bibel (Revision 1997), der Einheitsübersetzung 1980, den Zürcher Bibeln von 1931 und 2007 und der Bibel in gerechter Sprache 2006 ergibt sich, wie sehr jede Übersetzung

---

1. Dazu George Howard, The Tetragram and the New Testament, JBL 96, 1977, 63–83, sowie auch für die alttestamentliche Überlieferung: Kristin De Troyer, The Names of God, Their Pronounciation and Their Translation: A Digital Tour of Some of the Main Witnesses, in: lectio difficilior 2/2005, http://www.lectio.unibe.ch. Zu Auswahl und Erläuterung der Lesevorschläge für den Gottesnamen in der Bibel in gerechter Sprache, 1.–3. Aufl., s. ebd. die Einleitung S. 16–21 sowie die Glossarartikel »Gott« S. 2356–2360 und »kyrios« S. 2367–2369.

interpretieren und entsprechende Zusätze bringen muss, um diese Passage zu ver-
deutschen, sie überhaupt verstehbar zu machen. In Frage stehen jeweils Maß und
Richtung der Interpretation. Aus Platzgründen kann ich hier nur kurz den V. 16 im
Vergleich mit der Luther-Revison 1984 behandeln.

Martin Luther 1545:
16 Wenn es <**das hertz**> aber sich bekerete zu dem HErrn *(kyrios)*/ so würde die
Decke abgethan /

Lutherbibel – Revision 1984:
16 Wenn **Israel** aber sich bekehrt zu dem Herrn *(kyrios)*, so wird die Decke abgetan.

Bibel in gerechter Sprache 2006:
16 **Von Mose heißt es in der Schrift**: *Wann immer er sich wieder zum* EWIGEN *(ky-*
rios) hinwendet, wird die Decke abgenommen (Ex 34,34).

Im komplexen und komplizierten 3. Kapitel des 2. Briefs an die Gemeinde in Korinth handelt Paulus vom alten und neuen Bundesschluss, von der Geistkraft Gottes, die Buchstaben und Herzen zum Leben erweckt, von Christus, in dem nach
Meinung des Paulus das Licht der Schrift erst eigentlich leuchtet und aufgedeckt,
ent-deckt werden kann. Das tut Paulus aber nicht in einer einfachen Gegenüberstellung von »alt« und »neu«, sondern das Kapitel ist eine einzige inspirierte Neuauslegung, ein Midrasch zur Sinaiperikope (Ex 32–34 mit Schwerpunkt auf 34 und
Rückblick auf 24),[2] wo auch schon zwei Bundesschlüsse vorkommen: zuerst alte,
zerbrochene und dann aus Gnade und Erbarmen neu ausgefertigte Tafeln des Bundes. Paulus spielt außerdem auf Texte wie Jeremia 31 an, auf den dort genannten
neuen Bund, auf die Tora, die in die Herzen der Menschen geschrieben werden
soll.

In 2 Kor 3,16 heißt es in der Version der Luther-Bibel (1984), die nicht erkennen lässt, dass es sich um ein Zitat aus dem Alten Testament handelt: »*Wenn Israel*
aber sich bekehrt zu dem Herrn (kyrios) so wird die Decke abgetan«. Von welchem
»Herrn« ist hier die Rede? Es scheint, als sage Paulus einfach: »Wenn Israel sich zu
Christus bekehrt, wird die Decke abgetan«, also ein entscheidendes Hindernis be-
seitigt. Was aber steht im griechischen Text? Zunächst einmal ist wichtig zu sehen,
das »Israel« dort so nicht steht. Es ist ein interpretierender Zusatz der Übersetzer,

---

2. Vgl. dazu und zum Folgenden den grundlegenden Aufsatz von Dierk Starnitzke, Der Dienst des
Paulus. Zur Interpretation von Ex 34 in 2 Kor 3, in: Wort und Dienst 25, 1999, 193–207. Hier findet
eine theologisch bedeutsame Neuorientierung der Exegese von 2 Kor 3 statt. In dieser Richtung
weiter: Frank Crüsemann, Das Alte Testament als Wahrheitsraum des Neuen. Die neue Sicht der
christlichen Bibel, Gütersloh 2011, 179–185 (»Neuer und alter Bund in 2 Kor 3«).

die hier etwas eindeutig machen wollen, was der Text meines Erachtens in viel größerer Offenheit formuliert, indem er aus der Schrift zitiert. Und dadurch wird klar, dass von »Mose« die Rede ist, und eben nicht einfach vom Volk »Israel«.

Und wer ist mit »Herr« gemeint? Das ziemlich genaue Zitat von Ex 34,34 zeigt Mose am Sinai, der in das Begegnungszelt geht, um mit Gott von Angesicht zu Angesicht zu sprechen. Wer die Geschichte kennt, weiß sofort Bescheid: Immer wenn Mose direkt mit Gott im Zelt spricht, nimmt er eine Decke oder ein Tuch ab, mit dem er das Volk draußen davor schützt, direkt den Glanz Gottes zu sehen, den er durch die Begegnung mit Gott widerspiegelt. Die griechische Übersetzung des Alten Testaments, die Septuaginta, schreibt hier wie auch sonst »kyrios« ohne Artikel für den Namen Gottes. Es ist also durch das Zitat ganz klar, dass auch in 2 Kor 3,16 von »Gott« die Rede ist, wenn es dort »kyrios« heißt. Es geht um die direkte Kommunikation des Mose mit dem Gott Israels. Das alles hat Paulus schon zuvor in 2 Korinther 3 angesprochen. Es ist ein sich wiederholender Vorgang.

Und der Clou ist: Von einer »Bekehrung Israels« zu Christus, einer einmaligen zumal, steht wörtlich oder sinngemäß nichts im Text von V. 16. Es geht um eine wiederholt mögliche Hinwendung zu Gott, nicht um einen einmaligen Akt der Bekehrung, womöglich gar im Sinne von Mission. Das Beispiel ist Mose, wie er sich immer wieder neu an Gott wendet, und hier steht im hebräischen Alten Testament ja der Gottesname sowie an dessen Stelle in den griechischen Übersetzungen ein Ehrfurchtswort dafür, nämlich *kyrios* (ohne Artikel): Mit Gott spricht Mose von Angesicht zu Angesicht. So wie es dasteht, sollte das Zitat auch als Zitat deutlich gemacht und übersetzt werden. Deutlich wird durch diese Zitierung auch, dass Gott gemeint ist, wo die Luther-Bibel unbestimmt »Herr« sagt. Meine Übersetzung in der »Bibel in gerechter Sprache« lautet daher: »Von Mose heißt es in der Schrift: *Wann immer er sich wieder zum* EWIGEN *hinwendet, wird die Decke abgenommen (Ex 34,34)«.* Mose ist in diesem Text ein positives Beispiel für die immer neue Hinwendung zu Gott, das Israel gegeben ist. Dieses positive Beispiel des Mose versteht Paulus als typisch für alle Menschen, für jüdische und nichtjüdische, in direkten Kontakt mit Gott zu kommen. Für Paulus ist der Messias, Jesus Christus, quasi eine Art neues Begegnungszelt, in dem alle Menschen wie Mose direkt und ohne Verhüllung des eigenen Gesichts mit Gott (2 Kor 3,18, hier steht wiederum *kyrios* ohne Artikel)[3] in Beziehung treten können. Mose ist somit keine überholte Figur des alten Bundes, sondern der Prototyp des neuen.

---

3. Dadurch wird in unmittelbarer Nähe des Exodus-Zitats klar, dass in 2 Kor 3,17–18 ebenfalls Gott mit *kyrios* gemeint ist (vgl. Starnitzke, a.a.O. 205), während *kyrios* in 4,5 außerhalb dieser Zitierung liegt und durch den Zusatz »Jesus Christus« mit diesem identifiziert wird.

An dieser Stelle zeigt sich also die grundsätzliche Bedeutung der Erkennbarkeit des Gottesnamens im Neuen Testament. Gleichzeitig sehen wir hier exemplarisch die Art und Weise, wie das Neue des Neuen Testaments zur Sprache kommt: Indem das Neue als Kategorie im Alten, in der Schrift entdeckt und in der Gegenwart weiter buchstabiert wird.

III. Gott Israels – Gott der Völker. Überwindung des christlichen Antijudaismus

14. Wolkensäule und Feuerschein
Exodus 13,20–22[1]

[20]So zogen sie aus von Sukkot und lagerten sich in Etam am Rande der Wüste.
[21]Und JHWH ging dabei vor ihnen her, am Tag in einer Wolkensäule, um sie den richtigen Weg zuführen, und bei Nacht in einer Feuersäule, um ihnen zu leuchten, damit sie bei Tag und Nacht gehen konnten.
[22]Niemals verließ die Wolkensäule ihren Platz vor dem Volk während des Tages, noch die Feuersäule in der Nacht.

Kann uns der Predigttext aus dem Exodusbuch helfen, das Persönliche mit der größeren Geschichte zu verbinden, deren Teil wir sind? Verlockend ist es, sich vorzustellen, wir lagerten mit Israel zusammen am Rande der Wüste: Die Unterdrückung Ägyptens liegt hinter uns, der Exodus ins gelobte Land hat begonnen. Und mit schönen Bildern könnte imaginiert werden, welche Politik den Geschmack der Befreiung nicht schal werden lässt, so wie der Exodus Israels in der Kirchengeschichte für viele Bewegungen maßgeblich und lebendig geworden ist: für die versklavten Schwarzen Nordamerikas, für die lateinamerikanische Befreiungstheologie, aber auch für die Legitimierung der Landnahme weißer Siedler und Buren, die mithalf, indianische und afrikanische Völker auszurotten. In welcher Weise kann dieses Wort von dem Wunder der Gegenwart Gottes, die erstmalig ihrem Volk Israel erschien als Feuer und Wolke, um es zu leiten auf dem gefährlichen Weg in die Freiheit, heute »unser« Text werden?

Diese eigenartige Erscheinungsweise Gottes bringt uns auf die Spur, wie wir den Fußtapfen Israels folgen können, ohne dabei seine Erfahrungen allein für uns zu reklamieren und dabei zu vergessen, dass Gott der befreiende Gott Israels bleibt, gerade auch inmitten der oft tödlichen Feindschaft, die es von christlicher Seite erfahren hat. Dennoch bedeutet dies nicht, dass es uns verboten wäre, in die Geschichts- und Gotteserfahrung Israels einzutreten. Ein Verzicht darauf käme auf längere Sicht dem Verlust des Alten Testaments als Teil unserer Bibel gleich. So bemerkt der jüdische Bibelwissenschaftler Shemaryahu Talmon zu Recht kritisch, dass heute für »den Christen« die maßgebliche biblische Tradition leider erst mit dem Neuen Testament und der Identifizierung damit beginne. »Dagegen ,weiß‹ er

---

1.   Der Text war vorgesehen als Predigttext für die Silvesternacht der sog. Jahrtausendwende, also im Rahmen einer speziell christlichen Zeitrechnung. Die Brisanz jeder Predigt liegt in der Kombination dieses Textes aus dem 2. Buch Mose mit dem Übergang in ein neues – christliches? – Jahrtausend.

nur um den Auszug aus Ägypten, um Sinai, die Landnahme, die Zerstörung des Tempels und des judäischen Königreichs. Aber nur Identifizierung, nicht distanziertes Wissen, kann zur Grundlage für Glaubenswerte, für theologische Ideen werden«.[2]

Die Präsenz Gottes

Wolkensäule (*ammud anan*) und Feuersäule (*ammud esch*) als sichtbarer Ausdruck der Gegenwart, der Gestalt, in der Gott das befreite Israel ins gelobte Land führt, spielen im Pentateuch eine durchgängige und wichtige Rolle.[3] Es ist spannend zu beobachten, wie diese Vorstellung von der Präsenz Gottes im Laufe der Etappen zwischen Wüste, Sinai und wieder Wüste modifiziert und erweitert wird: Die Säule und der Engel Gottes agieren variationsreich zwischen den Heeren Israels und Ägyptens beim Meerwunder (Ex 14,19ff); die Wolke steigt am Gottesberg beim Empfang der Tora herab (ab Kapitel 19); Wolke und Zeltheiligtum gehen zeitweilig als »Wohnung« Gottes zusammen, um Mose zu unterrichten (zum Beispiel Ex 33,9f und 40,34ff), aber auch die Karawane anzuführen, was ausführlich geschildert wird (Num 9,15–23); schließlich übernimmt die Lade als Behältnis der Gesetzestafeln die Leitfunktion der Wolke (Num 10,33ff), so dass jetzt auch die Tora selbst zu Israels Rettung und Wegweisung vorangeht. In unserem Text am Anfang der Reise nimmt Israel das Himmelsphänomen direkt vor der folgenden Errettung am Schilfmeer zum ersten Mal wahr. Der Akzent liegt auf dem wechselnden Aussehen der Wolke und damit ihrer praktischen Bedeutung für die Orientierung unabhängig von allen Tageszeiten: damit die Menschen bei Tag und Nacht gehen können.

Bei Tag und Nacht wandelt sich die Wolke in spezifischer Weise. »Feuerschein und Wolkendunkel sind Gegensätze. Gemeinsam ist ihnen, dass sie je für sich im Gegensatz zur Umgebung stehen. Am Tag, wenn alles hell ist, erscheint Gott in der dunklen Wolke. Nachts, wenn alles dunkel ist, erscheint Gott im hellen Feuerschein ... Das Bild, in dem Gott sichtbar wird, stellt sich dem, was sonst ist, diametral entgegen. Gottesbilder im Wandel – buchstäblich: damit sie (die Menschen) wandeln, wandern, gehen konnten«.[4] Gott wird sichtbar im Kontrast zu Erscheinungen der Umgebung, die Erkennbarkeit Gottes trotz den sonst sichtbaren Phä-

---

2.   Shemaryahu Talmon, Kritische Anfrage der jüdischen Theologie an das europäische Christentum, in: ders., Juden und Christen im Gespräch. Gesammelte Aufsatze Bd. 2, Neukirchen-Vluyn 1992, 209–225 (216).

3.   Vgl. D.N. Freedman/B.E. Willoughby, Art. ʿānān, ThWAT VI, 1987, 270–275.

4.   Jürgen Ebach, Gottesbilder im Wandel. Biblisch-theologische Aspekte, in: ders., »... und behutsam mitgehen mit deinem Gott«. Theologische Reden 3, Bochum 1995, 157–170 (167f).

nomenen. Gottes Angesicht kann demnach aus dem absoluten Gegenteil einer Erfahrung der Gottesferne in der Geschichte erscheinen.

Mit Israel verbunden

»Wolkensäule und Feuerschein« lautet der Titel des Buches, welches Teile der jüdischen Holocaust-Theologie zum ersten Mal im deutschen Sprachraum bekannt gemacht hat.[5] Es vermittelt, wie sehr die Schoa, die Auslöschung der europäischen Judenheit durch das nationalsozialistische Deutschland, die jüdische Theologie erschüttert hat, die christliche hingegen weitaus weniger. Diese tut sich immer noch schwer, in den Ermordeten der Vernichtungslager die Geschwister Jesu zu erkennen, denen die Hilfe verweigert, das Leben genommen und so der wesentliche Ausdruck des christlichen Bekenntnisses zu seinem Herrn und Messias (Mt 25,40) millionenfach verneint worden ist.

Doch wo dadurch auch die christliche Theologie erschüttert wurde, haben wir deutlich dies gesehen: Der Untergang der Menschlichkeit, die ungeheuerlichen Verbrechen der Schoa und alles, was dazu geführt hat, gebieten zusammen mit der dadurch laut werdenden Frage nach Gott die Umkehr. Es zeigt sich die Möglichkeit, wie die christliche Verkündigung und Existenz auf einen neuen Lebensweg geführt werden kann: es aufzugeben, ihre Identität aus der Gegnerschaft zum Judentum und aus der Bekämpfung des Judentums herzuleiten. Die Katastrophe von Auschwitz führt uns, die christliche Gemeinde, zu einer Kontrasterfahrung gegenüber den gewohnten Denk- und Sprachbildern, die fortwährend aus einem vermeintlichen absoluten Gegensatz von Judentum und Christentum heraus gebildet werden und behaupten, das Christentum sei seinen jüdischen Ursprüngen und Mitmenschen überlegen.

In der Zukunft steht die christliche Kirche nicht für einen Schlussstrich, der unter die Erfahrung und Verarbeitung der Schoa in diesem Jahrhundert zu ziehen wäre, sondern für einen Bindestrich: Sie ist verbunden mit Israel und dem jüdischen Volk und lernt es, dessen Erfahrungen in die eigene Seele hereinzulassen.

Was haben wir zu verlieren, wenn wir die Sklaverei der antijüdischen Theologie hinter uns lassen? Nichts als die Fleischtöpfe bisheriger sicherer Einteilungen, wonach das Jüdische das Überwundene und Alte gewesen sein soll und allein das Christliche das positiv Neue. Aus dieser menschlichen und geistlichen Ödnis sind wir befreit. Vor uns liegt die Wüste, in der sich unter Lebensgefahr entscheidet, ob wir dieser neuen Freiheit treu bleiben können und werden. Eine Wüstenerfahrung

---

5. Michael Brocke/Herbert Jochum (Hg.), Wolkensäule und Feuerschein. Jüdische Theologie des Holocaust, München 1982.

könnte es sein, dass die christliche Identität nicht mehr so sicher erscheint, wenn ihr der Kontrast zu einem vermeintlich negativen Judentum fehlt, und man des öfteren zurückfällt in die letztlich tödlichen Denkmuster.

Der Weg zum Leben

Was aber haben wir zu gewinnen auf diesem Exodus in eine nicht antijüdische Theologie und Praxis? Alles – die Erfahrung Gottes als leuchtende und treue Gegenwart auf ungesicherten Wegen und die Offenbarung, die neue Lebensräume erschließt. Dabei wandeln sich frühere Wertungen: Aus dem verteufelten Gesetz wird auch für uns die Weisung zum Leben, so dass die Frage »Müssen sich Christinnen und Christen an das Gesetz des Alten Testaments halten?«[6] allein mit einem »Ja« beantwortet werden kann, wie immer die Details für die Realisierung einzelner Bestimmungen auch diskutiert werden müssen.

Es ist für mich eines der Wunder in der jüngsten Geschichte auch der deutschen Kirchen, dass viele von uns bereits existenziell lernen konnten, wie sehr die Tora zum Leben verhilft. Die Tatsache, dass Gemeinden und Gemeindegruppen sich seit Jahren ohne Umwege und relativierende Theologien praktisch an der Tora orientieren, ist Zeichen der Gnade Gottes, die uns trotz der judenfeindlichen Irrtümer des Christentums, des deutschen zumal, einen neuen Anfang ermöglicht hat. Im Kirchenasyl für Flüchtlinge wird das Gebot der Fremdenliebe befolgt (Lev 19,33f). In der Erlassjahrkampagne zum Schuldenerlass für die ärmsten Länder entfalten die ökonomisch klugen Bestimmungen des alten Israel zum Erlassjahr (Dtn 15) ihre befreiende Wirkung. Der entschiedene Kampf der christlichen Kirchen gegen die Aufhebung der Ladenschlusszeiten am Sonntag bringt das Gebot der Sabbatruhe zur Geltung (Ex 20,8ff/Dtn 5,12ff), welches das gleichzeitige und gemeinsame Ausruhen möglichst vieler Menschen von der Arbeit zur Folge hat. In diesem Sinne haben uns Wolke und Feuer bereits, bildlich gesprochen, an den Sinai geführt, den Berg der Offenbarung der Tora. Hier mitzugehen, wird der Weg zum Leben sein, auf dem die christliche Kirche sich im Namen Jesu in das dritte Jahrtausend wagen kann.

---

6. Gabriele Obst/Frank Crüsemann, Müssen Christen die Tora halten? in: Frank Crüsemann/Udo Theissmann (Hg.), Ich glaube an den Gott Israels. Fragen und Antworten zu einem Thema, das im christlichen Glaubensbekenntnis fehlt, Gütersloh 1998, 114–118.

15. Eine neue Perspektive auf Paulus

Bilder von Paulus: Hermeneutik

Paulus und seine Schriften sind eine wertvolle Quelle für die Geschichte von Frauen in frühchristlicher Zeit und geben einen lebendigen Hinblick in die Epoche, zunächst in Form seines Frauenbildes. Wir wüssten ohne ihn weniger über die Missionarin Priska (Röm 16,3ff.; 1 Kor 16,19), nichts von Chloë und ihrem Einfluss (1 Kor 1,11), von der Leiterin Phoebe (Röm 16,11), von der Existenz einer Apostelin Junia (Röm 16,7)[1], von der Bedeutung Evodias und Syntyches in Philippi (Phil 4,2b) und vielen anderen[2]. Gerade die ungezwungene und beiläufige Art ihrer Erwähnung zeigt, wie selbstverständlich Paulus mit Frauen zusammenarbeitete, sie respektierte und sogar zu ihnen aufblickte. Andererseits schockiert er in 1 Kor 11,3 ff. mit seiner machistischen Bibelinterpretation, wonach Gottebenbildlichkeit gegen Gen 1,26f nur für Männer gelte, eine Hierarchie bestehe von Gott über Christus und »den Mann« bis zu »der Frau«. Dabei wird zwar geradezu eine »Amtstracht für Priesterinnen«[3] und Prophetinnen angemahnt, doch die Wirkung solcher Bilder war für die Diskriminierung der Frauen in der Kirche zusammen mit dem Schweigegebot in 1 Kor 14,34b verheerend, auch wenn letzteres wohl später eingefügt worden ist[4]. Für eine feministische Rekonstruktion frühchristlicher Frauengeschichte[5], die nicht

---

1. Bernadette Brooten, »Junia ... hervorragend unter den Aposteln« (Röm 16,7), in: Elisabeth Moltmann-Wendel (Hg.), Frauenbefreiung, 3. Aufl. 1982, 148–151.
2. Vgl. ins gesamt Margaret Y. MacDonald, Reading Women Through the Undisputed Letters of Paul, in: Ross S. Kraemer/Mary Rose D'Angelo (Hg.), Women & Christian Origins, New York 1999, 199–220; Angela Standhartinger, Frauen im Urchristentum, in: KuI 1, 2000, 16–25.
3. Hartwig Thyen, »... nicht mehr männlich und weiblich ...«. Eine Studie zu Gal 3,28, in: Frank Crüsemann/Hartwig Thyen, Als Mann und Frau geschaffen, Gelnhausen u. a. 1978, 107–201 (182).
4. Marlene Crüsemann, Unrettbar frauenfeindlich. Der Kampf um das Wort von Frauen in 1 Kor 14.(33b)34–35 im Spiegel antijudaistischer Elemente der Auslegung, in: Luise Schottroff/Marie-Theres Wacker (Hg.), Von der Wurzel getragen. Christlich-feministische Exegese in Auseinandersetzung mit Antijudaismus, Leiden u. a. 1996, 199–223 = unten S. 144–162; Luise Schottroff, Der erste Brief an die Gemeinde in Korinth, ThKNT 7, Stuttgart 2013, 279–285.
5. Wegbereitend: Bernadette Brooten, Frühchristliche Frauen und ihr kultureller Kontext. Überlegungen zur Methode historischer Rekonstruktion, in: Einwürfe 2, hg. v. F.-W. Marquardt u. a., München 1985, 62–93; Elisabeth Schüssler Fiorenza, Zu ihrem Gedächtnis ... Eine feministische Interpretation der christlichen Ursprünge, München/Mainz 1988; Luise Schottroff, Lydias ungeduldige Schwestern. Feministische Sozialgeschichte des frühen Christentums, Gütersloh 1994; dies., Auf dem Weg zu

mehr der Vergleich ist von Aussagen von Männern über Frauen, enthüllen solche Vorschriften unabsichtlich die Bedeutung des Lebens von Frauen in den frühen Gemeinden. Dadurch ist es methodisch möglich, einen paulinischen Brief wie den 1 Kor so zu lesen, dass die Worte des Paulus die Realität der angeredeten Frauen plastisch enthüllen[6]. Dabei treten die Vorstellungen des Apostels über Sexualität und Geschlechterrollen in Konflikt mit fundierteren Positionen der Angeredeten.[7]

Die Gestalt des Paulus bleibt also für Frauen ambivalent, sowohl historisch für seine Zeitgenossinnen als auch hermeneutisch für uns.[8] Begegnet er uns wie in den Projektionen fast der gesamten kirchlichen Exegese als unanfechtbare Autorität, als »Identifikationsfigur für den Interpreten und protestantischen Pfarrer«, als »systematischer Theologe«, der »gegenüber seinen Gegnern immer recht« hat?[9] Als Urgestalt Luthers, mit deren Hilfe die Rechtfertigungslehre in der evangelischen Tradition antijüdisch und antikatholisch zugleich profiliert wurde?[10] Oder wird es zunehmend möglich, Paulus als eine Stimme unter vielen zu hören, die stets neu überzeugen muss und dabei selbst die Gefahr von Konkurrenzstrukturen sieht und bekämpft?[11] Er kritisierte schon damals eine »Paulus-Partei« (1 Kor 1,12), wozu seither wohl nahezu alle Exegeten und Kirchenmänner zählen. Was von ihm zu lernen war, sollte nicht über die Schrift, das Alte Testament, hinausgehen (1 Kor 4,6).[12] Er hat nicht damit gerechnet, dass dagegen seine Briefe über die Heilige Schrift gesetzt und zur christlichen Bibel wurden.

---

einer feministischen Rekonstruktion der Geschichte des frühen Christentums, in: Dies./Silvia Schroer/Marie-Theres Wacker, Feministische Exegese. Forschungserträge zur Bibel aus der Perspektive von Frauen, Darmstadt 1995, 175–248.

6. Antoinette Clark Wire, The Corinthian Women Prophets. A Reconstruction Through Paul's Rhetoric, Minneapolis 1990; Luise Schottroff, Der erste Brief an die Gemeinde in Korinth. Wie Befreiung entsteht, in: dies./Marie-Theres Wacker (Hg.), Kompendium Feministische Bibelauslegung, Gütersloh 1998, 574–592; dies., Der erste Brief an die Gemeinde in Korinth, ThKNT 7, Stuttgart 2013.

7. Elizabeth Castelli, Paul on Women and Gender. in: Kraemer/ D'Angelo, a.a.O. 221–235; Christine Gerber, Paulus und seine ›Kinder‹. Studien zur Beziehungsmetaphorik der paulinischen Briefe, BZNW 136, Berlin u. New York 2005.

8. Luise Schottroff, Wie berechtigt ist die feministische Kritik an Paulus? Paulus und die Frauen in den ersten christlichen Gemeinden im Römischen Reich (1985), in: dies., Befreiungserfahrungen. Studien zur Sozialgeschichte des Neuen Testaments, München 1990, 229–246.

9. Luise Schottroff, Wie lese ich die Briefe des Paulus?, in: Claudia Janssen/Beate Wehn (Hg.), Wie Freiheit entsteht. Sozialgeschichtliche Bibelauslegungen, Gütersloh 1999, 108–112 (108ff); vgl. Claudia Janssen, Paulus. Grenzgänge zwischen Tradition und Zeiten, in: Claudia Janssen/Ute Ochtendung/Beate Wehn (Hg.), GrenzgängerInnen. Unterwegs zu einer anderen biblischen Theologie, Mainz 1999, 49–57; Luzia Sutter Rehmann, Die aktuelle feministische Exegese der paulinischen Briefe. Ein Überblick, in: Claudia Janssen/Luise Schottroff/Beate Wehn (Hg.), Paulus. Umstrittene Traditionen – lebendige Theologie. Eine feministische Lektüre, Gütersloh 2001, 10–22.

10. Klaus Wengst, Jesus zwischen Juden und Christen, Stuttgart 1999, 26ff.

11. Luise Schottroff, Der erste Brief an die Gemeinde in Korinth. Wie Befreiung entsteht, in: Schottroff/Wacker, Kompendium, 574–592 (575).

12. Frank Crüsemann, Das Alte Testament als Wahrheitsraum des Neuen. Die neue Sicht der christlichen Bibel, Gütersloh 2001, 105ff.

Heute kann ein Paulus wieder entdeckt werden, der ein Mensch, ein fehlbarer, auf andere angewiesener Mann war, ein Jude, der mit dem gekreuzigten Messias zur jüdischen Verliererseite gegenüber Rom gehörte[13], der Gott an der Seite von Erniedrigten sehen lernte,[14] der sich verausgabte, um Menschen aus den nichtjüdischen Völkern für den Gott Israels zu gewinnen. Für ein neues Paulusbild sind die Neuansätze der feministischen, befreiungstheologischen und christlich-jüdischen Diskurse zusammenzuführen.[15]

Gemeinsames Leben: Sozialgeschichte

Paulus hat sich nicht vom Judentum zu einem nichtjüdischen Christentum bekehrt. Er blieb Jude. Seine Lebenswende geschah nach eigener Aussage (Gal 1,15f) als prophetische Berufung analog zu Jes 49,1 und Jer 1,5: Erwählung schon im Mutterleib, um als Prophet Gottes für die Völker zu wirken.[16] Paulus sah plötzlich in Jesus und dessen Anhängerinnen und Anhängern nicht mehr eine das Judentum zerstörende Sekte, die er deswegen verfolgen musste, sondern den Gipfel der Geschichte Gottes mit Israel und den Völkern: Mit Jesus hatte die messianische Zeit begonnen, in der die nichtjüdischen Völker sich zum Gott Israels bekehren (Röm 15,8ff). Der so beginnenden Völkerwallfahrt zum Zion (Röm 11,25f) widmete er als Apostel sein Leben.

Aus dieser zentralen Vision und Aufgabe erklären sich die flexible Handhabung der Tora und die damit verbundenen Konflikte in den messianischen Gemeinden. Im Interesse einer erleichterten Integration stritt man vor allem um die Speisegesetze und die Frage der Beschneidung nichtjüdischer Männer (Gal).[17] Ein »gesetzesfreies Heidenchristentum« etablierte Paulus damit jedoch nicht.[18] Noch in der polemischen

---

13. Brigitte Kahl, Der Brief an die Gemeinden in Galatien. Vom Unbehagen der Geschlechter und anderen Problemen des Andersseins, in: Schottroff/Wacker, Kompendium, 603–611 (604); dies., Galatians Re-Imagined. Reading with the Eyes of the Vanquished, Minneapolis 2010.

14. Davina Lopez, Apostle to the Conquered. Reimagining Paul's Mission, Minneapolis 2008.

15. Luise Schottroff, Die Lieder und das Geschrei der Glaubenden. Rechtfertigung bei Paulus, in: Janssen/Schottroff/Wehn (Hg.), Paulus, 44–66 (44ff).

16. Krister Stendahl, Der Jude Paulus und wir Heiden. Anfragen an das abendländische Christentum, München 1978, 17ff. Zu diesem Beginn sowie Fortgang der New Perspective on Paul, der »neuen Perspektive auf Paulus« s. vor allem Ivana Bendik, Paulus in neuer Sicht? Eine kritische Einführung in die »New Perspective on Paul«, Judentum und Christentum 18, Stuttgart 2010, sowie oben S. 57f Anm. 9.

17. Brigitte Kahl, Der Brief an die Gemeinden in Galatien; dies., Nicht mehr männlich? Gal 3,28 und das Streitfeld Maskulinität, in: Janssen/Schottroff/Wehn (Hg.), Paulus, 129–145.

18. Luise Schottroff, Lydias Schwestern; dies., »Gesetzesfreies Heidenchristentum« – und die Frauen? Feministische Analysen und Alternativen, in: Luise Schottroff/Marie-Theres Wacker (Hg.), Von der Wurzel getragen. Christlich-feministische Exegese in Auseinandersetzung mit Antijudaismus, Leiden u. a. 1996, 227–245.

und dialektischen Auseinandersetzung über die Tora bleibt diese gültig (Röm 3,31), »heilig gerecht und gut« (Röm 7,12) und soll glaubend und handelnd befolgt werden (Röm 2,13; 8,4; Gal 5,6.14)[19]. Die Ethik der paulinischen Gemeinden ist geprägt durch Grundsätze jüdischer Halacha.[20] Die genaue Kenntnis einzelner Gesetze wird vorausgesetzt.[21]

Paulus vertritt bezüglich der Tora innerhalb des Judentums seiner Zeit eine radikale[22] und gleichzeitig komplizierte Position. Er sieht, dass die Tora eine Schwäche erleidet (Röm 8,3) und kapitulieren musste vor der kosmischen und politisch wirksamen Macht, unter der niemand gerechte Taten vollbringt, der strukturellen »Schreckensherrschaft der Sünde«, die er klagend in Röm 3,9ff. und 7,7ff beschreibt. Innerhalb des weltweiten überindividuellen Schuldzusammenhangs können auch Frauen als Adressatinnen wahrnehmen, wie sie durch schweigende Mittäterschaft schuldig und gerechten Handelns unfähig werden. Paulus erklärt, wie der Glaube an Christus die Menschen zu einem Leben in Gerechtigkeit, in Erfüllung der Tora verwandelt (Röm 6,18). Diese entscheidende theologische und sozialgeschichtliche Struktur der paulinischen Sicht von Sünde und Tora und damit der Rechtfertigung als Erhöhung der Erniedrigten hat Luise Schottroff herausgearbeitet.[23] Statt des deutschen Wortes »Rechtfertigung« wäre besser von »Gerechtmachung« zu sprechen, um dem Missverständnis zu begegnen, schuldhaftes Handeln werde »gerechtfertigt«. Es geht um eine Verwandlung der Sünderinnen und Sünder. Die traditionelle Rechtfertigungslehre könnte heute dazu dienen, Menschen, die morden und andere unterdrücken, das Gewissen stets durch den Gnadenzuspruch zu erleichtern, während sich die Armen wegen kleiner Vergehen schuldig fühlen.[24] Rechtfertigung im Sinne von Gerechtmachung bringt dagegen Leben für alle.

---

19. Peter von der Osten-Sacken, Die Heiligkeit der Tora. Aufsätze zu Paulus, München 1989.
20. Peter J. Tomson, Paul and the Jewish Law. Halakha in the Letters of the Apostle to the Gentiles, Assen/Maastricht/Minneapolis 1990; Karin Finsterbusch, Die Thora als Lebensweisung für Heidenchristen. Studien zur Bedeutung der Thora für die paulinische Ethik, Göttingen 1996; Schottroff, Gesetzesfreies Heidenchristentum; u. a.
21. Luzia Sutter Rehmann, Vom Ende der Eifersucht. Der Fall der »verdächtigten Ehefrau« in Röm 7,1–6, in: Janssen/Schottroff/Wehn (Hg.), Paulus, 67–82.
22. Daniel Boyarin, A Radical Jew. Paul and Politics of Identity, Berkeley u. a. 1994; Susanne Plietzsch, Kontexte der Freiheit. Konzepte der Befreiung bei Paulus und im rabbinischen Judentum, Judentum und Christentum 16, Stuttgart 2008, 117–170.
23. Luise Schottroff, Die befreite Eva. Schuld und Macht der Mächtigen und Ohnmächtigen nach dem Neuen Testament, in: Christine Schaumberger/Luise Schottroff, Schuld und Macht. Studien zu einer feministischen Befreiungstheologie, München 1988, 15–151; dies., Die Schreckensherrschaft der Sünde und die Befreiung durch Christus nach dem Römerbrief des Paulus (1979), in: dies., Befreiungserfahrungen, 57–72; dies., Rechtfertigung bei Paulus. Dazu auch oben S. 59–64.
24. Elsa Tamez, Gegen die Verurteilung zum Tod. Paulus und die Rechtfertigung durch den Glauben aus der Perspektive der Unterdrückten und Ausgeschlossenen, Luzern 1998.

Die für die feministische Rezeption fundamental gewordene Formel Gal 3,28[25] bestimmt die Gemeinde als Ort, wo Männer, freie und jüdische Menschen ihre Privilegien ablegen zu Gunsten von Frauen, versklavten und nichtjüdischen Menschen. Explizit hat Paulus seinen eigenen höheren Rang als Jude (Gal 2,15) zu Gunsten der Gleichstellung nichtjüdischer Mitglieder hintangestellt (1 Kor 9,21; Phil 3,4ff). Auch die männliche Dominanz tritt zurück.

Die von Paulus selbst gelebte und propagierte Freiheit von der gesellschaftlich erwünschten patriarchalen Ehe (1 Kor 7) zog Frauen in die von ihm beeinflussten Gemeinden. In Korinth waren Frauen in der Überzahl.[26] Unverheiratete wie verheiratete Frauen gewannen durch Ehefreiheit und Freiheit in der Ehe persönliche Mobilität und ein Leben ohne vorzeitigen Tod im Kindbett.[27] In der späteren »Paulusschule« verschwindet diese Jungfräulichkeit dann sogar als Metapher für die Kirche.[28] In der Praxis soll sie zu Gunsten der von pseudopaulinischen Autoren vorgeschriebenen Lebensform als Ehefrau und Mutter zurücktreten, beginnend mit der ersten »Haustafel« (Kol 3)[29] und den Pastoralbriefen.[30] Gleichzeitig reflektierten Frauen, welche neuen gesellschaftlichen Kosten die von Paulus unterstützte Praxis jungfräulicher Missionarinnen bei aller Freude an der Berufung für sie haben konnte, nämlich Schutzlosigkeit und Martyrium, was Kritik an Paulus und anderen Brüdern wegen mangelnder Solidarität bedeutete (ActThecl)[31]. Die echten Paulusbriefe Röm, 1/2 Kor, Gal, Phil, Phlm[32] spiegeln schließlich eine versuchte interne Statusänderung von Sklavinnen[33], welche

25. Schüssler Fiorenza, Zu ihrem Gedächtnis, 225ff; dies., Gleichheit und Differenz. Gal 3,28 im Brennpunkt feministischer Hermeneutik, in: BTh 16, 1999, 212–231; Kahl, Nicht mehr männlich?
26. Schottroff, Der erste Brief, 1998; MacDonald, Reading Women, 211ff.
27. Luzia Sutter Rehmann, »Und ihr werdet ohne Sorge sein …«. Gedanken zum Phänomen der Ehefreiheit im frühen Christentum, in: Dorothee Sölle (Hg.), Für Gerechtigkeit streiten, Gütersloh 1994, 88–95.
28. Annette Merz, Warum die reine Braut Christi (2 Kor 11,2) zur Ehefrau wurde (Eph 5,22–23): Thesen zur intertextuellen Transformation einer ekklesiologischen Metapher, in: Janssen/Schottroff/Wehn, Paulus, 148–165.
29. Angela Standhartinger, Studien zur Entstehungsgeschichte und Intention des Kolosserbriefes, SNT XCIV, Leiden u. a. 1999; dies., Die Entstehung und Intention der Haustafel im Brief an die Gemeinde in Kolossä, in: Janssen/Schottroff/Wehn, Paulus, 166–181.
30. Ulrike Wagener, Die Ordnung des »Hauses Gottes«. Der Ort von Frauen in der Ekklesiologie und Ethik der Pastoralbriefe, Tübingen 1994.
31. Beate Wehn, »Selig die Körper der Jungfräulichen« – Überlegungen zum Paulusbild der Thekla-Akten, in: Janssen/Schottroff/Wehn, Paulus, 182–196.
32. 1 Thess gehört nicht dazu; s. Marlene Crüsemann, Die pseudepigraphen Briefe an die Gemeinde in Thessaloniki. Studien zu ihrer Abfassung und zur jüdisch-christlichen Sozialgeschichte (Diss. Kassel 1999), BWANT 191, Stuttgart 2010.
33. Martin Leutzsch, Apphia, Schwester!, in: Sölle, Dorothee (Hg.), Für Gerechtigkeit streiten, Gütersloh 1994, 76–82; Sabine Bieberstein, Brüche in der Alltäglichkeit der Sklaverei. Eine feministische Lektüre des Philemonbriefs, in: Janssen/Schottroff/Wehn (Hg.), Paulus, 116–128; Anna-Maria Busch, Dem Ruf Gottes folgen. Geschwisterlichkeit im Kontext von Sklaverei und Freiheit, in: Marlene Crüsemann/Carsten Jochum-Bortfeld (Hg.), Christus und seine Geschwister. Christologie im Umfeld der Bibel in gerechter Sprache, Gütersloh 2009, 95–110.

jedoch von rassistischer Auslegung in eine Stützung von modernen Sklavenhaltern verkehrt wurde[34].

Lebendiges Zeugnis: Theologie

In der Zeit seines apostolischen Wirkens etwa zwischen 33 und 64 n. Chr. lernten Paulus und ›seine‹ Gemeinden voneinander, bauten einander auf, verletzten und trösteten sich gegenseitig. Seine Texte gleichen Liebesbriefen (2 Kor; Phil), enthalten indirekt alle beteiligten Stimmen. Sie enthüllen ein Beziehungsnetz, in dem Paulus, die anderen Apostel_innen und Gemeinden in Gegenseitigkeit, in Abhängigkeit voneinander gelebt, gearbeitet und theologisch gelehrt haben.[35] Er ist ein »Autor im Plural«[36], der sein theologisches Denken in Gemeinschaft entwickelt. So findet sich in seinen Formulierungen Frauenerfahrung: Er selbst gebiert (Gal 4,19)[37] und begreift die Erlösung als Geburtsprozess (Röm 8,22)[38]. Seine Rede von Auferstehung ist von konkreter Körpererfahrung geprägt,[39] so auch die Vorstellung von der Gemeinde als Leib Christi[40].

Die vielen erwähnten »Mitarbeiter« (*synergoi*) waren keine Untergebenen, was diese deutsche Übersetzung suggeriert, sondern selbstständig mit ihm zusammen arbeitende Männer und Frauen. So wäre besser mit 2 Kor 6,1, wo Paulus in diesem Begriff mitgemeint ist, von »gemeinsam/zusammen Arbeitenden« zu sprechen. Die Erfahrung der Geschwisterlichkeit ist beteiligt bei seiner Christologie, seinem Ver-

---

34. Clarice J. Martin, The Haustafeln (Household Codes) in African American Biblical Interpretation, in: Felder, Cain Hope (Hg.), Stony the Road We Trod. African American Biblical Interpretation, Minneapolis 1991, 206–220.

35. Marlene Crüsemann, Das weite Herz und die Gemeinschaft der Heiligen (2004), s. unten S. 206–227; Kathy Ehrensperger, Paul and the Dynamics of Power. Communication and Interaction in the Early Christ-Movement New York u. London 2007; M. Crüsemann, Trost, charis und Kraft der Schwachen (2009), s. unten S. 184–205.

36. Tamez, Paulus und die Rechtfertigung.

37. Beverly R. Gaventa, The Maternity of Paul: An Exegetical Study of Gal 4:19, in: Robert F. Fortna/ Beverly R. Gaventa (Hg.), The Conversation Continues: Studies in Paul and John (FS J. Louis Martyn), Nashville 1990, 189–201; Kahl, Brief an die Gemeinden in Galatien; Christine Gerber, Paulus und seine ›Kinder‹, 437–495.

38. Schottroff, Befreite Eva; Luzia Sutter Rehmann, Geh, frage die Gebärerin! Feministisch-befreiungstheologische Untersuchungen zum Gebärmotiv in der Apokalyptik, Gütersloh 1995.

39. Claudia Janssen, Leibliche Auferstehung? Zur Diskussion um Auferstehung bei Karl Barth, Rudolf Bultmann, Dorothee Sölle und in der aktuellen feministischen Theologie, in: Janssen/Schottroff/ Wehn (Hg.), Paulus, 84–102; dies., Anders ist die Schönheit der Körper. Paulus und die Auferstehung in 1 Kor 15, Gütersloh 2005.

40. Renate Kirchhoff, Die Sünde gegen den eigenen Leib. Studien zu *porne* und *porneia* in 1. Kor 6,12–20 und dem sozio-kulturellen Kontext der paulinischen Adressaten, Göttingen 1994; zu 1 Kor 12 s. oben S. 67–73.

ständnis Jesu als Messias und Sohn Gottes, der die weltweite Gemeinde aus Söhnen und Töchtern Gottes ins Leben ruft.[41]

Eine feministische Gesamtsicht des Paulus ist erst im Entstehen. Zwischen einer rigorosen Ablehnung seiner Person als autoritärer Kirchenführer und einer affirmativen Rezeption sämtlicher theologischen Aussagen gibt es eine fruchtbarere Haltung: Ein klarer und kritischer Blick auf seine patriarchale Prägung und Argumentation (z. B. gegen gleichgeschlechtliche Praxis)[42] ist das eine. Daneben tritt eine freie feministische Aufnahme seiner Theologie, die entstanden ist aus der Lebensgemeinschaft der Gemeinden, aus den gemeinsam erfahrenen Leiden, aber auch der Gewissheit, neue Schöpfung zu sein. Die Theologie des Paulus ist nicht denkbar ohne die mit ihm in Beziehung stehenden Menschen. Je mehr diese Wechselseitigkeit herausgearbeitet wird, desto größer ist die Möglichkeit, an ihr als kreative feministische Paulusauslegung teilzunehmen.

41. Claudia Janssen, Christus und seine Geschwister (Röm 8,12–17.29f.), in: M. Crüsemann/C. Jochum-Bortfeld (Hg.), Christus und seine Geschwister, 64–80; ebd. auch: Luise Schottroff, »... damit im Namen Jesu sich jedes Knie beuge«. Christologie in 1 Kor und Phil 2,9–11, 81–94.
42. Bernadette Brooten, Darum lieferte Gott sie entehrenden Leidenschaften aus. Die weibliche Homoerotik bei Paulus, in: Monika Barz/Herta Leistner/Ute Wild (Hg.), Lesbische Frauen in der Kirche, 2. Aufl. Stuttgart 1993, 118–138.

16. Antijudaismus und christlicher Feminismus

Ist das Thema Antijudaismus ein dauerhaftes Thema für christliche Feministinnen? Für eine größere theologische und kirchliche Öffentlichkeit scheint es das nur dort zu sein, wo etwa Skandale sich abzeichnen und heftige Debatten bis zu gegenseitigen Exkommunikationen stattfinden. So geschah es Mitte bis Ende der achtziger Jahre, als die Behauptung der feministischen Matriarchatsforschung, der Gott Israels habe die Göttinnen und ihre Kulte ausgerottet, zum folgenreichen Anlass wurde, antijüdische Argumentationen feministischer Autorinnen endlich offen anzusprechen und darzustellen.[1] Paradigmatische Kraft hat dieser Vorgang dadurch, dass hier eine theologische Richtung, die feministische, in den eigenen Reihen eine notwendige und schmerzhafte Klärung in Gang setzte, in deren Verlauf grundlegende Reflexionen zum Desiderat einer feministischen Theologie ohne Antijudaismus – und damit der Theologie insgesamt – entstanden.[2] Beispielhaft ist dieser Vorgang auch darin, dass die Beiträge jüdischer feministischer Wissenschaftlerinnen konstitutiv für die gesamte Debatte geworden sind, was insbesondere für den einschlägigen Artikel von Judith Plaskow gilt[3].

Was ist seitdem geschehen? Für die Gegenwart kann wohl weiterhin festgestellt werden: »Mittlerweile gehört sie zum Standardrepertoire der theologisch arbeitenden Feministinnen. Die Frage nach dem Antijudaismus in theologischen Aussagen und Entwürfen prägt das Erscheinungsbild der feministischen Theologie.«[4] Dieses äußert sich zum Beispiel darin, dass an zentralen Orten feministischer Lehre und Verkündigung, wie der Feministischen Basisfakultät beim Deutschen Evangelischen

---

1. Siehe die Zusammenfassungen dieses Klärungsprozesses innerhalb des deutschen Kontextes von: Marie-Theres Wacker, Feministische Theologie und Antijudaismus – Diskussionsstand und Problemlage in der Bundesrepublik Deutschland, Kirche und Israel 5, 1990, 168–176; Ilse Müllner, Die Gretchenfrage. Zur Anitijudaismusdiskussion in der Schlangenbrut, Schlangenbrut Jg. 11, Nr. 41/1993 J5–J7; Katharina v. Kellenbach, Anti-Judaism in Feminist Religious Writings, Atlanta 1994, 8ff.32ff; Anita Natmeßnig, Antisemitismus und Feministische Theologie, in: Charlotte Kohn-Ley/Ilse Korotin (Hg.), Der feministische »Sündenfall«? Antisemitische Vorurteile in der Frauenbewegung, Wien 1994, 185–208; und insbesondere Eveline Valtink, Feministisch-christliche Identität und Antijudaismus, in: Luise Schottroff/Marie-Theres Wacker (Hg.), Von der Wurzel getragen. Christlich-feministische Exegese in Auseinandersetzung mit Antijudaismus, BIS 17, Leiden u. a. 1996, 1–26.
2. Vgl. exemplarisch den von Leonore Siegele-Wenschkewitz hg. Sammelband: Verdrängte Vergangenheit, die uns bedrängt. Feministische Theologie in Verantwortung für die Geschichte, München 1988, mit wichtigen Beiträgen u. a. von der Herausgeberin, Susannah Heschel, Katharina v. Kellenbach, Luise Schottroff, Jutta Flatters und Marie-Theres Wacker.
3. Judith Plaskow, Feministischer Antijudaismus und der christliche Gott, KuI 5, 1990, 9–25.
4. Müllner, Die Gretchenfrage, J5.

Kirchentag, prinzipiell daran gearbeitet wird, jüdinnen- und judenfeindliche Theologumena zu verlernen. In feministischen Publikationen herrscht bezüglich des Themas Antijudaismus allgemein eine große Vorsicht und Sensibilität, das platte Aus- und Nachsprechen der »drei *loci* christlich-feministischen Antijudaismus«[5], also der Gegenüberstellung vom Gott des Zorns und dem Gott der Liebe, des Vorwurfs des Göttinnenmordes, der Behauptung, Jesus sei der erste neue Mann und daher allein das Christentum frauenbefreiend, wird seither von den allermeisten vermieden.

Auf welche Weise wird nun das Problem des Antijudaismus thematisiert? Grundsätzlich gibt es immer zwei Möglichkeiten, die erste wäre als Vermeidung zu charakterisieren. Dazu gehört die selbstkritische Prüfung, ob meine Formulierungen auf Kosten und unter Herabsetzung jüdischer Menschen und des jüdischen Glaubens daher kommen, aber auch die Erkenntnis antijüdischer Denkstrukturen bei anderen Autorinnen, was in der Form äußerst heikel werden kann. Redliche Arbeiten weisen darauf hin, aus welchen (meistens von männlichen Koryphäen verfassten) theologischen Standardwerken[6] jeweils die antijüdischen Muster und Aussagen stammen, die möglicherweise von den Theologinnen wiederholt und angewandt werden. Es ist etwas unfair, primär Arbeiten von Studentinnen auseinanderzunehmen[7], ohne in gleicher Weise die Autoritäten anzugreifen, auf die sie sich berufen. Insgesamt wäre es kontraproduktiv, wenn das Benennen von Antijudaismen in erster Linie zum Kasus von »politisch korrektem« Verhalten mutierte, was auf die Dauer gleichzeitig eine angstvolle Atmosphäre, geistige Leblosigkeit, Feigheit und die Haltung ständiger Anklagebereitschaft gegenüber vermeintlichen »Ketzerinnen« mit sich bringen kann. Eine ernsthaftere Orientierung an der Sache könnte solche Attitüden einschränken, wobei die detaillierte Offenlegung von Antijudaismus sachlich keineswegs aufgegeben wird. Wenn versucht wird, antijüdische Denkfiguren innerhalb eines bestimmten Themas oder der Auslegung eines biblischen Textes so genau wie möglich zu erfassen, ergeben sich neben dem möglichen Befund der Instrumentalisierung des Judentums für feministische Zwecke auch

---

5. Plaskow, Feministischer Antijudaismus, 12–19.
6. Siehe die sorgfältige Analyse antijüdischer Strukturen in der Auslegung von Joh 4,27, wobei die normgebende Rolle Johannes Leipoldts für frühe Studien zum Thema »Jesus und die Frauen« herausgearbeitet wird, von Martina S. Gnadt, »Und die Jünger wunderten sich …« Christlicher Antijudaismus in der Auslegung von Joh. 4,27, in: Leonore Siegele-Wenschkewitz (Hg.) Christlicher Antijudaismus und Antisemitismus. Theologische und kirchliche Programme Deutscher Christen, Arnoldshainer Texte 85, Frankfurt/M. 1994, 235–259.
7. So das Vorgehen von Andreas Angersdorfer, Wovon befreite Jesus die jüdische Frau? Rückfrage an neutestamentliche Exegese, Befreiungstheologie und feministische Theologie, KuI 8, 1993, 161–173. Auf diese Weise wird der umfassendere »Schuldzusammenhang christlicher Theologie verschwiegen«, wie es in der »Stellungnahme feministischer Theologinnen zum Vorwurf des Antijudaismus« (EvTh 48, 1988, 158) heißt.

überraschende Erkenntnisse über die Korrespondenz von Antifeminismus und Antijudaismus.[8]

Daher besteht die andere Möglichkeit, die letztlich weiterführende zur Überwindung des Antijudaismus, in einer durchgreifenden Neuauslegung der biblischen Schriften sowie einer Neubearbeitung aller theologischen Themen. Inzwischen sind hierzu in allen theologischen Disziplinen weiterführende feministische Arbeiten vorgelegt worden. Für die Auslegung des Alten und Neuen Testaments sei vor allem auf das »Kompendium Feministische Bibelauslegung«[9] verwiesen, welches feministische Kurzkommentare zu allen biblischen Büchern und zu apokrypher Literatur bietet, und dessen Autorinnen an einer Überwindung des christlichen Antijudaismus arbeiten. Fächerübergreifend und zentral ist das Thema Christologie eine besondere Herausforderung für die feministische Theologie. Das liegt an der grundsätzlichen feministischen Kritik an traditionellen Kreuzestheologien und christologischer Dogmen.[10] Mit dieser Kritik ist eigentlich die Hoffnung verbunden, gleichzeitig die antijüdischen Züge bisheriger Christologien hinter sich zu lassen, doch ist das alles andere als einfach, da auf diesem Gebiet bereits speziell feministische Antijudaismen entstanden sind: Der Verzicht darauf, die Göttlichkeit Jesu zu denken, verlagert die Idee von seiner Einzigartigkeit auf die menschliche Ebene, was ihn geradezu zwangsläufig in einen Kontrast zu seiner jüdischen Mitwelt stellt.[11]

---

8. Siehe die einzelnen exegetischen Beiträge in: Luise Schottroff/Marie-Theres Wacker (Hg.), Von der Wurzel getragen, welche Themen behandeln, die von der traditionellen Exegese und eben auch von der feministischen immer wieder antijüdisch vorgetragen worden sind, wie u. a. die Frage der »Reinheit« und »Unreinheit« von Frauen in Tora und Neuem Testament. Zum Verhältnis von Antisemitismus und Sexismus im Rahmen einer biblischen Schrift s. z. B. auch die Ausführungen von Klara Butting zu Esther (Die Buchstaben werden sich noch wundern. Innerbiblische Kritik als Wegweisung feministischer Hermeneutik, Berlin 1994, 49–86, bes. 62ff) und grundsätzlich Leonore Siegele-Wenschkewitz, Rassismus, Antisemitismus und Sexismus (in: Für Gerechtigkeit streiten. FS Luise Schottroff, hg. v. Dorothee Sölle, Gütersloh 1994, 151–161).
9. Luise Schottroff/Marie-Theres Wacker (Hg.), Kompendium Feministische Bibelauslegung, Gütersloh 1998; 3. Aufl. 2007.
10. Dazu zuerst: Doris Strahm/Regula Strobel (Hg.), Vom Verlangen nach Heilwerden. Christologie in feministisch-theologischer Sicht, Fribourg/Luzern 1991, darin bes. zum Antijudaismus: Johanna Kohn-Roelin, Antijudaismus – die Kehrseite jeder Christologie? (65–80). Zu einer Christologie ohne Antijudaismus vgl. auch Einleitung und einschlägige Beiträge in: Marlene Crüsemann/Carsten Jochum-Bortfeld (Hg.), Christus und seine Geschwister. Christologie im Umfeld der Bibel in gerechter Sprache, Gütersloh 2009.
11. Vgl. Judith Plaskow, Feministischer Antijudaismus, 18 und besonders Renate Jost/Eveline Valtink (Hg.), Ihr aber für wen haltet ihr mich? Auf dem Weg zu einer feministisch-befreiungstheologischen Revision von Christologie, Gütersloh 1996, darin die Beiträge von: Helga Kuhlmann, Solus Christus? Zur feministisch-theologischen Kritik am christologischen Exklusivitätsanspruch (42–63) sowie Eveline Valtink, Christologie-Verzicht in der feministischen Theologie – eine Falle für Antijudaismus. Über die Fragwürdigkeit (feministisch-)theologischer Versuche, die Einzigartigkeit Jesu historisch zu untermauern (78–101).

So erweist sich das Neue Testament und die Auslegung neutestamentlicher Texte immer wieder als der entscheidende Ort, wo ein Neues einem Alten gegenübergestellt wird, und damit die permanente Gefahr gegeben ist, Altes Testament und Judentum als letztlich überholt und irrelevant darzustellen. Die besten Mittel, antijüdisches Gedankengut hinter sich zu lassen, sind stets die zunehmend bessere Kenntnis des Judentums von der Antike bis zur Gegenwart und die Zusammenarbeit mit jüdischen Forscherinnen. Letzteres ist im Bereich der Exegese biblischer Texte für Alttestamentlerinnen naturgemäß oft leichter zu ermöglichen als für Neutestamentlerinnen. Die gemeinsame Arbeit an antiken Quellen aller Art weist dem frühen Christentum einen bescheideneren Platz als einer Spielart des Judentums unter vielen anderen »Judentümern« zu, als einer »jüdischen Befreiungsbewegung innerhalb der Pax Romana«[12] unter anderen Befreiungsbewegungen im Rahmen der römischen Herrschaft. Dadurch ist es möglich, das Jüdische nicht mehr als das Trennende, sondern Gemeinsame aller Gruppen im Neuen Testament und seiner Zeitgeschichte im Land Israel und der jüdischen Diaspora zu erkennen, unabhängig vom Glauben an den Messias Jesus.

Dieser aber wird durch seine Verankerung im Judentum erst eigentlich erkennbar, die Befreiung von seinen antijüdischen Definitionen und Ausdeutungen bringt die Konturen neutestamentlicher Texte neu zum Leuchten. Es lässt sich auch für Nichtfachleute zeigen, wie die feministische Auslegung neutestamentlicher Texte dazu verhelfen kann, gerade die Haupttopoi antijüdischen Schriftverständnisses, wie der vermeintlichen jüdischen Schuld am Tod Jesu, der Diffamierung der pharisäischen Bewegung, der voreiligen Vorstellung, dass Christus das Ende der Tora sei und deshalb etwa durch die Heilung der an Blutungen leidenden Frau von Mk 5,25ff die Reinheitsgesetze aufgehoben wären, anzugehen und bisherige Basistexte dafür neu zu verstehen[13]. Langfristig wird uns theologisch und exegetisch die Aufgabe bleiben, das »Neue« am Neuen Testament ohne Herabsetzung des »Alten« zu interpretieren. Es wird sich unter anderem dabei zeigen, dass die Kategorie des Neuen ein Teil der Geschichte Israels ist, in die alles vermeintlich Neue des Neuen Testaments eingebettet ist, und so das »Neue« als Teil des »Alten« verstanden werden kann.[14]

---

12. Luise Schottroff, Lydias ungeduldige Schwestern. Feministische Sozialgeschichte des frühen Christentums, Gütersloh 1994, 23ff u.ö.

13. Dagmar Henze/Claudia Janssen/Stefanie Müller/Beate Wehn, Antijudaismus im Neuen Testament? Grundlagen für die Arbeit mit biblischen Texten, KT 149, Gütersloh 1997.

14. Siehe dazu Marlene Crüsemann/Frank Crüsemann, Das Jahr, das Gott gefällt. Die Traditionen von Erlass- und Jobeljahr in Tora und Propheten, Altem und Neuen Testament (Dtn 15; Lev 25; Jes 61; Lk 4), in: Das Jahr, das Gott gefällt. Materialheft für Gottesdienst und Gemeindearbeit/Bibelsonntag 1999, hg. v. d. Deutschen Bibelgesellschaft, Stuttgart 1999, 3–9 = oben S. 40–47, sowie Frank Crüsemann, Das Alte Testament als Wahrheitsraum des Neuen. Eine neue Sicht der christlichen Bibel, Gütersloh 2011.

Es gibt gegenwärtig wohl wenige Bereiche christlicher Theologie und Forschung, wo intensiver darum gerungen wird, antijüdische Denkfiguren zu erkennen und aufzugeben, als den feministischen. Dabei befinden wir uns auf einem Weg, den wir erst begonnen haben, und nicht alle Teilnehmerinnen stehen hier auf demselben Standpunkt. Das tiefsitzende Erbe des christlichen Antijudaismus tragen wir alle gemeinsam. Für eine selbstgerechte Haltung gegenüber anderen, angeblich weniger »Fortgeschrittenen«, besteht kein Anlass, da im Grunde niemand dagegen gefeit ist, auf jeder neuen Erkenntnisstufe in Formulierungen zu verfallen, die wiederum eine Überlegenheit des Christentums über das Judentum[15] suggerieren können, oder dessen bezichtigt zu werden. Wenn wir in Zukunft Möglichkeiten finden, uns gegenseitig eher sachorientiert auf Fehler aufmerksam zu machen, ohne dabei persönlich herabsetzend und verletzend zu agieren, könnten vielleicht alle leichter selbstkritisch[16] Schritte der Umkehr gehen: »... den eigenen Mist und den anderer zutage zu fördern, das dreht den Magen um, das verstört die bisherige Sicht der Dinge, das macht unbeliebt, drängt an den Rand, ist Aufbruch ins Unbekannte, Ungewisse. Wir treten den Weg, die Reise an ins bisher Unerfahrene, in das, was jenseits der Erfahrungen liegt. Wir suchen nach Weisung.«[17]

Antrieb aber und Überzeugungskraft einer Abwendung vom Antijudaismus können nur aus Liebe entspringen: Liebe, Anhänglichkeit, Treue, also *chesed*[18], zu jüdischen Frauen, deren Leben zum Fundament aller Teile der Bibel gehört und deren gegenwärtiges Leben uns Christinnen am Herzen liegt – aus feministischer Solidarität und im Hängen am Gott Israels.

---

15. Zu beachten ist die berechtigte Warnung davor, das frühe Christentum vorschnell oder per se als »irgendwie besser« für Frauen anzusehen gegenüber den anderen damaligen jüdischen Bewegungen, so Amy Jill Levine, Second Temple Judaism, Jesus, and Women. Yeast of Eden, Biblical Interpretation 11, 1994, 8–33, bes. 13.
16. Vgl. dazu z. B. die Unterschiede in Problembewusstsein und Stil einer Auseinandersetzung zwischen Susanne Heine (Die feministische Diffamierung der Juden, in: C. Kohn-Ley/I. Korotin, Hg., Der feministische ›Sündenfall‹, 15–59) und Elisabeth Schüssler Fiorenza (Der werfe den ersten Stein. Zum strukturellen christologischen Antijudaismus, Schlangenbrut Jg. 14, Nr. 53/1996, 23–26).
17. Britta Jüngst, Auf der Seite des Todes das Leben. Auf dem Weg zu einer christlich-feministischen Theologie nach der Shoah, Gütersloh 1996, 188.
18. Vgl. Britta Jüngsts inspirierende Konfiguration von Teilen der biblischen Geschichte der Jüdin Noomi und ihrer nichtjüdischen Schwiegertochter Ruth mit der gegenwärtigen Situation des christlich-jüdischen Gesprächs unter Frauen (a.a.O. 194–228): »Noomi begleiten – Umkehr an einen Ort, den wir nicht kennen«.

17. Unrettbar frauenfeindlich
Der Kampf um das Wort von Frauen in 1 Kor 14,(33b)34–35 im Spiegel antijüdischer Elemente der Auslegung

»Das Weib schweige in der Gemeinde ...«

Laut sprechen, Platz beanspruchen, sich behaupten: immer noch scheuen Frauen die eigene, selbst verantwortete Rede. Christina Thürmer-Rohr:»Sie dokumentieren schon im Sprachverhalten die historische Vorsicht beim Betreten von Räumen, in denen sie nicht vorgesehen sind und freundlich erwartet werden. Sie neigen dazu, ihren Zutritt mit Entschuldigungen und Absicherungen zu begleiten: ›Störe ich? ... Ich gehe auch gleich wieder.‹«[1]

Es scheint fast, als hätte die Ethik des neutestamentlichen Sprech- und Lehrverbots für Frauen in 1 Kor 14,34ff und 1 Tim 2,9ff mehr als die kirchliche Sphäre beeinflusst, diese aber doch so nachhaltig, dass um die Ansprüche einer frauendiskriminierenden Hierarchie immer noch zu streiten ist, wie wirkungsgeschichtlich die bisher letzten Äußerungen des Vatikans zum weiblichen Priesteramt zeigen.[2]

---

1. Christina Thürmer-Rohr, Verlorene Narrenfreiheit. Essays, Berlin 1994, 67.
2. Johannes Paul II., Apostolisches Schreiben »Ordinatio Sacerdotalis« 22. Mai 1994, zit. nach HerKorr 48, 1994, 355f. Offensichtlich als Reaktion auf die Zulassung von Priesterinnen in der Anglikanischen Kirche 1994 wird zunächst das Wort Paul VI. von 1975 an die gleiche Adresse zitiert, wonach »der Ausschluss von Frauen vom Priesteramt in Übereinstimmung steht mit Gottes Plan für seine Kirche« (355), um abschließend mit der behaupteten »beständigen und umfassenden Überlieferung der Kirche« zu urteilen, »dass die Kirche keinerlei Vollmacht hat, Frauen die Priesterweihe zu spenden, und dass sich alle Gläubigen der Kirche endgültig an diese Entscheidung zu halten haben« (356). Vgl. dagegen z. B. die Untersuchungen von Ida Raming, Der Ausschluss der Frau vom priesterlichen Amt. Gottgewollte Tradition oder Diskriminierung? Eine rechtshistorisch-dogmatische Untersuchung der Grundlagen von Kanon 968 §1 des Codex Iuris Canonici, Köln 1973; Haye van der Meer, Priestertum der Frau? Eine theologiegeschichtliche Untersuchung, QD 42, Freiburg u. a. 1969; Wolfgang Beinert, Dogmatische Überlegungen zum Thema Priestertum und Frau, ThQ 173, 1993, 186–204 (Lit.); Peter Hünermann, Lehramtliche Dokumente zur Frauenordination. Analyse und Gewichtung, ThQ 173, 1993, 205–218; Elisabeth Schüssler Fiorenza, Neutestamentlich-frühchristliche Argumente zum Thema Frau und Amt, ThQ 3, 1993, 173–185; zur Rezeption des Schweigegebots seit der Alten Kirche s. Leopold Zscharnack, Der Dienst der Frau in den ersten Jahrhunderten der christlichen Kirche, Göttingen 1902, 71–84; bes. auch Jürgen Roloff, Der erste Brief an Timotheus, EKK XV, Zürich u. Neukirchen-Vluyn 1988, 142ff; Gerta Scharffenorth/Erika Reichle, Art. Frau VII, TRE XI 2/3, 1983, 443–467. Walter A. Maier, An Exegetical Study of 1 Corinthians 14:33b-38, CTM 55, 1991, 81–104 liefert eines der jüngsten Beispiele für die legitimatorische Nützlichkeit von 1 Kor 14,33ff (»divine inspiration, inerrancy, and authority of the Holy Writ«): »By the grace of God there has never been a woman pastor in the Lutheran Church-Missouri Synod« (101). Außer der Anglikanischen Kirche beschlossen 1994 die Ordination von Frauen z. B. die Presbyterianische Kirche von

Extrem selten dagegen bedauerten auch Männer das Fehlen weiblicher Lehre in der Kirche, wie Nikolaus L. Graf Zinzendorf 1757 vor dem Hintergrund des sozialen Lebens der »Brüdergemeine« klagte: »Es ist eine Unordnung gewesen, dass des heiligen Geistes Mutteramt nicht durch eine Schwester, sondern durch mich bei den Schwestern ist eröffnet worden ... Seitdem die Schwestern nicht mehr reden ... ist uns ein Kleinod verloren gegangen«.[3]

Was macht die neutestamentlichen Schweigegebote für Frauen nun zu »unrettbar« frauenfeindlichen? Es ist ihre Konsequenz, die nicht nur untergeordnete Platzierungen für Frauen festschreibt – »*wenn sie lernen wollen, sollen sie zu Hause ihre Männer fragen*« (1 Kor 14,35) –, sondern als Sprech- bzw. Lehrverbot – »*zu lehren gestatte ich einer Frau nicht*« (1 Tim 2,12), »*die Frauen sollen in den Versammlungen schweigen*« (1 Kor 14,34) –, dazu führt, dass Frauen diese Texte selbst eigentlich gar nicht »retten« dürften, da ihnen hier vor allem die Lehre, das Auslegen der Schrift, die Diskussion alternativer Schriftstellen entzogen werden soll. Das hermeneutische Dilemma dieser Texte besteht darin, dass entweder sie oder die Theologinnen sprechen und einen Platz in der Kirche haben können.[4] Tertium non datur. Auch den Theologinnen, deren Auslegungen die Texte in irgendeiner Weise bejahen möchten[5], verwehren sie das Wort. Die Kombination von Unterordnung und Redeverbot zeichnet diese Texte gegenüber den reinen Unterordnungsgeboten der »Haustafeln« in Kol 3, Eph 5 und 1 Petr 3 als absolut misogyn aus. Eine feministische Rezeption, wie sie grundlegend Elisabeth Schüssler Fiorenza, Luise Schottroff und Bernadette Brooten geleistet oder methodisch vorbereitet haben[6], ist hauptsächlich so erfolgt,

---

Korea und die deutsche Alt-Katholische Kirche, die Schwedische Kirche sogar, dass nur noch ins Pfarramt darf, wer die Frauenordination akzeptiert. Zur Geschichte deutscher ev. Theologinnen grundlegend: Frauenforschungsprojekt zur Geschichte der Theologinnen, Göttingen, »Darum wagt es, Schwestern ...«. Zur Geschichte evangelischer Theologinnen in Deutschland, Neukirchen-Vluyn 1994 (Lit.).

3. Jüngerhaus-Diarium, 1757, I,4; zit. n. Scharffenorth/Reichle, a.a.O. 1983, 449.

4. Durch den absoluten Gebrauch von *lalein* in 1 Kor 14,34f (s. unter 2). Zur theologischen Lehre u. Ausbildung unter diesem Siegel vgl. Elisabeth Schüssler Fiorenza, But She Said. Feminist Practices of Biblical Interpretation, Boston 1992, 180ff.

5. Einen sympathischen »Rettungsversuch« der kreativen Aneignung des restriktiven Wortlauts von 1 Tim 2,16 unternimmt z. B. Mary Grey, »Yet Woman will be saved by bearing Children« (1 Tim 2.16). Motherhood and the Possibility of a Contemporary Discourse for Women, Bijdragen 52, 1991, 58–69, indem sie Mutterschaft feministisch-christlich neu als »metaphor for the self-in-relation, for transformed human relations and a new God-language« begreifen möchte (zusf. 69).

6. Elisabeth Schüssler Fiorenza, Zu ihrem Gedächtnis ... Eine feministisch-theologische Rekonstruktion der christlichen Ursprünge (1983), dt. München u. Mainz 1988; Bernadette J. Brooten, Frühchristliche Frauen und ihr kultureller Kontext. Überlegungen zur Methode historischer Rekonstruktion, in: Einwürfe 2, hg. v. F.-W. Marquardt u. a., München 1985, 62–93; Luise Schottroff, Wie berechtigt ist die feministische Kritik an Paulus? Paulus und die Frauen in den ersten christlichen Gemeinden im Römischen Reich (1985), in: dies. Befreiungserfahrungen. Studien zur Sozialgeschichte des Neuen Testaments, ThB 82, München 1990, 229–246; dies., »Anführerinnen der Gläubigkeit« oder »einige

dass die Texte als wertvolle historische Quelle entdeckt worden sind. Die präskriptive Natur der historischen Verbote, die eine von weiblichen Aktivitäten bestimmte Realität umkehren wollen, erschließt »Spuren einer Befreiungsgeschichte von Frauen, wenn auch gänzlich unfreiwillig und gegen (ihre) Intention«[7] als »gefährliche Erinnerung«[8]. Es bleibt aber stets das theologische Problem ihrer Stellung in Kanon und damit die Möglichkeit, zeitübergreifend Frauen als Frauen unter Berufung auf ein biblisches Gebot disziplinieren zu wollen.

Der Text 1 Kor 14,34f (33–36)

[34]*Die Frauen (hai gynaikes) sollen in den Versammlungen (en tais ekklesiais) schweigen (sigatosan). Es ist ihnen nicht erlaubt zu reden (lalein), sondern sie sollen sich unterordnen (hypotassesthosan), wie auch das Gesetz (ho nomos) sagt.* [35]*Wenn sie etwas lernen (mathein) wollen, sollen sie im Haus (en oiko) ihre eigenen Männer fragen. Es ist unanständig (aischron) für eine Frau (gynaiki), in der Versammlung (en ekklesia) zu reden (lalein).*

---

andächtige Weiber«? Frauengruppen als Trägerinnen jüdischer und christlicher Religion im ersten Jahrhundert n. Chr. (1987), in: dies., Befreiungserfahrungen 291–304; dies., Lydias ungeduldige Schwestern. Feministische Sozialgeschichte des frühen Christentums, Gütersloh 1994 haben für die frühchristliche Geschichte hermeneutisch, historisch methodisch und materialiter sozialgeschichtlich das alte Paradigma überwunden, welches unter Frauengeschichte einen »Vergleich zwischen jüdischen und christlichen Männern und deren Einstellung zu Frauen« versteht und so »präskriptive und deskriptive Literatur« sowie »Literatur und Realität« verwechselt (Brooten, Frühchristliche Frauen, 1985, 68f). Zur Rekonstruktion der Geschichte korinthischer Prophetinnen vor allem Antoinette Clark Wire, The Corinthian Women Prophets. A Reconstruction through Paul's Rhetoric, Minneapolis 1990.; zur Geschichte jüdischer (bzw. griechisch-römischer und christlicher) Frauen besonders auch Bernadette J. Brooten, Women Leaders in the Ancient Synagogue. Inscriptional Evidence and Background Issues, BJSt 36, Chico 1982; Judith Romney Wegner, Chattel or Person? The Status of Women in the Mishnah, New York u. Oxford 1988; Amy-Jill Levine (Hg.), »Women Like This«. New Perspectives on Jewish Women in the Greco-Roman World, Early Judaism and its Literature 1 (SBL), Atlanta 1991; Ross Shepard Kraemer, Her Share of the Blessings: Women's Religions among Pagans, Jews, and Christians in the Greco-Roman World, New York 1992; Ivoni Richter Reimer, Frauen in der Apostelgeschichte des Lukas. Eine feministisch-theologische Exegese, Gütersloh 1992.

7.   Schottroff, Lydias ungeduldige Schwestern, 118.
8.   Elisabeth Schüssler Fiorenza, Brot statt Steine. Die Herausforderung einer feministischen Interpretation der Bibel (1984), Freiburg/Schweiz 1988, 136: »Eine kritisch-feministische Hermeneutik ... hat daher das Ziel, zu einer ›gefährlichen Erinnerung‹ zu werden, die durch die subversive Kraft der kritisch erinnerten Vergangenheit die Leiden und die Kämpfe unserer Vormütter und Vorschwestern für uns einklagt« und methodisch daher nicht trennen muss zwischen »befreienden« und »unterdrückenden« Aspekten der androzentrisch formulierten Texte. Vgl. dies., But She Said, 80ff zu einer »Feminist Historical Reconstruction«.

Die Verse 1 Kor 14,34f beinhalten ein umfassendes öffentliches Redeverbot für alle christlichen Frauen, und zwar unabhängig davon, ob sie als Interpolation oder authentisch paulinisch gelesen werden. Das liegt zunächst an dem doppelten absoluten Gebrauch des Verbs *lalein*/sprechen[9], das im Großkontext ab Kapitel 11, besonders aber in Kapitel 14 mit allen Arten von Rede und Verkündigung[10] in Verbindung gebracht wird. Zungenrede: V. 2.4–6.9.13.18.23.27.39; prophetische Rede: V. 3.6.29; Rede von Offenbarung und Erkenntnissen: V.6; reden allgemein, als Ausdruck von Vernunft und Verständlichkeit: V. 11.19. Daraus ist zu schließen, dass der Autor Frauen von allen zuvor genannten Formen demokratischen Sprechens im Gottesdienst fernhalten will, sie eine in jeder Hinsicht schweigende Sondergruppe bilden sollen. Dass alle Frauen gemeint sind, ergibt sich aus einer Art Sprichwort im Singular: »*es ist unanständig für eine gyne/Frau, zu reden*« (V. 35). Sie wird dabei per se auf den Mann bezogen, ähnlich wie Paulus die prophezeiende Frau/*gyne* (11,5) gerade bei dem Problem der Kopfbedeckung allein in Relation zum (Ehe-)Mann sehen kann (11,3.7–12), was gegen Deutungen spricht, die hier von verheirateten und dort von unverheirateten Frauen ausgehen, um die gravierenden Widersprüche beider Texte auszugleichen.[11] Dies legt zusammen mit den textkritischen Besonderheiten der V. 34f, die von den Kodizes D,F,G, der Minuskel 88*, mehreren altlateinischen Textzeugen, einer Vulgatahandschrift, den Kommentaren Ambrosiasters und Sedulius Scotus ans Ende des Kapitels gesetzt werden, doch eher die Annahme

---

9. Vgl. z. B. Charles K. Barrett, A Commentary on the First Epistle to the Corinthians, HNTC, New York ²1971, 332; Gerhard Dautzenberg, Urchristliche Prophetie. Ihre Erforschung, ihre Voraussetzungen im Judentum und ihre Struktur im ersten Korintherbrief, BWANT 104, Stuttgart u. a. 1975, 263f; Friedrich Lang, Die Briefe an die Korinther, NTD 7, Göttingen 1986, 199; Max Küchler, Schweigen, Schmuck und Schleier. Die neutestamentlichen Vorschriften zur Verdrängung der Frauen auf dem Hintergrund einer frauenfeindlichen Exegese des Alten Testaments im antiken Judentum, NTOA 1, Freiburg/Schw. u. Göttingen 1986, 54f; Gordon D. Fee, The First Epistle to the Corinthians, NIC, Grand Rapids 1987, 706f; s. dazu auch die materialreiche Untersuchung von Arthur Rowe, Silence and the Christian women of Corinth. An examination of 1 Corinthians 14:33b-36, CV 33, 1990, 41–84 (Lit.) (60ff) u. ö., wo er 61f zwar auch den variablen Gebrauch von *lalein* in Kap. 14 notiert, ihn aber für seine Schlussfolgerung, Paulus verbiete hier allein ein Reden, dass die Unterordnung von Frauen vernachlässige, also Diskussionen von Prophezeiungen (zusf. 70ff), nicht ausreichend berücksichtigt.
10. Richter Reimer, a.a.O. 95ff, untersucht die Verwendung von *lalein* in der Apg mit dem Ergebnis, dass es sich um einen terminus technicus für »Verkündigung«, also Schriftauslegung und Predigt, handelt.
11. Z. B. Schüssler Fiorenza, Zu ihrem Gedächtnis, 287ff. Einen Überblick über Harmonisierungsversuche zur Aufrechterhaltung der paulinischen Autorschaft bei Dautzenberg, Urchristliche Prophetie, 265ff (mit Diskussion der dabei auftretenden Probleme); Christian Wolff, Der erste Brief des Paulus an die Korinther. Zweiter Teil, Kap. 8–16, ThHK 7/II, Berlin 1982, 141ff; vgl. Norbert Baumert, Antifeminismus bei Paulus? Einzelstudien, fzb 68, Würzburg 1992, 129f (s. u. 3.1.2) und Sunday O. Aworinde, First Corinthians 14:33b-36 in Its Literary and Socio-Historical Context, (Ph. D. Diss. Southern Baptist Theological Seminary 1985), Ann Arbor 1990 (Lit.), 16–35. Letzterer negiert jeden inhaltlichen Widerspruch zugunsten einer von ihm ermittelten formalen Analogie beider Texte im Kampf gegen enthusiastische Frauen (132ff, zusf. 158ff).

einer Interpolation in Form einer frühen Randglosse nahe, wie sie für mich überzeugend von Gordon Fee vertreten wurde[12]. Aus diesem Befund folgt, dass allein V. 34–35 auch textkritisch begründet als Hinzufügung betrachtet werden können[13] und damit V. 33b zum vorhergehenden Satz zu zählen ist, woran sich V. 36 anschließt. Dies ist ohne weiteres möglich, wie insbesondere die »westliche« Texttradition bezeugt.

Oberflächlich formal betrachtet scheinen V. 34–35 durch Stichwortbezüge dem unmittelbaren Kontext schlüssig eingepasst zu sein, doch verrät gerade ihre Summe, eine Art definitiver Collage einzelner Restriktionen aus den geschilderten Fällen der vorangehenden Erörterung, den Geist ihres Urhebers in einem endlichen Ausbruch konzentrierten Frauenhasses: »*in den Versammlungen sollen sie schweigen*« weist zurück auf V. 28.30, wo lediglich ein zeitweiliges Schweigen angeraten wird, wenn kein Hermeneut anwesend oder eine Offenbarung von jemand anders zu hören ist; *lalein* umschließt alle vorher erwähnten Redeweisen, besonders auch die Prophetie (V. 29); *hypotasso* mit Bezug auf einen anscheinend evidenten *nomos* legt ein umfassendes »Gesetz für alle Frauen«[14] nahe, dasselbe Verb in V. 32 hingegen spricht von der Kontrolle der Geister durch die Propheten im Gottesdienst; *mathein*[15]

---

12. Fee, a.a.O. 699ff; vgl. z. B. Gottfried Fitzer, Das Weib schweige in der Gemeinde. Über den unpaulinischen Charakter der mulier-taceat-Verse in 1. Korinther 14, TEH NF 110, München 1963, 6ff; Dautzenberg, Urchristliche Prophetie, 271; Hans-Josef Klauck, 1. Korintherbrief, NEB NT 7, Würzburg ²1987, 106ff; Lang, Komm. 199f. Da V.34f in keiner Handschrift fehlen, weisen viele Exegeten darauf hin, dass die Textkritik allein die Annahme einer Interpolation kaum stützen könnte (z. B. Hans Conzelmann, Der erste Brief an die Korinther, KEK V, Göttingen [1969] ¹²1981, 290). Dennoch ist der Befund ihrer unterschiedlichen Platzierung gewichtig (»ein ganz seltener Fall in der Überlieferung paulin. Briefe«, so Johannes Weiß, Der erste Korintherbrief, KEK V, ²1910, 342), da er am besten durch eine sekundäre Randglosse erklärt werden kann, wie Fee herausstellt: Verfechter der Echtheit müssen historisch beantworten können, »how then the Western text came into existence« (700). Dies versucht sehr bemüht Wire, a.a.O. 149ff, da sie eine frühe Interpolation quasi in einer einzigen Kopie für unwahrscheinlich hält. Sie muss aber dafür die schriftliche und sogar mündliche (»oral translation«, 150) Abhängigkeit aller »westlichen« Textzeugen unterschiedlichen Alters von einem einzigen griechischen annehmen, der die Verse versehentlich ausgelassen und am Schluss nachgetragen hätte.
13. Andere Abgrenzungen z. B.: V.33b-36 (Conzelmann, Komm. 289f), V.33–38 (Gerhard Dautzenberg, Zur Stellung der Frauen in den paulinischen Gemeinden, in: ders./Helmut Merklein/Karlheinz Müller [Hg.], Die Frau im Urchristentum. QD 96, Freiburg u. a. 1983, 182–224 [193]); vgl. die Diskussion bei Wire, a.a.O. 230f.
14. Schottroff, Lydias ungeduldige Schwestern, 104, charakterisiert so 1 Tim 2,9ff; auffällig in 1 Kor 14,34 ist das Fehlen eines expliziten Schriftzitats, was sonst bei Paulus üblich ist, im Kontext z. B. V.21. Zur Diskussion in der exegetischen Literatur Rowe, a.a.O. 66ff; ebd. 49 auch Hinweis auf die These von Catherine Kroeger/Richard Kroeger, An Inquiry into Evidence of Maenadism in the Corinthian Congregation, SBL.SP 14, 1978, 331–338 (336), wonach *nomos* sich auf griechische und römische Gesetze beziehe, da kein explizites jüdisches Schweigegebot bekannt sei (vgl. unten 3.3).
15. Schottroff Lydias ungeduldige Schwestern, 111 u. Anm.40, versteht »lernen« als einen »Kampfbegriff« eigenständiger Frauen. Es ist zu überlegen, ob dieses öffentliche Lernverbot nicht eigentlich noch rigider ist als das Lehrverbot von 1 Tim 2,12.

ist nicht wie in V. 31 das *öffentliche Recht* aller, sondern wird Frauen allenfalls *im Haus unter der Kontrolle der eigenen Männer* zugestanden; das »Sprichwort« V. 35 fasst die Absicht klar zusammen.[16] Somit ergibt sich eine geschlossene Sentenz, die durch ihre Machart als rigoroses und allgemeines Verbot zu verstehen ist – wer immer ihr Verfasser sein mag.

Die Auslegungen und ihre Optionen

Wie sehen nun die gängigen Rettungsversuche oder Kampfstrategien von Exegeten und Exegetinnen bei der Behandlung des Sprechverbots aus? Wer oder was wird jeweils gerettet oder bekämpft, und auf wessen Kosten geschieht dies? Bei einer auswählenden Sichtung von Auslegungen des 19. und 20. Jahrhundert zu 1 Kor 14,34f (bzw. 33–36), drängt sich der Eindruck auf, dass es zwischen der Skylla der Frauenfeindlichkeit und der Charybdis des Antijudaismus kaum ein Entkommen gibt. Als frauenfeindlich sind dabei Auslegungen zu verstehen, die erkennen lassen, dass sie ein öffentliches Rede- und Verkündigungsverbot für Frauen begrüßen oder in eingeschränkter Form nach wie vor für richtig halten, also keine eigentliche Distanzierung von der ermittelten historischen Reglementierung vornehmen, oder sich herabsetzender Stereotype bedienen. Antijüdische Argumentationen sind dann festzustellen, wenn auf der Grundlage des jüdisch beheimateten Christentums dennoch das »Nicht-Jüdische ... zur unterstellten Synthese der eigenen Identität«[17] erhoben werden soll. Ausdruck davon sind antithetische Gegenüberstellungen und Schuldzuweisungen, wie Judith Plaskow programmatisch spezifisch feministische Antijudaismen zusammenfasst: »Blaming the Jews for the Birth of Patriarchy«[18]. Wie

---

16. Vgl. Klauck Komm., 107, und die Übersicht bei Robert W. Allison, Let Women Be silent in the Churches (1 Cor 14:33b-36): What Did Paul Really Say, and What Did It Mean?, JSNT 32, 1988, 27–60 (37) mit der anschließenden Erörterung des Befundes mit dem Schluss einer »thoroughgoing rhetorical and conceptual discontinuity between the Taceat and its context« (39).

17. Jürgen Ebach, Art. Antisemitismus, HRWG 1, Stuttgart u. a. 1988, 495–504 (498), zu deutsch-nationalem Judenhass im 19. Jh.; wie sehr diese Definition auch für das christliche Selbst- und Schriftverständnis deutscher Theologen des 20. Jh. zutrifft, zeigt durchgängig die Studie von Charlotte Klein, Theologie und Antijudaismus. Eine Studie zur deutschen theologischen Literatur der Gegenwart, ACJD 6, München 1975. Dazu a. Luise Schottroff, Die Schuld »der Juden« und die Entschuldung des Pilatus in der deutschen neutestamentlichen Wissenschaft seit 1945, in: dies., Befreiungserfahrungen, 324–357, worin sie sich 348ff mit der »Nichtaufnahme von Charlotte Klein« in der deutschen theol. Wissenschaft auseinandersetzt.

18. Judith Plaskow, Blaming the Jews for the Birth of Patriarchy (1978), in: Evelyn T. Beck (Hg.), Nice Jewish Girls. A Lesbian Anthology, Trumansburg/N.Y., 1982, 250–254 (gekürzte dt. Übers. in: JK 51, 1990, 434–436), womit sie die feministische Auseinandersetzung mit dem Antijudaismus mit initiierte. Zu antijüdischen Argumentationsmustern bezüglich frühchristlicher Frauengeschichte zuerst bes. Brooten, Frühchristliche Frauen, 68ff und Schottroff, Frauengruppen; dann dazu insgesamt

kompliziert sich jeweils das Verhältnis von Antifeminismus und Antijudaismus gestalten kann, mögen die folgenden Bemerkungen zur Bewertung des Schweigegebots ein wenig verdeutlichen.

Der »echte« Paulus befiehlt

Vorwiegend ältere Auslegungen begrüßen vorbehaltlos die Unterstützung des Apostels gegen die auch von ihnen als störend empfundenen Frauenstimmen: »P. ist entschieden gegen alle Ueberhebung und Anmassung der Frauen in religiösen Dingen, und sie hat in der Kirche viel Uebel angerichtet«[19]; »It is really a scandalous thing for a woman to address the congregation or disturb it by speaking«[20]. Eine distanzlose, zustimmende Exegese kommt zu anscheinend zeitlosen Evidenzen: »Gesprochen wird in der Gemeinde in göttlichem Auftrag, und dieser Auftrag ist den Männern gegeben«, den Frauen »der volle christliche Beruf, dass sie das willige, freie Untertansein üben«[21]. Dem Widerspruch zu 1 Kor 11 wird durch die Annahme einer Zwei-Stufen-Mahnung begegnet: Dort habe Paulus das öffentliche Auftreten der Frauen »ohne Ahndung hingehen lassen, aber dulden konnte er es nicht«[22].

Bezeichnend ist, dass die anderenorts zu antijüdischen Bemerkungen Anlass gebende Begründung mit dem »Gesetz«/*nomos* (V. 34) nicht anstößig erscheint. Es

---

Leonore Siegele-Wenschkewitz (Hg.), Verdrängte Vergangenheit, die uns bedrängt. Feministische Theologie in Verantwortung für die Geschichte, München 1988; Susannah Heschel, Jüdisch-feministische Theologie und Antijudaismus in christlich-feministischer Theologie, in: Leonore Siegele-Wenschkewitz Hg., ebd. 54–103; Katharina von Kellenbach, Plädoyer für die Überwindung von Androzentrismus und christlichem Triumphalismus, in: Leonore Siegele-Wenschkewitz Hg., ebd. 116–146; dies. Anti-Judaism in Feminist Religious Writings, Atlanta 1994; Marie-Theres Wacker, Feministische Theologie und Antijudaismus – Diskussionsstand und Problemlage in der Bundesrepublik Deutschland, KuI 5, 1990, 168–176 (= engl. JFSR 7/2, 1991, 109–116); Judith Plaskow, Feminist Antijudaism and the Christian God, JFSR 7/2, 1991, 99–108, dies., Anti-Judaism in Feminist-Christian Interpretation, in: Elisabeth Schüssler Fiorenza (Hg.), Searching the Scriptures. Vol 1: A Feminist Introduction, New York 1993, 117–129; Elisabeth Schüssler Fiorenza, Miriam's Child, Sophia's Prophet. Critical Issues in Feminist Christology, New York 1994, 67–96.

19. Heinrich A.W. Meyer, Kritisch-exegetisches Handbuch über den ersten Brief an die Korinther, KEK, Göttingen 1870, 346; = C. F. Georg Heinrici, Der erste Brief an die Korinther, KEK V, ⁸1896, 437 (letzterer hält dann V.34–36 für eine Randglosse von paulin. Hand, 435f.).

20. Archibald Robertson/Alfred Plummer, A Critical and Exegetical Commentary on the First Epistle of St. Paul to the Corinthians, ICC 7, Edinburgh ²1914, 326. Hierher gehört auch Maier, a.a.O. 101.

21. Adolf Schlatter, Paulus, der Bote Jesu. Eine Deutung seiner Briefe an die Korinther, Stuttgart 1934 (⁴1970), 387.

22. L. J. Rückert, Die Briefe Pauli an die Korinther. Erster Teil: Der erste Brief, Leipzig 1836, 383; Robertson/Plummer, Komm. 325; ähnlich J. Sickenberger, Die beiden Briefe des heiligen Paulus an die Korinther und sein Brief an die Römer, HSNT 5, 1921, 70: »das Verbot (wird) verallgemeinert«; Hans Lietzmann/Werner-Georg Kümmel, An die Korinther I.II, HNT 9, ⁵1969, 146: »Hier kommt die eigentliche Meinung des Apostels zum Tage: die Frau soll überhaupt schweigen«.

wird pauschal auf »Parallelen aus Griechen, Römern und Rabbinen«[23] hingewiesen, »auf die schuldige Unterthänigkeit, die ja auch das Gesetz«, Gen 3,16, »befehle«[24], die Aktivität der Frauen in Korinth wird »als Bruch mit dem, was die jüdische Sitte den Frauen vorschrieb«[25], geradezu getadelt. Ein entschiedener Antifeminismus lässt sich somit durchaus gern von einer jüdischen Praxis bestärken, die angeblich Frauen die Unterordnung befehle, formal also eine »projüdische« Argumentation[26].

Eine beliebte apologetische[27] Auslegungsrichtung, die die Echtheit der Verse durch Relativierung ihrer Probleme verteidigt, verbindet die These, dass nur »un-inspiriertes« Sprechen untersagt werde, mit distanzlosen Bemerkungen über das »Gerede« von Frauen. Die Identifikation von Frauenrede mit Geschwätz scheint bei vielen, besonders den Befürwortern weiblicher Unterordnung, eine hohe Plau-sibilität zu besitzen[28]. Hans Windisch: Verboten werde »das ungehörige Reden der Frau«, die »nicht weiß, aber wissen will, die Fragen stellt, sich einmischt in die Gespräche der Anderen ... ein Reden, das in Geschwätz ausarten kann«[29]. Christian Wolff: Hier gehe es um ein »Dazwischenfragen« und »Drauflosreden«, womit die Frauen den Gottesdienst zu einem »Durcheinander« machten[30]. Auch Ben Withe-rington spricht trotz seiner Reserve gegenüber der Vokabel »to chatter«/schwatzen[31] von weiblichen »disrespectful questions«: »The result was chaos«[32]. Hier ist jeweils

---

23. Meyer, Komm. 345; Heinrici, Komm.345.
24. Rückert, Komm., 383; vgl. Sickenberger, Komm., 70. Vgl. die »gottgeordnete Natur der Dinge« bei Philipp Bachmann, Der erste Brief des Paulus an die Korinther, KNT VII, Leipzig ³1921, der in c.11 von »häuslichen Gebetsgemeinschaften« ausgeht (425).
25. Schlatter, a.a.O. 388.
26. Wie auch in der evangelischen Diskussion die Gegner des Frauenamts sich positiv auf das »Gesetz Gottes«, die »schöpfungsmäßige Unterordnung unter den Mann« bezogen (die Strafbestimmung Gen 3,16 in eine »Schöpfungsordnung« verkehrend), vgl. z. B. Roloff, Timotheus, 146.
27. Eine Apologie des apostolischen Textes und damit des Paulus als nicht grundsätzlich frauenfeindlich. Zu apologetischen feministischen Strategien allgemein Schüssler Fiorenza, But She Said, 144ff.
28. Bemerkt und getadelt von Robert W. Allison, Let Women Be silent in the Churches (1 Cor 14:33b-36): What Did Paul Really Say, and What Did It Mean?, JSNT 32, 1988, 27–60 (36) u. Hans-Josef Klauck, Vom Reden und Schweigen der Frauen in der Urkirche, in: ders., Gemeinde-Amt-Sakrament. Neutestamentliche Perspektiven, Würzburg 1989, 232–245 (239).
29. Hans Windisch, Sinn und Geltung des apostolischen Mulier taceat in ecclesia, CW 44, 1930, 411–425 (419).
30. Wolff, Komm. 143.
31. Ben Witherington III, Women in the Earliest Churches, SNTSMS 59, Cambridge 1988, 99; James Moffatt, The First Epistle of Paul to the Corinthians, MNTC, London 1938 (⁸1954), 232 spricht von »matrons«, die störende Unterbrechungen zu verursachen pflegen; William H. Leslie, The Concept of Woman in the Pauline Corpus in the Light of the Religious and Social Environment of the First Century, (Ph.D.Diss. Northwestern University), Ann Arbor 1976, 138 denkt an die Unsitte weiblichen Geschwätzes und Flüsterns aus mangelndem »respect for church leaders«.
32. Witherington, a.a.O. 103. Somit werde den Frauen zudem die Beurteilung der Äußerungen ihrer Männer entzogen (102); ähnlich die Erklärungen von: Frederick F. Bruce, 1 and 2 Corinthians, NCB, London 1971 (Nachdr. 1984), 135; James B. Hurley, Did Paul require veils on the silence of women?

unklar, ob die Exegeten die Paulus unterstellte Disqualifizierung der Äußerungen von Frauen nicht selbst teilen. Die Argumentation kann der Relativierung und Entschärfung des Textes als absolutes Lehrverbot dienen, was kirchenpolitisch mit der Stellungnahme von Windisch durchaus Wirkung gezeigt[33], aber nicht zwangsläufig zur Folge hat, die Gleichberechtigung im Amt zu befürworten[34] oder den Verzicht auf die Unterordnungsidee[35] betreffen muss. Somit beziehen auch diese Autoren Paulus über den *nomos* durchaus positiv auf die so verstandene alttestamentlich gebotene Unterordnung und auf die, freilich frauenfeindlich definierte, jüdische Liturgie: »die Frau« nehme »nur hörend am Tempel- und Synagogengottesdienst« teil.[36] Auffallend bei diesem Auslegungstyp ist die Fixierung auf den Apostel sowie eine große Identifikationsbereitschaft mit seiner vermeintlichen Psyche.[37]

Den gegenteiligen Standpunkt, das Interesse an einer historischen Rekonstruktion des Lebens der korinthischen Christinnen, vertreten einige jüngere feministische Arbeiten. Die damit endlich möglich gewordene Distanz der Auslegenden zur paulinischen Rhetorik[38] führt jedoch (zwangsläufig?) zu einer merkwürdigen Apologie der Echtheit des Schweigegebots, wie vor allem Antoinette Wire demonstriert[39].

A consideration of 1 Cor 11:2–16 and 1 Cor 14:33b-36, WThJ 35, 1973, 190–220 (217ff) und ders., Man & Woman in Biblical Perspective. A study in role relationships and authority, Leicester 1981, 188ff; E. Earle Ellis, The Silenced Wives of Corinth (1 Cor. 14,34–5), in: E. J. Epp/G. D. Fee (Hg.), New Testament Textual Criticism. Its Significance for Exegesis, Essays in Honour of Bruce M. Metzger, Oxford 1981, 213–220 (218); Wayne A. Grudem, The Gift of Prophecy in 1 Corinthians, Washington 1982, 251ff; Victor Hasler, Die befreite Frau bei Paulus. Perspektiven und Bilanz, ThSt(B) 139, Zürich 1993, 40 (mit Entzug d. Glossolalie) u. a.

33. Vgl. Almut Witt, Die Auseinandersetzungen unter Theologen um das Pfarramt der Frauen, in: Frauenforschungsprojekt, a.a.O.159–174 (170ff). Mit dieser Intention auch Jean Héring, La première Épître de St. Paul aux Corinthiens, CNT VII, ²1959, 129f; Heinz Dietrich Wendland, Die Briefe an die Korinther, NTD 7, Göttingen 1962 (¹²1978) 116 und Else Kähler, Die Frau in den Paulinischen Briefen, unter besonderer Berücksichtigung des Begriffes der Unterordnung, Zürich 1960, 78ff (dort Hinweise auf weitere Äußerungen von z. B. E. Käsemann, K.H. Rengstorf, H. Greeven z. Frauenamt).

34. Baumert, a.a.O. 142, möchte damit heute Frauen »ermutigt« sehen, (höchstens) »im Gemeinderat und in Synoden mitzuwirken«.

35. Grudem, a.a.O. 255, der im gesamten NT allein autoritäre Strukturen »in the church or in the family« begründet findet; A. Feuillet, La dignité et le rôle de la femme d'après quelques textes pauliniens: comparison avec l'Ancien Testament, NTS 21, 1975, 157–191 sieht einen Bezug zu Gen 2,18ff, die Frau sei »certes subordonnée *fonctionnellement* à l'homme« (163).

36. Wolff, Komm. 144. Ähnlich Witherington, a.a.O. 91 (in Aufnahme von Sverre Aalen, A Rabbinic Formula in 1 Cor 14,34, in: F.L Cross (Hg.), Studia Evangelica II [TU 87], Berlin 1964, 513–525) u. Otto Kuß, Die Briefe an die Römer, Korinther und Galater, RNT 6,1, 1940, 182; Baumert, a.a.O. 126ff u. a.

37. Vgl. z. B. Moffatt, a.a.O. 231ff.

38. Vgl. das methodische Konzept von Wire, a.a.O. 1–11, bes. 10f.

39. Wire, a.a.O. 149–158.229–232. Widersprüche zu 1 Kor 11 löst sie im Sinne von Lietzmann/Kümmel, a.a.O., u. a. (231).

Aber auch Elisabeth Schüssler Fiorenza behauptet die Authentizität der Verse[40], was Winsome Munro in einer Polemik als Verzicht auf die »Hermeneutik des Verdachts« moniert[41]. Scheinen auf diese Weise wichtige Momente historischer Kritik aufgegeben zu werden, so auch antijüdische Argumente bei der Behandlung des Textes. Inwieweit dies bei Rezipientinnen in letzter Konsequenz zu einer anderen bekannten Variante führen könnte, indem Paulus aufgrund seines Judentums kritisiert wird, bleibt hoffentlich dahingestellt.[42]

Eine »fremde« Hand greift ein

Die Theorie einer Einfügung von späterer Hand zeigt sich um die Wende zum 20. Jahrhundert[43] knapp akademisch und sachlich, begreift diese Abwertung von Frauen in aller Schärfe historisch und problematisiert sie damit. Zu nennen sind hier beispielsweise die Kommentare von Schmiedel, Weiß und Bousset[44]. Der als »unecht« ermittelte Text erfährt keine eigentliche Kommentierung mehr. Ausgeführte Invektiven[45] finden sich erstaunlicherweise weder gegen Frauen noch jüdische Traditionen[46]. Indem damit aber innerhalb eines der Hauptbriefe von Paulus ein Fremdkörper ausgemacht wird, eröffnet sich eine Gelegenheit zur Schwarz-Weiß-Kontrastierung, die nicht unbedingt feministische Motive haben muss.

---

40. U. a. in Schüssler Fiorenza, Zu ihrem Gedächtnis, 287ff, als Disziplinierung von *Ehe*-Frauen, die Interpretation erfolgt mehr unter Bezugnahme auf 1 Kor 7 statt auf 1 Kor 11 (288). Vgl. a. Bernadette J. Brooten, Paul and the Law. How Complete was the Departure?, PSB.SI, 1990, 71–80.

41. Winsome Munro, Women, Text and the Canon: The Strange Case of 1 Corinthians 14:33–35, BTB 18, 1988, 26–31, 28: »she specifically excludes any suspicion that the writings ascribed to Paul could have undergone patriarchal reshaping after they were first written«.

42. Vgl. aber schon durchgängig Elaine Pagels, Paul and Women: A Response to Recent Discussion, JAAR 42, 1974, 538–549 und das Paulusbild von Gerhard Delling, Paulus' Stellung zu Frau und Ehe, BWANT 56, Stuttgart 1931.

43. Fitzer, a.a.O. 5, Anm.2, weist auf J. Semler (1776), J.W. Straatman (1865) u. a. als erste Vertreter dieser Hypothese hin. Den Gedanken, »V.34f sey nur ein beiläufiger, vielleicht erst später vom Apostel angefügter Zusatz«, äußert auch Rückert, Komm. 383f, wiewohl er ihn verwirft.

44. Paul W. Schmiedel, Die Briefe an die Thessalonicher und an die Korinther, HC II 1, ²1892, 181f; Weiss, Komm. 342f; Wilhelm Bousset, Der erste Brief an die Korinther, SNT 2, ³1917, 146f.

45. Bis auf einen kleinen einseitigen Hinweis auf bMeg 23a bei Weiß, Komm. 342.

46. Zusammen mit Conzelmann, Komm.; Klauck, Komm.; Jerome Murphy-O'Connor, Interpolations in 1 Corinthians, CBQ 48, 1986, 81–94, 90ff, sowie der feministischen Kommentierung von Jouette M. Bassler, 1 Corinthians, in: Carol A. Newsom/Sharon H. Ringe (Hg.), The Women's Bible Commentary, London u. a. 1992, 321–329 (328), belegen sie die Möglichkeit, eine Interpolation mehr als christliche Kirchenpolitik zu darzustellen. S. a. Wolfgang Schrage, Frau und Mann im Neuen Testament, in: E. Gerstenberger/ders., Frau und Mann. Biblische Konfrontationen, Stuttgart 1980, 92–197 (136f), der allerdings für die »Frau im Judentum« (106ff) kritiklos dem Raster von Oepke, Leipoldt, Billerbeck u. Swidler (s. u.) folgt, demgegenüber sei »die Diskriminierung der Frau im NT grundsätzlich überwunden« (110).

Das zeigt eine jüngere Auslegung von August Strobel, der Paulus von »patriarchalischer Einseitigkeit« freispricht, um umso mehr die behauptete »gesetzliche Praxis der Synagoge« anzuführen, die Frauen nicht gestattet habe, öffentlich zu sprechen. Belegt wird das durch entsprechend einseitige Auszüge aus rabbinischen Texten. Der allgemeine Satz V. 34b gebe sich in seiner »Allgemeingültigkeit im besonderen« als »eine jüdische Einstellung« zu erkennen, dergleichen sei der urchristlichen Gemeinde »dagegen völlig fremd«[47]. Die simple Mechanik der gewöhnlichen antijüdischen Argumentation ist hier beispielhaft abzulesen: Wichtig ist die unausgesprochene Tendenz, Paulus und damit die ersten Christen vom Judentum abzutrennen, quasi zu »entjuden«. Dazu wird eine meist vorausgesetzte angenehmere Praxis der Christen, hier als Einstellung zu Frauen, einer vermeintlich unangenehmeren jüdischen entgegengesetzt. Nie werden die Aktiva des Paulus als positiv jüdisch vermerkt, nie seine Fehler als negativ christlich. So steht im Mittelpunkt ein (leicht frauenfreundliches) Paulusbild, zu dessen Gunsten ein »jüdischer« Text »ausgeschieden« wird.

Dieses Muster ist für das Thema »Frauen des Urchristentums« bis in feministische Arbeiten dominierend[48] geworden durch einige ältere deutsche Spezialwerke. Sie gehen von einer Größe Judentum aus, wie sie seit dem 18. Jahrhundert von der deutschen Theologie »geradezu als Religion entdeckt« worden ist im Sinne einer durch das »höherwertige Christentum« faktisch »überwundene(n) Religion«[49], und sie wenden diese Theorie vor dem Hintergrund sich wandelnder Frauenrechte – und der Rechte jüdischer Menschen! – äußerst wirksam an: Es entsteht das Konstrukt eines unter griechisch-römischen Einflüssen sich frauenbefreiend zeigenden Urchristentums mit der Lichtgestalt Jesus, was im scharfen Gegensatz zum unterdrückerischen Judentum stehe. Als sein Erfinder für die monographische Form[50] ist Johannes Leipoldt anzusehen, dessen Pionierarbeit von 1921 nach dem Krieg als erweiterte Neufassung große Wirkung erlangte[51], und damit auch seine Ausführun-

---

47. August Strobel, Der erste Brief an die Korinther, ZBK 6.1, 1989, 223f.
48. Z. B. über Leonard Swidler, Biblical Affirmations of Women, Philadelphia 1979 u. a., vgl. dazu Brooten, Frühchristliche Frauen 68ff; v. Kellenbach, Anti-Judaism 57ff (in 1 Kor 14,33b-35 bemerkt Swidler übrigens ein Judentum »where women for the most part were kept illiterate«, 337).
49. Jürgen Ebach, Amputierte Antike. Über Ursachen und Folgen des Antijudaismus in deutscher Altertumswissenschaft und Theologie, in: Richard Faber/Bernhard Kytzler (Hg.), Antike heute, Würzburg 1992, 183–196 (186).
50. Zscharnack, a.a.O. meint dagegen noch: »Die Stellung der Frau bei den Juden ist parallel ihrer Geschichte in Rom und Griechenland«, das Christentum bringe gegenüber der »jüdischen Schätzung der Frau« keinen wirklichen Fortschritt (4), die gegenteilige Meinung sowie die Nichtbeachtung der Inkonsistenz des NT sei »mehr durch dogmatische als durch historische Interessen« veranlasst (5).
51. Johannes Leipoldt, Jesus und die Frauen, Leipzig 1921; ders., Die Frau in der antiken Welt und im Urchristentum, Leipzig 1953 (²1955). Die Arbeit von 1921 bietet vor dem Kap. »Die Frau im Judentum« (3–16, Urteil: »minderwertig«, 4 u.ö.) erst eine kurze Erwähnung griech. Emanzipationsbemühungen (1–3), dies wird 1953 ausgebaut zur Festigung des Interpretationsrahmens: verschiedene

gen zu einer Interpolation in 1 Kor 14, die auf »jüdischen Einfluss« zurückgehe[52]. Albrecht Oepkes Artikel im Theologischen Wörterbuch zum Neuen Testament von 1933 setzt diese Linie fort[53] und stellt ausgehend von einem angeblich »tatsächliche(n) niedrigen Niveau der orientalischen Frauenwelt« für die »Stellung der Frau« die Regel auf: »je weiter nach Westen, desto freier«[54]. Beeinflusst scheinen davon insbesondere erste Arbeiten, die in eher frauenfreundlichem Sinn von einer Interpolation ausgehen und Leipoldt und Oepke im Literaturverzeichnis führen: unter ihnen die von Gottfried Fitzer[55], Ida Raming[56] und Klaus Thraede, der zwar den historischen Urteilen von Leipoldt und Oepke nicht recht traut, ihre Ergebnisse aber ausführlich übernimmt[57], auch Hermann Ringeling[58] sowie die Untersuchungen Gerhard Dautzenbergs, denen ich mich jetzt zuwende zur Klärung der Frage:

---

griechische Strömungen führten »zu einer höheren Schätzung der Frau«, »aber die jüdische Entwicklung verläuft gerade umgekehrt« (78). Kaum eine deutschsprachige Abhandlung zu Frauen im Urchristentum hat noch nach 1945 auf eine stützende Zitierung Leipoldts und Oepkes verzichtet. Auch im englischen Sprachraum wird das Schema registriert (angereichert durch den das Judentum bezüglich »der Frau« ebenso düster darstellenden Joachim Jeremias, Jerusalem zur Zeit Jesu, Göttingen [3]1963, 395–413, entstanden 1937), doch zuweilen auch kritisiert (Leslie, Concept, 387) oder weitgehend immunisiert durch eine materialreiche und sorgfältig differenzierende Argumentation (Aworinde, a.a.O. 42–102). Bei Robin Scroggs, Paul and the Eschatological Woman, JAAR 22, 1977, 283–303 (einem Vertreter der Interpolationhypothese, 284) kommt aber selbst die Anführung des jüdischen Historikers Baron (Salo Wittmayer Baron, A Social and Religious History of the Jews, Vol. 2, New York u. a. [2]1952) nicht dagegen an (289ff).

52. Leipoldt 1953, 189ff.268 A.17; Zitat 191.
53. Delling, a.a.O. 2, möchte zwar das Christentum auf der »dunklen Folie der antiken Welt« nicht so leuchtend malen, folgt aber ebenfalls (29–56) der Theorie Leipoldts: In »der jüdischen Religion« sei »eigentlich kein Platz« für die Frau (49), diese sei für »den Durchschnittsrabbinen« ein »minderwertiges Geschöpf«, so dass Paulus' »Abneigung gegen die Frau ... durchweg jüdisch-rabbinisch begründet« sei (142). Zum antijüdischen Argument »the Jewishness of Paul« bei Paul K. Jewett, Man as Male and Female: A Study in Sexual Relationships from a Theological Point of View, Grand Rapids 1975, 112f u. a., welches Widersprüche in den Paulusbriefen zudeckt, vgl. v. Kellenbach, Anti-Judaism, 63ff.
54. Albrecht Oepke, Art. γυνή, ThWNT 1, 1933, 776–790 (777). 1 Kor 14,34f ist ihm »textkritisch nicht unverdächtig«, doch wolle Paulus einem »bloßen Sichvordrängen das Wort entziehen« (788). Zur Kritik an Oepke bes. Schottroff, Frauengruppen, 292f.
55. Fitzer, a.a.O. 17–23 mit Bezugnahmen u. a. auf Leipoldt (21, zur Gegenüberstellung Hellenismus – Judentum). Er stellt »die jüdische Abwertung der Frau auf (fast) allen Gebieten« fest, das Schweigegebot stamme somit aus »spätjüdischer Tradition« (23).
56. Raming, a.a.O. 199 mit Berufung auf Fitzer und auf die »negative Wertung der Frau« in der »spätjüdisch-rabbinischen Tradition«.
57. Vgl. Klaus Thraede, Art. Frau, RAC 8, 1972, 197–269, bes. 224ff zum »Spätjudentum«; tendenziell ähnlich ders., Ärger mit der Freiheit. Die Bedeutung von Frauen in Theorie und Praxis der alten Kirche, in: Gerta Scharffenorth/Klaus Thraede, »Freunde in Christus werden«. Die Beziehung von Mann und Frau in Theologie und Kirche, Gelnhausen u. a. 1977, 31–182 (88ff), das Schweigegebot ortet er aber (griechisch-römischer Herkunft?) als kirchenrechtliche Maßnahme des 2. Jh. (111f).
58. Hermann Ringeling, Art. Frau IV, TRE IX 2/3, 1983, 431–436 beruft sich für die Glosse auf Fitzer (434) und beurteilt das Judentum nach dem bekannten Schema (431ff).

Mit welchem Recht (und unter welchen Bedingungen) kann das Schweigegebot als »jüdisch« bezeichnet werden?

G. Dautzenberg zeigt in seiner Monographie einerseits den Zusammenhang von »Urchristlicher Prophetie« und Gottesdienst mit jüdischer Tradition und Praxis. Gleichzeitig stellt er 1 Kor 14,34f als »Repräsentanten einer Gottesdienstordnung synagogalen Typs« dem urchristlichen charismatischen Gottesdienst gegenüber, obwohl er ausdrücklich festhält, dass diesem Lehrverbot »ähnliche Formulierungen aus der palästinischen und aus der rabbinischen Tradition unbekannt sind«[59]. Wie widersinnig der zu dieser Stelle von den oben Genannten übernommene antijüdische Rahmen geraten kann, zeigt eine Anmerkung zur Verbindung von Unterordnungs- und Schweigegebot, die für 1 Kor 14 und 1 Tim 2 bezeichnend ist: Sie wird auf das »hellenistische Judenchristentum« zurückgeführt, und zwar mit Belegen von Plutarch, Valerius Maximus und Thukydides![60] Der Aufsatz von 1983 ist dann deutlich bemüht, dieses Raster zu verlassen, indem Forderungen griechisch-römischer Schriftsteller zu Unterordnung und Schweigen von Frauen als ein zweiter Bezugsrahmen neben der jüdischen Tradition erscheinen[61]. Dass eine solche Methodik zur Vermeidung antijüdischer Argumentation unerlässlich ist, hat Luise Schottroff zur Exegese von 1 Tim 2 herausgearbeitet[62]. Dennoch wird bei Dautzenberg ein jüdischer Hintergrund gerade des Schweigegebots betont – und paradoxerweise gegen seine ausführliche Zitation.

Welche Gewichtungen sind aufgrund der bekannten Quellen vorzunehmen? Josephus und Philo befürworten im Gefolge der materialen Ethik vor allem des Aristoteles, wie David Balch herausgestellt hat[63], mehrfach und entschieden die Unterordnung von Frauen unter ihre Männer und begründen sie mit der Schrift. So zum Beispiel Josephus (Contra Apionem II 201):

»Die Frau, sagt er, ist geringer als der Mann in jeder Hinsicht. Daher soll sie denn gehorchen, nicht zum Hochmut, sondern damit sie beherrscht werde, Gott hat nämlich dem Mann die Macht verliehen«. Vom Schweigen der Frauen findet

59. Gerhard Dautzenberg, Urchristliche Prophetie. Ihre Erforschung, ihre Voraussetzungen im Judentum und ihre Struktur im ersten Korintherbrief, BWANT 104, Stuttgart u. a. 1975, 260.
60. Dautzenberg, Prophetie, 261, Anm. 15.
61. Gerhard Dautzenberg, Zur Stellung der Frauen in den paulinischen Gemeinden, in: ders./Helmut Merklein/Karlheinz Müller (Hg.), Die Frau im Urchristentum. QD 96, Freiburg u. a. 1983, 182–224.
62. Schottroff, Lydias ungeduldige Schwestern 104–119; s. 115 die Auseinandersetzung mit Küchlers Auslegung von 1 Tim 2 (Schweigen, Schmuck und Schleier 492ff).
63. David L. Balch, Let Wives Be Submissive: The Domestic Code in 1 Peter, SBLMS 26, Chico 1981, 52ff.

sich in diesem Zusammenhang bei Josephus[64] und auch Philo[65] nichts. Man zitiert als rabbinischen Beleg häufig tMeg 4,11, meist aber nur die zweite Hälfte[66]: »Man lässt eine Frau nicht kommen, um (aus der Tora) öffentlich vorzulesen«. Im prinzipiellen Vordersatz heißt es hingegen: »Alle werden mit zu der Zahl der Sieben (die am Sabbat aus der Tora vorlesen) gerechnet, selbst ein unmündiger Knabe, selbst eine Frau«. Dies wirft ein Schlaglicht darauf, dass eine aktive Beteiligung von Frauen am Synagogengottesdienst nicht kategorisch ausgeschlossen werden kann, in Theorie und Praxis darum gestritten wird[67].

Entscheidend ist aber insgesamt: Die besondere Bündelung der Motive von 1 Kor 14,34f, Unterordnung der Frau unter den Mann, Verbannung ins Haus, Verbot des Redens in der Öffentlichkeit, benutzen der männlichen Stimme als Medium, hat keine bekannten jüdischen Parallelen, wohl aber mehrere bei griechisch-römischen Autoren, unter denen ein Abschnitt in den Coniugalia Praecepta von Plutarch (ca. 45–125 n. Chr.) die engste ist:[68]

(31) »... Es ist notwendig, dass nicht nur der Arm der besonnenen/*sophronos* (Ehefrau), sondern auch ihr Wort nicht öffentlich sei, dass man ihre Stimme wie eine Entblößung scheue und sie vor denen draußen hüte. Denn an ihrer Rede *(lalouses)* erkennt man Gefühl, Charakter und Stimmung«. (32) Phidias' Darstellung der Aphrodite von Elis mit dem Fuß auf der Schildkröte »symbolisiert die Häuslichkeit der Frau sowie ihr Schweigen *(siope)*. Sie muss entweder zum Mann sprechen *(la-*

---

64. Eher das Gegenteil: Nach Contra Apionem II 181 könne man von Frauen und Haussklaven hören (!), wie sehr Gottesfurcht Ziel aller Bestrebungen sei (zitiert bei Dautzenberg, Stellung der Frauen, 201, als Beleg für häusliches Torastudium).

65. Philo, Spec leg III, 169 (»Versammlungsverbot« für Frauen); Hyp 7,3 (Frauen sollen den Männern dienen) und 7,14 (der Mann überliefert die Gesetze an die Frau). Zum Frauenbild Philos, das mehr griechisch als biblisch-jüdisch angelegt sei, s. Judith Romney Wegner, Philo's Portrayal of Women - Hebraic or Hellenic?, in: Amy-Jill Levine (Hg.), »Woman Like This«, 41–66.

66. Z. B. So Leipoldt 1953, 81; Strobel, Komm. 224. Delling, a.a.O. 49 und Thraede, Ärger mit der Freiheit, 91 sehen damit – ohne direkte Zitierung – den Ausschluss der Frauen belegt.

67. Was auch Dautzenberg, Stellung der Frauen, 188f erwägt. Dazu Ismar Elbogen, Der jüdische Gottesdienst in seiner geschichtlichen Entwicklung, Frankfurt/M. ²1924, 170.466; Leslie, a.a.O. 384. Brooten, Women Leaders, 94f kommt zu dem Schluss, dass ein öffentliches Lesen der Tora von Frauen nicht ausgeschlossen werden kann (zur Teilnahme von Frauen im Synagogengottesdienst ebd. 139–141); vgl. Wegner, Chattel or Person, 157f. Kraemer, Her Share, 93–127 zeigt, wie methodisch zwischen Aussagen der Rabbinen und z. B. epigraphischer Quellen (m. Brooten, Women Leaders) zu unterscheiden ist, um das religiöse Leben jüdischer Frauen zu rekonstruieren; zu Frauengruppen als Trägerinnen jüdischer u. christlicher Religion Schottroff, Frauengruppen, bes. 297ff; vgl. Richter Reimer, a.a.O. 91–114 zu einer jüdischen Frauengemeinde aufgrund von Apg 16,13, darin zu tMeg 4,11 (113). Kellenbach, Anti-Judaism, 68f macht auf tBerakh 2,12 aufmerksam, wonach Frauen selbst im Zustand der »Unreinheit« laut die schriftliche und mündliche Tora lesen und studieren dürfen.

68. Plutarch, Moralia 138–146; Zitat 142 D/E, 31–33; griechischer Text nach der Ausgabe der LCL. Zu Aufbau und Inhalt der Schrift z. B. Lisette Goessler, Plutarchs Gedanken über die Ehe, Diss. Basel, Zürich 1962, 44ff, z.St. 56f.

lein) oder durch den Mann« (33) ... Wie im Verhältnis zwischen Reichen und Philosophen »trifft auch für Frauen zu: Wenn sie sich den Männern unterordnen *(hypotattousai)*, werden sie gelobt; wenn sie aber herrschen *(kratein)* wollen, handeln sie unanständiger *(aschemonousi)* als die Beherrschten. Doch es ist nötig, dass der Mann über die Frau herrscht« *(kratein)*, nicht wie ein Despot, aber wie die »Seele über den Körper ...«[69]

Diese Quellen werden beispielsweise von Gerhard Dautzenberg zitiert,[70] der aber gleichzeitig und dennoch nicht auf eine maßgebliche Herleitung des Schweigegebots aus jüdischer Tradition verzichtet, obwohl er für die gebündelte Anführung seines materialen Inhalts keinen einzigen Beleg jüdischer Herkunft nennt, sondern allein Begründungen jüdischer Autoren aus der Schrift für einzelne Motive, besonders für das der Unterordnung. Ein ausdrückliches Schweigegebot ist hingegen in jüdischen Quellen anscheinend nicht belegt.[71] Das Schweigegebot in 1 Kor 14 könnte aber erst dann zu Recht als auch jüdisch bezeichnet werden, wenn man herausstellen könnte, dass und wie hier eine von griechisch-römischen Literaten geforderte Sitte der Frauendisziplinierung jüdisch[72], das heißt in diesem Zusammenhang aber jüdisch-*christ-*

---

69. Noch knapper zusammengefasst sind die Elemente Schweigen, Unterordnung unter und »lernen« von Männern bei Sophokles, Aias 293f: »›Frau, der Frauen bester Schmuck ist Schweigen‹. Und so belehrt, schwieg ich ...«). S. auch das Zusammenspiel von »bleiben im Haus«, »schweigen« und Anerkennung von »Herrschaft« des Mannes in den Worten Andromaches bei Euripides, Troerinnen, 645–650. Thraede, Ärger mit der Feiheit, 82ff; Schüssler Fiorenza, Zu ihrem Gedächtnis, 289; Klauck, Reden und Schweigen, 241 und Schottroff, Lydias ungeduldige Schwestern, 110 Anm.32, machen auf Livius' Ausführungen zum Oppischen Gesetz (XXXIV,1–8) aufmerksam, worin mit der Rede des Cato vor Frauen gewarnt wird, die gegen ihre Männer revoltieren und außerhalb des Hauses mit Fremden reden: »konntet ihr nicht jede zu Hause die eigenen Männer ... bitten?« (2,10). Zur historischen Wertung der Lex Oppia als Teil verbreiteter Zwangsgesetze gegen Frauen Schottroff, ebd. 105ff, wozu sie auch 1 Tim 2 zählt (und nach meiner Auffassung als Eintragung aus derselben Zeit auch 1 Kor 14,34f gehört).
70. Plutarch aber nicht zusammenhängend: Dautzenberg, Stellung der Frauen, 198.196.
71. Unter der Überschrift »Zum jüdischen Hintergrund der Schweigegebote« (Dautzenberg, Stellung der Frauen, 198ff) findet sich kein einziges der angeführten Zitate aus jüdischer Literatur und Pseudepigraphie, das ein Schweigen von Frauen forderte. 1975 kam er in dieser Sache zu dem bemerkenswerten dreifachen argumentum e silentio: Da die rabbinische Tradition zu einem Schweigegebot schweige, hätten die Frauen in der Synagoge geschwiegen (Urchristliche Prophetie 260) – wobei wie selbstverständlich unterstellt wird, dass »man« (bes. im Judentum) sprechende Frauen zum Schweigen bringt. Ähnlich Baumert, a.a.O. 125: da Frauenrede »in der Synagoge völlig undenkbar« sei, habe man »so etwas nicht einschärfen müssen«.
72. Der vielzitierte Aufsatz von Aalen, a.a.O. findet in V.34 mit *epitrepetai* eine rabbinische Erlaubnisformel, bringt aber keine inhaltliche Parallele zum Schweigegebot (vgl. die Kritik von Rowe, a.a.O. 65), ebensowenig Küchler, a.a.O. 54–63. Wenn dieser abschließend den Text als frühjüdischen »unzutreffende(n) exegetische(n) Versuch« betrachtet, »die traditionelle Haustafel-Ethik der Verse 1 Kor 14,34b und 35b in einem Detail der Tora zu verankern« (63), läge hiermit das einzig bekannte »jüdische« Schweigegebot vor!

lich, begründet und rezipiert wird. Daneben ist es unerlässlich, gerade auch den *jüdisch*-christlichen Charakter des charismatischen Gottesdienstes in 1 Kor 14 hervorzuheben, der eben durch das Schweigegebot für Frauen, und damit in seiner alle betreffenden Dimension (V. 31), reduziert werden soll: das »freie Wechselgespräch, dieses allgemeine Lehrrecht wie es schon in der Synagoge bestand«[73], die Hervorhebung der vernünftigen Rede, der Auslegung, der Hermeneutik für alle, die Prüfung und Befragung der Prophetie und Zungenrede. Dafür liefert gerade auch Dautzenbergs Arbeit über »Urchristliche Prophetie«[74] einen guten Ausgangspunkt.

Fazit: Mit Ausnahme einiger jüngerer feministischen Entwürfe[75] bietet 1 Kor 14,33ff Vertretern jeder Auslegungsrichtung Anlass, das Judentum als frauenfeindlich zu etikettieren. Regelrecht antijüdische Strukturen treten am ehesten bei Interpolationshypothesen[76] aller Art[77] auf. Ein im Zusammenhang für »fremd« erklärter Text lässt sich offenbar leicht einem »fremden«, weil angeblich »überwundenen« Judentum zurechnen. Dies ließe sich ebenso anhand der Auslegungen von 1 Tim 2,9ff zeigen, wo die Wahrscheinlichkeit einer Zuweisung an eine kritisierte jüdische Tradition wächst, sobald der Brief als nichtpaulinisch betrachtet wird.[78]

---

73. Zscharnack, a.a.O. 42.
74. Dautzenberg, Urchristliche Prophetie, 226ff. bes. 274ff; tendenziell auch ders., Stellung der Frauen, 188ff (mit Kritik an Oepke Anm.21). Vgl. die diesbez. Bemerkungen von Baumert, a.a.O. 109ff.
75. S. dazu jetzt vor allem: Luise Schottroff, Der erste Brief an die Gemeinde in Korinth, ThKNT 7, Stuttgart 2013, 279–285. Eine Interpolationshypothese ohne antijüdische Konturen begründet auch der Kommentar von Wolfgang Schrage, Der erste Brief an die Korinther (1Kor 11,17 – 14,40), EKK VII/3, Zürich u. a. 1999, 479–501.
76. Siehe auch C. Senft, La première épître de Saint Paul aux Corinthiens, CNT(N) VII, 1979, 183: Die Regel in V.33b-34 »reflète une situation plus tardive et peut-être une influence judéo-chrétienne accrue«; Fee, Komm. 707: »... the provenance of the glossator was Jewish Christianity«.
77. David W. Odell-Scott, Let The Women Speak In the Church: An Egalitarian Interpretation of 1 Cor 14:33b-36, BTB 13, 1983, 90–93 sieht Paulus in ironischer Weise seine Gegner in Korinth, »the Judaizers«, zitieren: »Verses 33b-35 are the representation of the Legalist's position on female participation in worship« (92; vgl. ders. In Defense of an Egalitarian Interpretation of 1 Cor 14:34–36. A Reply to Murphy-O'Connor's Critique, BTB 17, 1987, 100–103). Allison, a.a.O. entwickelt, anscheinend unabhängig v. Odell-Scott, eine ähnliche Theorie (mit der Hilfsthese eines ursprünglich anderen Zusammenhangs der Verse) und konstatiert »the Jewish characteristics of the decree of silence«, »a Jewish synagogue model ... where the women could not speak to teach« (49).
78. Das exemplarische Beispiel dafür liefert Windisch, a.a.O., der bei der Besprechung von 1 Kor 14,33ff keine herabsetzenden Vokabeln für die seiner Meinung nach zugrundeliegende jüdische Tradition wählt. Dies ändert sich abrupt bei der »unechten« Parallele 1 Tim 2,9ff (»umdeutender Kommentar«, 420) und ihrer »seltsam rabbinischen, vorchristlichen, unchristlichen, antiken, jüdischen Begründung« (422), dem »Sieg eines christlichen Rabbinismus über den Geist von Christus« (423). Vgl. z. B. auch Roloff, Timotheus, 126ff (»nur oberflächlich verchristlicht«, 128); dazu kritisch Schottroff, Lydias ungeduldige Schwestern, 114f. Zum »Streit um die Lehre von Frauen« nach 1 Tim 2,9 – 3,1 siehe grundlegend: Annette Merz, Die fiktive Selbstauslegung des Paulus. Intertextuelle Studien zur Intention und Rezeption der Pastoralbriefe, NTOA 52, Göttingen u. Fribourg 2004, 268–375.

Drei Thesen zu einer Rezeption neutestamentlicher Texte, die Antijudaismus und Frauenfeindlichkeit reduziert

– Ich möchte vorschlagen, Gal 3,28 – In Christus »*ist nicht Jude nach Grieche, nicht Sklave noch Freier, nicht männlich noch weiblich*« – als *sozialgeschichtliche und hermeneutische Trinität* zu lesen und zu nutzen. In jeweils einem Schwerpunkt und Zugang sind die anderen bei der Auslegung neutestamentlicher Texte mit zu berücksichtigen. Dieses dreifache Kriterium für ein Sprechen der Texte in eine nicht selektiv wahrgenommene soziale Wirklichkeit[79] betrifft die jeweils möglichen Herrschaftsverhältnisse. Das Unterdrückungsverhältnis zwischen Reich und Arm, das sich auch als Rassismus äußert, darf auch hermeneutisch nicht unter Festschreibung desjenigen zwischen Männern und Frauen aufgedeckt und bekämpft werden und umgekehrt. Wenn Feministinnen die Befreiungstexte der Bibel lesen, kann die Formel Gal 3,28 daran erinnern, zu fragen, was diese Worte für Jüdinnen und für versklavte Frauen und Männer wohl bedeuten mögen, ob die eigene Lesart auf ihre Kosten geht. Nun ist im Verhältnis zwischen jüdischen und »griechischen«, nicht-jüdischen Menschen ein gegenüber der Abfassungszeit des Neuen Testaments umgekehrtes Machtgefälle in Form des tiefsitzenden christlichen Antijudaismus derartig festgeschrieben worden, dass dieses Drittel der Formel von ChristInnen zentral, vielleicht stets zuerst berücksichtigt werden muss[80], allerdings nicht unter Vernachlässigung der Gerechtigkeit für Arme und Frauen, wie teilweise noch im christlich-jüdischen Dialog. Doch hat über Prioritäten die jeweilige Situation, der Zusammenhang einer Diskussion zu entscheiden, in der eine oder gar mehrere Dimensionen vergessen werden.

– Die Gefahr des christlichen Antijudaismus kann selbst und gerade bei neuen theologischen Ansätzen in immer differenzierterer Form wieder auftreten, auch bei dafür sensiblen Entwürfen. Ross Kraemer zum Beispiel hat in einer Besprechung von Schüssler Fiorenzas »In Memory of Her« am Konzept des frühen Christentums als innerjüdischer Befreiungsbewegung bemängelt, dass hier das Christentum quasi als einzige feministische Alternative innerhalb des Judentums erscheine.[81] Und Amy-

---

79. Zu Gal 3,28 im Zusammenhang frühchristlicher Ekklesiologie und Sozialgeschichte besonders Schüssler Fiorenza, Zu ihrem Gedächtnis, 255–272; Schottroff, Feministische Kritik, 237–241.

80. Bertold Klappert betont, dass für eine Grundlegung der ökumenischen Theologie (unter Einschluss der feministischen und der Befreiungstheologien) durch eine christliche Theologie des Judentums die Reihenfolge der Themen in Gal 3,28 nicht beliebig sei (unveröff. Vorlesungsmanuskript 1994).

81. Ross Shepard Kraemer, Rezension E. Schüssler Fiorenza, In Memory of Her (1983), JBL 104, 1985, 722–725. (725). Schüssler Fiorenza, Jesus, 91, hält das für ein »Missverständnis«, scheint aber doch die Kritik zu berücksichtigen, indem sie nun z. B. von einer »Emanzipationsbewegung« unter vielen anderen jüdischen statt der »innerjüdischen Erneuerungsbewegung« um Jesus spricht (92); vgl. Schottroff, Lydias ungeduldige Schwestern 23ff: »jüdische Befreiungsbewegung innerhalb der Pax romana«.

Jill Levine macht in einer grundsätzlichen Anfrage an die teilweise antijüdischen Raster neutestamentlicher Arbeiten christlicher WissenschaftlerInnen auch gegenüber befreiungstheologischen Modellen die Möglichkeit geltend, dass jüdische Frauen die Jesusbewegung nicht primär als feministische Gemeinschaft gewollt und gelebt haben könnten, und dass methodisch das frühe Christentum viel zu oft und apologetisch gegen andere Gruppen als »besser« für Frauen betrachtet werde.[82] Ich meine daher, Christinnen sollten sich mit wertenden Aussagen über jüdische Frauen in Geschichte und Gegenwart, mit der Bewertung ihrer Traditionen, Lebensweise, Unterdrückungssituationen und Motivationen von Befreiung eine zeitlang soweit wie möglich zurückhalten. Wie lange? Bis wir eine grundlegende und umfassendere Kenntnis jüdischer Menschen und des Judentums gewonnen haben[83], bis wir ausreichend gute Schriftgelehrte geworden sind, um antijüdische Mechanismen zugunsten von Respekt und Dankbarkeit aufzugeben. Dann haben wir vielleicht die Chance, Neues und Altes im Neuen Testament, einem jüdischen Buch[84], annähernd zu verstehen. In Mt 13,52 sagt Jesus zusammenfassend über das Verstehen der Gleichnisse vom Himmelreich: »*Darum gleicht jeder Schriftgelehrte, der ein Schüler des Reichs der Himmel geworden ist, einem (oder einer) Haushaltsführenden[85], der aus seinem Schatz Neues und Altes hervorholt*«[86]. Beides, Neues und Altes, das im Reich der Himmel aufscheint, wird demnach aus der Schrift, dem Alten Testament, der Tora und den Propheten, dem Schatz hervorgeholt. Womöglich ist gerade das, was im Christentum zu gewissen Zeiten neu erscheint das Allerälteste, so wie das Siegeslied der Prophetin Mirjam, also eine Frauenstimme, in einem der ältesten Texte der Bibel, Ex 15,21f, laut wird.

– Wie ist mit den Lehr- und Sprechverboten für Frauen in Kanon und Bibelübersetzungen umzugehen? Da sie die Hälfte der christlichen Menschheit in Form au-

---

82. Amy-Jill Levine, Second Temple Judaism, Jesus, and Women. Yeast of Eden, Biblical Interpretation 2, 1994, 8–33.

83. Judith Plaskow betrachtet »knowlede of Judaism as a living religion as the best antidote to anti-Judaism« (Feminist Antijudaism and the Christian God, JFSR 7/2, 1991, 99–108 [108]); vgl. Wacker, a.a.O. 171f, unter Verweis auf die fortgeschrittene Sensibilisierung für das Thema »Antijudaismus und feministische Theologie« durch Veranstaltungen kirchlicher Institutionen in Deutschland.

84. Judith Plaskow (Anti-Judaism in Feminist-Christian Interpretation, in: Elisabeth Schüssler Fiorenza (Hg.), Searching the Scriptures. Vol 1: A Feminist Introduction, New York 1993, 117–129) betont (126 mit Bezug auf Brooten) die Notwendigkeit, das Neue Testament nicht zu lesen als »the antithesis or refutation of ›Judaism‹, but as important source for Jewish women's history«.

85. Wenn aufgrund von *oikodespotein* in 1 Tim 5,14 hier auch »eine, die den Haushalt führt« mitgelesen werden kann, ergibt sich eine subversive Möglichkeit zur Aufhebung der Lehr- und Lernverbote ...

86 Vgl. z. B. dazu Ulrich Luz, Das Evangelium nach Matthäus (Mt 8–17), EKK I/2, Neukirchen-Vluyn 1990, 361–366. Dabei wäre statt des von Luz im Hinblick »auf das Gottesvolk« festgestellten »Bruch(s) zwischen ›Altem‹ und ›Neuem‹«(364) im Gegenteil eher die Kontinuität in den Überlieferungen und ihrer (Neu)Aufnahme herauszuarbeiten und zu betonen.

toritärer Befehle eines einzigen Mannes, der sich zu Unrecht (oder zu Recht) als Apostel Paulus bezeichnet, vom öffentlichen kirchlichen Leben in Lehre und Verkündigung aktuell ausschließen wollten und auch jahrhundertelang bewirkt haben, ist dies als kleine Anmerkung in den Übersetzungen hervorzuheben. Anmerkungen und Erklärungen finden sich ansonsten in den gängigen Bibelübersetzungen zuhauf und sollen Nichttheolog_innen eine kundigeren Blick auf die Textgeschichte ermöglichen (so die revidierte Lutherübersetzung 1984 zu Mt 20,16.22.23 u.ö.). Das bedeutet für 1 Tim 2,9ff einen direkten Verweis auf die von vielen angenommene Pseudonymität der Schrift und für 1 Kor 14,34f einen Hinweis auf die unterschiedliche Platzierung in den Handschriften sowie auf die strittige Frage einer Interpolation[87].

Noch besser wäre allerdings eine Glosse im Stil der Schlussbemerkungen im Kohelet-Buch (12,9ff)[88], die eine ökumenische Bibelkommission zu beschließen hätte: Dass dieser Mann ein guter Lehrer sein wollte, sich bemühte, wahre Worte zu finden, aber im Grunde genommen zu viel geschrieben habe, seine Worte wie Stachel und eingeschlagene Nägel wirkten und eben nur von einem einzigen (Mann!) verfasst worden seien ...

---

87. Vgl. die Realisierung dieser Anregung in der »Bibel in gerechter Sprache« (2006), 4. erweiterte Aufl. (Taschenausgabe) Gütersloh 2011, in der Anm. 784 zu 1 Kor 14,34f durch Luise Schottroff und in der Einleitung zum 1 Tim durch Ulrike Wagener.
88. Zum Koheletschluss s. z. B. F. J. Backhaus, Der Weisheit letzter Schluss! Qoh. 12,9–14 im Kontext von Traditionsgeschichte und beginnender Kanonisierung, BN 72, 1993, 28–59. Der Text des Alten Testaments hat im Laufe seiner gegenüber den neutestamentlichen Schriften weitaus längeren Entstehungsgeschichte immer wieder eine solche normative Kritik an der Norm aufgenommen.

18. Lebendige Widerworte
Die kanaanäische Frau in Mt 15,21–28[1]

[21]Danach ging Jesus von dort weg und zog sich ins Gebiet von Tyrus und Sidon zurück. [22]Doch seht, eine kanaanäische Frau aus jener Gegend kam und schrie: »Nimm dich meiner an, auf dich höre ich! Bist du doch Nachkomme Davids. Eine schlimme und unheimliche Krankheit hat meine Tochter gepackt.« [23]Jesus antwortete ihr mit keinem Wort. Seine Jüngerinnen und Jünger kamen dazu und baten ihn: »Befreie sie davon! Denn sie schreit hinter uns her.« [24]Er widersprach: »Ich bin nur zu den verlorenen Schafen aus dem Hause Israel gesandt.« [25]Doch sie kam heran, fiel vor ihm nieder und sagte: »Ich höre auf dich, hilf mir.« [26]Er antwortete: »Es ist nicht gut, den Kindern das Brot zu nehmen und es den Hunden hinzuwerfen.« [27]Sie entgegnete: »Ja, doch ich gehöre dir und die Hunde fressen von den Krümeln, die vom Tisch der Menschen fallen, denen sie gehören.« [28]Da antwortete Jesus und sagte zu ihr: »Frau, dein Vertrauen ist groß. Es geschehe dir, wie du willst.« Und ihre Tochter war von diesem Augenblick an geheilt.[2]

Oft ist es die Frage, welche Worte retten und welche zerstören, welche aufbauen und welche vernichten. Diese Frage stellt sich bei allen Menschenworten, aber auch beim Gotteswort. Erst im Rückblick ist erkennbar, was wirklich geholfen hat, heilsam und gut war. In der folgenden Geschichte ist es spannend zu untersuchen, wie Wort und Widerwort, Aussage und Gegenrede zusammenwirken, damit am Ende ein Wunder entsteht.

Das Leiden

Der Dialog zwischen Jesus und der kanaanäischen Frau, die um Hilfe für ihre schwer erkrankte Tochter fleht, ist einer der brisantesten des Neuen Testaments. Gemessen an den gängigen Jesus-Bildern vom guten, sanften Hirten, der rettet und sich selbst zur Rettung anderer opfert, ist er geradezu skandalös: Jesus *will* hier nicht helfen, grundsätzlich nicht! Die Hartherzigkeit seiner Haltung und Worte lässt erschrecken. Denn es handelt sich um eine schwere, unheimliche und aussichtslose Erkrankung, von der die Tochter dieser nichtjüdischen Frau gepackt worden ist. Zunächst wird

---

1. Der Text für das Feierabendmahl beim 31. Deutschen Evangelischen Kirchentag 2007 in Köln.
2. Übersetzung für den DEKT 2007.

das deutlich in dem unablässigen Schreien der Frau, ein Schreien, das Jesus und die Jüngerschaft verfolgt. Der griechische Ausdruck *kakos daimonizetai* (V. 22) führt den Zustand der Tochter auf das quälende Wirken einer dämonischen Macht zurück. In zahlreichen Erzählungen der Evangelien bedeutet Heilung ein machtvolles Vertreiben dieser Dämonen, die menschliches Leben und Zusammenleben zerrütten.

Dabei wird mit antiken Kategorien das beschrieben, was wir heute bei schweren geistigen, psychischen und körperlichen Erkrankungen erleben, die Menschen weg von sich selbst führen und ihre Angehörigen ebenfalls – wie es etwa bei Suchterkrankungen geschieht:»Dämonisches Wirken führt Situationen herbei ... wo Geduld nichts nützt und die Zeit nichts heilt. Beschwichtigungs- und Ermutigungsfloskeln bleiben uns im Halse stecken. Ohnmachtsempfinden, Apathie und Ausbrüche von Angst und Verzweiflung wechseln einander ab. Durch dämonische Mächte werden Situationen herbeigeführt, die wir im Rückblick ›hoffnungslos‹ oder ›tragisch‹ nennen, die wir erleichtert durch den Tod abgelöst sehen oder die wir verdrängen, weil es unerträglich ist, in der Gegenwart des Grauens und der Grausamkeit zu leben. Oder es handelt sich um Situationen scheinbar ›natürlichen‹ Leidens, um Situationen der Unfreiheit und Ohnmacht, an die man sich resigniert gewöhnt hat: schwer in zwischenmenschliche Verhältnisse eingreifende Behinderung, Stummheit, Blindheit, Lähmung – Leiden, die wir auch metaphorisch auf verfahrene, unglückliche Situationen der Verständigung in der Gemeinschaft beziehen.«[3]

Das große Glück dieser Familie[4] ist, dass die Mutter noch handeln, hinausgehen kann und sei es allein mit ihrem Schreien. Die Erzählung vermittelt jedoch genau ihre Verstrickung und Belastung durch das Los der Tochter:»Nimm dich *meiner* an ...« (V. 22), »hilf *mir*!« (V. 25). Sie ist eins mit dem Leid der Tochter, trägt mit die Last des gefährdeten Mädchens, zusammen mit der eigenen Angst um sie, niedergedrückt, wie sie viele Angehörige von Kranken täglich durchleben.

Hören und gehören

Es ist oft viel leichter, für einen anderen Menschen zu kämpfen, als für sich selbst, besonders Frauen geht es so. Für die Tochter müht sich diese Frau in völlig selbstloser Weise, lässt sich weder durch schroffe Ablehnung abweisen, noch durch beleidigende Vergleiche entmutigen. Die Szene ereignet sich außerhalb der Grenzen des Landes Israel. Jesus und seine Anhängerschaft hatte Galiläa für kurze Zeit ver-

---

3. Michael Welker, Gottes Geist. Theologie des Heiligen Geistes, Neukirchen-Vluyn 1992, 204.
4. »Die Kategorie der ›alleinerziehenden Mutter‹ liegt nahe«, einer Frau also, die allein, ohne in einen patriarchalen Familienverband einbezogen zu sein, für ihre Tochter verantwortlich ist, so Martina Gnadt, Das Evangelium nach Matthäus, in: Luise Schottroff/Marie-Theres Wacker Hg., Kompendium Feministische Bibelauslegung, Gütersloh 3. Aufl. 2007, 483–498 (495).

lassen und bewegt sich nun im Gebiet von Tyrus und Sidon (V. 21), der phönizischen Küstenstädte, im heutigen Libanon. In der ländlichen Umgebung dieser Städte mit ihrer nichtjüdischen Bevölkerung gab es jedoch jüdische Dörfer[5], wo die Jesusleute Unterstützung und Aufenthalt bei ihren jüdischen Landsleuten finden konnten. Im spannungsreichen Miteinander dieser verschiedenen Bevölkerungsgruppen liegt die Voraussetzung für das Verstehen der Szene. Das Matthäus-Evangelium hat zudem aus der syrophönizischen Frau von Mk 7,24–30 – das ist vermutlich die literarische Vorlage des Textes – eine Kanaanäerin[6] gemacht (V. 22), um noch deutlicher zu sagen, dass eine von Haus aus nichtjüdische Frau sich Jesus nähert.

Doch ihr Hilferuf überrascht sehr: »Die Kanaanäerin ist vertraut mit der Psalmensprache Israels und erbittet Jesu Hilfe mit denselben Worten wie andere jüdische BittstellerInnen auch (V. 23; vgl. 9,27; 17,15; 20,30). Sie nennt Jesus ›Sohn Davids‹ und bekennt sich damit zu ihm als dem heilenden Messias«[7]: *eleeson me, kyrie!* – diesen Hilferuf, eine Anspielung auf z. B. Psalm 6,3; 9,14 oder 85,3, überträgt sie auf Jesus und zeigt so, dass sie schon in den Gebeten Israels zu Hause ist, aber auch, wie sehr sie ihr unbedingtes Vertrauen in den Gesalbten Gottes setzt, den sie in Jesus erkennt. Weil aus dem deutschen Wort »Herr« kaum hervorgeht, dass hier ein inniges Vertrauensverhältnis ausgesprochen, eine unbedingte und befreiende Zugehörigkeit[8] erklärt wird, das mit der Rede der Frau den Text durchzieht (V. 22.25.27) und in ihrem letzten Satz seine Pointe findet (V. 27), ist in der obigen Übersetzung das Wort *kyrios* mit Umschreibungen dieser Erklärung einer Zugehörigkeit wiederzugeben: *Auf dich höre ich, dir gehöre ich!*

Aber all dieses erstaunliche Vertrauen scheint vergeblich zu sein: Der Retter will nicht retten und antwortet nicht einmal. Selbst die Jünger- bzw. Schülerschaft Jesu, zu der auch nach dem inklusiven Sprachgebrauch des Matthäusevangeliums Frauen zu zählen sind[9], verhält sich humaner, indem sie sich für die Frau einsetzt: »*Befreie sie!*« (V. 23). Dieses Verständnis des Ausdrucks *apolyson auten*[10] zeigt einen Dissens

---

5. Dazu Gerd Theißen, Lokal- und Sozialkolorit in der Geschichte von der syrophönikischen Frau (Mk 7,24–30), ZNW 75, 1984, 202–225 (207ff).

6. »Kanaanäisch« ist der biblische Ausdruck für »heidnisch«, also nichtjüdisch und zu ntl. Zeit eigentlich ein Anachronismus, s. Ulrich Luz, Das Evangelium nach Matthäus (Mt 8–17), EKK I/2, Zürich u. a. 1990, 432f; Helga Melzer-Keller, Jesus und die Frauen. Eine Verhältnisbestimmung nach den synoptischen Überlieferungen, HBS 14, Freiburg u. a. 1997, 143.

7. Gnadt, a.a.O. 495.

8. Der Begriff bezeichnet in der Antike den Besitzer und Eigentümer, gerade auch von Menschen. Übertragen auf Jesus drückt sich ein enges Verhältnis aus, das anderweitiger Herrschaft kritisch gegenübersteht, vgl. Marlene Crüsemann, Art. *kyrios*, in: Bibel in gerechter Sprache, 4. erweiterte Aufl. Gütersloh 2011, 1815f.

9. Dazu Elaine M. Wainwright, Towards a Feminist Critical Reading of the Gospel according to Matthew, BZNW 60, Berlin u. New York 1991, 332–339 (335ff).

10. Siehe dazu Melzer-Keller, a.a.O. 145.

zwischen Jesus und den Seinen, wie auch andere Texte, in denen zwischen ihnen gestritten wird (z. B. um das Verhältnis zu Kindern in Mk 10,13ff parr.[11]). Nach diesem Verständnis erscheint die ununterbrochen schreiende Frau lästig und peinlich, lenkt öffentliche Aufmerksamkeit auf die Gruppe. Die Erhörung ihrer Bitte verspräche Ruhe wie im Fall der wahrsagenden Sklavin in Apg 16,16ff oder der »bittenden« Witwe von Lk 18,1ff. Eine andere mögliche Wiedergabe der griechischen Wendung lautet: »Schicke sie weg!« Diese wurde von der Reformation vertreten, um der katholischen Lehre von der Fürbitte der Heiligen den Boden zu entziehen.[12]

Wort gegen Wort: Brot für Israel und die anderen Völker

Nun kommt es zwischen Jesus und der Frau zu dem alles entscheidenden Wortwechsel. Ihre Haltung kann dabei in Dietrich Bonhoeffers Kategorien gefasst werden: Widerstand und Ergebung, genauer: unbedingter Widerstand *durch* unbedingte Ergebung.

Denn die Ablehnung Jesu ist fundamental und kommt einer Grundsatzerklärung gleich: »*Ich bin nur zu den verlorenen Schafen aus dem Hause Israel gesandt*« (V. 24). Es hat sich in der Auslegung eingebürgert, die Geschichte der Kanaanäerin als Schlüssel einer Wende Jesu zu lesen: Sein auf Israel begrenzter Horizont und damit der der missionierenden Gemeinden werde aufgebrochen zur großen Perspektive auf die Völkerwelt. Verbunden wird diese Sicht oft mit der Interpretation einer behaupteten, nun beginnenden Abwendung Jesu von Israel, das ohnehin seine Messianität abgelehnt habe. Letzteres lässt sich aber aufgrund der Analyse dieses Wortwechsels exegetisch nicht aufrecht erhalten, im Gegenteil: Die Bindung Jesu an Israel wird bestätigt und nur *durch diese bleibende Bindung* kann er Menschen außerhalb Israels retten.[13] Das Matthäusevangelium hat seine Vorlage Mk 7,24–30 im Sinne dieser Pointe bearbeitet: durch Hinzufügung der Jüngerintervention, des Satzes von den verlorenen Schafen, der exklusiven Bestimmung seiner Zuwendung zu den »Kindern« Israels (V. 24.26)[14].

Doch zuerst dieser Satz: »*Ich bin nur zu den verlorenen Schafen aus dem Hause Israel gesandt*« (V. 24). Der Genitiv ist so zu verstehen, dass das ganze »Haus Israel« gemeint ist, alle sind wie »verlorene Schafe«. In Mt 9,36 heißt es dazu: »*Jesus sah die*

---

11. Dazu unten S. 255–266.
12. Luz, Komm. 434.
13. Herausgearbeitet hat das Helga Rusche, Für das »Haus Israel« vom »Gott Israels« gesandt. Jesus und die Juden in der Deutung von Mt 15,21–28, in: H. Goldstein (Hg.) Gottesverächter und Menschenfeinde? Juden zwischen Jesus und frühchristlicher Kirche, Düsseldorf 1979, 99–122.
14. Synoptische Übersicht bei Rusche, a.a.O.101f; Wainwright, a.a.O. 217f mit anschließender Auslegung aufgrund dieser Unterschiede (217–252).

vielen Menschen seines Volkes, und sein Innerstes wurde von einem tiefen Mitgefühl für sie bewegt. Denn sie waren müde und zerschunden und lagen am Boden wie Schafe, die niemand haben, sie zu hüten«.[15] So begreift Jesus die Fürsorge für das arme Israel als seine ureigenste Aufgabe und schickt auch die Apostel mit demselben Auftrag los (Mt 10,6). Dieser Auftrag wird nirgends zurückgenommen, hingegen mit dem sogenannten Missionsbefehl Mt 28,19f auf die anderen Völker ausgeweitet.[16] Den Anfang dazu setzt diese Frau, indem sie den Worten Jesu wiederholt und umfassend Recht gibt, vor allem, nachdem der als äußerste Abschreckung formulierte und gemeinte Satz dessen, dem sie vertraut, erklingt: *»Es ist nicht gut, den Kindern das Brot zu nehmen und es den Hunden hinzuwerfen«* (V. 26).

Wie kommt es zu diesem doppelten Bildwort vom Brot und von den Hunden? Sozialgeschichtlich[17] könnte damit auf die Versorgungssituation der reichen Handelsstadt Tyros angespielt sein, deren nichtjüdische Bevölkerung Getreide- und Brotlieferungen aus dem jüdischen Hinterland Galiläa importierte, ja requirierte und gerade in Krisenzeiten finanziell im Vorteil war, sämtliche Vorräte aufzukaufen, die Stadt also zuerst und, wenn es schlimm kam, allein versorgt wurde. Die Pointe Jesu liegt dann in einer Umkehrung dieser Verhältnisse: Bei seiner Hilfe geht es darum, dass das jüdische Volk versorgt, ihnen das Lebensnotwendige nicht genommen wird auf Kosten von »Hunden«, womit ein gängiges Schimpfwort[18] hier direkt auf die nichtjüdische Frau und ihre Landsleute bezogen wird.

Für Leserinnen und Hörer des Textes fällt aber zugleich von seinem Kontext her ein Licht in diese Szene, denn sie ist ja umgeben von zwei großen Brotvermehrungsgeschichten (14,13–21; 15,32–39)! Wenige Brote und Fische ernähren hier riesige Menschenmengen – es müsste von der »Speisung der 15–20 000 und der 12–16 000 oder mehr« die Rede sein, denn Frauen und Kinder werden extra genannt (14,21; 15,38). Dabei bleiben körbeweise Brotreste, Krümel ohne Zahl übrig ... noch viele Menschen könnten davon essen!

Hier wird eine verbindende Spur gelegt zu einer bereits durch die Erfahrung erfüllten großen Hoffnung, dass alle, alle, wer auch immer, satt werden könnten, unabhängig von der Menge der Vorräte. Dieser Spur scheint die Frau in äußerster Widerspenstigkeit und Demut zugleich zu folgen, und sie zieht Jesus mit sich. Und auch die Lesenden. Denn wir fragen uns: Glaubt Jesus seinen eigenen Wundern nicht? Dass das geteilte Brot nicht nur für viele reicht, sondern sich vermehren und überfließen kann in sagenhafte Überreste für weitere Bedürftige? So kommt es zu ihrer überraschenden, aber doch erhofften und alles wendenden Antwort, zu ihrem

---

15. Übersetzung: Bibel in gerechter Sprache.
16. Dazu Martin Vahrenhorst, »Ihr sollt überhaupt nicht schwören ...«. Matthäus im halachischen Diskurs, WMANT 95, Neukirchen-Vluyn 2002, 15f (Lit.).
17. Dazu Theißen, a.a.O. 214–221.
18. S.a. Mt 7,7; ferner Phil 3,2; 2 Petr 2,22; Offb 22,15, dazu Theißen, a.a.O. 202f.

Vertrauen auf den großen Überfluss, den die Zuwendung Gottes zu Israel uns Menschen aus den anderen Völkern lässt: »*Ja, doch ich gehöre dir und die Hunde fressen von den Krümeln, die vom Tisch der Menschen fallen, denen sie gehören*« (V. 27). Hier wird bildlich vorausgesetzt, dass Hunde als Haustiere anwesend sind. Gleichzeitig ernährten sich in der Antike auch Straßenhunde von den Küchenabfällen der Familien.[19] Das Wortspiel *kyrios*/»Herr« und die *kyrioi*/»Herren« der Hunde, also die, denen sie gehören, wird in dieser Fassung aufgenommen zu einer wiederholten expliziten Erklärung, mit der sie sich dem Messias aus dem Haus Davids übereignet, ihre Angehörigkeit erklärt: »Ich gehöre dir, ich gehöre dir an« – und sie vertraut darauf, dass es deshalb für alle reichen wird, wie es für die geringsten Geschöpfe eines jeden Haushalts reichen kann.

Diese Haltung, dieser Lebensausdruck des Vertrauens illustriert die biblischen Begriffe *emuna/pistis*[20], die bisher meist mit »Glauben« übersetzt werden. Vertrauen ist es, das die Rettung ermöglicht und diese Tochter gesund macht. Indem sie die exklusive Bindung Jesu an Israel bestätigt, wird diese Bindung plötzlich erweitert. Es zeigt sich der Weg für die Fremde, dabei zu sein – und sei es nur mit Hilfe dieses Bildes von den kleinsten Brotresten, die aber in ihrer Wirkung gleichbedeutend sind mit dem Ganzen, der Fülle des Lebens.

Wer spricht in dieser Begegnung den entscheidenden Satz, der alles wendet und das Leben wieder aufrichtet? Ist das, was *er* sagt, oder das, was *sie* sagt? Ist es Wort oder Antwort? Und welches ist das Wort – und welches die Antwort? Letztendlich sind es doch ihre Widerworte, die über Jesu Zuwendung entscheiden. In ihnen spiegelt sich der Protest aller Leidenden, auch derer, die von ferne kommen. Sie kommen wie Hiob, der ebenfalls kein israelitischer Mann[21] war und gerade als solcher den Gott Israels anruft und bezeugt – und Recht bekommt.

---

19. Theißen, a.a.O. 202f weist darauf hin, dass gerade im Bezug auf Speisereste Unterschiede zwischen Haus- und Straßenhunden gemacht wurden: Aseneth wirft ihr den Götzen geweihtes Essen aus dem Fenster auf die Straße mit den Worten: »Nie (und) nimmer essen meine Hunde von meinem Mahle und dem Opfer der (Götzen)bilder, sondern essen sollen es die Hunde der Fremden« (JosAs 10,13). Das griech. Wort *kynarion* in Mt 15,27 ist nicht unbedingt als Diminutiv »kleiner Hund« zu lesen (Luz, Komm. 435), sondern eher als »Haushund«. Das übliche Diminutiv sei *kynidion*. Zu beachten ist die sprachliche Korrespondenz zwischen *kynarion* = »Hund« und *proskynese* = »Zu-Füßen-Fallen« (V.25), worauf Rusche, a.a.O. 104 hinweist. Das Verhalten der Frau ist durchaus selbst mit dem von Hunden zu vergleichen.
20. Frank Crüsemann, Art. Glaube, glauben, Bibel in gerechter Sprache, 4. erweiterte Aufl. Güter1oh, 1802–1804.
21. Vgl. Jürgen Ebach, Streiten mit Gott. Hiob. Teil 1 Hiob 1–20, Neukirchen-Vluyn 1996, 3f.

Das Wunder

Was ist ein Wunder?[22] Erstaunlicherweise hat sich die Vorstellung von einem wirklichen Wunder seit den Zeiten des Alten und Neuen Testaments bis heute wenig geändert, wie eine Umfrage[23] ergab: Die Geburt eines Kindes ist ein Wunder, die Rettung aus Todesnot und schwerer Krankheit, Bewahrung in vorher aussichtslosen Notlagen, unverhoffte Versorgung mit dem Lebensnotwendigen. Ein Wunder ist die Herstellung des »normalen« Lebens, das oft erst als wundervoll begriffen werden kann, wenn es bedroht ist. Die biblischen Wundererzählungen zeigen dabei, dass dieses Geschehen ein Zusammenwirken ist und nicht die voraussetzungslose Tat eines einzelnen Wundertäters. Mit einer feministischen Analyse der neutestamentlichen Wundergeschichten[24] lassen sich ihre Elemente so beschreiben: 1. Leiden und Ohnmacht als Ausgangssituation; 2. Das Wachsen der Macht in Beziehung zwischen Jesus, den Hilfesuchenden und anderen Anwesenden, oft gegen Erschwernisse; 3. Verwandlung aller Beteiligten zu Handelnden im Gottesreich; 4. Gotteslob des Volkes, das Gottesreich wird erfahren. Die Geschichte der kanaanäischen Frau zeigt besonders deutlich die Initiative und den Anteil der Hilfesuchenden an dem wunderbaren Geschehen und wie Jesus selbst verwandelt wird in dieser Gemeinsamkeit. Das Gotteslob wird am Ende der summarisch berichteten Krankenheilungen in Galiläa, also jetzt wieder unter der jüdischen Bevölkerung, von Mt 15,29–31 nachgetragen und lautet: »*Da begannen sie, den Gott Israels zu loben*« (V. 31). Das ist an dieser Stelle kein Zufall und rundet den Bericht von der auf den Gott Israels vertrauenden Kanaanäerin ab.

Sie ist im Matthäusevangelium neben dem römischen Hauptmann von Kafarnaum (8,5ff) das Vorbild der Menschen aus den Völkern, die sich zum Messias Jesus und damit dem Gott Israels bekennen. In der Wirkungsgeschichte des Textes ist sie als exemplarische Proselytin präsent, was auch leicht zu antijüdischen Mustern führen konnte.[25] Aber auch das innige Zwiegespräch des glaubenden Menschen mit Christus konnte sich hier wiederfinden, wie in Martin Luthers Fastenpostille[26] von 1525: »Christus stellt sich hier so, wie das Herz es fühlt. Es meint, es sei lauter Nein da, und ist doch nicht wahr. Darum muss sich das Herz von seinem Fühlen abkehren und das tiefe heimliche Ja unter und über dem Nein mit festem Glauben auf das Wort Gottes fassen und halten, wie dies Weiblein tut«.

---

22. S. dazu auch unten S. 267–280.
23. Nach dpa vom 20.9.2006.
24. Luise Schottroff, Lydias ungeduldige Schwestern. Feministische Sozialgeschichte des frühen Christentums, Gütersloh 1994, 81.
25. Indem z. B. bei Hieronymus nun die Juden als »Hunde« galten, während die Frau zum eigentlichen »Kind« Gottes wurde, s. Luz, Komm. 431; zur Auslegungsgeschichte s. auch Theißen, a.a.O. 203–206.
26. Zitiert nach Luz, Komm. 432.

Es ist bemerkenswert, dass die Brotmetaphorik des Textes ikonographisch mit dem Abendmahl verknüpft werden konnte: Auf Darstellungen des Abendmahls im Klostermuseum Muri, im Kloster Einsiedeln, in San Francesco in Assisi und anderen ist jeweils ein Hund unter und neben dem Tisch zu sehen, der auf Speisereste wartet oder aus einer kleinen Schüssel frisst. Dieses Motiv mit der Geschichte der kanaanäischen bzw. syrophönizischen (Mk 7) Frau in Verbindung zu bringen, hat gute Gründe[27] für sich. So kann gerade die Feier des Abendmahls symbolisieren, dass es dort am Tisch Christi Brot für alle gibt, die sich danach sehnen, dass jetzt schon das alle reich machende Gottesreich anbricht.

Beim Abendmahl fallen viele Krümel für uns alle ab. Für uns, die wir aus der nichtjüdischen Völkerwelt kommen. Jeder einzelne Krümel enthält die Fülle des Lebens, den Himmel auf Erden. Die Rettung eines einzigen bedrohten Lebens – das ist der Himmel auf Erden.

---

27. Die Bildmotive in diesem Zusammenhang hat Philipp Wälchli, Hund und Katze im Abendmahl. Ein Bildmotiv und sein biblischer Ursprung, ThZ 46, 1990, 322–332, entdeckt und m.E. überzeugend dargestellt. Er zeigt auch antijüdische Deutungsmuster auf, die mit der auf den Bildern ebenfalls auftauchenden Katze zusammenhängen können (leider indem er sich mit diesen Mustern stark identifiziert, was nicht nötig wäre).

19. Einig über die Nächstenliebe
Die Erzählung vom Samaritaner in Lukas 10,25–37[1]

[25]Und seht! Ein Toragelehrter erhob sich, um ihn herauszufordern und sagte: »Lehrer, mit welchem Tun bekomme ich Anteil am unvergänglichen Leben?« [26]Jesus sprach zu ihm: »In der Tora – was steht da geschrieben? Wie liest du sie?« [27]Er antwortete ihm und zitierte: »Du sollst Adonaj, deinen Gott, lieben aus deinem ganzen Herzen und mit deinem ganzen Leben und mit deiner ganzen Kraft und mit deinem ganzen Denken, und deine Nächste, deinen Nächsten wie dich selbst« (Dtn 6,5; Lev 19,18). [28]Jesus sprach zu ihm: »Du hast richtig geantwortet. Tu das! Und du wirst leben (Lev 18,5).« [29]Der wollte seinerseits dem gerecht werden und sagte darum zu Jesus: »Und wer ist mein Nächster, wer meine Nächste?« [30]Jesus nahm diese Frage auf und sprach: »Ein Mensch ging von Jerusalem nach Jericho hinab und fiel Straßenräubern in die Hände. Diese plünderten ihn aus, misshandelten ihn, machten sich davon und ließen ihn halbtot liegen.

[31]Zufällig ging ein Priester den Weg hinab, sah ihn und ging auf der anderen Seite vorbei. [32]Ebenso kam ein Levit zu der Stelle, sah ihn und ging auf der anderen Seite vorbei. [33]Da kam ein Reisender, einer aus Samaria, dorthin, sah ihn und es ging ihm durch und durch. [34]Er lief zu ihm hin und verband seine Wunden, wobei er Öl und Wein darauf goss. Dann hob er ihn auf sein eigenes Tier, brachte ihn in ein Gasthaus und kümmerte sich um ihn. [35]Am folgenden Tag holte er zwei Denare heraus, gab sie dem Wirt und sagte: ›Kümmere dich um ihn! Und falls du mehr ausgibst, will ich es dir bei meiner Rückkehr bezahlen.‹

[36]Was meinst du: Wer von den dreien ist dem der Nächste geworden, der den Räubern in die Hände gefallen war? [37]Er sprach: »Der ihm durch sein Tun Barmherzigkeit erwiesen hat.« Jesus antwortete ihm: »Geh und handle du entsprechend!«[2]

Das Gleichnis vom ›barmherzigen Samariter‹ gehört zu den bekanntesten, meist ausgelegten Texten des Neuen Testaments. Wie jeder biblische Text ist er unerschöpflich, besonders in neuen Zusammenhängen. Da ist zunächst der Bezug zur ersten Frage der Bibel in Gen 3,9: »*Mensch, wo bist du?*«[3] Der unter die Räuber Gefallene in Lk 10,30 ist ein »Mensch« (*anthropos*), ein Mensch wie jeder und jede andere, die

---

1. Lk 10,25–37 war der Text für die Bibelarbeit am Freitag beim 32. Deutschen Evangelischen Kirchentag 2009 in Bremen.
2. Übersetzung für den DEKT 2009.
3. Losung des Bremer Kirchentags.

in äußerste Not geraten. Wer fragt dann nach ihnen: »Mensch, wo bist du?« Und umgekehrt richtet sich diese Frage aus der Sicht der Misshandelten und Verletzten sofort an alle, alle anderen. Die Opfer der Gewalt und alle die drohen, verloren zu gehen, rufen unaufhörlich um Hilfe für ihr Leben: »Wo bist du? Wo seid ihr?« Die mögliche Wechselseitigkeit dieses Rufs in einer Geschichte bildet das Fundament für die Bekräftigung des alttestamentlichen Gebots der Nächstenliebe aus Lev 19,18, wie sie vom Lukas-Evangelium dargestellt wird.

Ein weiterer neuer Impuls ist durch das veränderte Paradigma frühchristlicher Geschichte gegeben, mit dem die neutestamentliche Wissenschaft zunehmend arbeitet: Die Jesusbewegung gehört in die Geschichte des Judentums im 1. Jh. n. Chr. und ist demnach als eine unter mehreren jüdischen Reformgruppen anzusehen. Sind vor diesem Hintergrund Auseinandersetzungen zwischen der Anhängerschaft Jesu und zum Beispiel pharisäischer und sadduzäischer Gruppierungen als innerjüdische Konflikte zu beschreiben, so haben wir mit diesem und vergleichbaren Texten sogar ein Stück innerjüdischer Übereinstimmung vor uns! Es ergibt sich ein wesentlich anderer Akzent, wenn die Überschrift nicht wie traditionell »der barmherzige Samariter« lautete, sondern, wie es die Dynamik des rahmenden Gesprächs nahe legt: »Jesus und ein anderer jüdischer Schriftgelehrter sind sich über zentrale Fragen des Glaubens einig«.[4]

In diesem Sinne möchte der folgende Durchgang durch die Einzelheiten des berühmten Textes dafür werben, auf eine explizite und auch sublimere implizite Herabsetzung des Judentums zu verzichten, die zahlreiche traditionelle Auslegungen geprägt hat. Vielmehr ist die vom Wortlaut klar bezeugte Übereinstimmung neutestamentlicher mit alttestamentlicher Ethik zu betonen, das Handeln aus Liebe und Barmherzigkeit.

Sehnsucht nach Leben

Das Gleichnis ist eingebettet in zwei Gesprächsgänge einer Diskussion, in der es um den Zugang zum Leben, zum ewigen Leben geht.

Ein Toragelehrter (*nomikos*) steht auf, um Jesus, den er respektvoll als »Lehrer« anspricht, also solchen herauszufordern (*ekpeirazon*). Dieser war vermutlich bei der vorangehenden Szene schon anwesend[5], als Jesus die zurückgekehrten 70 oder 72 Jünger und Jüngerinnen selig spricht, weil sie als einfache und im Sinne der Eliten

---

4. Dieses Bonmot von Martin Leutzsch wird zitiert von Jürgen Ebach, Wer ist zum Nächsten geworden? Wittenberger Kanzelrede über Lukas 10,25–37, in: ders., »Iss dieses Buch!« Theologische Reden 8, Erev-Rav-Hefte, Wittingen 2008, 106–116 (108).
5. Ähnlich wie bei der Verbindung zwischen Lk 16,1+14; vgl. Hans Klein, Das Lukasevangelium, KEK I/3 (10. Aufl.), 1. Aufl. dieser Auslegung, Göttingen 2006, 390.

ungebildete Menschen die göttliche Offenbarung verstehen, die Jesus vermittelt. Sie hören und sehen etwas, wonach sich Königshöfe und Prophetie seit langem vergeblich gesehnt haben (Lk 10,17–24). Und von einer solchen Sehnsucht nach Gottesnähe mag auch der bei oder neben der Jüngerschaft anwesende Toragelehrte ergriffen worden sein, wenn er den von ihm akzeptierten Lehrer Jesus fragt: »*Mit welchem Tun bekomme ich Anteil am ewigen Leben?*« (V. 25) Ganz selbstverständlich setzt der Fragende voraus, dass er etwas tun kann, um teilzuhaben am »Leben in seiner ewigen Fülle«[6], am unvergänglichen Leben, am ewig lebendigen Leben, über das der Tod keine Macht hat.

Dieselbe Frage stellt in Lk 18,18 ein reicher Mann, der zur politischen Führung gehört. In beiden Gesprächen geht es dann um die Verwirklichung der Gebote Gottes im eigenen Leben. Die grundsätzliche Einigkeit in der Diskussion um das höchste Gebot zwischen Jesus und einem Schriftgelehrten in Mk 12,28–34, an der sich das Lukas-Evangelium orientiert, wirft außerdem ein Licht auf die Intention des Fragenden. Alle diese Dialoge gehören sozialgeschichtlich zur Praxis jüdischer Lehre, bei der durch wechselseitige Fragen und Antworten diskutierend gelernt wird. Es liegt also nahe, im Toragelehrten einen existentiell Suchenden mit einer ehrlichen Absicht zu sehen. Er stellt keine Fangfrage, um Jesus eine Falle zu stellen, sondern eine »für sein Leben entscheidende Frage«, was er jetzt, in »seiner Lebenssituation« tun könne[7]. Es ist die herausfordernde Frage an einen neuen Lehrer, ob er lehrend wirklich zu helfen versteht. Hier wie auch ganz am Schluss des Gesprächs, das den Anfang bestätigt, geht es um die überragende Bedeutung des Tuns, viermal fällt der Begriff (*poio*, »tun«, V. 25.28.37a+b).

Für evangelische Ohren ist das durchaus gewöhnungsbedürftig: man wird etwas tun für ein eigenes Leben, das teilhaben soll an Gottes ewig lebendiger Fülle. Die Antwort Jesu auf dieses »was soll ich tun?« ist eigentlich überraschend. Warum verweist er etwa nicht im Stil des Johannesevangeliums auf sich selbst: »*Ich bin der Weg, die Wahrheit und das Leben*« (Joh 14,6), oder: glaube an mich, folge mir nach? Die Gegenfrage Jesu in Lk 10,26: »*In der Tora – Was steht da geschrieben? Wie liest du sie?*« setzt voraus, dass der Schlüssel zum ewigen Leben in der Tora, im Alten Testament ohne weiteres zu finden ist. Und die von Jesus als richtig bewertete Antwort des Toragelehrten (V. 27) bestätigt das sofort, indem sie das Bekenntnis Israels, das *Schma' Jisrael* (»*Höre, Israel!*«) aus Dtn 6,5 zum einen Gott, den es mit dem ganzen Sein zu lieben gilt, zitiert zusammen mit dem Gebot der Nächstenliebe aus Lev 19,18. An dieser doppelten Liebe hängt alles Leben. In den Paralleltexten zu

---

6. Luise Schottroff, Gott lieben. Der barmherzige Samaritaner. Lukas 10,25–37, in: dies., Die Gleichnisse Jesu, Gütersloh 2005, 167–176 (167).

7. Schottroff, a.a.O. 168; vgl. Ebach, a.a.O. 108: »Dass er eine Fangfrage stellen oder ihn provozieren wollte, geht aus den griechischen Worten nicht hervor«.

dieser Perikope, Mt 22,37–39 und Mk 12,29–32, ist es Jesus, der die beiden Weisungen zum höchsten Gebot zusammenfasst. Hier in Lk 10,27 ist es der Toragelehrte selbst. Dem entspricht die auch sonst im frühen Judentum, vor allem in den Testamenten der 12 Patriarchen (z. B. TestIss 5,2) bezeugte Zusammenfassung von Gottes- und Nächstenliebe.[8] Dem heutigen Bekanntheitsgrad dieses nunmehr christlichen Hauptgebots entspricht aber in keiner Weise die Tatsache, dass es sich um alttestamentliche Gebote handelt, die als Zitate laut werden. Noch weniger dürfte im kirchlichen Unterricht allgemein gelernt und beherzigt werden, dass es im gleichen 3. Buch Mose nach dem Gebot der Nächstenliebe auch das der Liebe zu den Fremden gibt, die »du lieben sollst wie dich selbst; denn ihr seid auch Fremdlinge gewesen in Ägypten« (Lev 19,34). Diesem Defizit gilt es fruchtbar entgegenzuwirken. Wenn man weiß, wie die antisemitische Propaganda seit dem 19. Jahrhundert versucht hat, das Nächstenliebegebot dem Judentum abzusprechen und es allein für das Neue Testament und damit als genuin christlich zu reklamieren[9], dürfte es bei uns gar nicht genug Wiederholungen des wahren Sachverhalts geben. Die Liebe zu den Nächsten wird in Lev 19,18 als hilfreiches Handeln definiert, denn das Gebot fasst die dort in V. 11–18a vorangehenden Sätze als krönenden Abschluss zusammen[10]. In ihnen geht es unter anderem um Schutzbestimmungen für Körperbehinderte wie Blinde und Taube, um den Lohn für Tagelöhner, um wirtschaftlich Schwächere, die nicht bedrückt und beraubt werden sollen. Alle diese sehr konkreten Taten werden durch die Textstruktur als Liebe bezeichnet und durch das wiederholte »Ich bin JHWH« in die engste Beziehung mit Gott gebracht.

Als der Toragelehrte das Doppelgebot zitiert, bleibt für Jesus nur die Feststellung, dass er richtig geantwortet habe zusammen mit einem weiteren Torazitat, aus Lev 18,15: »Tu das! Und du wirst leben!« Eine christliche Theologie, die wieder und weiterhin lernt und lehrt, wie sie von Jesus zusammen mit dem anderen Schriftgelehrten über das Tun der Gottes- und Nächstenliebe gemäß der Tora unterrichtet wird, ist auch imstande, sich über den Zusammenhang von Tora und ewigem Leben zu freuen: »Gottes tätiges Leben ist das, das er – als ewiges Leben – mit uns teilen will. Des zum Zeichen bindet er uns an sein Recht, dass wir es tun und hören (Ex

---

8. Vgl. z. B. Ruben Zimmermann, Berührende Liebe (Der barmherzige Samariter) Lk 10,30–35, in: ders. u. a. (Hg.), Kompendium der Gleichnisse Jesu, Gütersloh 2007, 538–555 (542).

9. Siehe dazu den wichtigen Aufsatz von Martin Leutzsch, Nächstenliebe als Antisemitismus? Zu einem Problem der christlich-jüdischen Beziehung, in: Ekkehard W. Stegemann/Klaus Wengst (Hg.), »Eine Grenze hast Du gesetzt«, FS Edna Brocke, Stuttgart 2003, 77–95, der eingangs (77f) u. a. die Erklärung von 220 Rabbinern zitiert, die 1893 versuchten, der deutschen Öffentlichkeit unter Anführung dieser und weiterer zentraler Bibelstellen die Wahrheit über die jüdische Ethik, nämlich das Gebot von »der allgemeinsten, auf alle Menschen, Juden und Nichtjuden, sich erstreckenden Nächstenliebe« (77) nahe zu bringen.

10. Frank Crüsemann, Die Tora. Theologie und Sozialgeschichte des alttestamentlichen Gesetzes, 3. Aufl. Gütersloh 2005, 374–380.

24,7) – Tun vor Hören ... Es ist die Rechtsform, in der der biblische Gott sich zur Menschheit in Beziehung setzt, der Grund dafür, dass er auch uns zu einem Sein in der Tat bestimmt. So bevor wir sterben, so aber auch im ewigen Leben. Die Bibel ... sieht auch unser ewiges Leben in freudigem Tun des Willens Gottes, der Weisungen seiner Tora begriffen. Ewiges Leben wird tätig bewegt von der Lebenskraft der Tora Gottes bleiben, die in sich die Gotteskraft hat, die am Leben ›bleiben‹ zu lassen, die aus ihr leben (Dtn 30,16.19)«.[11]

Wem gerecht werden?

In dieser Übereinstimmung hätte das Gespräch enden können. Aber der Torage-lehrte möchte noch mehr, und hier kommt sehr viel auf die Übersetzung der Worte an, die seine nächste Frage einleiten: *ho de thelon dikaiosai heauton* (V. 29) Wollte er »sich selbst rechtfertigen« (Luther), »sich rechtfertigen« (Zürich 2007), »seine Frage rechtfertigen« (Einheitsübersetzung), »seine Frage ins rechte Licht rücken« (Berger/Nord), »weiter Recht bekommen« (Bibel in gerechter Sprache), »seine Frage verteidigen«[12], »seinerseits im Recht bleiben«[13]? Es entscheidet jeweils die eigene Interpretation, das Bild von der Szene – sind es Scheinfragen oder echte Fragen, die der Gelehrte stellt? Ist er ehrlich oder scheinheilig? Charakterisiere ich jeweils mit dieser Übersetzung nicht auch den Teil des Judentums, dem er angehört, und wo-möglich implizit das ganze? Zur vertrauten Tradition der Lutherübersetzung hat Jürgen Ebach zu bedenken gegeben: »Das Wort ›rechtfertigen‹ hat (nicht zuletzt durch Luther selbst) über den Alltagsgebrauch eine hochtheologische Bedeutung bekommen ... Folgt man der Lutherbibel, so wollte da einer ›sich selbst rechtfertigen‹. Mit dieser Wortwahl kommt ein (von Luther womöglich gar nicht beabsichtigtes) Verstehensgefälle in den Text, welches ihn verfehlt. Aus einem, der die Berechtigung einer Zusatzfrage bekräftigen will, wird dann einer, der selbstgerecht ist. Der Fra-gesteller wird dann leicht zum Zerrbild jüdischer Werkgerechtigkeit, zu einem, der ›das Gesetz‹ repräsentiert und dem Jesus das Evangelium entgegenhält«.[14]

Wie lässt sich die Position des Gelehrten beschreiben, die vielleicht seinem Selbstverständnis entspräche, wie es der Struktur des Dialogs entspricht? Seine wei-tergehende Frage lautet ja: »*Und wer ist mein Nächster, wer meine Nächste?*« Sie zielt auf die Konkretion des großen Gebots, hier und zu dieser Stunde. Sie ist verständlich, wenn jemand auf den Imperativ »*Tu das! Und du wirst leben!*« sofort und fortan das

11. Friedrich-Wilhelm Marquardt, Was dürfen wir hoffen, wenn wir hoffen dürften? Eine Eschatologie, Band 3, Gütersloh 1996, 412.
12. Schottroff, a.a.O. 167.
13. Ebach, a.a.O. 112.
14. Ebach, a.a.O. 110; vgl. ebd. 109–112 die weiteren Ausführungen zur Stelle.

Richtige tun will, also unter Abwägung der vielen in jeder Situation möglichen Entscheidungen die richtige wählen möchte, die das ewige Leben in der irdischen Zeit erscheinen lässt. Er möchte sein Anliegen vertiefen im Sinne seiner Ausgangsfrage. Dem versucht die gewählte Übersetzung zu entsprechen: »*er wollte seinerseits dem gerecht werden*«. Ähnlich wie beim Reichen in Lk 18,21f sieht es hier so aus, dass jemand von einem selbstgewählten Lehrer noch ein besonderes Wort erhofft, das ihm in seiner gerade gegebenen Lebenssituation, seinen Zielen weiter helfen möchte. Die Reaktion Jesu ist dementsprechend keine polemische, sondern eine bestätigende: er »*nahm diese Frage auf*« (*hypolabon*, V.30), »indem er sie versteht«[15], und erzählt eine Parabel, das Gleichnis über den Impuls zum richtigen Handeln, einen Midrasch über das Gebot von Lev 19,18.

Auf dem Weg zwischen Jerusalem und Jericho

Ein Mensch oder »*irgendein Mensch*« (*anthropos tis*) macht sich auf den Weg von Jerusalem nach Jericho. Es ist buchstäblich ein Weg nach unten: Die Strecke beträgt ungefähr 27 Kilometer und überwindet einen Höhenunterschied von über tausend Metern, denn Jerusalem liegt ca. 750 Meter über, Jericho in der Nähe des Toten Meeres jedoch ca. 300 Meter unter dem Meeresspiegel. Wer von Jerusalem kommt, muss also »hinab« gehen (V. 30+31). Der Weg in antiker Zeit führte wahrscheinlich durch eine der unübersichtlichen Schluchten, die nur langsam durchwandert werden können, keine Auswege und Fluchtmöglichkeiten bieten, aber ein ideales Terrain für geplante Raubüberfälle. Mit wenigen Verben wird ein solcher Überfall geschildert: Straßenräuber plündern den Menschen aus, misshandeln ihn, lassen ihn halbtot liegen und verschwinden. Diese *lestai* sind vermutlich eher gewöhnliche Kriminelle als politische Guerrilleros wie die Zeloten. Entscheidend ist ihr brutales Vorgehen, das ihre große Schuld beschreibt als absolutes Gegenteil von Nächstenliebe.

Mehrere Personen passieren nun die Unglücksstelle. Die ersten beiden, es sind ein Priester und ein Levit, gehen sehenden Auges am Schwerverletzten vorbei. Über ihre Motive für die unterlassene Hilfe wird nichts gesagt. In der exegetischen Literatur wird bis heute immer wieder eine Motivation konstruiert, die mit dem Dienst am Jerusalemer Tempel zusammenhängen soll, wobei Reinheitsgesetze der Tora oder die rituelle Orientierung von Priester und Levit sie gehindert hätten, menschlich zu handeln: Sie hätten einen vermutlich Toten nicht berühren wollen. Dagegen[16]

---

15. François Bovon, Das Evangelium nach Lukas (Lk 9,51–14,35), EKK III/2, Neukirchen-Vluyn 1996, 88.

16. Zu derartigen Gegenargumenten s.a. Klein, Komm. 392, Anm.40; Ebach, a.a.O. 113; Schottroff, a.a.O. 173f.

sagt der Text ausdrücklich, dass der Überfallene noch lebt, schwache Lebenszeichen von sich gibt: »*halbtot*« (*hemithanes*) ist nicht tot.[17] Vom Priester heißt es explizit, dass er wie der Überfallene »hinab« geht (V.31), er also auf dem Weg vom Tempeldienst nach Hause ist. Dies ist ein auffälliger Zug der Erzählung, denn der Levit, für den es keine solchen Reinheitsregeln wie für Priester gibt, und der Samaritaner können auch auf dem Weg »hinauf« nach Jerusalem sein.[18] Auf diese Weise wird eigens betont, dass der Priester auf jeden Fall nicht in Konflikt mit einigen für den unmittelbaren Dienst am Heiligtum geltenden Reinheitsverpflichtungen beim Umgang mit Verstorbenen geraten wäre (Lev 21,1–4; Num 6,6–12), wenn er sich mit dem Verletzten oder sogar einem Sterbenden befasst hätte. Er hat für recht lange Zeit dienstfrei und Gelegenheit für die kultische Reinigung, da der turnusmäßige Dienst am Tempel für alle Priesterfamilien nur wenige Wochen im Jahr umfasste. Die meisten dieser Familien wohnten in der »Palmenstadt« Jericho.[19] Aber auch für den Fall, dass er umgekehrt auf dem Weg zum Dienst gewesen wäre und der Verletzte wirklich schon gestorben wäre, spricht sich die rabbinische halachische Diskussion dafür aus, dass er sich um einen solchen Toten hätte kümmern müssen, da das Gebot der Fürsorge für einen toten Menschen am Wege, der dort ohne Angehörige ist, zur Anwendung kommt. Dies soll selbst für einen Oberpriester gelten (bHor 13a).[20] Auf dem Weg nach Hause, zurück vom Heiligtum, spielen nun aber alle Rekurse auf eine eventuell zu bewahrende Kultfähigkeit ohnehin keine Rolle.

Wenn das Gleichnis also als erstes einen Passanten herbeikommen lässt, der zu den Obersten der religiösen Organisation gehört, so musste die Erwartung der zeitgenössischen Hörenden dahin gehen, dass nun der arme Verletzte ja Glück hat: Solch ein frommer Mensch, der quasi die Tora unter dem Arm trägt, muss ihm ja sofort und entscheidend helfen. Dasselbe wäre von einem Leviten zu erwarten.[21] Warum sie hingegen vorbeigehen, geradezu die Straßenseite wechseln (*antiparelthen*, V. 31–32)[22], wird nun gerade nicht gesagt. Jede Suche nach Gründen, die dieses Ver-

---

17. Dieses seltene griechische Wort kommt in der Bibel (LXX) nur noch in 4Makk 4,11 vor; vgl. zu diesen u. a. Belegen Roger D. Aus, Unerwartete Barmherzigkeit. Untersuchungen zur Beispielgeschichte Jesu vom Barmherzigen Samariter (Lukas 10,30–37), in: ders., Weihnachtsgeschichte, Barmherziger Samariter, Verlorener Sohn. Studien zu ihrem jüdischen Hintergrund, ANTZ Band 2, Institut Kirche und Judentum, Berlin 1988, 59–125 (71f): bei schweren Verletzungen wird so die gegebene Lebensgefahr angedeutet, gleichwohl ausgedrückt, dass der Tod keineswegs schon eingetreten ist. Klein, Komm. 391 Anm.37, betont, dass z. B. der »Halbtote« in 4Makk 4,11 noch spricht.

18. Falls das »ebenso« (*homoios*, V.32) im Fall des Leviten nicht nur das Vorbeikommen an der Stelle des Überfalls ausdrückt, sondern ebenfalls, dass er aus Jerusalem kommt, hätte auch dieser dienstfrei und damit Zeit zu helfen.

19. S. die Belege bei Aus, a.a.O. 65.

20. Abraham Chill, The Mitzvot. The Commandments and Their Rationale, Jerusalem 1974, 254ff.

21. In einer von Aus, a.a.O. 65f, dazu angeführten jüdischen Parallele aus der Mischna, mJevamot 16,7, trägt ein auf derselben Reise erkrankter Levit u. a. eine Torarolle bei sich.

22. Vgl. zu dieser Interpretation und Übersetzung des Verbs Bovon ,a.a.O. 90 Anm.38.

halten mit ihrem Beruf erklären will und damit den Dienst am Tempel zu Jerusalem unter der Hand als tendenziell unmenschlich diskreditiert, führt vor allem an der Pointe der Erzählung vorbei. Diese besteht ja darin, dass die rettende Hilfe schließlich von einer Seite kommt, von der nicht jeder sie gleich erwartet – während sie überraschenderweise von Menschen nicht geleistet wird, die dafür besonders qualifiziert wären.

Der dritte Passant, vielleicht ein Handelsreisender (V. 33), ist ein Samaritaner. Die Differenz zwischen jüdischen und samaritanischen Menschen[23] der damaligen Zeit, die auch das Lukas-Evangelium widerspiegelt, lässt sich wohl am besten als eine Art Konfessionsverschiedenheit beschreiben: Beide beanspruchen, das wahre Israel zu sein und das einzig legitime Heiligtum zu besitzen, den Jerusalemer Tempel auf dem Zionsberg oder den Tempel auf dem Berg Garizim im westjordanischen Samarien. Seit letzterer um 200 v. Chr. unter den hellenistischen Herrschern errichtet werden konnte, ein Ausbau des schon seit dem 4. Jh. dort bestehenden JHWH-Heiligtums, kam es zu gegenseitigen Angriffen auf die Tempel und im Lauf der Generationen zu einer gewissen Entfremdung der Bevölkerungen, obwohl beide zur römischen Prokuratur Judäa gehörten. Wichtig ist, dass beide Gemeinschaften den Glauben an den Gott Israels teilen und auch die wichtigsten biblischen Schriften, die Tora: Für die bis heute bestehende samaritanische Gemeinschaft sind ausschließlich die fünf Bücher Mose der Kanon. Das bedeutet für die Logik des Gleichnisses, dass auch der samaritanische Passant die Tora und ihr Gebot der Nächstenliebe als Gottes Wort kennt und dies für die Handlung implizit vorausgesetzt ist[24].

In Lk 10,33 nun heißt es geradezu stereotyp auch vom Samaritaner, dass er genau wie seine Vorgänger zum Opfer kommt, es sieht und dann aber ... mit ihm etwas vorgeht, was den ganzen großen Unterschied ausmacht, ihn zum Retter werden lässt: Auf den furchtbaren Anblick reagiert er nicht mit einem schnellen Wegsehen, sondern er lässt es zu, dass er ihn tief berühren kann: »*es ging ihm durch und durch*«, »*es jammerte ihn*« (Luther), »*da ging's ihm durch Mark und Bein*«[25], er war »*im Innersten berührt*«[26]. »Es entsteht eine Beziehung zwischen dem Verwundeten und dem Samariter. Der verletzliche Leib des einen weckt das aufmerksame Herz des andern. Die sichtbaren Zeichen der Not bewegen buchstäblich die Eingeweide, er-

---

23. Andreas Lindemann, Samaria und die Samaritaner im Neuen Testament, WuD 22, 1993, 51–76 (53ff); Martina Böhm, Martina, Samarien und die Samaritai bei Lukas, WUNT 2/111, Tübingen 1999, 309ff sowie ebd. 37–43 zur samaritanisch-jüdischen Konfliktgeschichte.

24. Lindemann, a.a.O. 59.

25. Hartwig Thyen, Gottes- und Nächstenliebe, in: Gerhard K. Schäfer/Theodor Strohm (Hg.), Diakonie – biblische Grundlagen und Orientierungen. Ein Arbeitsbuch, 3. Aufl. Heidelberg 1998, 263–296 (275).

26. Bovon, a.a.O. 81.

füllen den Samariter mit Fürsorglichkeit«.[27] Dieses griechische Verb *splagchnizomai* kommt von *ta splagchna*, den inneren Organen des besonders verletzlichen Unterleibs. Dies ist biblisch der körperliche Sitz des Erbarmens, indem die Bewegung des Angerührtseins, des Mitleidens hier entsteht. Dem entspricht das hebr. *rächäm/ rachamim*, was in erster Linie mit dem Mutterleib, also der Gebärmutter zusammenhängt. Auch Gottes Erbarmen wird im Alten Testament bildlich auf diese Weise körperlich lokalisiert (z. B. Jes 49,15).[28]

Das Lukasevangelium hat mit diesem durch *splagchnizomai* ausgedrückten erbarmenden Angerührtsein einen ganz besonderen Akzent gesetzt, da es an entscheidenden Höhe- und Wendepunkten von Texten auftaucht, die nur dieses Evangelium enthält: In 1,78 wird das aus den Höhen aufstrahlende Mitgefühl Gottes ausgesprochen; in 7,13 ist es Jesus, der vom Schicksal der Witwe in Nain bewegt wird und ihren einzigen Sohn ins Leben zurückruft; in 15,20 läuft der Vater dem verlorenen Sohn voll des aufbrechenden liebenden Erbarmens entgegen, ihn zu umarmen. Und hier in Lk 10,33 macht diese Bewegung das entscheidende Moment in den Weg zur Nächstenliebe aus. So verbindet dieses eine Wort die göttliche und menschliche Liebesfähigkeit und damit alle Dimensionen zwischen Himmel und Erde, die sich für das Lk-Ev mit dem Kommen des Jesuskindes aufs Neue geöffnet haben. Das menschliche Erbarmen, das zum wirksamen Helfen sich selbst motiviert und befähigt, ist auch Ausdruck der mütterlich-väterlichen Liebe Gottes.

Wozu es den beispielhaften samaritanischen Menschen bewegt, ist sehr viel, hier wird das Gleichnis im Gegensatz zu den Misshandlungen durch die Übeltäter ausführlich (V. 34–35)[29]: Er läuft sofort herbei und versorgt ihn. Die Behandlung der offenen Wunden mit Öl gegen die Schwellungen und Wein zur Desinfektion zusammen mit einem Stoffverband, hier aus sauberer Kleidung oder mitgeführten Handelswaren, entsprach zeitgenössischer Heilpraxis. Vielleicht wurden Öl und Wein auch auf den Verband geträufelt, um so eine dauerhaftere Wirkung zu erzielen[30]. Er sucht nicht nach einem etwaigen Reittier des Verletzten, um keine Zeit zu

---

27. Bovon, a.a.O. 90; dies betont auch Zimmermann, a.a.O. 539.549.
28. Zu dieser »Mutterschößigkeit Gottes« aufgrund der Bibel s. Magdalene L. Frettlöh, Gott Gewicht geben. Bausteine einer geschlechtergerechten Gotteslehre, Neukirchen-Vluyn 2006, 247–327.
29. Vgl. die in Einzelzügen ähnliche Behandlung kriegsgefangener Männer, Frauen und Kinder in 2 Chron 28,15 nach dem Sieg des Nordreichs gegen den judäischen König Ahas, die vom Propheten Oded veranlasst wird: Die samaritanischen »Männer traten hervor und stärkten die« befreiten »Kriegsgefangenen. Alle, die nackt waren, bekleideten sie aus der Kriegsbeute. Sie bekleideten sie, zogen ihnen Sandalen an, gaben ihnen zu essen und zu trinken und salbten sie. Und alle, die erschöpft waren, geleiteten sie auf Eseln. Sie brachten sie zur Palmenstadt Jericho in die Nähe ihrer Geschwister. Dann kehrten sie nach Samaria zurück.« (Übersetzung Bibel in gerechter Sprache). Zur jüdischen Tradition dieses Textes im möglichen Zusammenhang mit Lk 10,30ff s. Aus, a.a.O. 79–94.
30. Aus, a.a.O. 103f.105.

verlieren, sondern lädt ihn auf sein eigenes und trägt womöglich sein Gepäck selbst. Bei der notwendigen Übernachtung in einer Herberge pflegt er ihn über Nacht, bezahlt also schon hierfür und am nächsten Morgen sogar den Wirt[31] mit zwei Silberdenaren, dem Gegenwart von zwei Tagesverdiensten eines Arbeiters (Mt 20,2), für die weitere Pflege. Zudem verspricht er, zurückzukehren, noch mehr zu zahlen, sieht sich also weiter in der Verantwortung.

Im Horizont gegenwärtiger Krisen von Hilfsinstitutionen, den Problemen von Menschen in helfenden Berufen, deren möglicher Selbstausbeutung auf der einen oder der unbegrenzten Herrschaftsausübung über die Betreuten auf der anderen Seite, kann die auffällige Delegation der Pflege an den Wirt zum biblischen Bezugspunkt für das Zusammenarbeiten mehrerer Größen, zur Begrenzung der individuellen Anteile zum Beispiel in der Diakonie werden.[32] Der Samaritaner leidet nicht am Helfersyndrom, sondern ist imstande, die Verantwortung für den Pflegling zu teilen und die Verantwortung für sich selbst nicht zu vergessen, indem er seinen Weg fortsetzt und den Betreuten beizeiten loslassen kann. Aber eine Deutung, die sein Engagement außerordentlich und alles andere als selbstverständlich nennt, ist ebenso im Recht: Ein derartiger »Blankoscheck« für alle möglichen weiteren Hilfsleistungen zusammen mit der Ankündigung, sich weiter kümmern zu wollen, symbolisiert eine »grenzenlose Hingabe« an eine »unbegrenzte Liebesforderung«, deren Grund darin liegt, »dass wir alles, was wir sind und haben, nicht uns selbst, sondern der Güte des Schöpfers verdanken und darum auch schulden«[33].

Über das Maß der Liebe und der notwendenden Liebe aber kann niemals generell geurteilt, kann für das einzelne Leben keine Grenze benannt werden. Das illustriert eine rabbinische Geschichte von Krankenbesuchen als Taten der Liebe aus dem Midrasch zum Buch Leviticus, die Luise Schottroff kommentierend neben das Gleichnis vom barmherzigen Samariter stellt: »›R. Huna hat gesagt: Wer den Kranken besucht, nimmt ihm den sechzigsten Theil seiner Krankheit (vermindert ihm einen von den sechzig Theilen seiner Krankheit). Da fragte man den R. Huna: Wenn dem so ist, so sollten gleich sechzig Personen ihn besuchen, und er würde mit ihnen auf die Strasse hinabgehen. Er antwortete ihnen: Sechzig allerdings, aber sie müssen ihn so wie sich selbst lieben, trotzdem verschaffen sie ihm Erleichte-

---

31. In der von Aus, a.a.O. 62–75, angeführten Parallele mJevamot 16,7 wird eine Herbergswirtin erwähnt, die sich um einen unterwegs erkrankten Leviten kümmert.

32. So Gerd Theißen, Die Bibel diakonisch lesen: Die Legitimitätskrise des Helfens und der barmherzige Samariter, in: Gerhard K. Schäfer/Theodor Strohm (Hg.), Diakonie – biblische Grundlagen und Orientierungen. Ein Arbeitsbuch, 3. Aufl. Heidelberg 1998, 376–401 (65), und Zimmermann, a.a.O. 551ff.

33. Thyen, a.a.O. 275f.

rung‹.[34] Es ist möglich, einem Kranken so viel Liebe zu geben, dass diese Liebe die Krankheit um ein Sechzigstel wegnimmt. R. Huna geht behutsam mit dem Thema um. Auch wenn die Zuwendung nicht so intensiv ist, ist es gut, Kranke zu besuchen. Es verschafft dem Kranken Erleichterung. Aber manchmal geschieht ein Wunder der Liebe. Und das ist es, auch wenn es die Krankheit nur ein wenig wegnehmen kann. R. Hunas Worte machen Mut, sich auf solche Nächstenliebe einzulassen«[35].

Wer bist du in dieser Geschichte?

Am Ende ist die Geschichte vom der Barmherzigkeit des Samaritaners auch ein Midrasch über das Gebot der Fremdenliebe von Lev 19,34, das seinen Grund in der eigenen Erfahrung Israels hat: »*Ihr kennt die nefesch, – das Leben, die Seele – der Fremden*« (Ex 23,9) von innen, ihr wisst, wie es sich anfühlt, einer fremden, ja feindlichen Umgebung schutzlos ausgeliefert zu sein. Darum das Liebesgebot zum Schutz der Existenz des und der unbekannten Anderen. An die menschliche Fähigkeit, sich von innen in die Lage des Gegenübers versetzen und einfühlen zu können, appelliert Jesus im letzten Gesprächsgang: »*Was meinst du: wer von den dreien ist dem der Nächste geworden, den Räubern in die Hände gefallen war?*« (V. 36) Nächste sein und Nächster werden sind also die zwei Seiten eines Beziehungsgeschehens, bei dem die situative Gegenseitigkeit wechselnd zum Tragen kommt.

Wenn sich das »*wer ist mein Nächster, meine Nächste?*« (V. 29) subjektiv verwandelt in die Form »wer ist dem Opfer der Nächste geworden?«, worauf es nur die Antwort gibt: »*der ihm durch sein Tun Barmherzigkeit erwiesen hat*« (V. 37), dann kann sich das Bild drehen in einen Positionswechsel: Der Schriftgelehrte und wir, die ebenfalls das Gleichnis vernehmen, sind nicht immer in der Rolle der Helfenden, die eine gute Tat nicht versäumen möchten, sondern liegen plötzlich selbst am Wegrand, beraubt und schwer verletzt, haben unmittelbare Gewalt erlebt, was jederzeit möglich ist. Es ist klar, was wir uns dann wünschen würden: eine wohltuende solche Erstversorgung, welche die *nefesch*, die Seele und die Lebenskraft, berührt und ihr aufhilft, dass nach dem Schrecken doch so etwas wie die Möglichkeit der Rettung erscheint, auch eine Rettung vor dem Vertrauensverlust gegenüber den Menschen, der Welt und Gott. Diese Umdrehung ist das »*wie dich selbst*«. Sie erhält die Hoffnung auf Hilfe in eigener Not. Sie erinnert gleichzeitig an den jederzeit möglichen Positionswechsel im Leben und fördert die Einfühlung in die Lage des anderen, schwächeren Menschen. Sie beflügelt die Phantasie und die Tatkraft für eine erste

---

34. Leviticus Rabba par. 34, zitiert nach der Übersetzung von August Wünsche, Bibliotheca Rabbinica. Eine Sammlung alter Midraschim, Bd. 5 (1883–84), Nachdr. 1967, 234.
35. Schottroff, a.a.O. 170.

Hilfe, für alles, was nötig und angemessen ist. Auf diesem Erbarmen, der Möglichkeit, das eigene verletzliche Menschsein nicht auszublenden, es einem anderen Menschen zugute kommen zu lassen, in den dafür entscheidenden Momenten nicht wegzulaufen, beruht das Leben. Und zwar seit seinem ersten Tag: Jedes Neugeborene wäre ohne die selbstverständliche und dauerhaft geleistete einfühlsame Fürsorge der Erwachsenen verloren.

Am Anfang steht also die Frage nach dem unvergänglichen, dem ewigen, dem ewig lebendigen Leben. Sie wird beantwortet mit Liebe und Barmherzigkeit für das zerbrechliche und verletzte, das verlöschende, dem Tod preisgegebene Leben.[36] Dies ist eine einfache, komplexe, eine unauslotbar wundervolle Erfahrung. Alle, die dieses Gespräch führen und mitbekommen, können an solcher Erfahrung teilnehmen, im aufmerksamen Hören und Lesen, mit dem eigenen entsprechenden Tun und mit der Erinnerung an selbst erlebte rettende Hilfe, als durch die Zuwendung nahestehender oder auch ganz fremder Menschen das Gewicht des Gebots der Nächsten- und Gottesliebe gespürt werden konnte, übermittelt durch die Tora, bekräftigt durch Jesus.

Und so lautet das letzte Wort Jesu: »*Geh und handle du entsprechend!*«

---

36. S. dazu die Gedanken von Theißen, a.a.O. 389–401, zum ewigen Leben als »Leben jenseits des Selektionsprinzips«, zu dem die gesamtbiblische Überlieferung anleitet: »Rette das Verlorene!« (393).

IV. »Gerade in den Schwachen
lebt meine volle Kraft« (2 Kor 12,9)

20. Eine Christologie der Beziehung: Trost, *charis* und Kraft der Schwachen nach dem 2. Brief an die Gemeinde in Korinth

Für Luise Schottroff zum 75. Geburtstag am 11. April 2009

In seinem wohl persönlichsten Brief, dem zweiten an die Gemeinde in Korinth, geht es Paulus um die Wiederherstellung der engen Beziehung und ungetrübten Gemeinschaft zu diesen von ihm geliebten Menschen. Dies festzustellen, klingt wie eine Selbstverständlichkeit, doch werden die thematischen Schwerpunkte in der 2 Kor-Exegese meist anders bestimmt, nämlich als Apologie seines Apostolats, wobei Paulus anscheinend als in erster Linie an sich selbst interessiert erscheint, oder als Bekämpfung von sogenannten Gegnern, wobei sich die Auslegung auf die Identifizierung dieser Gegner und der klugen paulinischen Strategien gegen diese Konkurrenten konzentriert. Dass es in allen 13 Kapiteln aber primär um diese Gemeinde geht, um das erneuerte enge Verhältnis zu ihr, wird noch selten deutlich ausgesprochen; doch bildet diese Thematik ein wichtiges Argument für die literarische Einheit des Briefes.[1]

Im Zuge der Aufarbeitung bisheriger Konflikte, der Darstellung seiner Leiden und seines persönlich schwachen Erscheinungsbildes, des Werbens um erneute Gemeinschaft angesichts erfolgreicher anderer Missionare, der Organisation und der Fertigstellung der großen Geldsammlung für Jerusalem kommt Paulus zu dichten theologischen und christologischen Aussagen. Sie sind eingebettet in seine Argumentation als Grund und Ziel des Verhältnisses zur Gemeinde. Diese Ausführungen möchten

---

1. Zu diesem durchgängigen Hauptthema von 2 Kor 1–13 und aufgrund dessen der Einheitlichkeit des Gesamttextes s. Reimund Bieringer, Plädoyer für die Einheitlichkeit des 2. Korintherbriefes. Literarkritische und inhaltliche Argumente, in: ders./Jan Lambrecht, Studies on 2 Corinthians, BEThL 112, Leuven 1994, 131–179 (bes. 173–179); ders., Die Gegner des Paulus im 2. Korintherbrief, ebd. 181–221 (221). Eine treffende Beobachtung, die für die Einheitlichkeit des überlieferten 2 Kor spricht, findet sich auch bei Bärbel Bosenius, Die Abwesenheit des Apostels Paulus als theologisches Programm. Der zweite Korintherbrief als Beispiel für die Brieflichkeit der paulinischen Theologie, TANZ 11, Tübingen u. Basel 1994: »Das Schreiben ist chronologisch angelegt: Paulus nimmt zunächst in den ersten sieben Kapiteln Bezug auf die zurückliegenden Ereignisse, regelt dann in Kapitel 8 und 9 das unmittelbar bevorstehende Projekt, die Vollendung der Kollekte durch Titus und seine Begleiter, um dann in Kapitel 10–13 das Ereignis vorzubereiten, was sich an die Kollektensammlung anschließen soll: seinen eigenen Besuch in Korinth« (104).

anhand einiger Textpassagen zeigen, dass die angestrebte Gegenseitigkeit der Beziehungen nach Paulus nicht nur die menschliche Ebene betrifft, sondern auch die Beziehung zu Gott und Jesus Christus. Darüber hinaus ist zu beobachten, dass diese Beziehungsebenen sich bedingen und durchdringen können. So beschließt etwa die Aussage von 2 Kor 7,3: »*Denn ich habe schon vorhin gesagt, dass ihr in unserem Herzen seid, um gemeinsam zu sterben und gemeinsam zu leben*« einen größeren Abschnitt[2] (ab 2 Kor 6,11), in dem es zunächst um die engen Relationen zwischen Apostel und Gemeinde geht. Daneben und gleichzeitig wird die ebenso enge Beziehung aller zu Gott beschworen, dessen Mitsein und Mitgehen Zitate aus der Exodusgeschichte Israels zusichern (6,16). Und so wird die mehrheitlich nichtjüdische Gemeinde von Gott adoptiert, explizit als neue Töchter und Söhne Gottes[3]: aufgrund des um die weibliche Form erweiterten Zitats von 2 Sam 7,14, womit Paulus sich quasi als feministischer Übersetzer und Interpret der Bibel erweist. Dabei bilden die Beschwörungen der menschlichen Gemeinschaft zwischen Paulus und der Gemeinde den Rahmen für die Aussagen der Zugehörigkeit zu Gott.

Solche Beziehungssätze und -passagen prägen den Gesamtbrief. Paulus gibt sich zusammen mit Timotheus, der als Mitabsender genannt ist (2 Kor 1,1), als ein verletzlicher Mensch zu erkennen, der auf die eigenständige Antwort der Gemeinde angewiesen ist und der andererseits in engster Beziehung zu Jesus als dem leidenden, gewaltsam getöteten Menschen (2 Kor 1,5; 4,10f; 13,4) steht, wie auch schon die Betonung des Kreuzes im ersten Brief nach Korinth signalisiert (1 Kor 1,18–21). Was es bedeutet, unter den vielfältigen Manifestationen menschlicher Ohnmacht und Schwäche sowie staatlicher und örtlicher Verfolgung die *dynamis*, die Kraft Gottes, zu erfahren, ist eine der Hauptaussagen des 2 Kor (12,9f u.ö.). Im Folgenden soll an drei Passagen aus allen Teilen des 2 Kor der paulinischen Vorstellung eines umfassenden göttlich-menschlichen Beziehungsnetzes, vermittelt durch den Messias Jesus, weiter nachgegangen werden.

---

2. Vgl. zum Folgenden die Exegese von 2 Kor 6,14–7,1 unten S. 206–227, wobei auch die vieldiskutierte Zugehörigkeit dieser Passage zum ursprünglichen Brief weitere Argumente erhält.

3. Neben der einzigen Nennung Jesu als »Sohn Gottes« im 2 Kor, in 1,19, fällt diese ebenfalls singuläre Erwähnung der Gotteskindschaft auf: Weil Jesus Christus nach 1,19 das Ja auf alle Verheißungen der Bibel (unseres Alten Testaments) ist, wird mit ihm auch das Wort Gottes in 2 Sam 7,14 bejaht, indem es aktualisiert und demokratisiert wird: Die Gemeinde aus Töchtern und Söhnen Gottes rückt mit dieser Anrede ausdrücklich an die Seite des Sohnes Jesus: »*Es gibt viele Töchter und Söhne Gottes*« (Luise Schottroff, Heilungsgemeinschaften. Christus und seine Geschwister nach dem Matthäusevangelium, in: Marlene Crüsemann/Carsten Jochum-Bortfeld Hg., Christus und seine Geschwister. Christologie im Umfeld der Bibel in gerechter Sprache, Gütersloh 2009, 23–44 [33]). Vgl. a. Claudia Janssen, Christus und seine Geschwister (Röm 8,12–17.29f.), in: ebd. 63–80 (bes. 73–76).

Das ›Trostverbundsystem‹[4] in 2 Kor 1,3–11; 7,6–7

Gleich zu Anfang entfaltet Paulus die Koordinaten eines solchen Netzes mit einem Leitbegriff, der vielfach variiert wird. Dies ist seine charakteristische Ausdrucksweise, die alle authentischen Paulusbriefe kennzeichnet, wobei jeweils wenige andere Leitbegriffe hinzukommen und in immer neuen Kombinationen seinen Sätzen Profil verleihen. Das Leitwort in 2 Kor 1 lautet: »Trost« und »trösten«. Bei der Wiedergabe des griechischen Nomens *paraklesis* und des Verbs *parakalein*, dessen Bedeutung sich in einem Spektrum von »bitten, ermutigen, ermahnen« und eben auch »trösten« bewegt, ist an dieser Stelle eine völlige Übereinstimmung aller deutschen Bibelübersetzungen festzustellen. Paulus und mit ihm Timotheus beschreiben in hochemotionalen Sätzen erfahrene existenzielle Not und gleichzeitige unbedingte Geborgenheit in den Tröstungen, die Gott als Gott Israels ihnen und allen zukommen lässt. »Es kann ... kein Zweifel daran bestehen, dass Paulus in 2 Kor 1,3ff in der Sprache des Gebetbuches Israels redet, das ihm von Jugend auf vertraut war«.[5] Angelehnt an die Lob- und Danklieder aus diesem Gebetbuch Israels, den Psalmen, dichten Paulus und Timotheus also selbst einen Psalm, »den Lobpreis für ein rettendes Eingreifen Gottes«, das sie »in einer Situation höchster Gefährdung erfahren«[6] haben. Vom Ausmaß dieser bisher beispiellosen und für sie furchtbarsten Augenblicke der Todesangst erzählen die beiden[7] gleich anschließend zum ersten Mal der Gemeinde (V. 8f): In der römischen Provinz Asia – in Ephesus? – war es, so lässt es die Wortwahl vermuten, zur Verhaftung und Verurteilung[8] zum Tode gekommen,

---

4. Luise Schottroff, Der Sieg des Lebens. Auslegung von 2. Korinther 4,6–12, in: dies., Der Sieg des Lebens. Biblische Traditionen einer Friedenspraxis, KT 68, München 1982, 46–62 (55).
5. Otfried Hofius, »Der Gott allen Trostes«. Παράκλησις und παρακαλεῖν in 2 Kor 1,3–7, ThBeitr 14 (1983) 217–227 (225).
6. Hofius, a.a.O. 219: »Damit steht die Eulogie des 2. Korintherbriefs ganz nahe an den alttestamentlichen Lobsprüchen, in denen – jeweils durch« *baruk jhwh (eulogetos kyrios)* bzw. *baruk elohim (eulogetos ho theos)* »eingeleitet – die lobpreisende Antwort auf das in einer bestimmten Notlage erfolgte rettende Eingreifen« JHWHs »laut wird«.
7. Es spricht sprachlich nichts dagegen, dass Paulus und Timotheus gemeinsam diese Todes- und Rettungserfahrung in Kleinasien durchlebten: Seit 1,1 sind sie als Absender präsent, bis V.14 ist in 1. Pers. Pl. formuliert, V.13 betont die gemeinsame Verfasserschaft noch einmal ausdrücklich (»Denn *wir schreiben euch ...*«), so dass die zuvor in V.8–9 geschilderten Ereignisse eher beide betreffen als Paulus allein, der erst ab V.15 mit seinen persönlichen Besuchsabsichten individuell hervortritt.
8. *Apokrima tou thanatou*/»Todesurteil« (V.9) stammt aus »der Amts- und Gerichtssprache«, *apokrima* ist »amtlicher Bescheid« (Hans Windisch, Der zweite Korintherbrief, KEK, Göttingen 9. Aufl. 1924 [Neudruck hg. v. G. Strecker, 1970] 46); Gefangenschaft bzw. Gerichtsprozess vermuten z. B. Schottroff, Sieg des Lebens, 52; Victor Paul Furnish, II Corinthians, AncB 32A, New York 1984, 123; Franz Zeilinger, Krieg und Friede in Korinth. Kommentar zum 2. Korintherbrief des Apostels Paulus, Teil 1: Der Kampfbrief, Der Versöhnungsbrief, Der Bettelbrief, Wien u.a. 1992, 180f; für eine gefährliche Krankheit des Paulus plädiert z. B. Hans-Josef Klauck, 2. Korintherbrief, NEB 8, Würzburg 1986, 20.

welcher besiegelt schien. Die schon nicht mehr für möglich gehaltene Rettung beschreiben sie als Gotteswunder der Auferstehung[9]: »*Wir vertrauten nicht mehr auf
unsere eigene Kraft, sondern auf Gott: Gott lässt die Toten aufstehen*« (V. 9b).

Zusammen mit Timotheus (und vielleicht auch weiteren Personen) muss Paulus in dieser Todes- und Rettungserfahrung Überwältigendes erlebt haben, so dass
der zweite Brief gegenüber dem 1 Kor einen völlig neuen Ton anschlägt und die
Verbundenheit mit den Menschen in der Gemeinde zu Korinth in einer Weise ausdrückt, die eine apostolische Überlegenheit weitgehend ausblendet. Es fällt insgesamt
auf, dass Paulus im 2 Kor auf das Modell der Nachahmung seiner Person verzichtet;
er ruft die Gemeinde nicht mehr wie in 1 Kor 4,16 und 11,1 dazu auf, ihn nachzu-
ahmen. Das latent hierarchische Bild von der Nachahmung eines Vorbilds – besonders wenn das Vorbild sich selbst anderen empfiehlt! – hat sich in etwas Größeres
verwandelt. Der Brief beginnt mit einem großen und besonderen Lobpreis, der
strukturell ein weitgefasstes Beziehungsnetz aufruft. Luise Schottroff hat es überaus
treffend als ein »Trostverbundsystem« bezeichnet: »Das ist eine Art ›Trostverbundsystem‹, in dem jeder den anderen braucht, Trost empfängt und Trost weitergibt.«[10]

2 Kor 1,3–7.10–11:[11]

*³Gesegnet sei Gott, wie Vater und Mutter für Jesus, den Messias und Herrn über uns!
Gesegnet sei Gott, die väterliche Quelle des Erbarmens und aller Tröstung! ⁴Gott tröstet uns in jeder bedrängten Lage, so dass wir andere, die auf so viele Weisen bedrängt
sind, trösten können mit dem Trost, mit dem wir selbst von Gott getröstet werden.
⁵Denn so wie die Leidenserfahrungen des Messias über die Maßen über uns hereinbrechen, so werden wir durch den Messias auch über die Maßen getröstet. ⁶Wenn wir
in Gefahr sind, führt das zu Trost und Rettung auch für euch. Wenn wir getröstet
werden, erfahrt auch ihr Trost. Dieser zeigt seine Macht, wenn ihr dasselbe erleidet,
was wir erleiden, ohne daran zu zerbrechen. ⁷…Wie ihr das Leiden teilt, so teilt ihr
auch die Tröstung … ¹⁰Gott hat uns aus schrecklichen Todesnöten gerettet und wird
uns erneut retten. Von Gott erhoffen wir Rettung wieder und wieder, ¹¹wenn auch ihr
durch euer Gebet für uns mithelft. So wird aus dem Mund vieler Menschen für die
Zuwendung Gottes gedankt, die uns geschenkt wurde.*

Damit erscheint die *paraklesis*, der Trost, also ein Zuspruch, der Menschen rettet,
bildlich als Substanz eines großen Kreislaufs, die fortwährend weitergereicht wird,

---

9. Zur Verschränkung von Gegenwart und Zukunft in der paulinischen Rede von der Auferstehung in
    1 Kor 15 mit dem Schwerpunkt einer auf Körpererfahrungen bezogenen Theologie s. Claudia Jans-
    sen, Anders ist die Schönheit der Körper. Paulus und die Auferstehung in 1 Kor 15, Gütersloh 2005.
10. L. Schottroff, Sieg des Lebens, 55.
11. Soweit nicht anders ausgewiesen, werden biblische Texte nach der ›Bibel in gerechter Sprache‹, Gü-
    tersloh 2006, 3. Aufl. 2007, zitiert.

durch Himmel und Erde fließt und so alle miteinander verbindet. Dabei geht ein Strom von Gott aus und fließt zu Gott zurück (V. 3). Indem Gott als Quelle aller Tröstung und des Erbarmens »gesegnet«[12] wird aus menschlichem Mund, kehrt der Segen an seinen Ursprung zurück. Das geschieht im Lobpreis, mit dem der Psalm beginnt, aber auch in der Antwort der Gemeinde im Gebet (V. 11) als Dank für die Rettung anderer, hier sind es Paulus und sein Gefährte.

Paulus und Timotheus sehen in der eigenen erlebten Rettung vom Tode einen Trost Gottes, den sie weitergeben können (V. 4). Dabei bleibt er substanziell derselbe, nämlich Gottes Trost. Als Menschen können sie also Gottes Gaben weitergeben, und es sind die authentischen Gottesgaben des Erbarmens. Das Wir dieses Satzes scheint hier mehr Menschen zu umfassen als allein die Absender.[13] Denn direkt nach dem Gotteslob wird Gottes Handeln besungen, die Eigenschaft des Tröstens. So sehr sie hier individuell erfahren worden ist, so wenig kann sie jedoch als Tun Gottes eingeschränkt werden auf die eigene Person allein. Auch steht nicht etwa dort, dass »wir getröstet worden« seien, damit »wir euch trösten können«, Paulus damit quasi allein der Mittler des Trostes sein kann,[14] sondern es ist allgemeiner formuliert: »so dass wir andere trösten können, die auf so viele Weisen bedrängt sind«. Dass von Gott getröstete Menschen andere trösten können, wie Gott selbst es tut, gilt also für alle, Paulus, Timotheus und die korinthische Gemeinde.

Sie ist es dann auch, von der Paulus selbst zuvor den Trost Gottes erfahren hatte, wie er später im Brief schreibt, 2 Kor 7,6–7: »Aber Gott tröstet die Niedergedrückten und tröstete uns durch die Ankunft von Titus, doch nicht nur durch sein Kommen, sondern indem er den Trost mitbrachte, mit dem er von euch getröstet worden war.« Der Trost Gottes ist ein kostbares Gut, das weitergereicht werden kann von einer Menschenkette, und innerhalb derer alle empfangen, alle geben können, weil alle bedürftig sind, auch und gerade der große Apostel, der Gottes Gabe wirksam empfängt durch den Gefährten Titus, der sie wiederum der Gemeinde verdankt. »Dabei ist die Wiedergabe der Wörter … mit ›trösten/Trost‹ ungenügend, denn Tröstung erfährt der

---

12. Zur Gegenseitigkeit des Segnens zwischen Gott und Menschen, welches durch die biblischen *barach/ eulogein*-Formulierungen ausgedrückt wird, s. Magdalene L. Frettlöh, Gott segnen. Systematisch-theologische Überlegungen zur Mitarbeit des Menschen an der Erlösung im Anschluss an Psalm 115, EvTh 56, 1996, 482–510: »Wer aber *(barach)*, wo es Gott gilt, wie selbstverständlich mit ›loben‹ übersetzt, ohne zu berücksichtigen, dass hier die menschliche Zuwendung zu Gott in dasselbe Wort gefasst wird wie Gottes segnendes Handeln, blendet nicht nur die Gegenseitigkeit des Segnens aus, sondern unterbestimmt auch *theologisch* das Gotteslob« (186); von daher die Übersetzung »segnen« in 2 Kor 1,3 statt des üblichen »loben« oder »preisen«.

13. Mit Furnish, a.a.O. 110, der das »Wir« in V.4 inklusiv, Absender und Gemeinde umfassend, versteht unter Verweis auf »liturgical conventions« in Psalmen und jüdischen Gebeten; anders z. B. Erich Gräßer, Der zweite Brief an die Korinther, 2 Bde., ÖTK 8/1 (Kap. 1,1–7,16), Gütersloh 2002, 56.

14. So z. B. Gerhard Hotze, Paradoxien bei Paulus. Untersuchungen zu einer elementaren Denkform in seiner Theologie, NTA NF 33, Münster 1997, 313: »… freilich nur *vermittelt durch den Apostel*. Er ist es, der die von Gott empfangene« *paraklesis* »*weiterzugeben* hat.«

Mensch in einer Notsituation, hier aber geht es um das ›Herausholen‹ aus der Notsituation, bzw. der Krise. Das Wort enthält im Prinzip die Bewegung vom ›Tod zum Leben‹«.[15] Auch das hebräische Wort für »trösten« (*nchm* pi.), das dem paulinischen Gebrauch von *parakalein* zugrunde liegen dürfte, meint eigentlich Rettung zum Leben durch Gott: »In keinem Fall rührt die Tröstung von ermutigenden Worten her, sondern einer Tat JHWHs, die die Situation der Trauer tatsächlich ändert«.[16] In diesem Sinne beschreiben die gegenseitigen Tröstungen des 2 Kor, dass alle so Verbundenen einander fortwährend wieder ins Leben rufen und rufen können. Wir dürfen also das Trösten keinesfalls als Trost anstelle von wirklicher Rettung und Hilfe oder gar als »vertrösten« verstehen, eine Bedeutung, die im Deutschen leicht mitschwingen kann, sondern vielmehr als Beendigung der Not, als wiedergewonnenes Leben.

Trost, und damit Leben, ist jedoch nicht die einzige Dimension der Realität, sondern sie ist gleichzeitig erfüllt mit stets wiederkehrenden und neuen Situationen des Leidens. Beide Dimensionen sind unauflöslich verschränkt, dies zeigt sich selbst in der Struktur des Textes[17]. Das Zentrum, in dem sie zusammenfallen, ist für Paulus Jesus Christus, das Sterben und Leben des Messias. Wenn er in den Katastrophen, die über ihn hereinbrechen, die Leidenserfahrungen des Messias erkennt (*ta pathemata tou Christou*, 2 Kor 1,5), so begreift er Christus gleichzeitig als Medium (*dia tou Christou*) des göttlichen Trostes, und beides kommt über die Maßen, im Überfluss (*perisseuei*). Hier zeigt sich zum ersten Mal im 2 Kor ein paulinisches Lieblingswort, *perisseuein*, »überfließen, überströmen, überreich sein, im Überfluss, über die Maßen vorhanden sein«[18]. In diesem Zusammenhang von Tröstung und Leiden signalisiert es, auf welche Weise die Existenz Christi mit dem Leben des Paulus und der Gemeinde verbunden ist. Jesus Christus ist die Instanz, die alles vermittelt durch dieses Überfließen und Überströmen. Der Begriff transportiert ein Bild verbundener Gefäße oder Behältnisse, quasi kommunizierender Röhren,[19] wodurch ein permanenter Austausch vor Augen steht. Dieses Bild zeigt besonders

---

15. Zeilinger, a.a.O. 172, vgl. auch Hofius, a.a.O. 224, der aufgrund der Psalmparallelen Ps 71; 86; 94 und 23 betont, JHWHs Trösten sei »sein helfendes, aus Bedrängnis und Tod errettendes und so die notvolle Situation grundlegend wendendes Eingreifen«.

16. H. Simian-Yofre, Art. נחם, ThWAT V, 1986, 366–384, mit Verweis auf Jes 49,12f; 51,3; Jer 31,13 u. a. (379); das rein emotionale Verständnis von Trost als Ersatz für wirksame Hilfe ist dem Hebräischen fremd (ebd. 368f).

17. S. die Schaubilder und die detaillierten Analysen bei Hotze, a.a.O. 308–326.

18. S. zu diesem Wortfeld bei Paulus vor allem die Studie von Michael Theobald, Die überströmende Gnade. Studien zu einem paulinischen Motivfeld, fzb 22, Würzburg 1982; dort 266–276 zu 2 Kor 1,3ff; 7,4ff: das *perisseuein* verstärkt den dynamischen Charakter der auf alle übergehenden göttlichen Tröstung, so dass sie in 7,6ff in umgekehrter Richtung fließen kann und »der von Gott kommende Trost diesmal von der Gemeinde und nicht vom Apostel ausgeht« (272).

19. Vgl. die Verwendung dieses Bildes bei der Beschreibung der Struktur von 2 Kor 4,13–15 von M. Margareta Gruber, Herrlichkeit in Schwachheit. Eine Auslegung der Apologie des Zweiten Korintherbriefs 2 Kor 2,14 – 6,13, fzb 89, Würzburg 1998, 411–416.

anschaulich, wie sehr Paulus in Beziehungen denkt, wie verkürzt eine Beschreibung seiner Christologie wäre, die allein das Individuum und dessen Verhältnis zu Jesus im Blick hätte. Ausgetauscht werden auf diese strömende Weise vor allem die Gottesgaben, die durch den Messias überfließen können auf alle, welche sie ihrerseits anderen zugute kommen lassen. In V. 5 wird aber auch gesagt, dass das Leiden, also das Sterben und Getötetwerden ebenfalls Qualität hat, überzufließen. Auch das Leiden wird geteilt und mitgeteilt. »Paulus trennt also in keiner Weise sein eigenes Leiden von dem der Gemeinde. Es gibt für Paulus keine besonderen ›apostolischen‹ Leiden‹«.[20]

Da aber mit Christus gleichzeitig der göttliche Zuspruch, die rettende Tröstung und Festigung weitergegeben wird, verwandelt sich die Not der Menschen. Paulus drückt auch diesen Vorgang als Weitergabe durch menschliche Beziehungen aus. Die Verwandlung des Leidens wird in 2 Kor 1,6–7 als eine paradoxe Verschränkung formuliert: »*Wenn wir in Gefahr sind, führt das zu Trost und Rettung auch für euch. Wenn wir getröstet werden, erfahrt auch ihr Trost. Dieser zeigt seine Macht, wenn ihr dasselbe erleidet, was wir erleiden, ohne daran zu zerbrechen. Wie ihr das Leiden teilt, so teilt ihr auch die Tröstung*«. Paulus und mit ihm Timotheus versuchen zu beschreiben, dass alles, was von Gott kommt, und alles, was mit Christus überfließend ausgeschüttet wird, keine Privatangelegenheit Einzelner ist, sondern sich sofort den anderen mitteilt und so weiterwirkt. In der Eigenschaft des Überfließens zeigt sich der göttliche Ursprung der Gaben, so dass alles geteilt werden kann und muss. Dadurch werden alle erreicht, miteinander verbunden zum Leben, zum Aufleben und auf diese Weise gefestigt. Es entsteht ein Beziehungsnetz zwischen Himmel und Erde, das umfassende ›Trostverbundsystem‹, in welchem auch das Leiden der einen den anderen zugute kommen kann, weil sie deren Beziehung zu Gott festigt, indem sie Gott anrufen und für die Leidenden bitten und danken (V. 11).

An diesem Trostkapitel in 2 Kor 1 ist über die paulinische Beziehungstheologie und -christologie also folgendes zu lernen:

- Die Gottesgaben, hier Tröstung und Erbarmen, wirken im Leben, in der von Leid, Schmerz und Tod bedrohten Existenz der Einzelnen, indem sie diese wirksam empfangen und weitergeben können; sie werden also in menschlichen Beziehungen als authentische Gaben Gottes erfahren und wechselseitig ausgetauscht zur Rettung des Lebens.
- In Jesus Christus ist beides verwirklicht und zusammengebracht: das Elend der menschlichen Existenz und gleichzeitig die Gottesgaben. In seinem Sterben und Leben überschneiden oder begegnen sich menschliche Not und göttlicher Trost.

---

20. Mathias Rissi, Studien zum zweiten Korintherbrief. Der alte Bund – Der Prediger – Der Tod, AThANT 56, Zürich 1969, 56, zitiert von Hotze, a.a.O. 323.

• Von dieser Begegnung her wird das Leiden verwandelt, so dass es nicht stärker ist als die Erfahrung des göttlichen Zuspruchs. Indem sich die Gemeinde mit diesem Messias Jesus verbunden weiß, wird das Leiden nicht oder nicht mehr als Trennung von Gott interpretiert.

Das Netz der *charis:* Zuwendung und Zuwendungen in 2 Kor 8–9

Der Kreislauf der Gaben Gottes lässt sich innerhalb des 2 Kor aber vor allem an dem Begriff der *charis* beobachten. Griechisch *charis*, in deutschen Bibelausgaben in aller Regel mit »Gnade« übersetzt, was problematisch ist, zeigt sich dabei als der Beziehungsbegriff schlechthin, wesentlich antihierarchisch und kommunikativ auf allen Ebenen. Die Art und Weise, wie diese zugleich theologische und soziale Kategorie von Paulus virtuos gehandhabt wird, hat weitreichende Folgen für ein Bild göttlicher und menschlicher Relationen, das von Austausch und Gegenseitigkeit bestimmt wird. *Charis* ist geradezu ein Gegenbegriff zu autoritärer Unterdrückung oder Dominanz der einen über die andere Seite, denn so, wie er im paulinischen Text eingesetzt wird, steht er für Vorgänge, die englisch *empowerment* genannt werden können. Diese theologische Potenz des paulinischen Sprachgebrauchs von *charis* wird in der Exegese des 2 Kor in den letzten Jahren allmählich entdeckt, vor allem durch die Arbeiten von Magdalene L. Frettlöh und Kathy Ehrensperger.[21]

Im außerbiblischen Griechisch bezeichnet *charis* bereits »sowohl das ›Sich-Herabneigen‹ des einen als auch den ›Dank‹ des anderen, aber auch ›Anmut‹ und ›Schönheit‹ – also das freie, unerzwingbare, glückhaft geschenkte Offensein füreinander, daher im Verhältnis zu Gott das von ihm geschenkte ›Heil‹ und den ›Dank‹ des Menschen zugleich«.[22] Diese dem Begriff inhärente Reziprozität war den korinthi-

---

21. Magdalene L. Frettlöh, Der Charme der gerechten Gabe. Motive einer Theologie und Ethik der Gabe am Beispiel der paulinischen Kollekte für Jerusalem, in: »Leget Anmut in das Geben«. Zum Verhältnis von Ökonomie und Theologie, Jabboq 1, hg. v. Jürgen Ebach/Hans-Martin Gutmann/Magdalene L. Frettlöh/Michael Weinrich, Gütersloh 2001, 105–161 (136–161); Kathy Ehrensperger, Paul and the Dynamics of Power. Communication and Interaction in the Early Christ-Movement, London 2007, 63–80; s.a. Jürgen Ebach, Art. *chesed* (hebr.) – Freundlichkeit, Güte, Zuwendung, Gnade; *chen* (hebr.) – Anmut, Wohlwollen, Wohltaten; *chanun* (hebr.) – freundlich, gütig, gnädig; *charis* (griech.) – Anmut, Dank, Zuwendung, in: Bibel in gerechter Sprache, Gütersloh 2006, 2338–2340 (2339f); Klaus Bieberstein/Lukas Bormann, Art. Gnade, in: Sozialgeschichtliches Wörterbuch zur Bibel, hg. v. Frank Crüsemann/Kristian Hungar/Claudia Janssen/Rainer Kessler/Luise Schottroff, Gütersloh 2009, 220–223 (222f). Grundlegend für die Analyse von 2 Kor 8–9 ist Dieter Georgi, Der Armen zu gedenken. Die Geschichte der Kollekte des Paulus für Jerusalem, 2. durchgesehene u. erweiterte Aufl. Neukirchen-Vluyn 1994, 51–79, insbesondere auch das Nachwort von 1994 (119–146) mit seinen sozialgeschichtlichen und ökonomischen Akzenten.
22. Klaus Berger, Art. *charis*, Gnade, Dank, Ansehen, EWNT III, 1983, 1095–1102 (1096).

schen Adressat_innen sicherlich geläufig.[23] Doch für Paulus ist aufgrund seiner Verankerung in den biblischen Schriften Israels das *charis* zugrundeliegende Verständnis der entsprechenden hebräischen Begriffe *chesed* und *chen* vorauszusetzen: *chesed* ist ein Akt der Freundlichkeit innerhalb familiärer und nachbarschaftlicher Beziehungen, der in Gegenseitigkeit das soziale Leben aufrechterhält durch Entgegenkommen und durch ein Wohlwollen, das von sich aus mehr gibt, als mit engeren Rechtvorschriften abgedeckt ist. Diese Zuwendung »gehört zum Recht und überschreitet es zugleich als freiwillig gewährte freundliche Gabe. *chesed* ist eine Haltung und ein Tun. Das Lieben, d. h. das freudige Tun von *chesed* gehört zur biblischen Ethik (Mi 6,8)«.[24] *chen* drückt mehr das Wohlgefallen oft höhergestellter Personen an anmutigen und sympathischen Menschen aus (Gen 39,4) doch gilt für beide Begriffe: »Für *chesed* konstitutiv und auch für *chen* zu berücksichtigen ist die Wechselseitigkeit der Beziehung. Darin liegt das Problem der in vielen Bibelübersetzungen üblichen Wiedergabe beider Worte mit ›Gnade‹. Richtig daran ist die Betonung des Nicht-Herstellbaren, jedes Verdienst Überschreitenden; die ebenso grundlegende Gegenseitigkeit kommt im Wort ›Gnade‹ dagegen nicht zum Ausdruck«.[25] Das größte Hindernis für eine ständige Gleichsetzung von *chesed* oder *charis* mit dem deutschen Wort ›Gnade‹ ist wohl die dabei immer mitschwingende Konnotation von ›Begnadigung‹, d. h. einer unverdienten Verschonung eines rechtmäßig verurteilten Menschen, einer Verbrecherin oder eines Verbrechers. Dieser forensische Aspekt definiert die ›Gnade‹ Empfangenden als Menschen, die zuvor Übles getan haben, und die ›Gnade‹ verkündende Seite grundsätzlich als Vollstreckungsinstanz, die ausnahmsweise auf den Strafvollzug verzichtet. Dieser Sprachgebrauch hat unter der Hand zu einer negativen christlichen Prägung des Gottes- und Menschenbilds beigetragen. Dagegen sind die biblischen Begriffe eigentlich Ausdruck einer Sprache der Liebe und Solidarität, gerade auch, wenn von Gottes Haltung gegenüber Israel und allen Menschen die Rede ist (Ex 34,7; Ps 136). Oft könnte zu-

---

23. Nicht zuletzt durch das griechisch-römische Wohltätersystem, wobei die Herrschenden ihre Positionen vermittels des Austausches von Gaben sicherten, was z. B. von James R. Harrison, Paul's Language of Grace in its Graeco-Roman Context, WUNT II/172, Tübingen 2003 (zu 2 Kor 8f bes. 289–332) oder Stephan Joubert, Paul as Benefactor. Reciprocity, Strategy and Theological Reflection in Paul's Collection, WUNT II/124, Tübingen 2000, als hauptsächlicher Bezug für die paulinische Rede von *charis* und die Argumentation in 2 Kor 8–9 angesehen wird. Dagegen betont Ehrensperger, a.a.O. 71–80, in Auseinandersetzung mit Harrison u. a. deren atl.-jüdischen Charakter, womit Paulus einen gegenüber griechisch-römischen Werten subversiven und widerständigen *charis*-Diskurs führe; selbst in einer kritischen Aufnahme (»inverted form«) sei das Benefizsystem nicht der Referenzrahmen für Paulus, der mehr durch die biblischen Schriften Israels geprägt sei, als Harrison u. a. annähmen (73). Für eine kritische Adaption der griech.-röm. *charis*- und ›Vertrauens‹-Struktur durch Paulus votiert bereits Georgi, a.a.O. 133ff.

24. Ebach, Art. *chesed*, 2338f.; vgl. die Ausführungen von Ehrensperger, a.a.O. 74–78, zum atl. Hintergrund (LXX) der *charis*-Terminologie.

25. Ebach, Art. *chesed*, 2339.

dem eine Wiedergabe der Begriffe *chesed* und *charis* mit ›Güte‹ als gelegentliche Alternative zur allgegenwärtigen ›Gnade‹ die biblische Konnotation des segensreichen, das Leben reich machenden Geschenks Gottes besser hervorbringen.

Insbesondere von 2 Kor 8 und 9 her, wo *charis* als ausgetauschte liebevolle Zuwendung in mehrfacher Hinsicht zu verstehen ist, ist es schwierig, die Vorliebe für ›Gnade‹ als Wiedergabe dieser Wortgruppe im Bibeldeutschen durchzuhalten. Hier geht es um die Vollendung und Bereitstellung der in Korinth seit Monaten laufenden großen Geldsammlung für die Armen der jüdischen Christus-Gemeinden in Jerusalem, die Paulus und die mit ihm zusammen Arbeitenden als Gabe der mehrheitlich nichtjüdischen Gemeinden in Griechenland und Galatien organisieren. Auf der einen Seite wird diese Großspende in 2 Kor 8,4.6.7.19; 9,8 als *charis* bezeichnet. Aber auch von Jesus Christus kommt *charis* (8,9), ebenso von Gott (8,1; 9,14), und die menschlichen Danksagungen an Gott werden ebenfalls *charis* genannt (8,1; 9,15). Bei der Übersetzung des 2 Kor für die ›Bibel in gerechter Sprache‹ (2006) habe ich versucht, diesem Befund gerecht zu werden. Denn es ist meines Erachtens theologisch problematisch, ein Wort, das menschliche, messianische und göttliche Aktivitäten gleichermaßen bezeichnet, in einem signifikanten Zusammenhang jeweils verschieden zu übersetzen, etwa mit »Gnade«[26], wenn es sich um Gottes und Christi Haltung handelt, dagegen mit »Wohltat«[27] oder »Liebeswerk«[28], wenn es um menschliches Handeln geht. Einerseits signalisieren hier auch die traditionellen Übersetzungen, dass ›Gnade‹ das Spektrum der biblischen Äquivalente keineswegs abdeckt, andererseits wird auf diese Weise die kommunikativ verbindende Kraft der ursprünglichen Begrifflichkeit vernebelt. Übersetzungen, die einmal mit »Gnade« und als Ausdruck für die Spende mit »Werk der Gnade«[29] bzw. »Gnadenwerk«[30] arbeiten, beachten die Konkordanz, freilich unter Preisgabe des Aspekts der wechselseitigen Liebe, Freundlichkeit und Solidarität, da ›Gnade‹ immer im Sinne einer Herablassung von oben aufgefasst werden kann. Die Konkordanz wird in der ›Bibel in gerechter Sprache‹ zwar durch das System der in einem Glossar erläuterten, am Rand jeweils aufgeführten wichtigsten theologischen Begriffe für diese hergestellt, doch sollte darüber hinaus auch im deutschen Wortlaut das alle einigende Band der *charis* aufscheinen.

---

26. Lutherrevision 1984 in 2 Kor 8,1.9.
27. Lutherrevision 1984 (mit der Lutherbibel 1545) in 2 Kor 8,4.6.7, dagegen in 8,19 »Gabe«, während Luther 1545 dort ebenfalls »Wohltat« schreibt.
28. Einheitsübersetzung in 2 Kor 8,6.7. Während die EÜ in 8,1 *charis* in bezug auf Gott mit »Gnade« wiedergibt, verwendet sie hingegen in 8,9 bei Jesus dafür die Umschreibung »was Jesus in seiner Liebe getan hat« und in 8,19 »Liebesgabe« für die Kollekte. Vgl. auch die Kritik von Ehrensperger, a.a.O. 67f, an solcher Übersetzungspraxis in Bibelausgaben und ntl. Wissenschaft.
29. So die Neue Zürcher 2007 in 2 Kor 8,6.7; in 8,19 dagegen »Liebesgabe«.
30. So z. B. Rudolf Bultmann, Der zweite Brief an die Korinther, KEK Sonderband, hg. v. Erich Dinkler, Göttingen 1976, 255ff; Erich Gräßer, Der zweite Brief an die Korinther, 2 Bde., ÖTK 8/2 (Kap. 8,1–13,13), Gütersloh 2005, 22.27; in 8,19 wählt Gräßer »(Kollekten-)Gabe« für *charis*.

Dies ist mit der möglichst durchgängigen Wiedergabe durch »freundliche/liebende/liebevolle/Zuwendung« vor allem im Bereich von 2 Kor 8–9 versucht worden, wobei auch der im Deutschen bestehende Doppelsinn von ›Zuwendung‹ als emotionales wie materielles Handeln genutzt werden kann.

Der große Kreislauf der *charis*[31] zeigt sich in 2 Kor 8–9 folgendermaßen: Paulus und Timotheus berichten am Anfang in 2 Kor 8,1 von der *charis*/Zuwendung, die Gott den Gemeinden in Mazedonien schenkte, um mit diesem Beispiel die korinthische Gemeinde zu motivieren. Schon hier kennzeichnet *charis* mehr als eine allein göttliche Gabe, denn sie wird im Fortgang definiert als Fähigkeit, trotz großer eigener Not freudig, freiwillig, gütig und reichlich an andere Bedürftigen zu denken und so für die jüdisch-christlichen Armen in Jerusalem zu spenden (V. 2–3), sie wird als unmittelbar überspringend verstanden, oder es ist umgekehrt überhaupt erst an solchem Verhalten zu erkennen, dass Menschen aus Gottes reichlicher und liebevoller Zuwendung leben. Die in 8,1 erwähnte *charis* kann also nicht klar als allein göttlicher Akt definiert werden, die tätige Zuneigung Gottes und die der Menschen in den Gemeinden sind untrennbar verbunden.[32] *Charis* ist folglich auch die Essenz der Beziehung zwischen diesen Gemeinden als realisierte Zuwendung und Gemeinschaft mittels dieser Kollekte, wobei man in Mazedonien sogar von sich aus die Apostel gebeten hätte, mitmachen zu dürfen (V. 4). In dieser Andeutung eines durchaus eigennützigen Wunsches klingt schon die Vorstellung von Gegenseitigkeit an, die der *charis* innewohnt: Das eigene Geben in Zuwendung ermöglicht Beziehung und Gemeinschaft, öffnet den Raum einer liebevollen Begegnung, bei der alle gewinnen. Die göttliche Gabe und Zuwendung materialisiert sich also buchstäblich auf der menschlichen Ebene, sie geht auf alle über, strömt von den einen zu den anderen.

Nicht zufällig findet sich in diesem Zusammenhang das *perisseuein*, das Überfließen der gütigen Gaben als Signum der *charis* (8,2.7.14). Dieser Überfluss oder dieses Überströmen gipfelt bei den direkten Anweisungen für die korinthische Gemeinde in der Versicherung, dass die eigene *charis*, die als Zuwendung/en, als Gabe sich erweist, bei ihnen selbst durch Gottes Macht überfließt für den Eigenbedarf und mehr: »*Gott hat die Macht, all die freundliche Zuwendung (charis) bei euch überfließen zu lassen, so dass ihr in allem, allezeit, alles zur Genüge habt und dazu noch Überfluss zu jeder guten Tat*« (2 Kor 9,8). Schließlich fließt die *charis* als menschliche Zuwendung zu Gott zurück, dies nimmt Paulus schon voraus:[33] Es sind die Danksagungen,

---

31. Die Metapher vom Kreislauf der *charis* (»Gnadenkreislauf«,134) in diesen Kapiteln (in Korrelation mit dem beschriebenen Geldkreislauf) geht auf Georgi, a.a.O. 131ff, zurück; Frettlöh, Charme, nimmt sie auf (157), indem sie eine großartige biblisch- und systematisch-theologische Interpretation von 2 Kor 8–9 formuliert (136–161), auf die hier nachdrücklich verwiesen sei.

32. S. dazu auch Theobald, a.a.O. 280f, der mit einem Zitat von Ph. Bachmann den solchermaßen offenen Bezug von *charis* in 8,1 unterstreicht.

33. Frettlöh, Charme, 158.

welche die Jerusalemer Geschwister Gott darbringen werden für die Linderung ihrer Not durch die Gaben aus den nichtjüdischen Gemeinden Griechenlands (9,12). Dadurch entsteht eine spirituelle und materielle Gemeinschaft, in der das Teilen aller dieser Gaben in Gerechtigkeit und damit einhergehender zunehmender Fülle für alle geschieht.[34] So schließt sich der Kreislauf, indem die Kollekte noch einmal als *charis* Gottes bezeichnet wird, die die Spendenden von Gott zur Weitergabe bekommen haben, und gleichzeitig auch der Dank für Gott die *charis* ist, die liebevolle Zuwendung, die Gott bekommt vonseiten der Empfänger_innen der Gaben im Land Israel. Paulus gelingt so eine Vision vielfältiger und gegenseitig wirkender Beziehungen, die durch *charis* in Gang gesetzt, ins Leben gerufen und am Leben erhalten werden, von der auch gerade die göttliche Seite sozusagen profitiert: *»Denn angesichts dieser erfahrenen Hilfe lässt ihr Lobpreis Gott aufstrahlen, weil ihr euch so folgsam zur Freudenbotschaft des Messias und zur gütigen Gemeinschaft mit ihnen und mit allen bekennt. Und während sie für euch beten, haben sie Sehnsucht nach euch wegen der überwältigenden Zuwendung (charis) Gottes zu euch. Dank (charis)*[35] *sei Gott für sein unsagbar großes Geschenk«* (9,13–15).

An dieser Vision eines großen Beziehungsnetzes,[36] das mit Hilfe der *charis* als überfließende Freundlichkeit, als freiwillig und liebevoll geäußerte, tatkräftige Güte gestaltet wird, indem es weite Räume überbrückt und neue, vielfach befestigte Beziehungen hervorruft, ist besonders hervorzuheben, dass somit selbst in Richtung auf Gott volle Gegenseitigkeit formuliert wird, Gott als empfangend erscheint. Dies hängt auch damit zusammen, dass die Gestalt des Messias, dass Jesus eine besondere Rolle in dem Kreislauf der Zuwendung und Zuneigung einnimmt: *»Erkennt doch die liebende Zuwendung (charis) Jesu Christi, der uns leitet: Er, der reich war, ist um euretwillen arm geworden, damit ihr durch seine Armut reich werden sollt«* (2 Kor 8,9). Diese Anspielung auf den Lebens- und Leidenweg Jesu führt Paulus als Motivation und Impuls für eine eigenständige Weiterführung und Vollendung der Spendensammlung durch die angeredete Gemeinde an. Da er selbst ihnen nichts befehlen kann und will,

---

34. »Die göttliche Vorgabe an die Menschen wird zur menschlichen Gegengabe an Gott. In ihren Dankgebeten geben Menschen an Gott zurück, was sie von ihm empfangen haben. Sie geben ihm seine Gaben als ihre Gaben – und doch zugleich mehr, denn in den zwischenmenschlichen Gebetereignissen hat sich die göttliche *charis* angereichert: Aus der *charis* ist die *eu-charistia* (9,11f) geworden. Deren offenkundiger Mehrwert ist aber gerade nicht durch Akkumulation der Gaben, sondern durch deren gerechte Verteilung entstanden«, Frettlöh, Charme, 142; zum »Anreicherungsprozess« der *charis* s. weiter ebd.158f.

35. Die Tatsache, dass auch Gott *charis* bekommt, von den Menschen zurückbekommt, ist in dieser Übersetzung mit »Dank« (wie auch in 8,16) noch verschleiert und allein durch das angeführte Glossarstichwort zu erkennen. In der 4. Auflage der ›Bibel in gerechter Sprache‹ (Taschenausgabe, Gütersloh 2011) steht an dieser Stelle »Zuneigung« analog zum Kontext.

36. »It emerges that *charis* is something that becomes actualized in concrete human action, in the establishment of a concrete network of mutual support«, Ehrensperger, a.a.O. 69; s.a. die Bemerkungen von Ebach, Art. *chesed*, 2339f, zum »Beziehungsgeflecht« in 2 Kor 8–9.

appelliert er an ihre Einsicht und ihren eigenen Zugang zu Jesus als Messias (8,8). Mit ihm ist in gleicher Weise wie von Gott kommend ein Akt der *charis* verbunden, zugewandte, liebevolle Hingabe. Das Messianische seines Sterbens und Lebens besteht nach dieser Aussage darin, dass sich diese *charis* in seiner Person mit den Gegensätzen von Armut und Reichtum, von Bedürftigkeit und dann von Hilfe für alle Lebensbedürfnisse verbindet. Im Kontext ist damit aber noch mehr gesagt: Christus steht durch diesen paradoxen Satz sowohl auf der Seite der Armut, wie die Geschwister in Jerusalem und auch die Geschwister in Mazedonien, von denen es ja anfangs heißt, dass sie selbst in Not gewesen seien (8,2). Gleichzeitig steht er für den Reichtum, der allen alles Lebensnotwendige zuwenden kann, und zwar zuerst wiederum den beispielhaft genannten mazedonischen Gemeinden, die reich geworden seien, indem sie anderen abgeben konnten. Die Gestalt Christi ist hier sowohl mit Rettung aus elementar materiellen als auch mit allen anderen existentiellen und spirituellen Notlagen und Bedürftigkeiten verbunden, und zwar gerade durch das Teilen der Not, durch die Armut, die Jesu Leben bestimmte. Hier liegt nicht nur eine metaphorische Umschreibung des elenden Todes am Kreuz vor, sondern sicherlich auch ein Verweis auf die von den Evangelien bezeugte Armut Jesu und der Jüngerschaft (z. B. in Mk 2,23ff). Indem die Armut Jesu Ausdruck seiner *charis* ist, knüpft sie per se ein Band zu allen anderen Armen. Die Gemeinde wird ermuntert, an dieser Verbindung Jesu mit den Armen teilzunehmen. Die dabei ausgetauschte *charis* bewirkt als liebende Solidarität, dass die Armut aller Beteiligten sich verwandelt in die geteilte Gerechtigkeit, die sie aufleben lässt. Da aber Jesus göttliche *charis* und menschliche Armut zugleich verkörpert, mit allen Armen durch Leben und Lebenshingabe verbunden ist, kann die Gemeinde in der Orientierung an ihm teilnehmen an allen Wirkungen und Rückwirkungen des Austausches vielgestaltiger Gaben und in diesem Beziehungsnetz der überfließenden Gnade und Zuneigung *bleiben*.

Paulus stellt mit dieser von ihm entworfenen Struktur des Beziehungsnetzes ein umfassendes System einer dynamischen *charis* vor, das zu Recht mit Kathy Ehrensperger als »mutual empowerment«[37] bezeichnet werden kann, als »gegenseitige Kräftigung, Belebung, Stärkung, gegenseitiges Auflebenlassen« oder »machtvolle Ermutigung«[38]. Dabei werden keine Strukturen von Dominanz und Unterwerfung, keine Hierarchien etabliert, sondern im Gegenteil ein Netzwerk horizontaler Solidarität unter allen beteiligten Gemeinden.[39] Paulus und mit ihm Timotheus sind

---

37. Ehrensperger, a.a.O. 78: »Grace as Mutual Empowerment«. Eine deutsche Wiedergabe mit »Ermächtigung« ist unmöglich, daher die folgenden anderen Lösungen; Ideen für weitere sind erwünscht.
38. So die Übersetzung von Bärbel Wartenberg-Potter, Anfängerin. Zeitgeschichten meines Lebens, Gütersloh 2013, 84.
39. Wiederum in Abgrenzung vom hierarchischen griech.-röm. Wohltätersystem fomuliert Ehrensperger, a.a.O. 79: »The *charis* received by God does not establish a hierarchical structure of domination and subordination among the different Christ-following groups. Their thankfulness should rather over-

Teil dieses Netzes, selbst mit *charis* begabt (2 Kor 12,9f)[40], jedoch keine Befehlshaber und in diesem Zusammenhang keine herausragenden Mittler der *charis* zwischen Gott und den Gemeinden oder der Gemeinden untereinander. In diesem Beziehungsnetz sind »Gnade und gute Werke«, *charis* und *erga agatha* keine Gegensätze, sondern ein und dasselbe, wirkungsvolle tätige Güte: Charis »thus manifests itself in« *ergon agathon*.[41]

Ähnlich wie in 2 Kor 1 der Trost und das Leiden erweist sich also die Gottesgabe der *charis* in 2 Kor 8–9 als ein Element, an dem allen teilhaben können, indem sie es weitergeben als menschliche Solidarität und gütige und dankbare Zuneigung. Sie bleibt dabei die authentische göttliche Gnade, Zuwendung, Zuneigung und liebevolle Freundlichkeit. Sie kehrt als solche zurück zu Gott im Dank der Menschen als erklärte Zuneigung zu Gott. Sie wird vermittelt durch Jesus Christus, in dem die göttliche *charis* zugleich mit der menschlichen Bedürftigkeit verkörpert ist. Die Beziehung zu ihm bewirkt die Verbindung mit allen Armen zusammen mit der Kraft der *charis* Gottes, die in Gestalt menschlicher Gaben den Armen zugute kommt.

Kraft der Schwachen – kraft des Schwachen: 2 Kor 12 ,9–10 und 13,3–4

2 Kor 12⁹Und Gott ließ mich wissen: »Lass dir meine Zuneigung genug sein. Gerade in den Schwachen lebt meine volle Kraft«. Am allerliebsten will ich mich also in meiner Hinfälligkeit loben, so dass die Kraft des Messias bei mir wohne. ¹⁰Deshalb sage ich Ja zu den Krankheiten, den Misshandlungen, den Notlagen, den Verfolgungen und Ängsten, da es für den Messias geschieht. Denn wenn ich schwach bin, habe ich Kraft ...
13³Denn ihr verlangt ja einen Beweis dafür, dass der Messias durch mich spricht, der in euch nicht schwach ist, sondern voll Kraft unter euch wirkt. ⁴Er wurde zwar als schwacher Mensch gekreuzigt, er lebt jedoch aus Gottes Kraft. Auch wir sind schwach in der Verbundenheit mit ihm, werden aber bei euch mit ihm aus Gottes Kraft leben.

Die Wirkungen der *charis,* der göttlichen Zuneigung hat Paulus selbst ja als ein *empowerment* besonderer Art erfahren. Nach Krister Stendahl hatte er in seinem Leben zwei große Probleme:[42] 2. Die Sorge um Israel, und 1. sich selbst und seine Konstitu-

---

flow and contribute to the network of mutual material, as well as spiritual, empowerment and support, to a network of horizontal solidarity among all Christ-followers initiated by God's grace through Christ.« Vgl. Bieberstein/Bormann, Art. Gnade, 222f: »*Charis* bezeichnet die produktive und egalitäre soziale Realität der Gemeinde im kritisch diskursiven Gegenüber zur unproduktiven und hierarchischen Realität der politischen Umwelt zur Zeit des römischen Imperiums« (223).

40. Dazu weiter u. unter »Kraft des Schwachen«.

41. Ehrensperger, Paul and the Dynamics, 69, mit Hinweis auf 2 Kor 9,8, wo beides explizit nebeneinander und als Manifestation desselben Vorgangs erscheint (68).

42. Krister Stendahl, Das Vermächtnis des Paulus. Eine neue Sicht auf den Römerbrief, Zürich 2001, 17.

tion. Als Apostel für die Völker berufen, beunruhigte es ihn sehr, dass Gott anscheinend nicht darauf achtete, ihn gesund, kräftig und jederzeit arbeitsfähig zu erhalten. Er war kein strahlender Anblick, hatte eine schwere chronische Erkrankung und somit einen hinfälligen Körper, der ihn oft im Stich ließ.[43] Insbesondere der 2 Kor ist durchzogen von Schilderungen und Klagen seiner Leiden (1,6–10; 4,7–18; 6,6–10; 11,23–33; 12,7–10). Das Wortfeld *astheneia*, also »Schwäche, Schwachheit, Krankheit, Hinfälligkeit, schwach sein« in Bezug auf sich selbst signalisiert die Wiederkehr und Dauerhaftigkeit dieser Zustände.[44] Auf eigentümliche Weise sind damit jedoch Aussagen von Kraft und Kräftigung verbunden. Das griechische Wort für Kraft *dynamis* ist in der Bibel auch gleichbedeutend mit »Wunder« als einer Erfahrung göttlicher Kraft.[45]

In 2 Kor 12,7–8 berichtet Paulus – und dass er das so offen tut, spricht für sein enges Verhältnis zur korinthischen Gemeinde – von seinen wiederholten verzweiflungsvollen Gebeten, die Krankheitsqual los zu werden, er nennt sie einen »Boten Satans« (*angelos satana*) und »Dorn im Fleisch« (*skolops te sarki*). Er bekommt keine Heilung und Erlösung im gewünschten Sinn, aber dennoch eine Antwort, in den Worten der Lutherübersetzung: »*Lass dir an meiner Gnade genügen; denn meine Kraft ist in den Schwachen mächtig*« (12,9).

Zu wem er hier gefleht hat als dem »Herrn«, dem *kyrios*, zu Gott oder zu Christus (V. 8), ist nicht eindeutig zu entscheiden.[46] Als Sohn Israels, der in den Psalmen zu Hause ist, wie eingangs in Kap. 1 zu sehen war, betet er wohl zu Gott, seine Schilderung hat Ähnlichkeit mit Klagespsalmen.[47] Andererseits fährt er fort, er wolle sich

---

43. Eindrucksvoll neben den Mitteilungen des 2 Kor ist in Gal 4,13f die Schilderung seines kläglichen Erscheinungsbildes aufgrund der Krankheit: Sein körperlicher Schwächezustand muss zeitweilig so erbärmlich gewesen sein, dass er selbst Verachtung und Ekel vonseiten der Gemeinden als ›natürliche‹ Reaktion erwartet hätte und dankbar für eine im Gegenteil liebevolle Behandlung gewesen ist: Zur hypothetischen Identfizierung der Krankheit des Paulus aufgrund von 2 Kor 12,7 u. Gal 4,13f s. etwa Ulrich Heckel Der Dorn im Fleisch. Die Krankheit des Paulus in 2 Kor 12,7 und Gal 4,13f., ZNW 84, 1993, 65–92 (Trigeminusneuralgie), Lars Aejmaelaeus, Schwachheit als Waffe. Die Argumentation des Paulus im »Tränenbrief« (2. Kor. 10–13), SESJ 78, Helsinki u. Göttingen 2000, 261–270 (nicht näher identifizierbares quälendes Leiden), s.a. den Exkurs bei Gräßer, Komm. Bd.2, 198ff.
44. *astheneia* in Bezug auf sich selbst: 2 Kor 11,30; 12,5.9.10; *astheneo* dto.: 2 Kor 11,21.29; 12,10; 13,4.9; *asthenes* dto.: 2 Kor 10,10; s.a. 1 Kor 2,3; 4,10.
45. Vgl. Ulrike Metternich, »Sie sagte ihm die ganze Wahrheit«. Die Erzählung von der »Blutflüssigen« – feministisch gedeutet, Mainz 2000, 198–213 zum biblischen Begriff *dynamis* für die Machttaten Gottes in der Schöpfung, bei der Errettung Israels (LXX) und in den Evangelien, bes. bei Heilungsgeschichten, hier am Beispiel von Mk 5,25ff, wo die »heilende Kraft« Gottes durch Jesus vermittelt wird.
46. Fast alle Auslegenden votieren für den Bezug auf Jesus als den *kyrios* aufgrund von *dynamis tou Christou* in 12,9b, oft ohne Diskussion dieser Alternative, s. z.B. Bultmann, Komm. 227. Anders Bosenius, a.a.O. 191, die daneben wegen des *passivum divinum* in 12,7 auch Gott als Adressaten des Gebets in Erwägung zieht.
47. Ulrich Heckel, Kraft in Schwachheit. Untersuchungen zu 2 Kor 10–12, WUNT II/56, Tübingen 1993, 96–99, arbeitet heraus, dass 2 Kor 12,7b-9a formgeschichtlich ein »Gebetsdialog«, also eine »Erzählung eines Klagegebets mit göttlicher Antwort« (96) ist , wie z.B. Jer 15,10–21; Joh 12,27f oder Klgl

nun als schwacher Mensch loben, damit die »Kraft Christi«[48] bei ihm wohne oder in textnaher Übersetzung: bei ihm »zelte«[49] (*episkenose*, V. 9b). Das ist eine schöne Vorstellung: die Kraft des Messias kann ihr Zelt bei einem Menschen aufschlagen oder in das Zelt des Körpers – in der Metapher von 2 Kor 5,1.4 spricht Paulus auch von sich selbst als einem zeitweiligen Bewohner dieses Zeltes – als Gast einziehen. Doch kann die Kraft Christi in 2 Kor 12,9b ohne weiteres als von Gott[50] verliehen gedeutet werden, in 1 Kor 1,24 spricht Paulus von Christus als der Kraft Gottes – Gott ist der Ursprung dieser Kraft – , und mit 2 Kor 13,4 findet sich im näheren Kontext wiederum eine Aussage über die Kraft Gottes, aus der Christus lebt. Vor diesem Hintergrund lässt sich die *dynamis tou Christou* genauso gut als Gabe Gottes verstehen, die dem Messias ebenso verliehen worden ist wie Paulus sie mit dem so verstandenen Gotteswort von 2 Kor 12,9a zugesprochen bekommt. Die Qualifizierung als Kraft Christi erklärt sich aus dem Zusammenhang von menschlicher Schwachheit und Kraft Gottes, wie er exemplarisch zu Jesus als dem gekreuzigten Messias gehört: »*Er wurde zwar als schwacher Mensch gekreuzigt, er lebt jedoch aus Gottes Kraft*« (2 Kor 13,4a). Eben diese Erfahrung der lebendigen Kraft Gottes in aller Schwachheit und Verletzlichkeit wird auch Paulus zugesprochen.

Wichtig ist, dass die Antwort, die Paulus nach 2 Kor 12,9a erfährt, in paradoxer Weise von Macht und Ohnmacht, Schwäche und Stärke spricht: »Die Kraft ist in der Schwachheit vollendet«, so lautet eine textnahe Übersetzung (*he gar dynamis en astheneia teleitai*).[51]

Demgegenüber übersetzt Luther und mit ihm die Lutherrevision (1984), wie des öfteren, recht frei, denn streng ›wörtlich‹ steht nichts von »den Schwachen« im griechischen Text. Es ist eigentlich eine unpersönliche Aussage über »Schwachheit«,

---

3,55–57; die Anlehnung an die Sprache der Psalmen ist ebenso deutlich. Gleichwohl plädiert Heckel ohne weiteres für ein Gebet des Paulus zu Jesus als dem »erhöhten Herrn«, der ihm antwortet (84ff).

48. *he dynamis tou Christou* in 12,9b ist sicherlich die Ursache für die sekundäre Ergänzung des *mou* zur Qualifizierung der *dynamis* in 12,9a durch mehrere Handschriften, wodurch diese Antwort eher als Christuswort gedeutet werden kann.

49. Hier liegt wahrscheinlich eine Anknüpfung an die atl. Vorstellung von der Epiphanie der Gegenwart Gottes in Wolke und Begegnungszelt auf der Wüstenwanderung Israels vor (Ex 40,34f parr.), so Martin Ebner, Leidenslisten und Apostelbrief. Untersuchungen zu Form, Motivik und Funktion der Peristasenkataloge bei Paulus, fzb 66, Würzburg 1991, 185f u. bes. Johannes Krug, Die Kraft des Schwachen. Ein Beitrag zur paulinischen Apostolatstheologie, TANZ 37, Tübingen u. Basel 2001, 268–274 (»Paulus als ›Zelt‹«).

50. Vgl. die Diskussion z.St. bei Furnish, Komm. 530, mit Verweis auf Josef Zmijewski, Der Stil der paulinischen »Narrenrede«. Analyse der Sprachgestaltung in 2 Kor 11,1–12,10 als Beitrag zur Methodik von Stiluntersuchungen neutestamentlicher Texte, BBB 52, Köln u. Bonn 1978, 383. Auch Ebner, a.a.O. 187f, spricht sich u. a. unter Verweis auf 2 Kor 13,4 (Anm.187) gegen eine Gleichsetzung der Kraft Christi mit der Kraft Gottes aus, welche für Paulus stets Auferweckungskraft sei.

51. Einheitsübersetzung: »denn sie erweist ihre Kraft in der Schwachheit«; Neue Zürcher Bibel 2007: »denn die Kraft findet ihre Vollendung am Ort der Schwachheit«.

besser gesagt, eine überpersönliche. Und aus diesem Grund ist die dem Buchstaben nach ungenaue Luther-Übersetzung jedoch zu loben. Sie bringt zum Ausdruck, dass es nicht um Paulus allein geht, um den einsamen Apostel, sondern dass diese Antwort größer ist als er selbst. Wenn die Kraft Gottes grundsätzlich als Schwachheit zur Vollendung kommt, dann betrifft das alle Menschen, die sich auf dieses Wort verlassen. So ist es für viele Generationen ein Halt geworden. Wegen der überpersönlichen Aussage formuliert die Übersetzung der ›Bibel in gerechter Sprache‹ sie ebenfalls personenbezogen im Plural: »*Gerade in den Schwachen lebt meine volle Kraft*«.

Aus dieser Antwort wird indirekt klar, dass Paulus um die Gabe der Kraft, der *dynamis* in doppelter Bedeutung gebetet haben muss: Um ein Heilungswunder[52] wie in den Evangelien bezeugt, einen wunderbaren, kraftvollen Erweis der Macht Gottes. Der Begriff der *dynamis* ist von Carter Heyward in ihrem berühmten Buch anhand des Markusevangeliums feministisch-theologisch erschlossen worden als »Macht in Beziehung«[53]. Jesus ist kein autoritärer Wundertäter, sondern angewiesen auf Begegnung, auf die vielfältige Aktivität der Hilfesuchenden, damit ein Wunder, die Rettung des Lebens, geschehen kann. Oder wie es Ulrike Metternich in ihrer Studie über Mk 5 formuliert: »In der Berührung Jesu durch die ›Blutflüssige‹ entfaltet sich gewissermaßen die *dynamis*«.[54] Wenn Paulus also dreimal, wie er sagt, intensiv um Hilfe bittet – mit »dreimal« ist biblisch oft die höchste Stufe eines Tuns[55] benannt, das Äußerste, mehr geht also nicht – dann appelliert m.E. auch er mit seiner ganzen Existenz an diese göttliche Macht in Beziehung, er setzt alles auf sie. Und sie antwortet ja auch mit einer Bekräftigung der Beziehung, mit *charis*: »*Lass dir meine Zuneigung genug sein.*« Die Zuneigung, die liebevolle Gnade Gottes erweist sich angesichts und trotz aller menschlichen Beeinträchtigung auf besondere Weise. Die Krankheit bleibt, das alleinige Wunder ist eben die zugesagte *dynamis*, die Kraft Gottes, die trotzdem da ist, ganz besonders da ist inmitten aller Schwäche und Ohnmacht.[56] In Situationen der *astheneia* wird völlig deutlich und zielgerichtet die Kraft Gottes manifest und wirksam in der Welt, weil sie von allen menschlichen Machtdemonstrationen, besonders gegenüber anderen und Schwächeren,

---

52. »Formgeschichtlich handelt es sich dabei um die Erzählung einer (missglückten) Wunderheilung«, Ebner, a.a.O. 189.

53. Carter Heyward, Und sie rührte sein Kleid an. Eine feministische Theologie der Beziehung, Stuttgart 1986 (original: The Redemption of God. A Theology of Mutual Relation, Washington D.C. 1982), 83–108, s. besonders 89ff.92ff zur »Macht in Beziehung«.

54. Metternich, a.a.O. 212.

55. Vgl. z B. Klauck, Komm. 94; Heckel, a.a.O. 84f; Aejmelaeus, a.a.O. 285f.

56. In neueren Arbeiten wird betont, dass dies nicht modal, sondern instrumental oder konditional zu verstehen sei, also unter den Bedingungen der menschlichen Schwachheit entfalte die *dynamis* sich, nicht dass Schwäche einfach gleichbedeutend mit der Kraft Gottes oder Christi sei, so Krug, a.a.O. 288; aufgenommen von Ehrensperger, a.a.O. 108ff.

unterschieden werden kann. In paradoxen Begriffen wird so ein alternatives Macht-konzept sichtbar.[57]

Paulus fährt fort (12,9b-10): »Am allerliebsten will ich mich also in meiner Hin-fälligkeit loben, so dass die Kraft des Messias bei mir wohne. Deshalb sage ich Ja zu den Krankheiten, den Misshandlungen, den Notlagen, den Verfolgungen und Ängs-ten, da es für den Messias geschieht. Denn wenn ich schwach bin, habe ich Kraft.« Hiermit wird ein Standpunkt formuliert, der die Verzweiflung überwunden hat, der sich nicht fürchtet vor schmerzhaften Realitäten, sondern mitten in ihnen darauf vertraut, der Kraft Christi zu begegnen. Ist die Verbindung mit der Kraft Christi für Paulus eine Privatlehre, eine Quelle der Erquickung, die nur ihm zur Verfügung stünde? Die ansonsten hilfreiche Studie von Johannes Krug greift m.E. hier zu kurz, wenn sie dadurch allein einen vermeintlichen paulinischen Autoritätsanspruch be-gründet sieht und behauptet, »die Dynamis Gottes bzw. Christi« sei »nur einer klei-nen Auswahl vorbehalten« und gerade im 2 Kor »nur auf den Apostel bezogen«.[58] Genau dies ist nach den eigenen Worten von Paulus nicht der Fall, weil der Messias Jesus und alles, was dieser bewirkt hat und bewirkt, für Paulus in jeder Hinsicht die Verbindung zu anderen Menschen ermöglicht. Diese Verbindung geht m.E. aus dem Zusammenhang mit den Aussagen von 2 Kor 13,3–4 klar hervor, wobei Paulus die Beziehung zur Gemeinde mit den Stichworten Kraft und Schwachheit in den Blick nimmt, welche auf wiederum paradoxe Weise mit der Existenz Christi verknüpft ist: *»Denn ihr verlangt ja einen Beweis dafür, dass der Messias durch mich spricht, der in*

---

57. Scott S. Bartchy, »When I'm Weak, I'm Strong«. A Pauline Sense in Cultural Context, in: Christian Strecker (Hg.), Kontexte der Schrift, Bd. II: Kultur, Politik, Religion, Sprache, Text, FS Wolfgang Stegemann, Stuttgart 2005, 49–60 sieht hiermit gegenüber den Dominanz- und Männlichkeitsvor-stellungen der griech.-röm. Welt die entgegengesetzte Machtausübung von Israels Gott realisiert, die das Schwache aufrichtet (zusf. 60). Dem entspricht die Parallele bei Philo, VitMos. I 69, als Israel im Zusammenhang mit der Geschichte vom brennenden Dornbusch (Ex 3,1ff) im Exodus Ermutigung erfährt: *to asthenes hymon dynamis estin* (»eure Schwäche ist Kraft«), s. dazu Krug, a.a.O. 288. In derselben Linie liegt das »Handeln in Schwäche«, mit dem der *eved* bei Deuterojesaja sich als einzelne Gestalt und damit verbunden kollektiv als Israel auszeichnet, so Rainer Kessler, Kyros und der *eved* bei Deuterojesaja. Gottes Handeln in Macht und Schwäche, in: Marlene Crüsemann/Carsten Jo-chum-Bortfeld (Hg.), Christus und seine Geschwister. Christologie im Umfeld der Bibel in gerechter Sprache, Gütersloh 2009, 141–158 (153–155).

58. Krug, a.a.O. 307f; anders Gräßer, Komm. Bd.2, 213, zumindest für die Ebene der den Text in der Zeit nach Paulus Auslegenden:»Der sich zwischen Himmel und Hölle bewegende Apostel ist nicht die einmalige christliche Ausnahmeexistenz. Was berichtet wird, ist für aller Christen Biographie gültig.« Ob Gräßer dies auch für die damalige korinthische Gemeinde gelten lässt, bleibt unklar, da er die Rede von Kraft und Schwachheit auch in Verbindung mit dem Leben des Gekreuzigten in 2 Kor 13,3f in erster Linie als Drohung, als Ankündigung von Strafen liest (249ff, bes. 253f). Dabei scheint die Erläuterung einer »Partizipationstheologie« (254f) primär mit der Beziehung Christus – Paulus verbunden zu sein und Paulus also paradigmatisch auf die Seite Christi zu gehören, die existentialen Aussagen nur bedingt für die Gemeinde zu gelten, deren soteriologisches Gegenüber er bleibe: Pau-lus ist»›Christus‹ für die hörende wie für die unbußfertige Gemeinde ...« (255). Hier wird die Vor-stellung einer Gegenseitigkeit zwischen Paulus und der Gemeinde vermieden.

euch nicht schwach ist, sondern voll Kraft unter euch (eis hymas) wirkt. [4]Er wurde zwar als schwacher Mensch gekreuzigt, er lebt jedoch aus Gottes Kraft. Auch wir sind schwach in der Verbundenheit mit ihm, werden aber bei euch (eis hymas) mit ihm aus Gottes Kraft leben.«

Ich verstehe diese Aussagen so, dass es hier nicht um eine Machtdemonstration eines Apostels geht, der seinem Auditorium die Power seines rechtmäßigen Apostolats vorführen will.[59] In ihnen wird vielmehr mit wenigen Worten ein kompliziertes Beziehungsgeflecht dargestellt: Durch Paulus spricht der Messias, der aber gleichzeitig voll Kraft in der Gemeinde wirkt. Auch dort lebt Christus also gegenwärtig aus der Kraft Gottes, so kann die Aussage von V. 4 auf die Gemeinde bezogen verstanden werden, wenngleich er seine Tötung am Kreuz aus Schwachheit (*ex astheneias*), also als schwacher Mensch erlitt. Die Schwäche ist sodann auf Seiten des oder der Apostel, hier wechselt die Aussage in die 1. Person Plural, die in Verbundenheit mit oder in Christus (*en auto*) ebenfalls schwach seien. Sie werden aber leben mit ihm aus Gottes Kraft – *eis hymas,* (hier übersetzt mit) »bei euch«. Dies würde bedeuten, dass Paulus beim erneuten Besuch in der Gemeinde mit ihnen zusammen teil hat an der Kraft Gottes, die durch Christus vermittelt wird. Da dieser nach V.3 voller Kraft in der Gemeinde lebt, bedeutet dies, dass der schwache Paulus in und mit der Gemeinde und mit Jesus Christus zusammen aus der Kraft Gottes leben wird (*zesomen*).

Entscheidend für jede Interpretation ist das Verständnis der Präposition *eis* in der Wendung *eis hymas* in 13,3+4. Wird sie wie hier mit »bei« bzw. »unter euch« übersetzt, wie es auch z. B. für 2 Kor 8,6 in Bibelübersetzungen üblich ist[60], dann fällt es schwer, hier einen Strafvollzug angekündigt zu sehen. Eher erscheint die Hoffnung auf ein gemeinsames Leben, auf Teilhabe aller an der Kraft Gottes beim Wiedersehen. Wird die Wendung *eis hymas* dagegen mit »euch gegenüber« oder »an euch«[61]

---

59. Dies wird in Verbindung mit 2 Kor 13,2, dem angekündigten Besuch in der Gemeinde ohne »Schonung« von den Auslegern meist angenommen: Es gehe um angedrohte Strafen, um machtvolles Auftreten als Erweis des rechtmäßigen Apostolats des Paulus (s. die vorige Anm. u. z. B. Klauck, Komm. 100: »die ungewohnte Härte, mit der Paulus auftreten wird«; Zeilinger, a.a.O. 136: »Entschlossenheit zur Härte«; Aejmelaeus, a.a.O. 377: Paulus als »›schonungsloser‹ Strafvollzieher«; ähnlich auch David Alan Black, Paul, Apostle of Weakness. Astheneia and its Cognates in the Pauline Literature, New York u. a. 1984, 162: »Christ ... will again manifest his power through Paul's disciplinary activity«). Demgegenüber ist m. E. mit 2 Kor 13,3 gerade eine Alternative zum Bild des dominanten Apostels formuliert, indem die Kraft aufseiten der Gemeinde verortet wird.

60. Lutherrevision 1984; »unter euch«; Einheitsübersetzung: »bei euch«; Neue Zürcher Bibel 2007: »bei euch« s.a. die ähnlichen Lösungen dieser Übersetzungen in 2 Kor 8,23; 9,6.8.

61. *eis hymas* in 2 Kor 13,4: »euch gegenüber« (u. a. Bultmann, Komm. 238; Gräßer, Komm. Bd.2, 244); »vor euren Augen« (Einheitsübersetzung,); »an euch« (Lutherrevision 1984; u. a. Heckel, a.a.O. 138) – dagegen übersetzte Luther selbst noch: »unter euch« (1545); während die Revision 1984 Luther in 13,4 ändert, bleibt sie in 13,3 beim originallutherischen »unter euch«. Eine ganz eigene Lösung bietet die Neue Zürcher Bibel 2007: »Kraft Gottes, die für euch da ist«.

übersetzt, so entfällt der Gemeinschaftsaspekt, und Paulus kann eher als Exekutivkraft vorgestellt werden. Dennoch bleibt bei einer solchen Auffassung die Aussage von V. 3 schwer verständlich, dass Christus voller Kraft in der Gemeinde lebe,[62] und auch in 13,9 wird noch einmal betont, dass auf der Seite der Gemeinde Stärke sei, auf Seiten des Apostels Schwäche.

»Unter euch« bzw. »bei euch« in 13,4 bedeutet somit, dass Paulus, wenn er wieder bei der Gemeinde lebt, zusammen mit ihnen, als ein Teil ihrer Gemeinschaft die *dynamis*, die Kraft inmitten des gemeinsamen Lebens erfahren wird. In der Übersetzung dieser einzigen kleinen griechischen Präposition *eis* spiegelt sich also nicht nur das jeweilige Übersetzungskonzept, sondern sie geht einher mit weitreichenden sozialhistorischen Annahmen, entweder der des autoritären Apostels, der unter allen Umständen hart durchgreifen wird und das als persönliche Auferstehungsmacht definiert, oder der eines Apostels, der das gemeinsame Leben, das er unter ihnen und nicht über ihnen führt, als Ausdruck der *dynamis* der Auferstehung Jesu begreift. Letzteres bedeutet auch, dass er selbst von ihnen Kraft empfängt, von ihnen empfangen möchte und dies als Teilhabe an der Kraft des Messias versteht. Mit diesen Sätzen erscheint die angekündigte ›Schonungslosigkeit‹ von 13,2 nicht als Strafexpedition, sondern als ehrliche Bestandsaufnahme ihrer gegenseitigen Beziehungen und ihrer Zukunft in der Gegenwart des Gekreuzigten, seiner menschlichen Schwachheit und seiner lebendigen göttlichen Kraft.

Diese Deutung ist im Einklang mit den sonstigen Aussagen von Paulus zur Gegenseitigkeit im Geben und Nehmen des Trostes (Kap. 1), der *charis*, der liebevollen Zuwendung (Kap. 8–9) und der Dialektik von Tod und Leben in ihrer aller Beziehung, wie es in 2 Kor 7,3 am deutlichsten gesagt wird: »*... dass ihr in unseren Herzen seid, um gemeinsam zu leben und gemeinsam zu sterben*«, oder mit seinem Bekenntnis zum Leben der Gemeinde, das für ihn Priorität hat: »*Somit erscheint Jesu Leben auch in unserer sterblichen Existenz. Daher ist in uns der Tod wirksam, aber das Leben in euch*« (2 Kor 4,11b-12).

Das Gotteswunder der realisierten *dynamis* besteht ja vor allem darin, dass diese kraftvollen Gemeinden überhaupt existieren, dass sie mit Hilfe des kranken und schwachen Paulus gegründet und ins Leben gerufen werden konnten und sie fortan Trägerinnen der Lebenskraft Christi sind. »Die Gründung der christlichen Gemein-

---

62. Bultmann, Komm., meint denn auch zu 13,3b: »In der Antithese überrascht« *en hymin* (244), und muss daher die *dynamis* der Gemeinde als kritische Macht verstehen. So sage Paulus, diese werde »sich anders erweisen, als ihr denkt!« (245). Überhaupt fällt auf, wie wenig in manchen Untersuchungen die Gemeinde als eigenständige Größe in der exegetischen Analyse berücksichtigt wird, so auch bei Jan Lambrecht, Philological and Exegetical Notes on 2 Corinthians 13,4 (1985), in: Reimund Bieringer/ders., Studies on 2 Corinthians, BEThL 112, Leuven 1994, 589–598: »Within 2 Cor 13,1–4 there is thus a chiastic movement: from Paul (vv.1–2) to Christ (v.3); and from Christ (v.4ab) back to Paul (v.4cd)« (596).

den an allen wichtigen Orten des römischen Reiches durch Frauen und Männer, deren theologische Reflexionen wir durch Paulus kennen, war das Werk der Widerstandskraft, die aus der Vereinigung der Schwachen mit der Macht Christi kam«[63]. Wichtig ist, dass durch die paulinischen Gedankengänge zu Kraft und Schwachheit das Schwache nicht etwas Fremdes ist, das prinzipiell im Anderen zu finden ist, sondern einerseits in »mir«, in jeder und jedem, vor allem aber in Christus selbst verankert ist, der als der Schwache[64] herrscht, was ›Herrschaft‹ prinzipiell verändert. Wenn dieser Schwache die Macht Gottes verkörpert, kann die *dynamis* niemals in einer Stärke bestehen, die Schwache vernichtet, sondern sie richtet sie auf und bekräftigt sie.

Die *charis,* die Zuwendung oder Zuneigung Gottes trifft also auf Menschen, darunter Paulus, die zusammen mit anderen Schwachen stärker sind als alle Gewalt und Mächte des Todes in der Welt – ohne dass sie damit selbst zu Mächtigen werden.[65] Die *dynamis theou,* die Kraft Gottes, liegt auch in der Verbindung dieser Schwachen untereinander. Christus steht in der Mitte, ist deshalb das Kraftzentrum, weil in ihm beides zusammenkommt: das Ausgeliefertsein, die Ohnmacht des menschlichen Lebens, das von der Gewalt jederzeit vernichtet, gekreuzigt werden kann – und

---

63. Luise Schottroff, Die befreite Eva. Schuld und Macht der Mächtigen und Ohnmächtigen nach dem Neuen Testament, in: Christine Schaumberger/Luise Schottroff, Schuld und Macht. Studien zu einer feministischen Befreiungstheologie, München 1988, 15–151 (122). Dass die Existenz der Gemeinde Zeugnis der *dynamis* Gottes ist, die durch den schwachen Apostel gewirkt hat und wirkt, wird auch bemerkt z. B. von Theobald, a.a.O. 251, sowie Krug, a.a.O. 291: »in der Gründung neuer Gemeinden kommt die Dynamis Christi zu ihrer vollen Geltung«. Zu beachten ist daneben aber auch 2 Kor 12,12, wonach in dieser Gemeinde auch Zeichen und Wunder, vielleicht als Krankenheilungen, durch die Paulus, Timotheus und die anderen Apostel geschehen sind (vgl. Klauck, Komm. 96).

64. In »the cross one sees the love of God entering into real battle with the ›rulers of this world‹ for the sake of human beings. Whoever sees this apparent weakness as the expression of God's power to save has entered into a new way of perceiving power. Such a person will now see the cross as the place … where divine love refused to be co-opted by world power … Only in this perceptual frame does Paul's own weakness make sense. For in that weakness he exhibits the power of the cross to stand against all powers that would thwart divine love and human liberation«, Alexandra R. Bown, The Gospel Takes Place. Paul's Theology of Power-in-Weakness in 2 Corinthians, Interpretation 52, 1998, 271–285 (279).

65. So wie die Gemeinde nach 1 Kor 1,26f nach ihrer sozialen Herkunft ihrer Mehrheit nicht zu den Mächtigen zählt: »*Seht doch eure Berufung an, Geschwister: Es sind nicht viele Weise nach ihrer Herkunft her, nicht viele Mächtige, nicht viele aus den Elitefamilien unter euch. Vielmehr hat Gott die Ungebildeten der Welt erwählt, um die Weisen zu beschämen; und die Schwachen der Welt hat Gott erwählt, um die Starken zu beschämen*«; s. dazu Luise Schottroff, »Nicht viele Mächtige«. Annäherung an eine Soziologie des Urchristentums (1985), in: dies., Befreiungserfahrungen. Studien zur Sozialgeschichte des Neuen Testaments, ThB 82, München 1990, 247–256 (249–253); dies., Wie Befreiung entsteht. Der erste Brief an die Gemeinde in Korinth, in: dies./Marie-Theres Wacker (Hg.), Kompendium Feministische Bibelauslegung (1998), 3. Aufl. Gütersloh 2007, 574–592 (578); dies. Der erste Brief an die Gemeinde in Korinth, ThKNT 7, Stuttgart 2013, 41–47.

gleichzeitig Gottes Schöpfungskraft, die ihn ins Leben gerufen und wieder ins Leben gerufen hat. Indem Menschen ihre Leiden, Schwäche und Todesohnmacht mit dem schwachen, am Ende gekreuzigten Jesus verbunden wissen und verbinden, sie darauf setzen, dass sie so an seinen Erfahrungen teilhaben, erfahren sie sich in diesen Zuständen niemals mehr außerhalb isoliert von der Macht Gottes, im Gegenteil. Das gilt nach dem Zeugnis des Paulus in alle Richtungen: von »unten« nach »oben« in der Form der Klage der Leidenden, von »oben« nach »unten« durch die göttliche Antwort des ›Empowerment‹ durch die *dynamis tou Christou* – wobei das paradox vermittelt ist, denn Christus als der Schwache schlechthin ist ja nicht »oben«, sondern »ganz unten«. Und schließlich erstreckt sich das Beziehungsgeflecht »horizontal« – in Gegenseitigkeit – innerhalb der menschlichen Gemeinschaft, dass die Einzelnen einander stärken können in den jeweiligen Zuständen von Verzweiflung und Ohnmacht. Das wird in vielen Sätzen des 2. Briefs an die Gemeinde in Korinth und auch durch 13,3–4 ausgedrückt. Durch diesen Beziehungsaspekt werden christologische Aussagen niemals eine Doktrin oder eine statische Wahrheit, die jederzeit abgehoben und abstrakt verkündigt werden könnten.

Paulus schreibt in diesem Brief die christologischen Aussagen mit seinem eigenen Leben, das mit dem der Gemeinde wechselseitig verbunden ist. Die Beziehung zu Jesus als dem Gekreuzigten, der von keinem anderen Kreuz zu trennen ist,[66] hat ihn als einen schwachen Boten befähigt, aus der Kraft Gottes mit anderen zu leben und damit dieses starke Allerschwächste zu erhalten inmitten der Mächte der Welt, so dass wir ihn noch hören können: »*Weder Tod noch Leben, weder himmlische noch staatliche Mächte, weder die gegenwärtige Zeit, noch das, was auf uns zukommt, weder Gewalten der Höhe noch Gewalten der Tiefe, noch irgendein anderes Geschöpf können uns von der Liebe Gottes trennen, die im Messias Jesus lebendig ist, dem wir gehören*« (Röm 8,38f).

---

66. »Die allerschlimmste Entstellung der Kreuzespredigt des Neuen Testaments ist für mich die *christologische Isolierung* Jesu«, Luise Schottroff, Kreuz, Opfer und Auferstehung Christi. Geerdete Christologie im Neuen Testament und in feministischer Spiritualität, in: Renate Jost/Eveline Valtink (Hg.), Ihr aber, für wen haltet ihr mich? Auf dem Weg zu einer feministisch-befreiungstheologischen Christologie, Gütersloh 1996, 102–123 (115).

21. Das weite Herz und die Gemeinschaft der Heiligen 2 Kor 6,11–7,4 im sozialgeschichtlichen Kontext

Das Herz

Das Herz des Paulus, der zusammen mit seinem Gefährten Timotheus jenen Strom von Worten niederschreibt, welcher jetzt als der zweite Brief an die Gemeinde in Korinth[1] bekannt ist, scheint im Zentrum dieses Briefes zu stehen. Dies ist zunächst buchstäblich mit seiner Platzierung in der Mitte des überlieferten Textes der Fall, wo in 6,11 eine lange persönliche und theologische Erörterung[2] ihre Klimax findet in dem Ausruf: »*Unser Mund hat sich für euch geöffnet, o ihr in Korinth, unser Herz ist weit geworden für euch!*« Im Durcharbeiten einer quälenden und äußerst schwierigen Phase der Beziehungen zu dieser Gemeinde hat sich nun, so scheint es, ein Horizont geöffnet, ein weiter Raum gezeigt, weil er sich im eigenen Herzen die Basis schaffen konnte.

Das Herz ist sodann in der hebräischen Anthropologie neben seiner zentralen Rolle im menschlichen Organismus auch das metaphorische Zentrum einer Person[3]: Ort des Willens und aller Wünsche und Entschlüsse, die aus Verstand, Gefühl

---

1. Zur Forschungsgeschichte des 2 Kor s. die Beiträge von Reimund Bieringer über die »Teilungshypothesen« (67–105) und über den 2 Kor »als ursprüngliche Einheit« (107–130) in: Reimund Bieringer/Jan Lambrecht, Studies on 2 Corinthians, BEThL 112, Leuven 1994; s. a. die Einführung von Margaret E. Thrall, The Second Epistle to the Corinthians, ICC, Vol. I. Edinburgh 1994, 1–77 sowie J.D.H. Amador, Revisiting 2 Corinthians: Rhetoric and the Case of Unity, NTS 46, 2000, 92–111. Heute werden mindestens und vor allem die Kap. 1–9 und 10–13 als zwei Briefe gesehen (z. B. Charles K. Barrett, A Commentary on the Second Epistle to the Corinthians, BNTC, London 1973; Victor P. Furnish, II Corinthians, AncB 32A, Garden City N.Y. 1984; Hans-Josef Klauck, 2. Korintherbrief, NEB 7, Würzburg 1984). Doch auch die Einheitlichkeit hat starke VertreterInnen: Niels Hyldahl, Die Frage nach der literarischen Einheit des Zweiten Korintherbriefes, ZNW 64 (1973) 289–306; Christian Wolff, Der zweite Brief des Paulus an die Korinther, ThHK 8, Berlin 1989; Bärbel Bosenius, Die Abwesenheit des Apostels als theologisches Programm. Der zweite Korintherbrief als Beispiel für die Brieflichkeit der paulinischen Theologie, TANZ 11, Tübingen u. Basel 1994; Reimund Bieringer, Plädoyer für die Einheitlichkeit des 2. Korintherbriefes. Literarkritische und inhaltliche Argumente, in: Bieringer/Lambrecht, a.a.O. 131–179.
2. Der meist als »Apologie« bezeichnete Abschnitt 2 Kor 2,14–7,4 gilt entweder als Teilbrief (z. B. Erich Gräßer, Der zweite Brief an die Korinther. Kapitel 1,1–7,16, ÖTK/NT 8/1, Gütersloh u. Würzburg 2002, 34f.101ff) oder als rhetorisch bzw. theologisch gesonderte Sequenz (vgl. Jens Schröter, Der versöhnte Versöhner. Paulus als unentbehrlicher Mittler im Heilsvorgang zwischen Gott und Gemeinde nach 2 Kor 2,14–7,4, TANZ 10, Tübingen u. Basel 1993).
3. Hans Walter Wolff, Anthropologie des Alten Testaments, München 1973, 68–95; Silvia Schroer/Thomas Staubli, Die Körpersymbolik der Bibel, Darmstadt 1998, 45–60.

und Antrieb in ihm entstehen und von dort aus als Summe alles Bewussten und auch des im heutigen Sinne Unbewussten in Worte und Taten münden, die das eigenen Leben und das der Mitmenschen bestimmen. Die »*Gebilde der Planungen des Herzens*« (Gen 6,5) entscheiden über Gut und Böse für das Ich, für sein Verhältnis zu anderen Menschen und insbesondere zu Gott. Gottes Tora, das Tun des Lebensförderlichen, sollte deshalb im Herzen verankert sein (Dtn 30,14). Da das Herz jedoch wahrhaft autonom ist und sich am Ende nichts gebieten lässt, erwägt Gott schließlich eine Art Transplantation: ein neues pulsierendes Herz kommt an die Stelle des zu Stein gewordenen (Ez 11,19), damit die Beziehung des Volkes Israel zu seinem Gott wieder lebendig werden kann.

Paulus lebt in dieser Tradition, wenn er im zweiten Brief an die Gemeinde in Korinth das Herz (*kardia*)[4] erwähnt: Die Geistkraft Gottes wohnt in ihm (1,22), es wird angstvoll eng vor Traurigkeit beim Schreiben an die Korinther_innen (2,4), die Gemeinde sei ein Brief »*in unsere Herzen geschrieben*« (3,2), aber auch ein Brief Christi, geschrieben auf Herzenstafeln aus Fleisch (3,3), es gebe eine Decke vor anderen Herzen (3,15), auch den hellen Glanz Gottes in den eigenen (4,6), der Ruhm des Herzens stehe gegen den des Äußeren (5,12), es wird weit für die Gemeinde (6,11), die in ihm ist zum gemeinsamen Sterben und Leben (7,3), in Titus' Herz lebt das Engagement für sie (8,16), über die Art, für die Heiligen in Jerusalem zu spenden, soll jeweils das Herz entscheiden (9,7). Allein aus der bloßen Aufzählung wird schon ersichtlich, wie sehr dieser Begriff mit der Beschreibung von interpersonellen Verhältnissen verknüpft ist, und insbesondere denen zwischen Apostel und Gemeinde, einer Thematik, die praktisch den ganzen zweiten Korintherbrief beherrscht[5]. Dem soll im Folgenden nachgegangen werden, um so einen Versuch der Verortung des »Paulus in Beziehung« mit dieser Gemeinde zu leisten und damit die Struktur einer Beziehungstheologie aus der Sicht des Paulus und derer, die sich mit ihm gemeinsam schriftlich äußern[6], zu gewinnen.

---

4. *kardia* sonst in den authentischen Paulusbriefen: Röm 1,21.24; 2,5.15.29; 5,5; 6,17; 8,27; 9,2; 10,1.6.8.9.10; 1 Kor 2,9; 4,5; 7,37; 14,25; Gal 4,6; Phil 1,7; 4,7. 1 Thess rechne ich nicht dazu, s. Marlene Crüsemann, Die pseudepigraphen Briefe an die Gemeinde in Thessaloniki. Studien zu ihrer Abfassung und zur jüdisch-christlichen Sozialgeschichte (Diss. Kassel 1999), BWANT 191, Stuttgart 2010. Für Erkenntnisse und Diskussionen zur paulinischen Anthropologie im Zusammenhang ihrer Habilitationsschrift über die Körpertheologie des Paulus: Anders ist die Schönheit der Körper. Paulus und die Auferstehung in 1 Kor 15, Gütersloh 2005, danke ich Prof. Dr. Claudia Janssen.

5. Gegen die übliche Bestimmung des Themas des 2 Kor, wobei neben der Polemik gegen sog. Gegner vor allem die Behauptung und Apologie des Apostolats genannt wird (»es geht um das Wesen des paulinischen Apostolats«, Wolff, Komm. 3 u.v.a), hat vor allem Bieringer (Plädoyer, 140.173–179 u. pass.; vgl. zuvor zu 2,14–7,4 schon H.-J. Findeis, Versöhnung-Apostolat-Kirche. Eine exegetisch-theologische und rezeptionsgeschichtliche Studie zu den Versöhnungsaussagen des Neuen Testaments (2 Cor, Röm, Kol, Eph), FzB 40, Würzburg 1983, 67–80) betont, dass die Analyse des Verhältnisses zwischen Apostel und Gemeinde quasi den Schlüssel für das Verständnis des gesamten 2 Kor liefert.

6. Zur 1. Person Plural s. 213f.

Der besondere Anreiz, den der Textabschnitt 6,11–7,4 für dieses Unterfangen liefert, liegt zum einen in der erwähnten Intensität des Ausrufs von 6,11, den daran anschließenden Sätzen und der Wiederaufnahme der Stichworte des Herzens, der Weite für das Gegenüber und der damit verknüpften Gemeinsamkeit in 7,2f. Zum anderen umschließen diese Verse mit 6,14–7,1 eine rigorose Aufforderung zur Abgrenzung von »Ungläubigen«, die ausführlich mit einer Zitatzusammenstellung aus der Schrift begründet wird. Diese Passage wird weithin als ein abrupter und kaum zu erklärender Bruch des Zusammenhangs gewertet[7] und dementsprechend oft als Interpolation für sekundär erklärt. Auch wenn die diesbezügliche exegetische Diskussion die Annahme der Ursprünglichkeit des Abschnitts 6,14–7,1 nahelegt, steckt seine inhaltliche Analyse im engeren und weiteren Kontext noch in den Anfängen.

So möchte ich neben den Spuren einer paulinischen Beziehungstheologie zeigen, inwiefern gerade diese Verse ein Herzstück bilden sowohl im Rahmen des 2. Korintherbriefs, als auch für die Frage, auf welche Weise Paulus den Gemeinden aus den Völkern die Tora Israels vermittelt, und schließlich auch, wie diese beiden Themen zusammenhängen. Eines der Hauptanliegen Luise Schottroffs ist es, die traditionelle Sicht eines »gesetzesfreien« paulinischen Evangeliums und einer angeblich ebensolchen Lebenspraxis »seiner« Gemeinden als historisch irreführend zu erweisen und im Gegenteil für deren Unterweisung zu weitgehender Toratreue[8] zu plädieren.

---

7. Sonst »würde Paulus eine Gedankenkonfusion unterstellt, die ihm selbst bei Annahme einer Diktierpause ... einfach nicht zuzutrauen ist« (Gräßer, Komm. 265).

8. Zur Geltung der Tora in den paulinischen Gemeinden bei gleichzeitiger Flexibilität hinsichtlich der Speisegesetze und Beschneidung nichtjüdischer Männer s. Luise Schottroff, Lydias ungeduldige Schwestern. Feministische Sozialgeschichte des frühen Christentums, Gütersloh 1994, 27ff; dies., Auf dem Weg zu einer feministischen Rekonstruktion der Geschichte des frühen Christentums, in: dies./Silvia Schroer/Marie-Theres Wacker, Feministische Exegese. Forschungserträge zur Bibel aus der Perspektive von Frauen, Darmstadt 1995, 173–248 (201ff); dies., »Gesetzesfreies Heidenchristentum« – und die Frauen? Feministische Analysen und Alternativen, in: dies.,/Marie-Theres Wacker (Hg.), Von der Wurzel getragen. Christlich-feministische Exegese in Auseinandersetzung mit Antijudaismus, BIS 17, Leiden 1996; dies., Die Lieder und das Geschrei der Glaubenden. Rechtfertigung bei Paulus, in: Claudia Janssen/Luise Schottroff/Beate Wehn (Hg.), Paulus. Umstrittene Traditionen – lebendige Theologie. Eine feministische Lektüre, Gütersloh 2001, 44–66 (47ff: »Gesetzestreue Völkerkirche«) u. bes. für die Korrespondenz mit Korinth den Beitrag zu Röm 3,31 und 1 Kor 5: dies., »Wir richten die Tora auf« (Röm 3,31 und 1 Kor 5,1–13). Freiheit und Recht bei Paulus, in: Christof Hardmeier/Rainer Kessler/Andreas Ruwe (Hg.), Freiheit und Recht. FS Frank Crüsemann, Gütersloh 2003, 429–450 zur richtenden Funktion der Gemeinde nach der Tora (s.a. Peter von der Osten-Sacken, »Geschrieben zu unserer Ermahnung«. Die Tora in 1. Korinther 10,1–13, in: ders., Die Heiligkeit der Tora. Studien zum Gesetz bei Paulus, München 1989, 60–86 zur »Aufrichtung der Tora« in 1 Kor 10,1ff und Peter J. Tomson, Paul and the Jewish Halakha in the Letters of the Apostle to the Gentiles, CRI IV/1, Assen/Maastricht u. Minneapolis 1990 zur Orientierung des Paulus an der jüdischen Halacha vor allem in 1 Kor).

Der Text 2 Kor 6,11–7,4

(2 Kor 6,11) Unser Mund hat sich euch gegenüber aufgetan, o ihr in Korinth, unser Herz ist weit geworden für euch. (12) Ihr habt keinen engen Raum in uns, doch beengt ist eure Liebe tief im Innern[9]. (13) Aber die richtige Gegenseitigkeit[10] geht so – ich rede wie unter Kindern[11]: Werdet auch ihr weit(herzig)! (14) Geht nicht in ein anderes Gespann, mit Ungläubigen! Welche Teilhabe gibt es denn zwischen Gerechtigkeit und Gesetzlosigkeit? Welche Gemeinschaft zwischen Licht und Finsternis? (15) Welcher Einklang herrscht zwischen Christus und Beliar? Welchen Bereich haben Gläubige und Ungläubige gemeinsam? (16) Worin besteht die Verträglichkeit zwischen dem Tempel Gottes und Götzenbildern? Denn wir sind (der) Tempel der lebendigen Gottheit, wie Gott gesprochen hat:

»Ich werde unter ihnen wohnen und mit ihnen gehen. Ich werde Gott sein für sie, und sie werden mein Volk sein«.[12] (17) Deshalb: »Geht heraus aus ihrer Mitte und trennt euch[13], spricht Adonaj, und berührt nichts Unreines[14]. Dann werde ich euch annehmen[15], (18) und werde für euch ein Vater sein, und ihr werdet meine Söhne[16] und Töchter sein«, spricht Adonaj, mächtig über allem[17].

(7,1) Das sind die Verheißungen, die wir haben, Geliebte. Wir wollen uns also rein machen von aller Entheiligung an Körper und Geist und Heiligung verwirklichen in Ehrfurcht vor Gott. (2) Gebt uns Raum! Wir haben niemandem Unrecht getan, niemanden vernichtet, uns an niemandem bereichert. (3) Zur Verurteilung sage ich das

---

9. Zu *ta splagchna* s.u. Anm.43.
10. *antimisthia* nur noch Röm 1,27 im Sinne eines entsprechenden Lohnes für menschliches Verhalten. Die hier gewählte Wiedergabe mit »Gegenseitigkeit« ergibt sich aus dem Sinnzusammenhang (s. dazu S. 213ff) und dem Phänomen einer »Kindersprache« (s. folgende Anm.), könnte frei formuliert also auch so aussehen: »wie ich dir, so du mir«.
11. Anders als bei der patriarchalen Anrede z. B. in 1 Kor 4,14f an »meine Kinder« erscheint Paulus hier bei der Einlassung *hos teknois lego* m.E. nicht als Vater, sondern als jemand, der in die Kindersprache verfällt, mithin selbst bildlich als Kind, was diese Übersetzung ansatzweise wiederzugeben versucht. Dabei ist im Deutschen der Dativ mit der Präposition »unter« statt »zu« zu ergänzen, da ein eindeutiges *pros* oder *hymeis* fehlt sowie auch ein *mou*, das oft im Deutschen zugefügt wird. Die Parallele in 1 Kor 10,15 »ich rede wie zu/unter Vernünftigen« stützt dies: In diesem Vers schwingt mit und ist vorausgesetzt, dass beide Parteien Anteil an der Vernunft haben. Die Gemeinde soll verständig urteilen, dass Paulus ebenso redet, etwa »ich rede, wie es unter Vernünftigen geschieht«, so wird das *hos* berücksichtigt. Die übergreifende Qualität der im Dativ angeführten Eigenschaft ist für beide Stellen anzunehmen. Es geht mehr um die Art und Weise der Rede als um eine Qualifizierung des Gegenübers (s. a. Thrall, Komm. 471 m. Anm.1990 zum Kommentar v. R.V.G. Tasker, The Second Epistle of Paul to the Corinthians, TNTC, London 1958, 97).
12. Vgl. Lev 26,12 LXX; Ez 37,27 LXX.
13. Vgl. Jes 52,11 LXX.
14. Vgl. Lev 5,2; 7,21 LXX u.ö.
15. Vgl. Ez 20,34.41 LXX.
16. Vgl. 2 Sam 7,14 LXX.
17. Vgl. 2 Sam 7,8 LXX.

nicht. Denn ich habe schon zuvor gesagt, dass ihr in unseren Herzen seid, um zusammen zu sterben und zusammen zu leben. (4) Groß ist mein Zutrauen zu euch, groß mein Lob für euch. Ich bin erfüllt mit Trost, ich fließe über vor Freude in all unserer Bedrängnis.

Im Zentrum der wissenschaftlichen Diskussion steht der Abschnitt 6,14–7,1, der als ein Imperativ (V. 14a) mit fünf folgenden rhetorischen Fragen (V. 14b-16a), einer Begründung (V. 16b) mit einer weiter fundierenden anschließenden Zitatkombination aus der Schrift (V. 16c-18) und einem letzten Verheißungs- und Mahnwort (7,1) gestaltet ist. In den letzten Jahren hat sie sich mehr und mehr auf die These der paulinischen Authentizität von 6,14–7,1 und auch auf die Integrität der Gesamtperikope, also deren originalen Sitz an dieser Stelle, hin bewegt, das heißt, es gibt mehr befürwortende als ablehnende Stimmen.[18] Die Gegenargumente fußen einerseits

---

18. Vgl. die von Reimund Bieringer, 2 Korinther 6,14–7,1 im Kontext des 2. Korintherbriefes. Forschungsüberblick und Versuch eines eigenen Zugangs, in: Bieringer/Lambrecht, a.a.O. 551–570 (551f); William J. Webb, Returning Home: New Covenant and Second Exodus as the Context for 2 Corinthians 6:14–7:1, JSNT.S 85, Sheffield 1993, 16–30.160–175 und von Christoph Heil, Die Sprache der Absonderung in 2 Kor 6,17 und bei Paulus, in: Reimund Bieringer (Hg.), The Corinthian Correspondence, BEThL 125, Leuven 1996, 717–729 (727ff) sowie Thomas Schmeller, Der zweite Brief an die Korinther (2Kor 1,1–7,4), EKK VIII/1, Neukirchen-Vluyn u. Ostfildern 2010, 366f, aufgelistete ältere und jüngere Literatur. Darunter plädieren in Einzeluntersuchungen für die Echtheit u. a. Gordon D. Fee, II Corinthians VI.13–VII.1 and Food Offered to Idols, NTS 23 (1977) 140–161; J. Duncan Derrett. M., 2 Cor 6,14ff: A Midrash on Dt 22,10, in: Bibl. 59 (1978) 231–250; Jan Lambrecht, The Fragment 2 Cor 6,14–7,1. A Plea for Its Authenticity (1978), in: Bieringer/Lambrecht, a.a.O. 1994, 531–549; Margaret E. Thrall, The Problem of II Cor. VI.14–VII.1 in Some Recent Discussion, NTS 24 (1978) 132–148; G.K. Beale, The Old Testament Background of Reconciliation in 2 Corinthians 5–7 and Its Bearing on the Literary Problem of 2 Corinthians 6.14–7.1, NTS 35, 1989, 550–581; Jerome Murphy-O'Connor, Philo and 2 Cor 6,14–7,1, in: Lorenzo de Lorenzi (Hg.), The Diakonia of the Spirit (2 Co 4:7–7:4), SM Ben 10, Rom 1989, 133–146; James M. Scott, Adoption as Sons of God: An Exegetical Investigation into the Background of *hyothesia* in the Pauline Corpus, WUNT II/48, Tübingen 1992, 187–220; David DeSilva, Recasting the Moment of Decision: 2 Corinthians 6.14–7.1 in its Literary Context, in: AUSS 31, 1993, 3–16; Gerhard Sass, Noch einmal: 2 Kor 6,14–7,1. Literarkritische Waffen gegen einen unpaulinischen Paulus?, ZNW 84, 1993, 36–64; Schröter, a.a.O. 321–337; Franz Zeilinger, Die Echtheit von 2 Cor 6,14–7,1, JBL 112, 1993, 71–80; Michael Goulder, 2 Cor. 6:14–7:1 as an Integral Part of 2 Corinthians, in: NT 36, 1994, 47–57; dazu die Kommentare von Barrett; Furnish (ein v. Paulus verwendetes Textstück); Wolff (146ff wie Furnish); Thrall (25–36) und Franz Zeilinger, Krieg und Friede in Korinth. Kommentar zum 2 Korintherbrief des Apostels Paulus. Teil 2: Die Apologie, Wien u. a. 1997, 41ff (u. jeweils z.St.); Schmeller 366–382 (mit Plädoyer für eine ursprüngliche Stellung zwischen Kap.9 und Kap.10), außerdem neben Bieringer (2 Kor 6) insbes. James M. Scott, The Use of Scripture in 2 Corinthians 6,16c-18 and Paul's Restoration Theology, JSNT 56, 1994, 73–99; Wolfgang Kraus. Das Volk Gottes. Zur Ekklesiologie bei Paulus, WUNT 85, Tübingen 1996, 261–268; Donald G. McDougall, Unequally Yoked – A re-examination of 2 Corinthians 6:11–7:4, in: TMSJ 10, 1999, 113–137; Mark J. Goodwin, Paul, Apostle of the Living God. Kerygma and Conversion in 2 Corinthians, Harrisburg 2001, 190–221 (wie Furnish); s.a. J. Ayodeji Adewuya,, Holiness and Community in 2 Cor 6:14–7:1. Paul's View of Communal Holiness in the Corinthian Correspondence. Second Printing, New York u. a. 2001. Für eine Interpolation sind z. B.

auf der vermeintlichen thematischen Unterbrechung des »Herzensthemas« durch diese Verse, deren Entfernung 6,13 an 7,2 nahtlos anschließen lasse[19], andererseits auf ihrem jüdischen Charakter[20], der als nicht-paulinisch interpretiert und mit den gehäuft auftretenden Hapaxlegomena[21] sowie dem damit einhergehenden dualistischen Gedankengut, das mit Qumran in Verbindung stehe[22], begründet wird.

Kaum vereinbar mit Theorie und Praxis der Gemeinde in Qumran dürfte allerdings die Erwähnung der »Töchter« Gottes (6,18) sein, jedoch problemlos mit dem im allgemeinen Judentum verwurzelten Paulus[23] und den besonderen Gegebenheiten der korinthischen Gemeinde, in der nach Luise Schottroffs Analyse des 1 Kor die Frauen in der Überzahl waren[24]. Die Wendung wird meist als Zitat aus Jes 43,6 LXX gewertet, aber auch aus der alttestamentlichen Eschatologie insgesamt hergeleitet, womit deren Betonung der Frauen als Töchter des Volkes und Gottes übernommen wird[25], oder als paulinische Einfügung in Verbindung mit Gal 3,28[26]. Es handelt sich in jedem Fall um einen bewussten Akzent der Autoren, der Frauen als äquivalenten Teil der Gemeinde hervorhebt.

Eine grundsätzliche Abtrennung des Paulus vom Judentum und jüdischen Traditionen, wie sie viele Befürworter einer Interpolationshypothese voraussetzen, kann

---

seit Joseph A. Fitzmyer, Qumran and the Interpolated Paragraph in 2 Cor 6:14–7:1, in: CBQ 23, 1961, 271–280; Joachim Gnilka, 2 Cor 6:14–7:1 in the Light of the Qumran Texts and the Testament of the Twelve Patriarchs, in: J. Murphy-O'Connor/J.H. Charlesworth (Hg.), Paul and the Dead Sea Scrolls, New York 1990, 48–68 (= dt. u. a. in: J. Blinzler u. a. Hg., Neutestamentliche Aufsätze. FS J. Schmid, Regensburg 1963, 86–99); Betz, a.a.O. neben der Miszelle von William O. Walker Jr., 2 Cor 6.14–7.1 and the Chiastic Structure of 6.11–13; 7.2–3, NTS 48, 2002, 142–144 in ausführlicheren Voten vor allem Paul Brooks Duff, The Mind of the Redactor: 2 Cor 6:14–7:1 In Its Secondary Context, NT 35, 1993, 160–180 (der jedoch eine Platzierung durch Paulus nicht ausschließt), tendenziell Hans-Michael Wünsch, Der paulinische Brief 2 Kor 1–9 als kommunikative Handlung. Eine rhetorisch-literaturwissenschaftliche Untersuchung, Münster 1996, 83–110; Heil, a.a.O.; die Kommentare von Bultmann (Rudolf Bultmann, Der zweite Brief an die Korinther, hg. v. Erich Dinkler, KEK, Göttingen 1976); Klauck und Gräßer 2002 z.St.. Die Monographie von Webb, a.a.O. lässt die Frage der Authentizität offen (181).

19. Zuletzt Walker, a.a.O.
20. Diesen betont bes. Betz, a.a.O., der hier ein Fragment der jüdischen Paulusgegner aus Galatien von einem Redaktor eingefügt sieht.
21. Gnilka, a.a.O. 53 nennt als ntl. Hapaxlegomena: »*heterozygountes, metoche, symphonesis, Beliar, sygkatathesis, enperipateso, molysmos*« sowie »*pantakrator*« (sic!).
22. So Fitzmyer, a.a.O. 273ff: die Dualismen von Gerechtigkeit/Gesetzlosigkeit, Licht/Finsternis, Christus/Beliar, der Affront gegen Götzen, das Konzept vom Tempel Gottes, die Trennung von Unreinheit, die atl. Zitatcatena; vgl. Gräßer, Komm. 258ff.
23. Tomson, a.a.O. 199.
24. Luise Schottroff, Die erste Brief an die Gemeinde in Korinth. Wie Befreiung entsteht, in: dies./Marie-Theres Wacker (Hg.), Kompendium Feministische Bibelauslegung, Gütersloh 1998, 574–592, 574.580f.
25. So John W. Olley, A Precursor of the NRSV? ›Sons and Daughters‹ in 2 Cor 6.18, NTS 44, 1998, 204–212.
26. Barrett 1973, 201; ähnlich Zeilinger 1997, 415.

als theologisches Basisargument weithin keine Zustimmung mehr einfordern, womit die Plausibilität für die Annahme eines hier »fremden« Textes mit der Begründung seiner jüdischen Herkunft entfällt. Mit anderen Worten: Viele der wertvollen Beobachtungen zur jüdischen Prägung des Abschnitts lassen sich auch positiv paulinisch auslegen.

So sind überzeugende Gründe für die Einbindung des Textes in seinen Kontext und in das paulinische Schrifttum genannt worden: Abgesehen davon, dass eine Interpolation keine handschriftliche Grundlage hat, fällt 6,14ff nach Sprache und Struktur nicht aus der Einheit des 2 Kor heraus[27] und ist nicht als unpaulinisch zu bezeichnen. Die Bedeutung der Zahl von Hapaxlegomena kann entscheidend relativiert werden, da drei von ihnen in Schriftzitaten vorkommen, mindestens vier als verwandte Begriffe der gleichen Wortfamilie in anderen Paulustexten auftauchen und ansonsten auf vergleichbarem Raum z. B. in 1 Kor 4,7–13 sowie 2 Kor 4,3–10 jeweils eine Reihe echter Hapaxlegomena genannt werden.[28] Die Dualismen von Licht und Finsternis, die Opposition zum Widersacher Gottes und den Götzen findet sich nicht nur in Qumran, sondern in einem größeren Strom frühjüdischer Traditionen[29] und damit auch sonst bei Paulus (2 Kor 4,4; Röm 13,12), wie ebenfalls die Entgegensetzung von Gerechtigkeit und Gesetzlosigkeit (*anomia*, 6,14) eine Parallele in Röm 6,19 hat. Der Charakter der Zitate 6,16b-18 weist in Art und Weise von Zusammenstellung und Variation der Originale denselben Stil und die Qualität besonders von Röm 3,10–18 auf.[30]

Ist somit die Zugehörigkeit der Passage 2 Kor 6,14–7,1 zur paulinischen Korrespondenz mit Korinth nicht leicht in Frage zu stellen[31], gilt es doch in erster Linie, das besondere Ensemble von 6,11–7,4 inhaltlich zu verstehen und zu interpretieren, um die inhaltliche Koppelung dieser scheinbar heterogenen Teile zu erfassen.

---

27. Z.B. Daniel Patte, Place et Rôle de 6:11–7:4 dans 2 Cor. 2:14–7:4, in: The Diakonia of the Spirit (2 Co 4:7–7:4), SM Ben 10, hg. v. Lorenzo de Lorenzi, Rom 1989, 221–264 u. Amador, a.a.O. 101ff: 6,14ff »is not only reasonable, but rhetorically important to the letter« (108).

28. Fee , a.a.O. 144–147, s. dazu weiter u. Anm.57; vgl. Murphy-O'Connor, Philo, 135 u. Saß, a.a.O. 38f.

29. Eine besondere Affinität zwischen 2 Kor 6,14ff und Jub 1,15–26 weist Saß, a.a.O. 45ff.60f nach, wobei wichtig ist, dass Paulus noch in anderen Texten mit Jub 1 gemeinsame Motive verwendet. Dies und die Verwandtschaft mit Motiven in den Qumranschriften und auch bei Philo (dazu Murphy-O'Connor, Philo; Saß, a.a.O. 44) scheint einen zeitgenössischen »unabhängigen Rückgriff auf gemeinsame alttestamentliche und frühjüdische Traditionen« (Saß, a.a.O. 61) zu belegen.

30. Dazu bes. Scott, Adoption 192–195, der feststellt, dass keine der Zitatkombinationen aus Qumran auch nur im entferntesten die Komplexität dieser paulinischen erreicht. Kraus, a.a.O. 267: Es handele sich jeweils um eine »Argumentation anhand von Zitaten«, die eine »erhebliche Vorarbeit« voraussetzten. Zu den Zitaten s. weiter u. Punkt 4.

31. Weitere Bezüge zwischen allen Teilen des Abschnitts sowie zum Kontext ergeben sich im Laufe der Untersuchung.

Die Beziehung zur Gemeinde

War Paulus eine autoritäre Persönlichkeit, die sich in den Gemeinden durch Dominanz, durch Befehl und Gehorsam Gehör und Anerkennung verschaffte? Sind die Briefe als Ausdruck eines Zwangscharakters zu lesen, oder kann man das Bezwingende dieser Gestalt anders beschreiben?

In jedem Fall finden wir explizit nur einen Part des Dialoges vor, von dessen Bild auch die mögliche Rekonstruktion der anderen Stimmen abhängig ist. Wird Paulus wie im traditionellen Spektrum der Wissenschaft als einzige und maßgebliche Autorität gesehen, geraten die Angeredeten in die Rolle ungehorsamer Unmündiger. Im Falle feministischer Studien, die mit einem gleichen, doch kritisch empfundenen Paulusbild arbeiten, spielen sie hingegen die Rolle der Widerständigen gegen den Unterdrücker.[32] Besonders im 2. Brief an die korinthische Gemeinde liegen jedoch Aussagen vor, die auf ein alternatives Paulusverständnis hindeuten: Abhängigkeit und Angewiesensein auf die Angeredeten, Verletzlichkeit, Unfähigkeit, Dominanz auszustrahlen und die Bitte um gegenseitige Zuneigung und Liebe[33]. Ist das nur rhetorische Strategie[34], wobei geschickte Manipulation die Feder führt, oder zeigt sich ein Mensch, der offener und vorbehaltloser Kommunikation in Respekt vor dem Gegenüber fähig ist?

Hinzukommt, dass das paulinische Ich nicht fest umrissen ist, sehr häufig als ein »Wir« erscheint und darin aufgeht. Dieses Phänomen ist in der Forschung noch nicht umfassend beschrieben und erklärt worden.[35] Sehr oft ist mit einem echten Plural zu rechnen, der neben der Gemeinschaft der BriefpartnerInnen vor allem die jeweiligen Absender umschließt: im Fall des 2 Kor Timotheus und Paulus (1,1), die dessen Inhalt gemeinsam verantworten[36] und als gemeinsam Arbeitende für die

---

32. S. dazu die Skizze feministischer Paulusforschung bei Marlene Crüsemann, Art. Paulus, in: Elisabeth Gössmann u. a. (Hg.), Wörterbuch der Feministischen Theologie, 2., vollst. überarb. u. grundl. erw. Aufl., Gütersloh 2002, 444–448 = oben S. 132–138.

33. Die erste feministische exegetische Entfaltung dieses Themas im Hinblick auf Gegenseitigkeit und reziproke Gemeinschaft zwischen Apostel und Gemeinde dürfte Luise Schottroffs Auslegung zu Phil 4,10ff sein (Reich sein in Gegenseitigkeit. Brief an die Gemeinde in Philippi 4,10–13.14–20 [1989], in: Claudia Janssen/Beate Wehn Hg., Wie Freiheit entsteht. Sozialgeschichtliche Bibelauslegungen, Gütersloh 1999, 133–139).

34. Viele neuere Arbeiten mit dem Schwerpunkt, in den Paulusbriefen die Regeln antiker Rhetorik wiederzufinden, vermitteln den Eindruck, eine Überredung werde kunstvoll und damit auch künstlich inszeniert, im Falle von 2 Kor 6,11 mit der fast strategischen Zielsetzung, die Gemeinde durch affektive Sprache für sich einzunehmen, so die Tendenz bei Wünsch, a.a.O. 288f.

35. Vgl. zum Plural der 1. Person und zur »Paulusfixiertheit der Exegese« anhand des 1 Thess M. Crüsemann, Die pseudepigraphen Briefe, 80–95.

36. In diesem Sinne Jerome Murphy-O'Connor, Co-Authorship in the Corinthian Correspondence, RB 100, 1993, 562–579, der von einer echten Co-Autorenschaft des Timotheus ausgeht: »There is nothing in 2:14–7:4 which is limited to Paul« (575). Dagegen votiert z. B. Eduard Verhoef, The Senders

Angeredeten die Gegenwart als Zeit der Gnade und Zuwendung Gottes ausrufen (6,1f). Der häufige sprunghafte Wechsel zwischen Singular und Plural muss ad loco erklärt werden. 2 Kor 6,11ff zeigt, wie die Wir-Passagen des gesamten Briefs m.E., dass die Gemeinsamkeit der Absender auf diese Weise laufend betont wird, innerhalb derer Paulus als erstgenannter Autor, so ist anzunehmen, gelegentlich seine Individualität formuliert. Dies geschieht durch Wendungen wie »unser Mund« und »unser Herz« (6,11), beides gleichzeitig im Singular und Plural. Dagegen deuten »unserer Herzen« (7,3) im vollen Plural auf beide Verfasser hin. Beim Ausdruck des Sagens und persönlichen Empfindens (6,13; 7,3.4) stellt sich Paulus im Singular vor die Gemeinschaft.

Thema des gesamten Abschnitts 6,11–7,4 ist nun, eine exklusive Gegenseitigkeit zwischen Absendern und Gemeinde als Wunsch zu formulieren, welche in einer noch näher zu bestimmenden Weise verbunden ist mit einer entsprechenden Wechselseitigkeit zwischen Menschen und Gott als Grund und Ziel. Damit entspricht die Passage, so die These, einer Gegenseitigkeit, die als zentraler Grundbegriff der systematischen feministischen Theologie die Korrespondenz und das Ineinander der gerechten Beziehungen zwischen Menschen und damit verbunden zwischen Gott und Menschen meint[37].

Um die Relation zwischen Apostel und Gemeinde geht es hauptsächlich im äußeren Ring der Perikope 6,11–13 und 7,2–4. Mit dem Ausdruck »Gegenleistung«/ *antimisthia* (6,13) bringt die paulinische Seite die Bitte um ein der eigenen Herzensweitung entsprechendes gegenseitiges Verhalten geradezu auf den Begriff, weswegen er auch hier mit »Gegenseitigkeit«[38] übersetzt wird. Auch die enge sprachliche Verschränkung zwischen der Beschreibung des eigenen Herzens und Innerns (»es ist weit geworden«, 6,11; »ihr habt keinen engen Raum in uns«, 6,12) mit der Kennzeichnung der Angeredeten (»in eurem Innern ist es eng« 6,12) und dem Imperativ »werdet weit(herzig)« (6,13) drückt durch Vokabular und Metaphorik Wechselseitigkeit aus. Wieder aufgenommen wird das Bild vom Raum in 7,2 im gleichen Wortstamm wie zuvor (»gebt uns Raum«), um in 7,3 in eine weitgehende Vorstellung der Gemeinsamkeit zu münden: »Ihr seid in unseren Herzen zum gemeinsamen Sterben und gemeinsamen Leben«[39]. Wenn man Paulus und Timotheus nicht von vornhe-

---

of the Letters to the Corinthians and the Use of »I« and »We«, in: R. Bieringer (Hg.), The Corinthian Correspondence, BEThL 125, Leuven 1996, 417–425.

37. Dorothee Sölle in: Bettina Eltrop/Elisabeth Moltmann-Wendel/Dorothee Sölle, Art. Gegenseitigkeit, in: Elisabeth Gössmann u. a. (Hg.) Wörterbuch der Feministischen Theologie, 2. Aufl. 2002, 202–205.

38. S.o. Anm.10+11. Derrett, a.a.O. 233 paraphrasiert: »As a matter of sheer reciprocity«.

39. Es handelt sich klar um eine Wiederaufnahme des Gedankens (»ich habe zuvor gesagt«), was sich vor allem auf 6,11–12 bezieht. Eine solche Formulierung ist nur sinnvoll, wenn ein Zwischenstück vorliegt, was für die Originalität von 6,14ff spricht; dazu Lambrecht, Fragment, 147; Saß, a.a.O. 49.

rein Taktik und Kalkül unterstellt, ist hier ein hohes Maß an Ehrlichkeit und Offenheit gegenüber den Angeredeten formuliert. Eine Aussprache der einen Seite kommt zunächst hier zum Ziel in 7,4, das als wiederhergestelltes Vertrauen zu ihnen, als Trost und überströmende Freude formuliert wird. Sie umschließt inhaltlich die chronologische[40] Entwicklung der Beziehungen[41] bis kurz vor dem derzeitigen Aufenthaltsort der Absender in Makedonien, woran sich ab 7,5 die Erinnerung an die allerjüngsten Ereignisse reiht, was der zuvor im Brief erreichten verbalen Gemeinsamkeit entspricht: Mit der Rückkunft des Titus aus Korinth können die Absender die nun erneut bestehende Herzlichkeit und Zuneigung der Gemeinde realiter bezeugen, von der sie gerade durch den Boten gehört haben.

Was besagt nun die metaphorische Sprache vom eigenen Herzen, das sich geöffnet habe, der Innerlichkeit und der schließlichen Gemeinsamkeit über das beiderseitige Verhältnis? Sofern diese neben 6,14ff in der Forschung kaum beachteten Verse eigens untersucht werden, heißt das Ergebnis gegenseitige Zuneigung und Liebe: »Damit ist die ›Liebe‹ ... das zentrale Thema«, Paulus rufe die Gemeinde zur Gegenseitigkeit in ihrer Beziehung auf, »zur Erwiderung seiner Liebe«.[42] Dies ist

---

40. Die mögliche Gliederung des 2 Kor anhand seiner inhärenten Chronologie der Kontakte zur Gemeinde lässt einen Verzicht auf Teilungshypothesen zu: »Paulus nimmt zunächst in den ersten sieben Kapiteln Bezug auf die zurückliegenden Ereignisse, regelt dann in Kapitel 8 und 9 das unmittelbar bevorstehende Projekt, die Vollendung der Kollekte durch Titus und seine Begleiter, um dann in 10–13 das Ereignis vorzubereiten, was sich an die Kollektensammlung anschließen soll: seinen eigenen Besuch in Korinth« (Bosenius, a.a.O. 104).

41. Diese scheinen schwer belastet und kompliziert geworden zu sein: Paulus stand als wortbrüchig da, als er trotz Ankündigung nicht wieder nach Korinth kam und stattdessen unerfreuliche Zeilen sandte, die die Gemeinde unter Druck setzten und Strafaktionen für ein Gemeindeglied verlangten (2 Kor 1,15–2,11). Letzteres kann entweder den Fall des Mannes, der mit seiner Stiefmutter zusammenlebt, betreffen (1 Kor 5; zum Fall s. Schottroff, Freiheit und Recht, 435ff.440ff), dann wäre 1 Kor der »Tränenbrief« (so z. B. Bosenius, a.a.O. 30–43), oder einen persönlichen Beleidiger des Paulus bei einem »Zwischenbesuch« (so die Mehrzahl der Auslegenden), was aber zu immer neuen Hilfshypothesen, vor allem der Briefteilung führt, und außerdem nicht zu 2 Kor 1,15ff passt, wo gerade sein Nicht-Kommen das Problem ist (die Hypothese vom »Zwischenbesuch« aufgrund von 2,1; 12,14; und 13,1 ist nicht zwingend; vgl. Bosenius, a.a.O. 7–13.21f). Ferner gab es inzwischen in Korinth eine attraktive apostolische Konkurrenz, welche u. a. aufrichtiger als Paulus und seine Leute erschien, da sie offen den ihr zustehenden Missionslohn forderte und nicht wie Paulus einerseits »umsonst« arbeitete, jedoch auf der anderen Seite eine ungeheure Großspende verlangte für eine weit entfernte und den AdressatInnen persönlich unbekannte Gemeinde (vgl. 2 Kor 11; 12,11–21). S.a. Antoinette Clark Wire, Hearing Women's Voices Through Paul's Letters, in: Frank Crüsemann/Marlene Crüsemann/Claudia Janssen/Rainer Kessler/Beate Wehn (Hg.), Dem Tod nicht glauben. Sozialgeschichte der Bibel, FS für Luise Schottroff zum 70. Geburtstag, Gütersloh 2004, 554–557 (548–551).

42. Reimund Bieringer, Die Liebe des Apostels Paulus zur Gemeinde in Korinth. Eine Interpretation von 2 Kor 6,11, in: SNTU 23, 1998, 193–213 (211ff). Es ist das Verdienst von Bieringer, die Beziehung des Paulus zur korinthischen Gemeinde und das Thema Gegenseitigkeit in den Vordergrund gerückt zu haben, was auch als Argument gegen Teilungshypothesen gelten kann: »Ich bin überzeugt, dass sich in allen Teilen des kanonischen 2 Kor, die von der Literarkritik verschiedenen Briefen zugeordnet wurden (1,1–2,13+7,5–16; 2,14–7,4; 8,1–24; 9,1–15; 10,1–13,13) dieselbe Kommunikationssitu-

im Hinblick auf die damit verbundenen Liebesbeteuerungen in 2 Kor 2,4; 11,11; 12,15 nicht falsch, doch hier nicht explizit gesagt. Es besteht die Tendenz, das »Herz« im westlich-romantischen Sinn als Sitz der Liebe zu betrachten und dabei das »Innere« (*ta splagchna*[43], 6,12), die Gefühle im Leibesinneren, zusätzlich synonym zu *kardia* zu sehen[44]. Doch ist der Begriff der Liebe im Sinne des liebevollen Mitleids eher hiermit zu verbinden, nicht mit dem Herzen. Die Meinung, die im Leib verborgene Liebe der Anderen sei noch beengt, bezieht sich vielmehr auf die Voraussetzung der Tätigkeit des Herzens. Das bedeutet in diesem Zusammenhang, dass Paulus für sich selbst und seine Lage das innige Mitgefühl der AdressatInnen vermisst, die Verbindung, die das verletzliche Leben mit dem ebenso fragilen Leben der Anderen hält.[45] Versteht man nun das »Herz« im genannten hebräischen Verständnis als Sitz des Verstandes, Willens, der Autonomie und Erkenntnis, dann ist eine genauere Interpretation möglich: die Metapher »Herz« steht in diesem paulinischen Text für das Erkennen, Verstehen und Begreifen der Anderen aus dem eigenen Personkern heraus und damit die Erkenntnis des gegenseitigen Verhältnisses. Für dieses Verständnis der Anderen hat Paulus selbst sich nun geöffnet, so sind die unvermittelten Beteuerungen von 7,2 – nichts Unrechtes, Vernichtendes oder Ausbeuterisches getan zu haben[46] – aufzufassen: als habe er verstanden, mit welcher Berechtigung von ihrer Seite diese Interpretation seines Verhaltens möglich ist.

Die seltene Wendung »das Herz weit machen«/*platyno he kardia* (6,11) ist mit Ps 119(118),32 LXX als Metapher für die Fähigkeit zu lebensförderlicher Erkenntnis

---

ation aufzeigen lässt, nach der Paulus die Korinther aufruft, die volle Gegenseitigkeit in der Beziehung wiederherzustellen. Darin läge dann auch zugleich eine wichtige Anfrage an die Teilungshypothesen« (Reimund Bieringer, Zwischen Kontinuität und Diskontinuität. Die beiden Korintherbriefe in ihrer Beziehung zueinander nach der neueren Forschung, in: ders. Hg., The Corinthian Correspondence, BEThL 125, Leuven 1996, 3–38 [34]). Zum Thema der wechselseitigen und egalitären Beziehungen zwischen Aposteln und Gemeinde s.a. Patte, a.a.O. zusf. 263f, und insgesamt Kathy Ehrensperger, Paul and the Dynamics of Power. Communication and Interaction in the Early Christ Movement, New York u. London 2007 sowie M. Crüsemann, Trost (2009), s. oben S. 184ff. Hingegen sieht Gustav Stählin, Um mitzusterben und mitzuleben. Bemerkungen zu 2 Kor 7,3, in: H.D. Betz/L. Schottroff (Hg.), Neues Testament und christliche Existenz. FS Herbert Braun, Tübingen 1973, 503–521, aufgrund seiner Interpretation von 7,3 weniger menschliche als christologische Beziehungen; dagegen Jan Lambrecht, To Die Together and to Live Together. A Study of 2 Corinthians 7,3 (1976), in: Bieringer/Lambrecht, a.a.O., 571–587.

43. *splagchna* steht selten in der LXX, häufiger in jüdischen Schriften wie TestXII und dem NT für hebr. *rchm/rachamim,* den ungeschützten Unterleib, insbesondere die Gebärmutter als Sitz der Liebe und Barmherzigkeit (Helmut Köster, Art. σπλάγχνα., ThWNT VII, 1964, 548–559 [549ff]; vgl. Schroer/Staubli, a.a.O. 75–91).

44. Etwa Bultmann, Komm. 177; Bieringer, Liebe des Apostels, 207f (ebd. viele weitere in diesem Sinne).

45. Die vorherigen Schilderungen der eigenen Leiden, wie der Todesnot in der Asia (1,8ff), der ständigen Bedrängnisse (4,8ff), der vielfältigen Notlagen und Verfolgungen (6,4ff) und der Sehnsucht, von einem solchen Leben befreit zu sein (5,1ff) appellieren an die mitfühlende Liebe der LeserInnen.

46. S.o. Anm.41 zu den Problemen, die 2 Kor spiegelt..

zu sehen, indem Gott das Herz weiten möge für den Weg der Gebote. Umgekehrt wird in Dtn 11,16 davor gewarnt, das Herz für fremde Götter zu erweitern, womit ebenfalls das Thema von 6,14ff, die Warnung vor Götzendienst anklingt, so dass die Reminiszenz an das »weite Herz« im Alten Testament beide Teile der Perikope inhaltlich verbindet.[47] Schon hierdurch zeigt sich, dass die enge Beziehung zwischen Paulus und der Gemeinde eine auf alle Weise menschliche, aber auf eine bestimmte kein Selbstzweck ist. Jedoch hängt an der menschlichen Dimension dieser Beziehung und ihrer vollen Gegenseitigkeit alles Weitere.

Diese Gegenseitigkeit, die ja die Aktivität der Angeredeten bedeutet, kann er nicht befehlen, nur erbitten (6,13; 7,2), da sie von ihrer unantastbaren Autonomie ausgeht. Mit dieser Bitte ist Paulus der Bedürftige. Alles ist für ihn vergeblich, wenn Herz und Verständnis der Menschen in Korinth für ihn so eng bleiben, dass er sich dort im wahrsten Sinne nicht ausbreiten kann. Sie nehmen ihn nicht auf, so meint er, mit ihrem Wollen und Verstand und damit nicht wahr, weil sie die Liebe zu ihm verschließen. In dieser metaphorischen und existenziellen Bitte schwindet das Bild vom autoritären Apostel. Es spricht ein Mensch, der damit steht und fällt, ob er das Gegenüber im Innersten erreichen kann. Der jeweilige Personkern, das Herz, wird dann wie in Phil 1,7 zum Wohnort des Anderen und gleichzeitig der Gemeinschaft, was bedeutet, dass Feindseligkeit und Unverständnis dort keinen Platz mehr haben können. In 7,3 erklärt Paulus und mit ihm Timotheus, dass von ihrer Seite das Wohnrecht der Anderen in ihnen gegeben ist. In ihren Herzen gestaltet sich die Gemeinschaft so eng, dass daraus gemeinsamer Tod und/oder gemeinsames Leben fließt.

Es wird also eine Gemeinschaft in völliger Gegenseitigkeit beschrieben, wobei jede Seite in einer umfassenden Abhängigkeit von der anderen steht. Die Apostel sind demnach angewiesen auf die aufrichtige und bleibende Zuwendung einer autonomen Gemeinde aus Frauen, Männern und Kindern[48]. Nur so können tragfähige Netze entstehen. Nur so gewinnen die Missionare jene Autorität, die anachronistisch in der Exegese auch in Bezug auf diese frühe Gemeinde, der die »Erstlinge« in Achaia (1 Kor 16,15) angehören, oft »Amt« heißt. Das Besondere dieses Beziehungsnetzes

---

47. Thrall, Problem,146 plädiert für eine primäre Anspielung auf Dtn 11,16 LXX. Sonst kommt die Wendung in der Septuaginta positiv nur noch in der Lesart von Codex A zu Dtn 6,12 vor (die hebr. Wurzel hingegen auch in Jes 60,5, dazu u. Anm.86). In Röm 2,15 benennt Paulus dementsprechend das Herz auch der nichtjüdischen Völker als Sitz der in es eingravierten Praxis der Tora (*to ergon tou nomou grapton en tais kardiais auton*). Die Verbindung, die durch das Stichwort »Herz« zwischen 2 Kor 6,11 und dem Thema der Gerechtigkeit versus Gesetzlosigkeit (*anomia*) in 6,14 gegeben ist, folgt aus diesem traditionellen Sitz des Verständnisses der Tora.

48. Die Gemeinde ist selbständig und oberste Instanz ihrer Angelegenheiten sowohl in der Wahl »ihrer« ApostelInnen als auch in ihrer richterlichen Funktion gegenüber Mitgliedern (s. dazu bes. Luise Schottroff, Freiheit und Recht, 437ff.442–446 zur Exegese von 1 Kor 5).

besteht nach paulinischer Meinung darin, dass dessen volle Gegenseitigkeit, das gemeinsame Sterben und Leben, Tragfläche einer größeren Gemeinschaft ist, nämlich der Christus- und Gottesbeziehung aller Beteiligten, vor allem die der Gemeinde. Das ist die Pointe, die mit dem Ensemble von 6,11–7,4 und dessen scheinbar divergenten Teilen formuliert wird.

Tora für die Völker

Denn mit 6,14ff wird das Thema von 6,11ff, die Beziehungsebene zwischen Absendern und Angeredeten in Korinth, keineswegs verlassen[49], sondern deren Konsequenz quasi wie die andere Seite einer Medaille formuliert: Sie besteht in der Separation von anderen Gemeinschaftsmodellen, genauer der Nicht-Wiederannäherung an frühere Lebensvollzüge. Die Begriffe in 6,14–16 »Teilhabe« (*metoche*), »Gemeinschaft« (*koinonia*), »Einklang, Übereinstimmung« (*symphonesis*), »Verträglichkeit« (*synkatathesis*) beinhalten ja nichts anderes als einen engen Zusammenschluss, also das, was eigentlich Paulus und die Gemeinde im positiven Sinn verbinden soll und worauf der gesamte Abschnitt ausgerichtet ist. Sie werden jetzt aber verwendet, um andere Bindungen, die insgesamt als Idolatrie, ein Verstoß gegen das erste Gebot qualifiziert werden, auszuschließen: »*Geht nicht in ein ungleiches, anderes Gespann[50], mit Ungläubigen!*« (6,14a).

Hier sind zwei Fragen zu klären: Wer sind die »Ungläubigen«, und wie ist die Metapher, mit ihnen kein »Gespann« bilden zu sollen, zu interpretieren?[51] »Ungläubig«/*apistos* taucht bei Paulus nur in der Korrespondenz mit Korinth auf, da aber recht häufig und wird speziell bei den Problemen dieser Gemeinde im Zusammenleben mit der paganen Umwelt und Angehörigen von Gemeindemitgliedern verwendet[52]: vor dem öffentlichen Gericht (1 Kor 6,6), in der Ehe mit Nicht-Gemeindemitgliedern (1 Kor 7,12.13.14(2x).15), bei Einladungen in »ungläubige« Häuser (1Kor 10,27), beim Besuch »Ungläubiger« in der Gemeindeversammlung (1 Kor

---

49. Nur oberflächlich gesehen könnte ein »unvermittelter Themawechsel« (Gräßer, Komm. 256) behauptet werden.

50. *Heterozygountes* ist wohl eine Anspielung auf das Toragebot gegen ein Zusammenspannen verschiedener Tierarten, was wegen der jeweils unterschiedlichen Jochgrößen nicht geht, insbesondere aber nicht mit einem reinen Rind und einem unreinen Esel, also auf Dtn 22,10 (Derrett 1978 interpretiert die ganze Passage 2 Kor 6,14–7,1 als Midrasch hierzu). In Lev 19,19 LXX erscheint der Begriff adjektivisch beim Verbot, diese Tiere zu paaren und damit rein und unrein zu vermischen; s.a. Philo spec. leg. 4,203; Jos. ant. 4,228; vgl. weiter Gräßer 2002, 257f).

51. Zur folgenden Argumentation vgl. Fee 1977, 156–159; dieser wichtige Aufsatz wird in Forschung meist zu wenig beachtet; vgl. ferner die Exkurse zu beiden Fragen bei Webb 1993, 184–199.200–215.

52. Sonst: Mt 17,17; Mk 9,19; Lk 9,41; 12,46; Joh 20,27; Apg 26,8; 1 Tim 5,8; Tit 1,15; Offb 21,8, also angesichts der Textmengen außerhalb von 1/2 Kor äußerst selten.

14,22.23.24). Im unmittelbaren Kontext von 2 Kor 6,14.15 ist 4,3.4 zu beachten, wo die Ungläubigen definiert werden als die, »die verloren gehen«, weil sie der »Gott dieses Äons«[53] blind gemacht habe und sie das »Licht des Evangeliums nicht sehen«. Damit ist eine Definition der »Ungläubigen« als »Gegner« der Absender[54], also anderen apostolischen Gestalten, weitgehend ausgeschlossen. Es geht dagegen um örtliche Lebensverhältnisse der Gemeinde mit nichtjüdischen Menschen, die also nicht an den einen Gott glauben, was durch die in 6,16 erwähnte Beziehung zu »Götzenbildern«, denen der »Tempel Gottes« gegenübersteht, klar wird. Die Aufforderung, kein Gespann zu bilden, bedeutet vor diesem Hintergrund nicht, jedes Zusammenleben mit »Ungläubigen« aufzukündigen, sonst wären Diskussionen wie in 1 Kor 7,12ff zu Fortführung von Ehen und in 1 Kor 10,27ff zum Verhalten bei Gastmählern ja überflüssig. Sie zielt vielmehr auf die Verführung zum aktiven Götzendienst, zum Abfall und damit zum Verstoß gegen das erste Gebot.[55]

Dies ist ein ständiges Problem für die messianische Gemeinde in allen Facetten des sozialen Lebens in Korinth, worauf 2 Kor 6,16 in Anknüpfung an die Häufigkeit des Wortstamms im 1 Kor verweist.[56] Dabei tritt besonders die lange Erörterung um gemeinsames Essen oder Nicht-Essen der Götzenopfer in 1 Kor 8–10 hervor. Und dort ist in einer Passage, nämlich 10,14–22, die mit der apodiktischen Aufforderung »*Flieht die Götzenanbetung!*« beginnt, eine ähnliche Gegenüberstellung wie bei den Antithesen von 2 Kor 6,14–16 zu beobachten, wobei zudem teilweise die gleichen begrifflichen Derivate vorkommen. Sie läuft ebenfalls auf eine strikte, im wesentlichen kultische Separation hinaus: Die Gemeinde könnte nicht gleichzeitig teilhaben am Tisch des Herrn und am Tisch der Dämonen (1 Kor 10,21). Das Verb »teilhaben«/*metechein* (V.17.21) korrespondiert dabei mit der »Teilhabe«/*metoche*[57] in 2 Kor 6,14, und die dabei erwähnte »Gemeinschaft«/*koinonia* u. ä. ist beim Mahl in 1 Kor 10 ein Hauptwort (V. 16(2x).18.20).

---

53. Dies ist neben »Beliar« in 6,15 (Varianten: Belian, -ab, -al) eine weitere Bezeichnung des Widersachers Gottes im gleichen Brief und zeigt, dass für Paulus der Begriff »Satan« (Röm 16,20; 1 Kor 5,5; 7,5; 2 Kor 2,11; 11,24; 12,7) nicht exklusiv ist, mithin die Verwendung von »Beliar« nicht gegen paulinische Abfassung sprechen muss. Dieser Vers 4,4 stützt neben den *apistoi* und dem »Gott dieses Äons« auch durch die gemeinsame Lichtmetapher die Authentizität von 6,14ff. Zur strukturellen Affinität von 4,1–6 und 6,14–7,1 s. Schröter, a.a.O. 134.140f.328.
54. Vertreten von Barrett, Komm.194; C. Wolff, Komm. 148 u.a.
55. Diese Differenzierung spricht gegen z.B. Heils These (a.a.O.), 2 Kor 6,17 propagiere eine völlige soziale Trennung. Seine Argumentation baut allein auf einem zu speziellen Verständnis von *aphorizein* auf, das zudem Zitat von Jes 52,11 LXX ist.
56. Götter(bild)/*eidolon* u.ä. in: 1 Kor 5,10.11; 6,9; 8,1.4(2x).7(2x).10(2x); 10,7.14.19(2x).28; 12,2.
57. Was sich somit nur als »halbes« Hapaxlegomenon erweist, ebenso wie *molysmos* in 2 Kor 7,1, welches als *molynein* zuvor schon in 1 Kor 8,7 auftaucht. So ist auch *heterozygountes* (2 Kor 6,14) kein Unwort für jemand, der sonst zu einem *syzygos* (Phil 4,3) spricht; vgl. dazu die Aufstellung von Fee 1977, 145, dessen Hinweis auf diese sprachlichen Korrespondenzen entscheidend ist, sowie Tomson 1990, 198f zur Parallelität von 1 Kor 10,1–22 und 2 Kor 6,14–7,1.

Hier wie dort stehen sich zwei Sphären gegenüber: Christus und damit der Zugang zum Gott Israels, oder Beliar, der auch der Fürst der Dämonen[58] ist. Obwohl die Götzen Nichtse sind, warnt Paulus vor der Teilnahme an kultischen Tempelfeiern, denn er sieht ihre Altäre als Ort gefährlicher dämonischer Mächte, deren Existenz er nicht in Frage stellt (Röm 8,38). Eine auch nur physische Teilhabe an dieser Sphäre und gleichzeitige Zugehörigkeit zu Gott ist nicht möglich. In Korinth war die stets präsente Sphäre der vielen Gottheiten besonders eindrucksvoll, wie die großen Tempel und Statuen des Forums u. a. für Apollon, Athene, Tyche, Aphrodite, das Pantheon, Brunnen und Tempel für Poseidon zeigen, daneben das Asklepios-Heiligtum sowie die heiligen Bezirke der ägyptischen Gottheiten Isis und Serapis außerhalb, und nicht zuletzt der Kaiserkult mit dem wohl größten Tempel des Forums[59].

Was im 1 Kor konkret und praktisch diskutiert wird, erfährt also in 2 Kor 6,14ff eine grundsätzliche Formulierung: Im Bereich der Götzen herrscht kein Glaube an Gott, sondern Gesetzlosigkeit, Finsternis, der Fürst der Dämonen. Es wird eine grundsätzliche Ausschließlichkeit, eine Nicht-Gemeinschaft formuliert, die aus der im Kontext betonten äußerst engen Gemeinschaft zwischen Aposteln und Gemeinde hervorgeht. Ihre Beziehung dient dazu, die Gemeinde den alten Gottheiten zu entfremden und denen, die sie ihnen wieder nahebringen möchten, sie aus jeder Art praktischer Götzenanbetung herauszulösen und dem Gott Israels zuzuführen. So können diese beiden Themen unmittelbar aufeinander folgen, denn sie sind per se untrennbar verknüpft.

Klaren und nachhaltigen Ausdruck findet dieser Bezug in der Aussage: » *Wir sind der Tempel des lebendigen Gottes*« (6,16b), die einmal in doppelter Anführung des Tempels (V.16a) die Opposition zu den Götzen betont und dann durch das prononcierte »Wir«[60] die Gemeinschaft zwischen Aposteln und Gemeinde. Somit bildet

---

58. Zu »Beliar« s. neben den Kommentaren bes. Klaus Koch, Monotheismus und Angelologie, in: ders., Vor der Wende der Zeiten. Beiträge zur apokalyptischen Literatur. Ges. Aufsätze Bd. 3 (hg. U. Gleßmer/M. Krause), Neukirchen-Vluyn 1996, 219–234, bes. 230f. Dieser im frühjüdischen Schrifttum verbreitete Name des Widersachers Gottes, des Herrn einer Schar finsterer Geister (u. a. 25x in Qumran; Jub 1,20; 15,33; TestLev 19,1: »Wählt euch das Licht oder die Finsternis, das Gesetz JHWHs oder die Werke Beliars«), ist nicht voll identisch mit dem Satansbild, sondern »verstrickt als Geist eigener Art ... die Menschen in Sünde«, ist »Inbegriff schädlicher Einflüsse im Herzen des Menschen« (230), wirkt also mehr »von unten und innerlich, regt sich vor allem in Personen, die ihm verfallen sind« (231). Somit dürfte gerade die Bezeichnung »Beliar« in einen Kontext passen, der mit den Herzen der Menschen argumentiert.

59. S. Plan und Erläuterung bei Furnish, Komm. 11.15–20.

60. Dieser Lesart wird als lectio difficilior mit den Handschriften B, D*, L u. a. allgemein der Vorzug gegeben. P46, C u.v.a. haben »ihr« (hymeis); wenige auch »Tempel« im Plural, was sicher nicht ursprünglich ist. Das »ihr« ist als Korrektur von 1 Kor 3,16.17; 6,19 her zu erklären. Dass dieses »Wir« die Autoren zusammen mit den Angeredeten meint, ergibt sich aus dem Resümee in 7,1: » *Weil wir nun solche Verheißungen haben ...*«.

dieser Satz den Kern nicht nur des Abschnitts 6,14–7,1[61], sondern auch der ganzen Perikope ab 6,11 bis 7,4 und bindet damit alle ihre Teile zusammen[62]. Außerdem taucht das Wort vom »lebendigen Gott« zuvor in 2 Kor 3,3 im Zusammenhang der engen Beziehungen zueinander auf, die ebenfalls durch das Stichwort »Herz« illustriert werden.[63] Wie in 6,11ff wird für die KorintherInnen die menschliche Beziehung zu den Aposteln als unerlässliche Basis für ihre Beziehung zum Messias und damit zum lebendigen Gott, dem Gott Israels, dargestellt. Dies ist eine auch riskante paulinische Auffassung, fordert sie doch ein unbedingtes Vertrauen in seine eigene Integrität und Kontinuität – und auch die der AdressatInnen –, von dessen Gefährdung gerade die bemühten Argumentationen des 2 Kor ein beredtes Zeugnis geben.

Das paulinische Bild von der Gemeinde als Tempel Gottes aus 1 Kor 3,16.17; 6,19 wird also hier in 2 Kor 6,16 gemäß des Kontextes seit 6,11 ausgeweitet auf deren enge Gemeinschaft mit den Aposteln. Man könnte paraphrasieren: »unser Zusammensein ist der Tempel des lebendigen Gottes«. Dabei besteht die Opposition zu anderen Heiligtümern nicht gegenüber dem Jerusalemer Tempel, der ja der genuine Tempel Gottes ist und bleibt, sondern laut 6,16 eben gegen die Tempel der Götzen, der griechischen, anderen orientalischen und römisch-kaiserlichen Gottheiten in der Polis Korinth.[64] Innerhalb der zahlreichen Tempelbauten gibt es einen für den

---

61. Das Tempelwort ist der »interpretatorische Zentralsatz«, das Ziel der vorangehenden rhetorischen Fragen, Begründung der Mahnung und Ausgangspunkt der folgenden Schriftzitate (Kraus, a.a.O. 263; anders Scott, Adoption, 191), »Dreh- und Angelpunkt für das inhaltliche Verständnis des ganzen Abschnitts« und daher wegen der Parallele 1 Kor 3,16 das »entscheidende inhaltliche Argument für die paulinische Verfasserschaft« (Saß, a.a.O. 1993, 55.62); zur Schlüsselstellung des Satzes vgl. weiter Goodwin, a.a.O. 198–207.
62. Dies betont Goodwin, a.a.O., 220f: »The implication is that without Paul the Corinthians are not the ›temple of the living God‹, but with Paul they are. Their status of being God's ›temple‹ and God's ›people‹ depends on their relationship to Paul« (221).
63. Die Gemeinde ist »unser« Empfehlungsbrief (3,2) und ein Brief Christi, eingraviert mit dem »Geist des lebendigen Gottes« in menschliche Herzen (3,3). Der Bezug von 6,11ff zu 3,2f kann wegen der Komplexität von 2 Kor 3 in diesem Rahmen nicht weiter entfaltet werden. Wichtig ist die durch die »Herzen« als Organe des Verstehens und der Verständlichkeit angedeutete Reziprozität zwischen Aposteln und Gemeinde sowie das damit gegebene Ineinander menschlicher und göttlich-menschlicher Beziehungen. Dabei kann »unsere Herzen« (3,2) die aller Beteiligten meinen, also quasi zwei Exemplare des besagten Briefes (dazu u. zur textkritischen Entscheidung s. Zeilinger, Apologie 70f u. Gräßer, Komm. 121 mit der Übersetzung eines entsprechenden Zitats von Bengel). Zu 2 Kor 3,2f und der paulinischen Metaphorik s. Bernd Kuschnerus, Die Gemeinde als Brief Christi: Die kommunikative Funktion der Metapher bei Paulus am Beispiel von 2 Kor 3,2–5, FRLANT 197, Göttingen 2002, 9ff.150–172, zum thematischen Bezug zwischen 3,3 und 6,16b aufgrund der hier vorliegenden jüdischen Konversionssprache im Hinblick auf Menschen aus den Völkern s. Goodwin, a.a.O. 216–221 im Kontext seiner Gesamtthese.
64. Christfried Böttrich, »Ihr seid der Tempel Gottes«. Tempelmetaphorik und Gemeinde bei Paulus, in: B. Ego/A. Lange/P. Pilhofer (Hg.), Gemeinde ohne Tempel. Community Without Temple, WUNT 118, Tübingen 1999, 411–425 (417ff zu 2 Kor 6,16) wendet sich gegen die verbreitete These, Paulus relativiere durch Spiritualisierung mit dieser Metapher den Jerusalemer Tempelkult oder grenze sich

lebendigen Gott: das ist ihre lebendige Gemeinschaft. Das »Wir« beinhaltet damit auch die Gemeinsamkeit jüdischer und nichtjüdischer Menschen als einer Einheit, und es ist eine wichtige Frage, wie die in 6,16c-18 folgende Kombination von Schriftzitaten für die beiden Bereiche, die sich hier treffen, jeweils hermeneutisch zu erschließen ist.

Die kompakte Zusammenstellung von LXX-Zitaten aus Tora (Lev 26,12) und Propheten (2 Sam 7,14; Ez 20,34; 37,27; Jes 52,11) ist durch diesen Charakter und ihre Stellung das zentrale Schriftwort des 2. Korintherbriefs. Es wird in 7,1 »Verheißungen«/*epangeliai* genannt und damit analog zu 1,20 das »Ja« Gottes[65] zu diesen Menschen, dieser Gemeinschaft[66]. Es sind Verheißungen, die der Tora-Struktur der alttestamentlichen Gesetzescorpora[67] entsprechen, sie sind ein Stück Tora in ihrem eigentlichen Sinn: Die Einwohnung Gottes und das Mitsein mit seinem Volk sind das Erste und Wesentliche, was eine unbedingte und gegenseitige Zugehörigkeit von Gott und Volk bedeutet (6,16c). Verbunden ist damit ein Verhalten des Volkes, das dieser Zugehörigkeit entspricht und als Gebot formuliert wird (6,17), woraus wiederum eine gefestigtes Zusammmengehören entspringt (6,18). So ist »die Gabe der Tora, Gottes in Gebote des Lebens gefasste Liebe ... das Zentrum, ist die Gestalt gewordene Verbindung zwischen Gott und seinem Volk, die Gabe, mit der allein das Freiheit stiftende Verhältnis realisiert und bewahrt werden kann«[68]. Die zugesagte Gegenwart Gottes führt mithin dazu, sich aus einer Umgebung zurückzuziehen, in der die Zugehörigkeit zu ihm nicht praktiziert werden kann, zu einem Exodus aus unheiligen Zusammenhängen, wie das zentrale Gebot hier in 6,17 mit Jes 52,11 lautet. Es bedeutet in diesem Kontext die Freiheit von aller Verehrung anderer Gottheiten, einer Realität, die das Leben der nichtjüdischen GriechInnen zuvor so fundamental bestimmt hat, dass dieser Exodus die Qualität eines völligen Neubeginns haben musste.

Das ist die entscheidende Differenz zu allen jüdischen Christusgläubigen. Wenn Paulus beide Seiten mit einem »Wir« zusammenfasst und dabei die Schriftworte auf

---

gar davon ab. Dies geschehe vielmehr gegen die paganen Tempel. Der Metapher liege das positiv aufgenommene atl.-jüdische Tempelkonzept zugrunde als ein »Modell gottgefälliger Heiligkeit«, das auf das ganze Volk ausgedehnt werden könne (414). Damit seien sowohl Juden- als auch Heidenchristen zu erreichen.

65. DeSilva, a.a.O. 15.

66. Kraus, a.a.O. 267 sieht richtig, dass die Zitate das Tempelwort von 6,16b erläutern, übergeht aber das »Wir« (auch in 7,1) und interpretiert sie daher allein als Aussagen für die (heidenchristliche) Gemeinde.

67. Vgl. Frank Crüsemann, Die Tora. Theologie und Sozialgeschichte des alttestamentlichen Gesetzes, Gütersloh 3. Aufl. 2005, 199–228 zur Tora-Konzeption des ältesten Gesetzescorpus Israels, des Bundesbuches. Dabei steht die Präsenz Gottes, das Dasein an seinem Ort unter seinem Volk an der Spitze, woraus sich die einzelnen Sozialgesetze ergeben, die der Einzigkeit und Heiligkeit Gottes entsprechen.

68. F. Crüsemann, a.a.O. 238.

beide bezieht, so ist von der verschiedenen Herkunft her ein unterschiedliches Raster des Verstehenkönnens gegeben.

Zu diesem weitausgreifenden Problem können hier allenfalls erste Überlegungen folgen.[69] Denn wenn für Menschen aus den Völkern durch den Messias Jesus ein ganz neues und erstmaliges Verhältnis zum Gott Israels möglich wird, so musste für jüdische HörerInnen die Botschaft von ihm zwar als ein völlig neues Gotteswort, aber doch nicht als das einer völlig neuen Gottheit erscheinen. Hier liegen m.E. die Weichen für die späteren hermeneutischen Muster einer insgesamt heidenchristlich gewordenen Kirche, die ihren eigenen fundamentalen Neubeginn als erstes Hinzutreten zu dem lebendigen Gott kritisch gegen IsraelitInnen wendet, für die, ob sie zu den ChristusanhängerInnen zählten oder nicht, Gott immer dieselbe Größe blieb. Für Paulus und seine Generation lag gegenüber späteren kirchengeschichtlichen Machtverhältnissen mit der fraglosen Superiorität des jüdischen Volkes (Röm 9,4f) ein anderes Gefälle vor. Die Frage stellt sich ihm, ob und wie die Völker theologisch, also allein von der Schrift des Alten Testamentes her, als neue Angehörige des alten Gottesvolkes, als TeilhaberInnen seiner Verheißungen zu bestimmen sind, wie also mit der Schrift in diesem Sinn zu argumentieren ist.

Mit 2 Kor 6,16–18 liegt nun eine kompakte Begründung dieser neuen Stellung nichtjüdischer Menschen vor, eine »Tora für die Völker«. Gleichzeitig umfasst das »Wir« von 6,16b und 7,1 nicht nur den jüdischen Paulus, sondern auch die jüdischen Mitglieder der korinthischen Gemeinde, z. B. Prisca und Aquila (Apg 18,2). Für sie kann das »Neue« durch die Schrift allenfalls eine Vergegenwärtigung des »Alten« sein, das neu in einen neuen Zusammenhang hinein spricht. Dies ist ein zentrales hermeneutisches Moment jüdischer Schriftauslegung. Wichtige Funktion des Zitats ist die Neutralisierung der Zeit: »Wer zitiert, stellt die Zeit still, indem das Vergangene gegenwärtig wird«[70]. Im rabbinischen Zitieren und seiner jeweiligen Kommentierung wird »das Verhältnis von Tradition und Erneuerung« zum Prinzip[71]. Dieses Verhältnis von Alt und Neu bestimmt auch die paulinische Zitationsweise, indem im AT-Zitat die Schrift gegenwärtig wird[72], in die aktuellen Bezüge hinein

---

69. Siehe dazu auch Marlene Crüsemann, Das weite Herz und die Treue zu Gott. Bibelarbeit über 2 Kor 6,11 – 7,4, in: Texte und Kontexte Nr. 134–136, 35. Jahrgang 2–4/2012, Theologie verantworten – im Angesicht Israels. FS Klaus Wengst zum 70. Geburtstag (1. Teil), hg. v. Carsten Jochum-Bortfeld/Martin Leutzsch/Jens-Christian Maschmeier, 11–24.

70. Jürgen Ebach, Das Zitat als Kommunikationsform. Beobachtungen, Anmerkungen und Fragestellungen am Beispiel biblischen und rabbinischen Zitierens, in: ders., Gott im Wort. Drei Studien zur biblischen Exegese und Hermeneutik, Neukirchen-Vluyn 1997, 27–84 (28).

71. Ebach, a.a.O. 51, vgl. dort die erhellende Darstellung an Ps 1 (53–78).

72. Vgl. Dietrich-Alex Koch, Die Schrift als Zeuge des Evangeliums. Untersuchungen zur Verwendung und zum Verständnis der Schrift bei Paulus, BhTh 69, Tübingen 1986, 316–321 zur (nur partiell zugestandenen) Vergegenwärtigung von Schriftzitaten der biblisch-geschichtlichen Vergangenheit.

grundlegend spricht und damit einziger Maßstab des Evangeliums ist (1 Kor 4,6), ähnlich wie der Traditionsbegriff des Matthäus-Evangeliums (Mt 13,52). Für das jüdische Verständnis bringt Paulus mit der Zitatcollage durch Lev 26,11f und dessen Kontext die Gegenwärtigkeit des ersten Exodus und mit Jes 52,11 und Kontext auch die des zweiten aus dem babylonischen Exil zurück zum Zion zur Sprache und lässt so die Angeredeten zu ZeitgenossInnen dieser Ereignisse werden. Gleichzeitig verwandelt die Zitation der alten Worte die Gegenwart zum Ausgangspunkt quasi eines dritten Exodus, bisher nicht Dagewesenen, indem die Völker nun dem Volk Gottes assoziiert werden.

Dieser dritte Exodus ist mit der Aufforderung, aus »ihrer« Mitte zu gehen (6,17), explizit angesagt. Er geschieht in den Gemeinden im Raum der Völker, was durch die Art der grundlegenden Zitatcollage in 2 Kor 6,16b–18 und einer speziellen Abwandlung der originalen Septuaginta-Zitate[73] in nuce dargestellt wird. Diese These ist näher zu erläutern. Dabei ist wichtig, dass die Grundlegung aus der Schrift von Paulus zwar im Raum der Völker formuliert wird und auch direkt zu ihnen spricht. Das bedeutet jedoch nicht, dass damit unter der Hand die paganen Gemeinden zum eigentlichen Gottesvolk erklärt würden. In neueren Arbeiten, die speziell die Zitatcollage positiv von ihrem alttestamentlichen Gehalt her auslegen wollen, was lange vernachlässigt worden ist, findet leider eine derartige deutliche Enterbungstheorie laufend statt, teils bedingt durch mangelnde sozialgeschichtliche Reflexion oder durch implizites theologisches Wunschdenken.[74] Das Einfallstor für die Ersetzung Israels durch die Gemeinde in Korinth ist jeweils die inflationäre Rede vom »Neuen Bund«, der weder hier bei Paulus auftaucht noch in den angeführten Zitaten. Sie resultiert m.E. vor allem aus der Verwendung des Terminus »Bundesformel« (»ich will euer Gott sein, und ihr sollt mein Volk sein«, zitiert in 2 Kor 6,16c) aus der alttestamentlichen Wissenschaft[75], welcher besser durch »Zugehörigkeitsformel« o.ä. zu ersetzen wäre. Dabei werden völlig unvermittelt, nämlich ohne auf das Fehlen der einschlägigen Begriffe für »Bund« zu achten, die Korinther als neues Bun-

---

2 Kor 6,14ff wird von Koch ohne nähere Begründung als nicht paulinisch betrachtet und deshalb nicht behandelt (172 Anm.1).

73. Dies hat bes. Scott, Adoption 195–215 dargestellt, vgl. die Synopsen zu den Zitatverschmelzungen 197.201.206 (aufgenommen bei Scott, Use of Scripture, 98f). s.u.

74. Am deutlichsten vertritt Beale, a.a.O. die These von der korinthischen Gemeinde als neuem Gottesvolk bzw. »wahrem Israel« und spricht aufgrund von 6,16ff von »›promises‹ which the Corinthian church, the true Israel, now possesses« (569 u.ö).

75. Die dadurch motivierte ständige Anführung des »Neuen Bundes« unterläuft auch Scott, Adoption, 195ff.199ff (durchgängig auch Scott, Use of Scripture), ohne dass dies inhaltlich z.B. aus Jes 52,11 und damit 2 Kor 6,16ff hervorginge (Adoption 203, kritisch dazu Kraus, a.a.O. 266 Anm.73), auch nicht aus Lev 26,11, wo laut Scott eben *skene* zu lesen ist (197 Anm.44). Daneben ist Webbs Arbeit durchgängig darauf angelegt, ausgehend von 6,14ff in 2 Kor 2,11–7,4 auf fragwürdige Weise überall den »Neuen Bund« zu entdecken, wobei er sich gerade nicht an *berit* bzw. *diatheke* orientiert (Webb, a.a.O.); Goodwin, a.a.O. 212 spricht gar von einer »new covenant formula« in 2 Kor 6,16.

desvolk geführt. Von einem »Bund« mit den Menschen aus den Völkern ist aber hier gar nicht die Rede[76], ihr Hinzukommen zum Gott Israels wird, so ist die leise Abwandlung der Originalzitate zu deuten, folgendermaßen vermittelt:

In 6,16c werden die Zusagen des Wohnens und Mitgehens Gottes aus Lev 26,12 und Ez 37,27 (jeweils LXX) gemischt zitiert[77]. Aus Lev 26,11f stammt das »Wandeln« (*emperipateso*), das Zugehörigkeitswort ist mit der Ezechiel-Version in der 3. P. Pl. übernommen, obwohl dieses auch in Lev 26,12 vorliegt, aber in der 2.P.Pl. als direkte Rede an Israel. Obwohl auch in Ez 37,27 Israel gemeint ist, könnte durch diese indirektere Rede ein erster Hinweis auf den aktuellen Wechsel der ursprünglichen AdressatInnen auf »sie«, eine Größe in 3. Person erfolgen[78]. Die Anrede in der 2.P.Pl. kommt erst mit dem verschränkten Zitat Jes 52,11 LXX in 6,17. Und mit diesem direkt gebotenen Herausgehen aus »ihrer« Mitte ist die entscheidende Aussage in die Gegenwart der Gemeinde geleistet: Denn im Original steht *autes* für Babylon, woraus nun *auton* wird, ein direkter Bezug zur Separation von den zuvor in 6,14a.15 genannten »Ungläubigen«[79]. Auf die mit Ez 20,34 LXX bekräftigte Annahme folgt mit 6,18 der Gipfel der Zitatreihe mit einem charakteristisch veränderten Zitat von 2 Sam 7,14 LXX[80]: Aus der 3.P.Sg. werden nun die angeredeten »Söhne und Töchter«. Diese Zusammenstellung kann mit Recht eine »Adoptionsformel«[81] genannt werden, denn mit der Nennung dieses auf eine größere Gruppe ausgeweiteten Gotteswortes findet in der Gegenwart der BriefpartnerInnen eine solche Adoption zu Gotteskindern als Vorgang geradezu statt. Als perfomative Rede ist diese kompakte Zitatcollage ein Pendant zum »Heute« der Rettung in 2 Kor 6,2, wo Jes 49,8 gegenwärtig und wirksam wird.

Der Vorgang der »Adoption« wird hiermit grundsätzlich verkündet und ist seinem Sinn gemäß als Hinzukommen eines neuen legitimen Familienmitglieds zu verstehen. Dem entspricht es, dass Paulus für die *»ehemaligen Völker«* (1 Kor 12,2) neue Vorfahren nennt: Israel in der Wüste war niemand anderes als *»unsere Väter«* (1 Kor 10,1)[82], wobei wieder wie in 2 Kor 6,16b; 7,1 das umfassende »Wir« gewählt

---

76. Auch wenn im Kontext von Lev 26,12 (V.9) und Ez 37,27 (V. 26: »Bund des Friedens«) vom »Bund« die Rede ist, fällt doch auf, dass dies gerade nicht zitiert wird als eine Kategorie für die Völker. Selbst bei 2 Kor 3,5ff ist zu bedenken, dass der »Neue Bund« nicht allein für das apostolische Jetzt und gar nur die »Heiden« zu reklamieren ist, sondern bereits in Ex 34 von zwei Bundesschlüssen erzählt wird, mithin ein sehr differenzierter Midrasch vorliegt (dazu Dierk Starnitzke, Der Dienst des Paulus. Zur Interpretation von Ex 34 in 2 Kor 3, in: WuD 25, 1999, 193–207; Frank Crüsemann, Das Alte Testament als Wahrheitsraum des Neuen. Eine neue Sicht der christlichen Bibel, Gütersloh 2011, 179–185).
77. Vgl.die äußere Beschreibung bei Scott, Adoption,195ff (Übersicht 197), z. Inhalt dort s.o. Anm.74.
78. Ez 37,28 spricht zudem die Gotteserfahrung der Völker durch Israels Heiligkeit an.
79. Vgl. Scott, Adoption, 202f u. Übersicht 201; Furnish, Komm. 374; Thrall, Komm. 447f.
80. Die Zitationsformel *legei kyrios pantokrator* stammt aus dem Kontext, 2 Sam 7,8.
81. So Scott, Adoption, 205–213, Übersicht 206.
82. Zur Torarezeption in 1 Kor 10,1–13 s. Osten-Sacken, a.a.O.

wird, mit dem die nichtjüdischen Menschen in die Traditionen Israels eingemeindet werden. Sie sind kein »*Nicht-Volk*« mehr, wie in Röm 9,24–26 mit leicht variierten Zitaten (Hos 2,23 LXX/2,25 MT; 2,1) die Völker zum Volk Israel hinzugerufen werden[83], sondern »*Söhne und Töchter*« des lebendigen Gottes.

Einerseits wird also der größere nichtjüdische Teil der korinthischen Gemeinde mit den ursprünglich Israel geltenden Zitaten als zugehörig angesprochen, andererseits ist nirgends festgestellt, dass die Worte damit nicht mehr die Verheißungsworte für Israel wären. Da aber Paulus alles Neue des Evangeliums im Rahmen der Schrift als begründender Instanz lehrt (1 Kor 4,6)[84], gewinnt diese in seiner Auslegung eine Transparenz für alle nunmehr Angeredeten, durch besondere Akzentsetzungen wie dargestellt auch speziell für neue Angehörige aus den Völkern.

Ingesamt gesehen stiftet die hier als Verheißung und damit als Tora ausgesprochene »Adoption« der bisherigen Nicht-Kinder aus den Völkern als Angehörige Gottes eine reziproke Beziehung zwischen ihnen und Gott. Die Abfolge der Zitate ist Ausdruck dieser Wechselseitigkeit[85]. Damit entspricht das Innere der Perikope (6,14–7,1) ihrem äußeren Ring (6,11–13; 7,2–4), in dem die Gegenseitigkeit zwischen Apostel und Gemeinde thematisiert wird. Die Zusammengehörigkeit beider Teile ist somit strukturell und inhaltlich gegeben. Daraus lässt sich die paulinische Vorstellung vom Zusammenhang zwischen der menschlichen und der menschlich-göttlichen Beziehungsebene ablesen: Die Gegenseitigkeit zwischen Aposteln und Gemeinde dient der Herauslösung der Menschen der nichtjüdischen Völker aus ihrem paganen Polytheismus, um sie in ein ebenfalls als gegenseitig beschriebenes Verhältnis zum lebendigen Gott zu führen.

Dieser Weg in die Freiheit führt aber nicht in ein Niemandsland, sondern in eine neue und größere Gemeinschaft: Nicht allein die örtliche Gemeinde aus jüdischen und nichtjüdischen Menschen lässt die »ehemaligen Völker«, die neuen »Söhne und Töchter« aufleben[86], sondern sie werden in einen noch größeren neuen

---

83. Röm 9,24–26 ist in Form und Inhalt eine wichtige Parallele zu 2 Kor 6,16–18 (vgl. u. a. Scott, Use of Scripture, 82 Anm. 35; Kraus, a.a.O. 302; Goodwin, a.a.O. 150ff). Die auf der Zitatebene neue Zuwendung Gottes zu Israel kann durch die Begrifflichkeit (»nicht mein Volk«) geöffnet werden auf Menschen, die in der Gegenwart des Zitierens ebenfalls diesen Status innehaben, was sie dann verwandelt (»mein Volk«), ein Gedanke, der schon mit Sach 2,15 vorgegeben ist; s.a. die Aussage von Jes 19,25: »Gesegnet bist du, Ägypten, mein Volk«.

84. Mit Wolfgang Schrage, Der erste Brief an die Korinther (1 Kor 1,1–6,11), EKK VII/1, Zürich u. a. 1991, 335 ist hier an das »ganze Alte Testament bzw. allgemein an die Schriftnorm« zu denken und dies m.E. als Norm für alle Lehre und Verkündigung des Evangeliums zu interpretieren.

85. Vgl. Scott, Adoption, 192.194 und ders., Use of Scripture, 77.

86. Zur Gemeinde als Ort der Freiheit von lebenszerstörenden Mächten s. Luise Schottroff, Die Lieder und das Geschrei der Glaubenden. Rechtfertigung bei Paulus, in: Claudia Janssen/dies./Beate Wehn (Hg.), Paulus. Umstrittene Traditionen – lebendige Theologie. Eine feministische Lektüre, Gütersloh 2001, 44–66 (51ff); dies., »Wir richten die Tora auf« (Röm 3,31 und 1 Kor 5,1–13). Freiheit und Recht

sozialen Zusammenhang eingebettet: der Weg führt nach Jerusalem. Das praktische Hauptanliegen des 2 Kor, die große Geldspende aller paulinischen Gemeinden im Bereich der Völker für die Armen in Jerusalem, wird in Kap.8 und 9 gemäß seiner Bedeutung[87] entfaltet: Sie ist die Konsequenz der Ablösung von den alten Gottheiten hin zur lebenspraktischen und materiellen Gemeinschaft mit den neuen Geschwistern, die den paganen Gemeindemitgliedern auf ihrem Weg zu und mit Gott geschenkt werden. Indem sie sich ihnen zuwenden, treten sie ein in den Segenskreislauf des Gebens, Dankens und Preisens[88], der sie fester an Israel bindet.

So sollen die Herzen der korinthischen Gemeinde nicht allein für die Apostel in Gegenseitigkeit weit werden, sondern vermittelt durch Jesus, den Messias, eigentlich für Gott, und damit gleichzeitig frei für die armen Geschwister in Jerusalem (9,7) als Ziel. Die paulinische Vorstellung eines umfassenden Beziehungsgeflechts versucht durch die angestrebte Wechselseitigkeit auf allen seinen Ebenen eine Halacha zu sein: eine Wegbeschreibung des Exodus für die Völker zum Zion.

---

bei Paulus, in: Christof Hardmeier/Rainer Kessler/Andreas Ruwe (Hg.), Freiheit und Recht. FS Frank Crüsemann, Gütersloh 2003, 429–450 (438).

87. Die klassische Arbeit von Georgi betont die Funktion der Kollekte als Zeichen für die »eschatologische Völkerwallfahrt nach Jerusalem« (Dieter Georgi, Der Armen zu gedenken. Die Geschichte der Kollekte des Paulus für Jerusalem (1965), 2. durchges. u. erw. Aufl. Neukirchen-Vluyn 1994, 85; zur Kollekte s.a. Burkhard Beckheuer, Paulus und Jerusalem. Kollekte und Mission im theologischen Denken des Heidenapostels, EHS Reihe 23: Theol. 611, Frankfurt/M. u. a. 1997; A. J. M. Wedderburn, Paul's Collection: Chronology and History, NTS 48, 2002, 95–110). 2 Kor 6,11ff ist durch die Stichworte des »weiten Herzens«, der »Söhne und Töchter« und das Thema »Völker« auch mit Jes 60,4f (MT) zu verbinden, wo die Schätze der Völker zum Zion strömen (Beale, a.a.O. 576ff; Webb, a.a.O. 1993, 152ff; Klaus Wengst, »Freut euch, ihr Völker mit Gottes Volk!« Israel und die Völker als Thema des Paulus – ein Gang durch den Römerbrief, Stuttgart 2008, 112f.431; Luise Schottroff, Der erste Brief an die Gemeinde in Korinth, ThKNT 7, Stuttgart 2013, 332–338). Zum Zusammenhang von 2 Kor 6,14ff mit dem Kollektenthema s.a. Scott J. Hafemann, Paul's Use of the Old Testament in 2 Corinthians, Interpretation 52, 1998, 246–257 (253), der aber ebenfalls zu oft für 2 Kor den »Bund« anführt (s.o. Anm.74).

88. Die Relationen des Segens im wechselseitigen Austausch materieller und geistlicher Güter mit den Jerusalemer Gemeinden nach 2 Kor 8+9 können eindrücklich aufgezeigt werden. So bes. Magdalene L. Frettlöh, Der Charme der gerechten Gabe. Motive einer Theologie und Ethik der Gabe am Beispiel der paulinischen Kollekte für Jerusalem, in: Jürgen Ebach u. a. (Hg.), »Leget Anmut in das Geben«. Zum Verhältnis von Ökonomie und Theologie, Jabboq 1, Gütersloh 2001, 105–161 (136–161); Kathy Ehrensperger, Paul an the Dynamics of Power, a.a.O. 63–80; M. Crüsemann, Trost (2009), s. oben S. 184ff. Insgesamt wäre es zu unternehmen, die Kollekte weniger im Rahmen des griechisch-römischen Wohltätersystems (so Stephan Joubert, Paul as Benefactor. Reciprocity, Strategy and Theological Reflection in Paul's Collection, WUNT/II 124, Tübingen 2000) zu deuten, sondern vielmehr dem des deuteronomischen Kreislaufs des Segens (dazu F. Crüsemann, Tora, 252–273.262ff: »Solidarität und Segen«), der durch die Praxis der Tora allen Beteiligten zuteil wird.

22. Die Gegenwart des Verlorenen
Zur Rede vom »Paradies« im Neuen Testament

Ein Garten steht nach der Erzählung der Bibel am Beginn der Menschheitsgeschichte:

> *Adonaj, also Gott, legte einen Garten an in Eden, das ist im Osten, und setzte das gerade geformte Menschenwesen dort hinein. Aus dem Acker ließ Adonaj, Gott, sodann alle Bäume aufsprießen, reizvoll zum Ansehen und gut zum Essen, samt dem Baum des Lebens in der Mitte des Gartens und dem Baum der Erkenntnis von Gut und Böse (Gen 2,8f)[1].*

Doch nach dem Griff zur verbotenen Frucht endet die Geschichte bekanntlich so:

> *So vertrieb sie die Menschen und ließ östlich des Gartens Eden die Cherubim lagern, dazu die Flamme des zuckenden Schwertes, um den Weg zum Baum des Lebens zu bewachen (Gen 3,24).*

Der verlorene und verschlossene Garten des Anfangs wird erst in der kommenden Heilszeit wieder geöffnet und zugänglich werden. Doch bringt das Neue Testament das Verlorene zurück? Wird hier erzählt von einer Wiedereröffnung des Paradieses und der Rückkehr paradiesischen Lebens? Inwiefern ist mit Jesus Christus neue Schöpfung da (2 Kor 5,17), die auch den Gottesgarten neu erschließt? Gegenüber allem Heilvollen, allem Neuen, sogar allen Zeichen der Messianität Jesu, von denen die Texte berichten, müssen wird doch sehen: Die Aufhebung aller Ambivalenzen, denen das menschliche Leben ausgesetzt ist, kann dem Neuen Testament nicht entnommen werden. Die vermehrte Rede von Tod und Auferstehung vertieft diese sogar. Bleibt nicht auch die heilendste und heilvollste Aussage weiterhin die Verheißung der Erfüllung der Verheißungen, sobald sie für alle Menschen in allen Zeiten der Weltgeschichte bedacht wird? Es könnte sein, dass die weitgehende Zurückhaltung, mit der im Neuen Testament das Paradies bedacht wird, Ausdruck dieses Vorbehalts ist.

---

1. Übersetzung hier und im Folgenden im Anschluss an die Fassung der »Bibel in gerechter Sprache«, hg. v. Ulrike Bail u. a., Gütersloh 2006. Sie wird allerdings in einzelnen Punkten im Blick auf den hier verfolgten Duktus verändert.

»Denn für euch ist das Paradies geöffnet,
der Baum des Lebens gepflanzt,
die kommende Welt bereitet,
die Seligkeit vorbereitet,
die Stadt erbaut, die Ruhe zugerüstet, die Güte vollkommen, die Weisheit vollendet.
Die Wurzel (des Bösen) ist vor euch versiegelt,
die Krankheit vor euch ausgetilgt, der Tod verborgen;
die Unterwelt ist entflohen, die Vergänglichkeit vergessen«.

Eine solche Aussage steht nicht im Rahmen der neutestamentlichen Jesus-Überlieferung, sondern der jüdischen apokalyptischen Schrift des 4. Buches Esra[2]. Es ist selbst durch solche hoffnungsvollen Formulierungen hindurch, welche die Zukunft der Gerechten beschreiben, ein von Verzweiflung über die Zerstörung des Jerusalemer Tempels durch römische Truppen im Jahre 70 n. Chr. und der damit verbundenen Zerstörung jüdischen Lebens geprägtes Dokument. Der Trost, der diesem Leid durch so wundervolle Passagen wie der zitierten entgegengesetzt wird, könnte dasselbe wie die Tröstung Jerusalems in Jes 51,3 bedeuten: Ein Trost inmitten einer verzweifelten Realität wirkt eben dadurch, dass das Bewusstsein eine Öffnung erfährt für den weiteren Horizont Gottes, der sie zu verändern vermag.

Die historische Situation des 4. Esrabuches bestimmt auch den Horizont der Abfassung der neutestamentlichen Schriften, nur die authentischen Paulus-Briefe gehen ihr voraus. Im Schatten der einen Großmacht Rom wird noch nicht einmal wie in manchen alttestamentlichen Texten etwa im Zusammenhang mit Sodom und Gomorrha, Tyrus, Assur und Ägypten von der grundsätzlichen, wenn auch verlorenen Möglichkeit paradiesischer Lebensbedingungen gesprochen, die in den Händen der Imperien gelegen haben[3]. Doch die Motive und Elemente der Paradieserzählung, die Partikel des Gottesgartens blitzen auf in den Erfahrungen von Lebensfülle in der Gegenwart des Messias Jesus: »ewiges Leben« (Mt 19,16.29 parr.; Joh 3,15f.36 u.v.a.; Röm 6,23), »lebendiges Wasser« (Joh 4,10), das Gottesreich als »Baum« (Lk 13,19) und überhaupt die Botschaft vom Reich Gottes, von der gerechten Welt Gottes (Mk 1,15): Dies sind die »Echoes of Eden« im Neuen Testament. Nach Röm 8,19–25 ist die Verwandlung der Schöpfung, die sich unter Wehen und Schmerzen für alle Geschöpfe vollzieht, im Gange, aber nicht vollendet. In Hoffnung wird die endgültige Geburt der neuen Schöpfung erwartet, in der alles Leiden überwunden ist.

2.　4 Esr VIII,52f: Übersetzung Josef Schreiner, Das 4. Buch Esra, JSHRZ V/4, Gütersloh 1981, 291–412.
3.　So Frank Crüsemann in: ders./Marlene Crüsemann, Die Gegenwart des Verlorenen. Zur Interpretation der biblischen Vorstellungen vom »Paradies«, in: »Schau an der schönen Gärten Zier«. Über irdische und himmlische Paradiese. Zu Kult und Kulturgeschichte des Gartens, Jabboq 7, hg. v. Jürgen Ebach/Hans-Martin Gutmann/Magdalene L. Frettlöh/Michael Weinrich, Gütersloh 2007, 25–68 (27–33).

Dabei ist von einer geschehenen Wiederkunft des ganzen Gottesgartens im Neuen Testament nicht die Rede. Nur dreimal[4] wird er (*paradeisos*) plötzlich und beiläufig erwähnt: Lk 23,43; 2 Kor 12,4; Offb 2,7. Wie sollen wir dieses plötzliche Auftauchen beschreiben? Ein Aufblitzen des Verborgensten, ein Augenblick nur, zart, scheu, flüchtig, aber doch mit dem Gewicht einer großen und umfassenden Wirklichkeit ...

So geht es um den Versuch, die Bemühung um Thema und Begriff des »Paradieses« als etwas Exemplarisches dafür zu nehmen, wie es sich mit biblisch-theologischen Begriffen, betrachten wir es redlich, generell verhält: *Man bekommt den Begriff nicht in den Griff* – und also auch nicht den des Paradieses, gerade nicht diesen.[5] Wie bei allen großen biblisch-theologischen Begriffen ist insbesondere beim »Paradies«, dem Garten Gottes, die Unmöglichkeit solcher Art der Herrschaftsausübung zutiefst mit seinem Charakter verbunden: Das Paradies hat sich seit Urzeiten schon entzogen, ist flüchtig oder unkontrollierbar anwesend, wird sich offenbaren zu seiner Zeit. Indem es hier also allein um Bruchstücke gehen kann – »*wir erkennen nur Bruchstücke, und unsere Fähigkeit, Zusammenhänge zu erkennen, ist begrenzt*« (1 Kor 13,9) –, bedeutet das nicht automatisch, dass in ihnen nicht Wesentliches enthalten wäre. Das Kleine kann stellvertretend das Große bewahren oder auf es verweisen. Verblüffend ist zunächst jedes Mal die Selbstverständlichkeit, mit der im Neuen Testament beiläufig das Paradies erwähnt wird. Hier liegt der Anstoß zur Frage nach dem Aspekt der Gegenwärtigkeit des Paradieses, der weiter nachzugehen ist.

Lebensbäume gegen die Gewalt: Johannesoffenbarung

Wenn wir als Bibellesende versuchsweise das biblische Paradies auf einem fiktiven Zeitstrahl einzeichnen wollten, wären die äußersten Punkte am Anfang der Menschenschöpfung in Gen 2 und am Ende im letzten Buch der Bibel gesetzt, welches zugleich das Ende der Weltgeschichte beschreibt und für die, die es überstehen, einen endliche Ort der Ruhe und des Auflebens, des unendlichen Lebens. Es scheint, als lägen diese Bilder der Johannesoffenbarung in einer durch und durch zukünftigen Welt:

---

4. Da der Begriff *paradeisos* seit der LXX die Übersetzung für den »Garten Eden« ist, zeigt allein schon dieser spärliche Befund, wie wenig im Neuen Testament alles und alle umfassende paradiesische Verhältnisse festzustellen sind. Man kann mit Joachim Jeremias, Art. *paradeisos*, ThWNT V, Tübingen 1954, 763–771, durchaus auf Jesus als proklamierten Wiederbringer paradiesischer Zustände verweisen, wenn von ihm als »Brot des Lebens« (Joh 6) oder als »Wasser des Lebens« (Joh 4,10–14; 7,37) die Rede ist (770f). Das ändert nichts daran, dass das gesamte NT aufgrund seiner Wahrhaftigkeit gegenüber den Leiden der Menschheit mit dem Begriff *paradeisos* äußerst sparsam umgeht. Ebenfalls als indirekter Hinweis auf die Wiederkehr des Gottesgartens ist die paulinische Gegenüberstellung von Adam und Christus in Röm 5 zu verstehen.
5. Es kann jeweils eine Weile dauern, bis dies begriffen wird.

Offb 2,7b: »*Wer sich nicht unterkriegen lässt, wird von mir vom Baum des Lebens, der in Gottes Garten (en to paradeiso tou theou) ist, zu essen bekommen*«,

heißt es im Sendschreiben an die Gemeinde in Ephesus. Wer ist es, der da spricht und so etwas versprechen kann? Der Seher Johannes, verbannt auf die Insel Patmos[6] vor der kleinasiatischen Küste, hört in einem pneumatischen Zustand hinter sich eine Stimme, wie von einer Posaune (1,9). Als er sich umdreht (1,12), um diese Stimme zu sehen (!), ist da eine furchterregende, menschenähnliche Gestalt inmitten von sieben großen Leuchtern, wohl Menorot[7]: Nun ist die Stimme laut wie ein großer Wasserfall (1,15). Die Gestalt muss riesig sein, hält in der Hand sieben Sterne, und aus ihrem Mund ragt dabei ein scharfes zweischneidiges Schwert (1,16). Ein phantastische Szenerie, Stimme und Schwert zugleich aus einem Mund. Andeutend wird mitgeteilt, dass der auferstandene Jesus mit diesem äußerst erschreckenden (1,17) Wesen identisch ist: der Erste sei er und der Letzte »*und der Lebende. Ich war tot, und da! Ich bin lebendig bis in alle Ewigkeiten. Ich habe die Schlüssel des Todes und des Totenreichs*« (1,18).

Nur Jemand, der sich glaubwürdig als Sieger über die sonst von niemandem überwindbare ewige Macht des Todes ausweist, kann die Früchte vom Baum des Lebens versprechen. Ähnlich wie in anderen jüdisch-apokalyptischen Texten[8] geht diese Vision wieder zurück an den Anfang von allem, in den Gottesgarten, und zitiert[9] Gen 2,9 (LXX). Das Essen vom Baum des Lebens unterlag im Garten Eden

---

6. Nach Offb 1,9 war er »wegen Gottes Wort und Jesu Zeugnis auf der Insel Patmos« (*dia ton logon tou theou kai ten martyrian Iesou*); diese Formulierung lässt auf eine Strafverfolgung durch römische Behörden schließen, da in 6,9 und 20,4 mit nahezu gleichen Worten die Ursache für den Tod der Hingeschlachteten und »Enthaupteten« angegeben wird. Die römischen Kapitalgerichtsurteile umfassten die Todesstrafe oder den Verlust des Bürgerrechts und der Freiheit, s. David E. Aune, Revelation 1–5, WBC 52A, Dallas 1997, 80–82. Zur Diskussion s. etwa Friedrich Wilhelm Horn, Johannes auf Patmos, in: Studien zur Johannesoffenbarung und ihrer Auslegung. FS Otto Böcher, hg. ders./M. Wolter, Neukirchen-Vluyn 2005, 139–159, der dagegen meint, Patmos habe in röm. Zeit nicht zu den Verbannungsinseln gehört, weswegen sich der Autor der Offb aufgrund politischen Drucks selbst dorthin zurückgezogen habe (zusf. 157ff), und vor allem Klaus Wengst, »Wie lange noch?« Schreien nach Recht und Gerechtigkeit – eine Deutung der Apokalypse des Johannes, Stuttgart 2010, 27–35, der eine Verbannung, mindestens aber einen unfreiwilligen Aufenthalt auf der Insel wegen behördlichen Drucks auf dem Festland annimmt.
7. So Aune,a.a.O. 62.65.88–90.
8. ÄthHen 25,5; ApkMos 23,18; TestLev 18,11 u.a.
9. Die »›Visionen‹ sind ›Zitate‹«: Jürgen Ebach, Apokalypse. Zum Ursprung einer Stimmung, in: Einwürfe 2, hg. v. F.-W. Marquardt u.a., München 1985, 5–61.17; zu diesem Verfahren des »Authenti-Zitats« der apk. Literatur s.a. ders., Apokalypse und Apokalyptik, in: H. Schmidinger (Hg.), Zeichen der Zeit, Salzburger Hochschulwochen 1998, Innsbruck-Wien 1998, 213–274.225–229; Wengst, »Wie lange noch«, a.a.O. passim. Die bildsprachliche Eigendynamik der Apokalypse thematisiert Knut Backhaus, Apokalyptische Bilder? Die Vernunft der Vision in der Johannes-Offenbarung, EvTh 64 (2004) 421–437.

nicht einem Verbot, anders als beim Baum der Erkenntnis von Gut und Böse (Gen 2,16f; 3,3). Die Menschen haben also im Paradies jederzeit vom Baum des Lebens essen und dort demnach immer leben können. Erst nach dem Essen vom anderen Baum wurde ihnen dies verwehrt. Aus der weiter bestehenden Möglichkeit, vom Baum des Lebens zu essen, erwuchs der Grund der Vertreibung aus dem Paradies (Gen 3,22ff). Insofern wäre ein Versprechen, vom Baum des Lebens zu essen zu geben, gleichbedeutend mit der Wiedereröffnung des Paradieses.

Gleich der ersten angeredeten Gemeinde in Ephesus gilt diese Verheißung, genauer: denjenigen, die sich dort »nicht unterkriegen« lassen. Diese Übersetzung[10] der griechischen Wendung *to nikonti* oder *ho nikon* bringt besser als das wörtlichere »siegen« oder das seit der Lutherübersetzung übliche, nicht ohne weiteres verständliche, da objektlos gebrauchte »überwinden«[11] zum Ausdruck, dass es um Widerstehen in einer politischen Drucksituation geht: nicht unterzugehen in der Konfrontation mit der »Hure Babylon«, wie das römische Weltreich in Offb 17f bezeichnet wird. Das Festhalten am »*Zeugnis des Messias Jesus*« (1,2) ist nach dieser Schrift eine äußerst gefährliche Überzeugung. Die Forcierung des Kaiserkults unter Domitian, in dessen Regierungszeit um ca. 95 n. Chr. ihre Abfassung fällt, lässt sich gerade in der Provinz Asia nachweisen, wobei in Ephesus der Kaisertempel eine Statue Domitians beherbergte[12]. Die Loyalitätskonflikte werden als gewaltsam und tödlich für eine große Zahl von Menschen geschildert. »Die Toten sind bei Johannes die Ermordeten, die Unschuldigen. Der sog. natürliche Tod ist kein Thema in der Offenbarung ... Nun ist es spannend zu sehen, dass diese Toten sich weiterhin für das Leben einsetzen. In 6,10 rufen sie Gott zu: *Wie lange, heiliger und wahrhaftiger Herr, richtest du nicht und rächst unser Blut nicht an denen, die auf Erden wohnten?* In 7,9 singen die weißbekleideten Mengen von der Größe, der Ehre, der Macht Gottes. Immer wieder hört Johannes die Ermordeten ... Er entlässt sie nicht aus seinem Leben. Vielmehr eröffnet er in seinen Visionen Räume, wo

---

10. Von Martin Leutzsch, Bibel in gerechter Sprache.
11. Daher die in der deutschsprachigen Exegese eingebürgerte formgeschichtliche (und unter der Hand sprachlich androzentrisch definierte) Bezeichnung des »Überwinderspruchs« von Offb 2,7.11.17.26; 3,5.12.21; 21,7; s. dazu z. B. Ferdinand Hahn, Die Sendschreiben der Johannesapokalypse. Ein Beitrag zur Bestimmung prophetischer Redeformen, in: Tradition und Glaube. Das frühe Christentum in seiner Umwelt, FS K.G. Kuhn, hg. v. G. Jeremias/H.W. Kuhn/H. Stegemann, Göttingen 1971, 357–394, 381ff.
12. S. dazu Klaus Wengst, Pax Romana. Anspruch und Wirklichkeit. Erfahrungen und Wahrnehmungen des Friedens bei Jesus und im Urchristentum, München 1986, 147–166, 151; zur antiken Geschichte von Ephesus s. D.E. Aune, a.a.O. 136–141; zum Kaiserkult am Beispiel Pergamons Hans-Josef Klauck, Das Sendschreiben nach Pergamon und der Kaiserkult der Johannesoffenbarung (1992), in: ders., Alte Welt und neuer Glaube. Beiträge zur Religionsgeschichte, Forschungsgeschichte und Theologie des Neuen Testaments, NTOA, Fribourg u. Göttingen 1994, 115–143 (Lit.). Zur Verfolgungssituation der christusgläubigen Märtyrer_innen und Gemeinden, die sich dem Kaiserkult in Kleinasien entziehen, s. Wengst, »Wie lange noch?«, a.a.O. 59–70 u. passim.

Tote und Lebende einander hören können«.[13] Die Kehrseite dieser Erfahrungen von Gewalt ist die zwangsläufige Gewaltsamkeit, mit der die erhoffte Erlösung durch Gottes Eingreifen einhergeht. Die buchstäblichen apokalyptischen Schrecken erscheinen als notwendige Vorstufe dieser Hoffnung, die letztlich darin besteht, »dass Gott für den völligen Zusammenbruch solcher Gewaltverhältnisse sorgen wird«[14].

Inmitten aller Zerstörung eröffnen allein schon die vegetativen Bilder eines Baumgartens einen Raum der Ruhe, Erfrischung und Erholung, selbst wenn er ohne den paradiesischen Baum des Lebens erschiene. Doch dieses große Mehr des unerschöpfbaren und unzerstörbaren Lebens kommt hinzu. Es erscheint geradezu als notwendige Heilung der globalen tödlichen Gewalt. Das Versprechen an die erste der angeredeten Gemeinden, von diesem Baum essen zu dürfen, könnte also viel weiter reichen und letztlich alle[15] umschließen, die noch Lebenden, die wie Johannes um ihr Bekenntnis kämpfen, und die Ermordeten, die in Gottes Gegenwart als lebendig geschaut und gehört werden.

Auf welchem Weg aber ist das Paradies zu erreichen? Zu den eindrücklichsten Bildern der Offenbarung gehört das erwartete, noch ausstehende Herabsteigen der Stadt Jerusalem[16] vom Himmel auf die Erde (21,2.10f). Die vom römisch-jüdischen Krieg Zerstörte ist dann verwandelt in eine glanzvolle und Heilung bringende Wohnung Gottes bei den Menschen. Und inmitten dieser Stadt erscheinen plötzlich wesentliche Elemente des Gottesgartens, sie sind gewissermaßen in sie inkorporiert. Der »*Fluss lebendigen Wassers*«, der nach 22,1 vom Thron Gottes und Jesu, des Lammes, ausgeht, ist in eigentümlicher Topographie verknüpft mit einer Straße und nicht nur einem Baum des Lebens, da beide Ufer bepflanzt sind. Zusammen gelesen mit Offb 2,7 zeigt sich also inmitten des neuen Jerusalem das Paradies:

13. Luzia Sutter Rehmann, Vom Mut, genau hinzusehen. Feministisch-befreiungstheologische Interpretationen zur Apokalyptik, Luzern 1998, 64–113.81f.
14. Martin Leutzsch, Einleitung zur Johannesoffenbarung, in: Bibel in gerechter Sprache, 2255.
15. Wenn Offb 21,7, wo von einem umfassenden Erbe, derer, »*die sich nicht unterkriegen lassen*« gesprochen wird, alle vorherigen Verheißungen der »Überwindersprüche« zusammenfasst (so Heinz Giesen, Lasterkataloge und Kaiserkult in der Offenbarung des Johannes, in: FS O. Böcher, a.a.O. 210–231 [219f]), dann gelten diese Verheißungen allen Angeredeten und somit auch der Zugang zum Baum des Lebens. Es ist daher angemessen, die Wendung *ho nikon* als Plural zu lesen und auf viele Menschen, männliche und weibliche, zu beziehen.
16. Dieselbe Vorstellung entwickelt das oben zitierte 4. Esrabuch (8,52; s.a. 7,26.36); vgl. S. Rosenkranz, Art. Paradies, III. Jüdisch, TRE XXV, 711–714, 711.713. Weitere jüdische Parallelen bei Bill III, 856.

Offb 22,2: »*In der Mitte der Straße, diesseits und jenseits des Flusses: Bäume[17] des Lebens, zwölf Früchte bringend, jeden Monat eine ihrer Früchte, die Blätter der Bäume zur Heilung der Völker*«.

Auch diese Vision zitiert die Schrift. Mit dem lebendigen Wasser eines Flusses, den Bäumen und ihren Früchten ist auf die Ingredienzien des Gartens Eden angespielt: ein doppelter Traum – dieser Garten inmitten der wiedererstandenen, strahlenden Stadt Gottes. Gleichzeitig wird das eschatologische Bild von Ez 47,1–12 in konzentrierter und variierender Form[18] zur Sprache gebracht, denn schon hier ist die Verbindung von erneuerter, heiliger Stadt mit einer heilbringenden Garten- oder Parklandschaft gegeben: Das Wasser des Flusses, das Adjektiv »lebendig« kommt in Offb 22,1 hinzu, geht in Ez 47,1f vom Altar des Tempels aus und fließt unterhalb der Tempelschwelle hinaus. Die Tatsache, dass es im neuen Jerusalem nach Offb 21,22 keinen Tempel mehr gibt, bedeutet kaum, dass der Tempel entwertet wird, sondern dass nun die ganze Stadt zum Tempelheiligtum[19] wird, von dessen Zentrum, dem Gottesthron, jetzt das Wasser entspringt. Ez 47,7 spricht von »*zahlreichen Bäumen*«, so dass der Plural der Bäume, die in Offb 22,2 »*Bäume des Lebens*« sind, auch durch diese Zitierung nahegelegt ist. Und weiter heißt es in Ez 47,12: »*Am Bach, an seinem*

---

17. Der griech. Singular *xylon*/»Holz« bzw. »Baum« muss wegen der hier dargestellten Szenerie wohl als Plural verstanden werden, also ist von mehren oder sogar zahlreichen »Bäumen des Lebens« die Rede. Dieses kollektive Verständnis von hebr. *ez* oder griech. *xylon* findet sich auch in Gen 1,11f; 3,8; Lev 26,20 u. ö. (Aune, a.a.O. 1177). Nach Édouard Delebecque, Où situer l'Arbre de vie dans la Jérusalem céleste? Note sur Apocalypse XXII,2 (1988), in: ders., Études sur le Grec du Nouveau Testament, Aix en Provence 1995, 335–341, hängt viel an der gleichzeitigen Übersetzung von griech. *plateia*/»Straße«, und er neigt zu »esplanade«, also einen freien Platz, in dessen Mitte es mehrere Bäume, ein kleines Wäldchen (bois) gibt; eine »doppelte Allee« des paradiesischen Lebensbaums – mit Schaubild der Anlage! – wird von Wengst, »Wie lange noch?«, a.a.O. 233, gesehen. Die Zuordnungen von Fluss, evtl. Flussarmen und der Straße oder dem Platz variieren je nach Übersetzung und Vorstellung der Übersetzenden. Dabei plädiert David Mathewson, A New Heaven and a New Earth. The Meaning and Function of the Old Testament in Revelation 21.1–22.5, JSNT.S 238, Sheffield 2003, (der ein singularisches Verständnis von *xylon* bevorzugt, 189f) dafür, auf genaue geographische Vorstellungen zu verzichten, da der Autor allein die auf verschiedene Facetten atl. Texte anspielen wollte, um Eschatologie als wiederhergestelltes Paradies zu imaginieren (191).
18. Vgl. die Auflistung und Diskussion der Variationen bei Mathewson, New Heaven, 187–190; ders., The Destiny of the Nations in Revelation 21:1–22:5. A Reconsideration, TynB 53, 2002, 121–142 (138ff), sowie Rita Müller-Fiebig, Das »neue Jerusalem« – Vision für alle Herzen und alle Zeiten? Eine Auslegung von Offb 21,1–22,5 im Kontext alttestamentlich-frühjüdischer Tradition und literarischer Rezeption, BBB 144, Berlin u. Wien 2003, 215–221.
19. »Die Aussage 21,22, dass in der Gottesstadt im Eschaton kein Tempel mehr sein wird, ist weniger als Aufhebung des Tempels zu verstehen, sondern vielmehr als seine Ausweitung. Da die ganze Stadt heilig und von Gottes Gegenwart erfüllt sein wird, bedarf sie keines besonderen und begrenzten heiligen Platzes oder Kultortes mehr«, Marco Frenschkowski, Die Entrückung der zwei Zeugen zum Himmel (Apk 11,11–14), in: JBTh 20, 2005, Der Himmel, hg. v. M. Ebner u. a., Neukirchen-Vluyn 2006, 261–290 (269).

Ufer, werden auf beiden Seiten Fruchtbäume aller Art wachsen. Ihr Laub wird nicht welken und ihre Früchte werden kein Ende nehmen, jeden Monat werden sie erste Früchte tragen, denn seine Wasser fließen aus dem Heiligtum heraus und seine Früchte werden als Speise dienen und seine Blätter als Heilmittel«. Ob die wunderbare Fruchtbarkeit der Bäume, die jeden Monat frische Früchte hervorbringen, von der Johannesoffenbarung gesteigert wird zu einer monatlichen Folge verschiedener Früchte, ist schwer zu entscheiden.

In jedem Fall ist es ihr wichtig, die pharmazeutische Wirkung der Blätter besonders der hinzugefügten Völkerwelt (*ton ethnon*) zu verschreiben. Warum? Einmal könnte die 12-Zahl der Früchte eine Anspielung auf die zwölf Stämme des Gottesvolkes sein, mit dem die durch die Blätter geheilten Völker nun endlich eine Einheit bilden.[20] Die Verheißung, dass die Völker der Welt endgültig zum Licht Jerusalems gehen werden, stammt aus Jes 60,3ff. Wenn nun von ihrer Heilung gesprochen wird, können sie nicht ohne weiteres hinzukommen, sondern bedürfen zunächst der Behandlung ihrer schweren Krankheiten, die sie womöglich daran hindern, sich zu bekehren, umzukehren nach Jerusalem, in die neue Stadt Gottes. Die Völkerwelt hat sich aus der Sicht der Offb auf vielfältige Weise vom »Ungeheuer« verführen und täuschen lassen. Nach 18,3ff haben als ihre Repräsentanten die Großkaufleute und Regierenden der Erde von der globalen Wirtschaft im Rahmen der Weltmacht profitiert, ein Leben in Saus und Braus geführt, das durch Unrechtstaten im großen Stil finanziert wird. Nach 20,7–10 sind die vom Satan getäuschten Völker bereit für einen großen Krieg. Diese Schwäche der Kooperation mit dem Bösen könnte in erster Linie mit der Krankheit gemeint sein, die allein durch Blätter der paradiesischen Lebensbäume heilbar sind. Das neue Jerusalem (21,3f) macht die Völker – jetzt erst und jetzt endlich! – zu Völkern Gottes und Gott zu ihrem, dem einzigen Gott. Erst in diesem Stadium wären sie demnach fähig, nicht mehr in wirtschaftliche Raubzüge, große und ›kleine‹ Kriege verwickelt zu werden, versklavt zu werden als Opfer oder Täter_innen. Der Tod wäre besiegt, ebenso »*Trauer, Wehgeschrei und Schinderei*«. Die Therapie der Völkerwelt wird sich aber auch, so dürfen wir imaginieren, auf die Behandlung aller Arten von Krankheiten im medizinischen Sinn beziehen, unter denen Menschen weltweit leiden. Doch es wäre darüber hinaus an besondere, sehr spezifische Krankheiten der Völker zu denken, gewissermaßen »völkische« Krankheiten, also nationalistische und rassistische Ideologien und ihre Praxis. Nicht zuletzt *die* Krankheit der nichtjüdischen Völker, der Antisemitismus sowie der kirchlich-theologische Antijudaismus könnte doch wenigstens im paradiesischen Jerusalem mit Hilfe der Blätter von den Lebensbäumen die endgültige Heilung erfahren. Die durch solche Bilder und die damit zusammenhängenden Imaginationen ausgelöste Sehnsucht nach Heilung in allen diesen Aspekten beflügelt die tätige Hoffnung auf ihre Überwindung schon jetzt.

---

20. Vgl. Mathewson, Nations, 139 und ders. New Heaven, 139.

Das führt zu der Frage, wie zeitliche und räumliche Dimensionen dieser Bilder aus Offb 2,7 und 22,2 zu verstehen sind. Das Paradies kommt vom Himmel herab, es nähert sich von oben in einer Zukunft, die mit dem Ende der Weltgeschichte verbunden ist. Dass diese Zukunft von Johannes und den Gemeinden, die er anspricht, sehnlichst und bald erwartet wird, ändert nichts an ihrer Unverfügbarkeit, an ihrer anscheinend absoluten Ferne. Oder verhält es sich ganz anders? »Man könnte den Tatbestand zugespitzt so formulieren: das himmlische Jerusalem ist im NT keine jenseitige, sondern eine zukünftige Größe. Dabei muss aber sofort auch gesagt werden, dass diese Stadt schon jetzt existiert.«[21] Hinzukommt die anfängliche Aussage vom Baum, der im Paradies *ist* oder *steht* (*ho estin*): »Es scheint, dass auch an der Stelle Apk 2,7 vorausgesetzt wird, dass das Paradies und mit ihm der Lebensbaum schon jetzt da sind.«[22]

Alle Variationen und Spuren dieses Teils des besonderen biblischen Raum-Zeit-Kontinuums, gerade seine Widersprüche und paradoxen Ergänzungen sind Ausdruck eines Wissens, dass es sich eben um Bilder handelt, deren Uneinheitlichkeit Teil des Wesentlichen ist, das sie zur Sprache bringen wollen. Die Kreativität der Sprache wird bewusst eingesetzt, um die andere, veränderte und verändernde Wirklichkeit Gottes zu beschreiben. Der Lebensbaum und mit ihm das Paradies sind also auf einer bestimmten oder eben unbestimmten Ebene schon – oder noch – existent und gegenwärtig.

Ein sehr prominenter biblischer Zeuge versichert uns ihrer grundsätzlichen Erreichbarkeit und ist nach eigener Aussage schon dort gewesen ...

Paulus im Paradies – 2 Kor 12,1–4

Hier spricht in autobiographischer Form ein Augen- und Ohrenzeuge des Paradieses und gibt Erstaunliches preis: Paulus war dort, als an einem durch alle Zeiten und also auch jetzt existierenden Ort. Dieser ist für Menschen zu ihren Lebzeiten erreichbar, was aber nicht in ihrer eigenen Macht steht. Paulus teilt eine lebensgeschichtliche Erfahrung mit, die ihm zu einem bestimmten, datierbaren Zeitpunkt widerfuhr, eine Expedition ohne eigene Intention und Anstrengung, eine Reise in die Sphäre, wo die göttliche Gegenwart sichtbar und hörbar wird, in eine Art von Kommunikation, die in ihrer Essenz gleichzeitig nicht an andere mitteilbar ist. Wir verdanken diese außerordentlichen, mit seinen sonstigen Äußerungen scheinbar nicht weiter vermittelten Bemerkungen den komplizierten Beziehungen des Paulus

---

21. Hans Bietenhard, Die himmlische Welt im Urchristentum und Spätjudentum, WUNT 2, Tübingen 1951, 201.
22. Bietenhard, a.a.O. 172.

zur korinthischen Gemeinde[23] und seiner Eifersucht auf andere, ebenfalls jüdische Apostelgestalten, die weitaus eindrucksvoller erscheinen als er selbst und sich in seiner Abwesenheit den Zuspruch der Gemeinde erworben haben (2 Kor 11,4–23; 12,11). Zu deren besonderen Qualifikationen haben wohl Erlebnisse von »Visionen und Offenbarungen« (12,1) Gottes gehört. Paulus sieht sich unter Druck gesetzt, eine vergleichbare Erfahrung mitzuteilen, über die er verfügt, die er jedoch der Gemeinde bisher jahrelang verschwiegen hat. Die Tatsache, dass er erst jetzt davon zu ihnen spricht, könnte ein Indiz sowohl für die Größe der Erschütterung sein, die er erfuhr, als auch für die Unmöglichkeit, dergleichen angemessen mitzuteilen. Auch jetzt befürchtet er Unverständnis oder Missverständnisse.

2 Kor 12,1–4:
¹Es muss wohl Rühmenswertes erzählt werden, auch wenn es nichts nützt. So komme ich jetzt auf Visionen und Offenbarungen des Ewigen zu sprechen.
²Ich weiß von einem Menschen, dem Messias zu eigen, der vor vierzehn Jahren bis in den dritten Himmel entrückt wurde.
Ob es leibhaftig oder durch Verlassen des Körpers geschah, weiß ich nicht, Gott weiß es.
³Und ich weiß von demselben Menschen, dass er – ob leibhaftig oder ohne seinen Körper, ich weiß es nicht, Gott weiß es –
⁴ins Paradies entrückt wurde und unsagbare Worte hörte, die ein Mensch nicht aussprechen kann.

Es ist von einem Menschen in 3. Person die Rede, womit Paulus in distanzierender Redeweise sich selbst meint.[24] Der Bericht hebt zweimal[25] an, ist von zwei sich selbst unterbrechenden Einlassungen durchzogen, schildert ein Ereignis in doppelter Ausführung oder Abstufung – oder sind es doch zwei Erlebnisse? Diese Einleitung ist als solche redundant, gleichzeitig bricht sie ab und war damit schon die ganze Erzählung. Eigentlich eine Enttäuschung für Zuhörende und Lesende: dieser sich selbst

---

23. Zum Thema der gegenseitigen liebevollen Beziehungen als Schlüssel für eine Gesamtlektüre des 2 Kor s. Reimund Bieringer, Zwischen Kontinuität und Diskontinuität. Die beiden Korintherbriefe in ihrer Beziehung zueinander nach der neueren Forschung, in: ders. (Hg.), The Corinthian Correspondence, BEThL 125, Leuven 1996, 3–38,34; ders., Die Liebe des Apostels Paulus zur Gemeinde in Korinth. Eine Interpretation von 2 Kor 6,11; SNTU 23, 1998, 193–213, 21ff; Marlene Crüsemann, Das weite Herz und die Gemeinschaft der Heiligen. 2 Kor 6,11–7,4 im sozialgeschichtlichen Kontext, in: Dem Tod nicht glauben. Sozialgeschichte der Bibel. FS L. Schottroff, hg. v. F. Crüsemann u. a., Gütersloh 2004, 351–375 = oben S. 206–227.

24. Darauf deuten der sachliche Zusammenhang des Selbstlobs (12,1.5f.8) und insbesondere V.6/7, wo die »außerordentlichen Offenbarungen« (*te hyperbole ton apokalypseon*) auf das Ich des Paulus bezogen sind.

25. Zum parallelen und in den Einzelheiten korrespondierenden Aufbau der griech. Verse s. u. a. Bietenhard, a.a.O. 164f; Bernd Heininger, Paulus als Visionär. Eine religionsgeschichtliche Studie, HBS 9, Freiburg u. a. 1996, 246f.

unterbrechende und schließlich abbrechende Bericht von einer außerordentlichen Begebenheit – ein Stammeln, das schließlich in ein Verstummen mündet. Er zielt auf den Empfang »*unsagbarer Worte*« (*arreta rhemata*, V. 4). Es scheint, als ob zusammen mit der Erinnerung an sie die Unmöglichkeit – oder ist es die Unerlaubtheit? –, die paradiesischen Worte wiederzugeben, wirksam einsetzt: Als dieses Stichwort fällt, hört die Erzählung, kaum, dass sie begonnen hat, sofort auf ...

Dieser Bericht ist also im doppelten Sinne äußerst frag-würdig, und die exegetische Literatur arbeitet oft mit regelrechten Fragekatalogen,[26] um ihn zu erhellen. Wir konzentrieren uns auf einige gebündelte Fragen, die wir im Rahmen unseres Themas für die zentralen halten.

Warum wird es sich um eine einzige Erfahrung der Entrückung durch Gott gehandelt haben?

Die Datierung »*vor vierzehn Jahren*« (V. 2) wird nur zu Anfang aufgeführt, nicht mehr beim zweiten Anlauf in V. 3, der auch nicht mit einem »dann« oder »wiederum« beginnt. Das deutet auf nur ein Erlebnis hin, welches er versucht, mit einer doppelten Einleitung zur Sprache zu bringen. Vierzehn Jahre sind kein ganz kurzer Zeitraum. Das bedeutet, dass jemand Jahr für Jahr eine Zahl addiert haben muss, um sie solchermaßen präsent zu halten. Diese Angabe weist per se auf den einschneidenden Charakter des erinnerten Ereignisses für die eigene Biographie hin. Von der vermuteten Abfassung des 2 Kor etwa 55 n. Chr. aus muss es also Anfang der vierziger Jahre stattgefunden haben und ist daher nicht gleichzusetzen[27] mit der Berufung zum Apostel Christi und der dabei erlebten Erscheinung Jesu (1 Kor 9,1; 15,8; Gal 1,16), die er wesentlich früher erlebt haben muss. Er war bereits *en Christo* (V. 2), verbunden mit dem als Messias Gottes Erkannten. Paulus drückt aus, dass Gott es ist, durch den die Entrückung geschah, da allein Gott weiß, ob Paulus somatisch oder spirituell von der Erde entfernt worden ist (V. 2–3).[28] Diese nicht genau definierbare Dissoziation

---

26. So z. B. der instruktive Artikel von Margaret E. Thrall, Paul's Journey to Paradise. Some Exegetical Issues in 2 Cor 12,2–4, in: R. Bieringer (Hg.), The Corinthian Correspondence, BEThL 125, Leuven 1996, 347–363, der mit dem Satz beginnt: »This short passage of three verses poses numerous exegetical questions«. Auch bei der Abfassung von biblischen Quizfragen wäre es ratsam, die Passage von 2 Kor 12,1ff vorher genau zu studieren, damit nicht unter der Hand zur Irreführung der Leserschaft völlig falsche Alternativen auftauchen: »Wohin ist der Apostel Paulus ›entrückt‹ worden? A In den dritten Himmel; B Ins Paradies; C In den siebten Himmel; D Nach Ibbenbüren«. Als allein richtige Antwort dafür wird A ausgegeben (chrismon 08/2006, 8.53).

27. Vgl. Hans-Josef Klauck, 2. Korintherbrief, NEB 8, Würzburg 1986, 91; Karl Hermann Schelkle, Im Leib oder außerhalb des Leibes: Paulus als Mystiker, in: The New Testament Age. FS B. Reicke, Macon 1984, 455–465, 458f u. a.

28. In diesem Zusammenhang ist die durchgängig ohne Diskussion vertretene Annahme, mit dem *kyrios* in 12,1 handele es sich um Christus, in Frage zu stellen. Wenn V.2f indirekt zum Ausdruck bringen, dass Gott Urheber der Entrückung und der Genitiv *optasias kai apokalypseis kyriou* in V.1 als geni-

oder Transformation der gewöhnlichen personalen Identität in einen außergewöhnlichen Zustand wird außerdem sprechend durch die verfremdende Redeweise in der dritten Person: Die Ich-Erfahrung ist auf solche Bewegungen und Verwandlungen nicht trainiert und kennt sich mit sich selbst nicht mehr aus. Dies ist ein weiteres Indiz für einen grundsätzlich singulären Vorgang in der paulinischen Vita.

Woher wusste Paulus, dass er sich im 3. Himmel und dort im Paradies befunden hat?

Bei einem einmaligen und zudem unverhofften Besuch in eine neue Gegend sollte nicht von vornherein klar sein, wo man sich befindet. Naiv und karikierend gefragt: Gab es denn Wegweiser und Ortsschilder in den Himmelssphären oder ein großes Tor mit der Überschrift: »Ab hier betrittst du das Paradies«? Diese Frage wird angesichts der geläufigen und unabdingbaren traditions- und religionsgeschichtlichen Zuordnung des paulinischen Berichts relativ selten gestellt.[29] Die Vermutung aber, dass Paulus sofort gewusst haben muss, an welchem biblischen Sehnsuchtsort er sich befand und dass dieser natürlich im 3. Himmel zu verorten ist, weist auf eine selbstverständliche und über alle Zweifel erhabene Glaubensvorstellung hin, die mit der frühjüdischen Kosmologie einhergeht, in der er lebt. Paulus ist als identifizierbare geschichtliche Person eine wichtige historische Quelle dieser Kosmologie, vor allem angesichts der Beiläufigkeit und Selbstverständlichkeit, mit der er sie erwähnt.

Seine Himmelsgeographie ist mit dem Slavischen Henochbuch im Zusammenhang zu lesen, der nächsten inhaltlichen Parallele zum Bericht des Paulus, einer zeitgenössischen jüdischen Apokalypse aus dem 1. Jahrhundert n. Chr.:

> SlHen 8[1]»Und die Männer ergriffen mich von dort, und sie führten mich hinauf in den dritten Himmel. Und sie stellten mich in die Mitte des Paradieses. Und ich schaute hinab, und ich sah den Ort des Paradieses. Und dieser Ort ist von unbeschreiblicher Schönheit. [2]Und ich sah alle Bäume mit schönen Blüten, und ihre Früchte waren reif und wohlriechend. Und alle Nahrung wird hervorgebracht und fließt über mit wohlriechendem Duft. [3]Und in der Mitte (befindet sich) der Baum des Lebens an diesem Ort, an dem der Herr ruht, wenn er hinaufgeht in das Paradies. Und dieser Baum ist von unaussprechlicher Schönheit und (unaussprechli-

---

tivus subjectivus zu verstehen ist, worüber fast durchgängig Konsens herrscht (s. z. B. Hans-Christoph Meier, Mystik bei Paulus. Zur Phänomenologie religiöser Erfahrung im Neuen Testament, TANZ 26, Tübingen u. Basel 1998, 120f), es sich also hier um eine Angabe der Urheberschaft der Offenbarungen handelt und nicht um ihren Gegenstand – dann spricht einiges dafür, *kyrios* in V.1 für die Übersetzung des Gottesnamens zu halten: Gott ist es, der Offenbarungen vermittelt, ebenso drücken es die o.g. Berufungstexte in 1 Kor und Gal aus.

29. Z. B. von Thrall, a.a.O. 358.

chem) Wohlgeruch und schöner als alle Geschöpfe, die es gibt. [4]Und von allen Seiten ist er goldfarben und von purpurnem Aussehen und feurig, und er bedeckt das ganze Paradies. Er hat von allen gepflanzten Bäumen und allen Früchten. Er hat seine Wurzeln im Paradies am Ausgang der Erde. [5]Das Paradies aber ist zwischen Vergänglichkeit und Unvergänglichkeit … [8]Und 300 überaus glänzende Engel, die das Paradies bewachen, dienen dem Herr mit unaufhörlicher Stimme und mit schönem Gesang alle Tage. Und ich sprach: ›Wie überaus schön ist dieser Ort!‹ [9][1]Und die Männer sprachen zu mir: ›Dieser Ort, Henoch, ist für die Gerechten bereitet, die in ihrem Leben … die Augen von der Ungerechtigkeit abwenden …, den Hungrigen Brot … geben, und die Nackten mit einem Gewand bedecken …!‹.«[30]

Trotz zahlreicher Unterschiede, wie vor allem der Beschreibungslust und -fähigkeit des Slavischen Henochbuchs oder der Vorstellung von einem irdischen und einem himmlischen Paradies gleichzeitig, beide durch einen riesigen Lebensbaum miteinander verbunden, gibt es mit Paulus wichtige Übereinstimmungen[31]: passive Hinaufführung, Lokalisierung des Paradieses im 3. Himmel, Vision und Audition, die mehrfache Versicherung von Unbeschreiblichkeit bzw. Unaussprechlichkeit. Dabei ist nicht davon auszugehen, dass wir einfach die bedauerliche Lückenhaftigkeit von 2 Kor 12,1ff mit den Angaben aus slHen 8–9 auffüllen oder auch nur ihre explizite Kenntnis bei Paulus voraussetzen könnten. Die Sensation seiner Aussage als einer autobiographischen[32] liegt darin, dass diese Welt für Menschen zu ihren

30. Übersetzung Christfried Böttrich, Das slavische Henochbuch, JSHRZ V/7, Gütersloh 1996, 846–853, der die Schrift »in das 1.Jh.n. Chr. noch vor dem Jahre 70« datiert (813).

31. Vgl. die Erörterungen bei Bietenhard, a.a.O. 161ff.165f (jüd. Kosmologie allgemein: 3–18) und bes. Meier, a.a.O. 131–135 mit weiteren Angaben von frühjüdischen Parallelen (z. 3. Himmel außerdem ApkMos 37,5; VitAd 37,3ff; 40,1); zur Frage, ob der 3. Himmel für Paulus der höchste ist, s. ebd. 132ff: Nur in TestLev 2,7–10 gibt es 3 Himmel, sonst wird »in der frühjüdischen Himmelstopographie« mehr oder weniger eine Siebenzahl angenommen (133 + Anm.34). Entwickelt wurde die Vorstellung der 3 Himmel im Judentum durch die Auslegung von 1 Kön 8,27: »... *Wo doch schon die Himmel und die Himmel der Himmel dich nicht fassen können ...*«. Weitere Quellen und Lit. zur frühjüdischen Kosmologie und Himmelslehre: Bill III 531ff; Hans Windisch, Der zweite Korintherbrief, KEK 6, Göttingen ⁹1924, 371ff; Victor P. Furnish, II Corinthians, AB 32A, Garden City/NY 1984, 526; Christian Wolff, Der zweite Brief des Paulus an die Korinther, ThHK 8, Berlin 1989, 244; Erich Gräßer, Der zweite Brief an die Korinther, ÖTK 8/2, Gütersloh 2005, 188f; AdelaYarbro Collins, The Seven Heavens in Jewish and Christian Apocalypses, in: Death, Ecstasy, and Other Worldly Journeys, hg. J.J. Collins/M. Fishbane, New York 1995, 57–93.

32. Innerhalb der gesamten apokalyptischen Literatur ragt diese paulinische Stelle als autobiographisches Zeugnis für eine sog. Himmelsreise heraus und dürfte somit auch ein Hinweis auf den möglichen Erfahrungsgehalt geben, der hinter vergleichbaren anonymen und pseudonymen Schriften stehen kann; vgl. James D. Tabor, Things Unutterable: Paul's Ascent to Paradise in Greco-Roman, Judaic and Early Christian Contexts, Lanham 1986, 96f, 97: »Ironically, with all this material on ascent, stretching over hundreds of years, Paul's testimony of his own journey to paradise is perhaps our *best* evidence that we are dealing with something that was practiced. Here we do have a case of a named and known individual who tells of his own experience« (97).

Lebzeiten sinnlich erfahrbar ist und dass er mit dieser Erfahrung ausgezeichnet worden ist.

So eröffnet sich der Imagination seiner Adressatinnen und Adressaten und ihrer Kenntnis der Schrift und deren Bilder vom Garten Eden eine ungefähre Ahnung davon, was Paulus am paradiesischen Ort – er hat ihn ja als solchen identifiziert, also sah er gewissermaßen die Schrift! – empfunden haben mag, was er sah, vielleicht wie den einzigen zentralen Traum: Diese unendliche Lebensfreundlichkeit, den schönen großen Garten, die Erquickung, das Aufleben bei Wasser und Bäumen ... Das größere Gewicht liegt bei ihm auf dem, was er hört – aber eben selbst nicht sprachlich wiedergeben kann ... Eine umfassende Gegenwart ist da, Ehrfurcht, Erstaunen und große Freude, er hört die Stimme, himmlische Stimmen nehmen ihn auf, reden mit ihm ... Die Sprache des Paradieses ...[33]. Er erlebt ein unaussprechliches Glück – die Gewissheit, dass alles gut ist – auch er. Dazu lässt sich eine weitere Imagination anschließen (um das abwertende Wort »Spekulation« zu vermeiden, das oft zur Charakterisierung apokalyptischer Literatur gebraucht wird, insbesondere, wenn es sich um jüdische handelt): Das Paradies ist Aufenthaltsort der Gerechten. Paulus könnte sich an diesem Ort als ein solcher erfahren haben,[34] das heißt, ihm ist womöglich dadurch, dass er hierhin gelangt und angesprochen wird, bewusst geworden, dass Gott ihn zu den gerechten Menschen zählt. Auch dieses Erlebnis mag ihn zu seiner spezifischen Botschaft von der gerecht machenden Gerechtigkeit Gottes geführt haben.[35]

Erstaunlicherweise nennt Paulus im Anschluss an seine Andeutungen über die Paradies-Reise eine Art Wahrzeichen, das er für sich als Realitätsbeweis interpretiert, den »*Dorn im Fleisch*«, sein anhaltendes Leiden: »*Und damit ich wegen der außerordentlichen Offenbarungen nicht überheblich werde, wurde mir als Dorn im Fleisch*

---

33. Hypothesen dazu: Es könnte sich um die Sprache des neuen Äons analog zur Glossolalie in der korinthischen Gemeinde handeln, so Ernst Käsemann, Die Legitimität des Apostels, ZNW 41,1941, 33–71, 67f, oder womöglich um ein Aussprechen des heiligen Gottesnamens, so Furnish, Komm. 545 (m. Hinweis auf J. Bowker, »Merkabah« Visions ans the Visions of Paul, JSS 16, 1971, 158f). Die Authentizität der Schilderung einer solchen Erfahrung, einer solchen Audition wird gerade durch ihre enigmatische, stammelnde, durch Auslassungen geprägte Eigenart bezeugt, vor allem aber durch die angedeutete Unmöglichkeit, sie überhaupt in Worte fassen zu können, was gleichbedeutend ist mit einer inneren Verpflichtung oder Übereinkunft innerhalb der Gotteserfahrung, diese Intimität nicht durch Mitteilungen darüber preiszugeben. Das bezeugen auch mystische Gotteserfahrungen unserer Tage wie die von C.S. Lewis (zitiert bei: Dorothee Sölle, Mystik und Widerstand, Serie Piper 2688, München 1999, 42f) oder von Hape Kerkeling, Ich bin dann mal weg, München 2006, 240f.

34. So Meier, a.a.O. 135–137, mit Hinweis auf u. a. ApkAbr 21,4–8; VitAd 25; ApkEl 39,5–15, 4Esr 14,47 sowie äthHen 32,3; 60,8 u.ö., wo »Garten der Gerechtigkeit« der terminus technicus für das Paradies ist (135). Die exemplarischen, am Ende ihres Lebens in den Himmel entrückten Gerechten sind Henoch (Gen 5,24) und Elija (2 Kön 2,11).

35. Vgl. Meier, a.a.O. 137 mit Hinweis auf C.R.A. Morray-Jones, Paradise Revisited (2 Cor 12:1–12): The Jewish Mystical Background of Paul's Apostalate. Part 1: The Jewish Sources. Part 2: Paul's Heavenly Ascent and ist Signifance, HThR 96 (1993) 177–217.265–292, 277.292, der die Bedeutung der Entrückung darin sieht, dass Paulus hier seine Autorität als Völkerapostel bekommt.

ein Leiden gegeben, ein Bote Satans, der mir Faustschläge versetzen soll, damit ich nicht überheblich bin« (2 Kor 12,7).[36] Hier hat er einen Weg gefunden, eine große persönliche Schwäche nicht als Manko, sondern als Auszeichnung interpretieren zu können, wie die anschließend berichteten Gebetserfahrungen zeigen (V. 8f). Gleichzeitig bestätigt er die Notwendigkeit, dass »erhebende« Gotteserfahrungen nicht dazu führen sollten, dauerhaft »abzuheben« und sich damit über Mitmenschen zu überheben. Dies ist ein Argument in seiner aktuellen Auseinandersetzung mit den anderen Apostelgestalten, die ihm als großartigere und ausgezeichnetere Persönlichkeiten vorgezogen wurden. Zugleich reiht er sich mit einer solchen Erkenntnis in das biblisch-jüdische Verständnis von der potentiell gefährlichen Seite einer Gottesbegegnung ein. Dazu gehört nicht zuletzt der Gotteskampf am Jabboq, der Jakob dauerhaft an der Hüfte beschädigt (Gen 32,23–33). Ein anderes Beispiel ist die Geschichte der vier Rabbinen, die das Paradies besuchten, wobei nur einer unversehrt zurückkam, in bChagiga 14b: »Vier betraten das Paradies, und dies sind: Ben Asai, Ben Soma, Acher und R. Akiva«. Ben Asai starb, Ben Soma verlor den Verstand, Acher beschädigte Pflanzungen im Paradies. Nur von R. Akiva heißt es: »R. Akiva kam in Frieden heraus.«[37]

Dass gerade das Moment der Gefährdung diese rabbinische Geschichte mit dem Erlebnis des Paulus verbindet, wird gelegentlich vermerkt.[38] Doch wichtig ist auch, dass mit dieser Parallelgeschichte Paulus wie ein natürliches Glied in der Kette der Tradition zwischen der rabbinischen und der frühjüdisch apokalyptischen Zeit erscheint: bChag 14bff »ist die *genaueste Parallele* zu der Himmelfahrt des P(aulus), die wir besitzen. Da die genannten Rabbinen nur ein bis zwei Menschenalter später als P(aulus) lebten, so kann man schließen, dass die Anschauungen schon vor P(aulus) zur rabbinischen Tradition gehörten und dass P(aulus) sein Erlebnis in die Form

---

36. Die »*außerordentlichen Offenbarungen*« *(hyperbole ton apkalypseon)* können entweder syntaktisch mit V.6 oder V.7 verbunden werden; vgl. zum Für und Wider z.B. Gräßer, Komm. 195f. In jedem Fall stellt Paulus seine Beeinträchtigung als Mittel gegen das »Abheben« in ein »antithetisches Konkurrenzverhältnis zur V.2–4 erzählten Himmelfahrt« (ebd. 197, s.a. den Exkurs 198ff zur »Krankheit des Paulus«).

37. Nach Pierre Lenhardt/Peter v.d. Osten-Sacken, Rabbi Akiva. Texte und Interpretationen zum rabbinischen Judentum und Neuen Testament, ANTZ 1, Berlin 1987, 125; zur Auslegung d. Geschichte s. ebd. 126–137 (sowie z. Zusammenhang mit 2 Kor 12,1ff) und insbesondere Jürgen Ebach, Im Garten der Sinne. Pardes und PaRDeS – das Paradies und der vierfache Schriftsinn, in: »Schau an der schönen Gärten Zier«. Über irdische und himmlische Paradiese. Zu Kult und Kulturgeschichte des Gartens, Jabboq 7, hg. v. Jürgen Ebach/Hans-Martin Gutmann/Magdalene L. Frettlöh/Michael Weinrich, Gütersloh 2007, 242–285.

38. Vgl. bes. William Baird, Vision, Revelation, and Ministry: Reflections on 2 Cor 12,1–5 and Gal 1:11-17, JBL, 1985, 651–662 (660); s.a. R.M. Price, Punished in Paradise. An exegetical Theory on II Corinthians 12:1-10, JSNT 7, 1980, 33–40, sowie grundsätzlich zum »Gefährdungsmotiv« Johann Maier, Das Gefährdungsmotiv bei der Himmelsreise in der jüdischen Apokalyptik und »Gnosis«, Kairos 1963, 18–40.

jüdischer Himmelslehre gekleidet hat.«[39] So gehört Paulus in die Geschichte der jüdischen Mystik.[40]

Warum ist dieser Text so bedeutend und einzigartig?

- Paulus bestätigt die frühjüdischen Zeugnisse von einem temporären Aufenthalt im Paradies, der sterblichen Menschen von Gott ermöglicht wird, durch einen seltenen autobiographischen Bericht. Er bezeugt so, dass der einst verschlossene Garten Eden schon jetzt manchmal offen steht. Dieser ist grundsätzlich erreichbar, wenn auch nicht jederzeit und noch nicht für viele.

- Paulus bestätigt auch, dass er vor und nach seiner Berufung und Beauftragung durch Jesus Christus der Sohn Israels bleibt, ein Angehöriger des erwählten Volkes Gottes, seiner Brüder und Schwestern, von denen er in Röm 9,4f schreibt: *»Sie sind Israelitinnen und Israeliten, denen die Gotteskindschaft zu Eigen ist, die göttliche Gegenwart, der Bund und Gabe der Tora, der Gottesdienst und die göttlichen Verheißungen. Ihnen gehören die Väter und Mütter an, aus ihrer Mitte stammt der Messias. Gott, lebendig über allem, gepriesen sei sie durch Zeiten und Welten, Amen.«* In diesem Lebenszusammenhang Israels ist er des Glanzes der göttlichen Gegenwart, der *doxa*, im Paradies gewürdigt worden.

- Es muss bei der Interpretation seiner anderen Texte weiter über die Frage nachgedacht werden: Was bedeutet das Paradies für Paulus, sein Leben und sein Denken? Die Tatsache, dass es existiert und dass er darin war, ist Teil seines gesamten Wissens und Denkens über Gott. Es bleibt wichtig und kann jederzeit aktualisiert werden.

»Heute« im Paradies – Eine Meditation zu Lk 23,43

Die durchgängige Ambivalenz in der biblischen Rede vom Paradies erreicht ihre größte Konzentration wohl im Wort Jesu an einen seiner beiden Mitgekreuzigten, wie es vom Lukasevangelium berichtet wird. Gibt es einen größeren Gegensatz als diesen furchtbaren Foltertod am Kreuz[41] und das Leben im Garten Eden? Und

---

39. Windisch, Komm. 376.
40. G.G. Scholem, Jewish Gnosticism, Merkabah Mysticism and Talmudic Tradition, New York 1960, 14–19 (»The Four Who Entered Paradise and Paul's Ascension to Paradise«); Alan F. Segal, Paul the Convert. The Apostolate and the Apostasy of Saul the Pharisee, New York 1990, 34–71 (»Paul's Ecstasy«) u. a.; vgl. die ausführliche Diskussion bei Morray-Jones, a.a.O., Part 1, und Meier, Mystik, 141–156.
41. Vgl. Heinz-Wolfgang Kuhn, Art. Kreuz II. Neues Testament und frühe Kirche (bis vor Justin). TRE 19, 1990, 713–725: »Die Kreuzesstrafe wurde neben Verbrennung und Volksfesthinrichtung als eine

244 | IV. »Gerade in den Schwachen lebt meine volle Kraft« (2 Kor 12,9)

gleichzeitig ist hier der Aspekt der Gegenwärtigkeit des Paradieses am entschiedensten hervorgehoben: »heute«!

Lk 23:

[39]*Einer der Kriminellen, als sie am Kreuz hingen, verhöhnte ihn mit den Worten: »Bist du nicht der Christus? Rette dich und uns!«* [40]*Der andere aber entgegnete ihm ärgerlich: »Fürchtest du denn Gott überhaupt nicht? Du bist ja genauso verurteilt.* [41]*Wir sind gerechterweise verurteilt, denn was wir empfangen, wiegt gleich schwer wie das, was wir getan haben. Aber er hat keinen Verstoß begangen.«* [42]*Und er sagte: »Jesus, denk an mich, wenn du in dein Königreich kommst!«* [43]*Jesus sagte zu ihm: »Amen, ich sage dir: Heute wirst du mit mir im Paradies sein.«*

Der zweite Kriminelle bezeugt Jesu Unschuld und gleichzeitig seine eigene Schuld im Hinblick auf die Todesstrafe und die des anderen, der Jesus verhöhnt. Ist das, was der zweite sagt, Sündenbekenntnis, Umkehr und Vergebungsbitte? Ist es die Reue in letzter Stunde, um gerettet zu werden? Der kurze Trialog ist nicht einfach die Geschichte von einem bösen und einem guten Delinquenten. Gerettet werden wollen beide, auf sicher unterschiedliche Weise, auch der erste, der Jesus als ohnmächtigen Messias herausfordert. Beide appellieren an Jesus als den Gesalbten Gottes, wiederum auf unterschiedliche Weise. Was die beiden trennt, ist die Anerkennung der Wirklichkeit, dessen, was sie getan haben. Da das Lukasevangelium sie zu »Verbrechern« macht, könnten sie Menschen getötet haben. Der zweite sieht dies und er fürchtet, er achtet Gott. Er sieht sein Leben als ein verfehltes, zu Recht. Diese Wahrnehmung der Realität ist der entscheidende Unterschied. Sie gibt Kraft, sich der größeren Wirklichkeit anzuvertrauen, sich ihr entgegenzuwerfen. Die größere Wirklichkeit ist der Herrschaftsbereich Jesu, die *basileia*. Dieses Königreich ist ihm von Gott her zugesagt, in ihm wird gegessen und getrunken am Tisch des Messias, und die Jüngerschaft wird Recht sprechen »für die zwölf Stämme Israels« (Lk 22,29f). Der zweite Verbrecher setzt auf diese Wirklichkeit, in die Jesus gelangt und eingesetzt wird oder mit der zusammen er zurückkommt[42], und darauf, dass

---

der schwersten oder als schwerste Todesstrafe betrachtet; sie galt wegen der viele Stunden dauernden Todesqual ... als besonders grausam und, vor allem weil Sklavenstrafe, als schändlich«; sie war »vor allem in Rom und Italien Hinrichtungsmittel für Sklaven und Freigelassene und ferner gerade in Palästina Hinrichtungsmittel für Aufständische« (714). Im Lk-Ev werden die beiden Mitgekreuzigten als *kakourgoi*, Verbrecher bzw. Kriminelle bezeichnet; bei Mk und Mt sind es »Räuber« (*lestai*).

42. Einige Handschriften bieten für V.42 die futurische Lesart *en te basileia sou* (»wenn du in – also mit – deinem Reich kommst«), andere die räumliche: *eis ten basileian sou* (»wenn du in dein Reich kommst«). Eine Priorität ist hier schwer zu entscheiden, beide Optionen sind mit guten Gründen möglich, vgl. die ausführliche Diskussion bei Raymond E. Brown, The Death of the Messiah. A Commentary on the Passion Narratives in the Four Gospels, Vol.2, London 1993, 1000–1012, 1005ff oder Ulrich Kellermann, Elia als Seelenführer der Verstorbenen oder Elia-Typologie in Lk 23,43

man dann und dort auch seiner gedenken kann, obwohl er Schlimmes und Unwiderrufliches tat, dass er dort einen Platz hat, allein durch die Erinnerung: Denk an mich, gedenke mein ...[43]. Es ist die Hoffnung, die Unverschämtheit, der Zugehörigkeitswunsch, das Vertrauen[44], das zählt. Die Gemeinschaft im Paradies ist ein Aspekt, den Paulus nicht in dieser Weise betont. Jesus spricht hier mit einer solchen Autorität zu dem Verurteilten, dass sie der machtvollen, der bedenkenlosen Güte in der Entscheidung Gottes für diesen Menschen gleichkommt.[45] Durch dies Versprechen eines fortdauernden, ununterbrochenen und umfassend rettenden Mitseins, welches die schuldig gewordenen Existenz in paradiesische Dimensionen versetzt, konnte diese Perikope durch die Zeiten hindurch ihre tröstende Kraft entwickeln und angesichts des Todes Hoffnung geben auf den sofortigen Eintritt in die größte Seligkeit.[46]

»Heute wirst du mit mir im Paradies sein«, BibNot 83, 1996, 35–53,35ff; u. kürzer bei: Gerhard Schneider, Das Evangelium nach Lukas, ÖTK 3/2 Gütersloh 1977, 485; Hans Klein, Das Lukasevangelium; KEK I/3, Göttingen [10]2006 (1. Aufl. dieser Auslegung), 710. Wichtig ist, dass bei der Antwort Jesu beide Dimensionen, Zeit und Raum, gewissermaßen zusammenkommen.

43. Diese Bitte findet sich auch als Inschrift auf frühjüdischen Grabsteinen, s. Kellermann, a.a.O. 35 mit Hinweis auf N. Avigad, Excavations at Beth She'arim, IEJ 5, 1955, 205–239 (234). Mit der Bitte um Erinnerung und um eine damit verbundene Rettung liegt hier auch eine Anspielung auf die Worte Josefs an den Mundschenk Pharaos in Gen 40,14 vor.

44. Die Variante der Handschrift D zu V.42/43 hat als erstes Wort Jesu den Zusatz: *tharsei*, »sei getrost, hab Vertrauen«, das betont Pierre Grelot, »Aujourd'hui tu seras avec moi dans le paradis« (Luc, XXIII, 43), RB 74, 1967, 194–214 (194).

45. Vgl. Brown, a.a.O. 1012.

46. Ein Beispiel ist die Abhandlung von Theodor Korff, Unmittelbar ins himmlische Paradies. Neutestamentliche Untersuchung über den Aufenthaltsort der Gerechten, Halle a.S. 1897, der sich um den Nachweis bemüht, dass das Paradies als »unmittelbare Aufnahmestätte sowohl der Seele Jesu nach dem Kreuzestode als auch der entschlafenen gläubigen Christen und selbst der abgeschiedenen Gerechten des Alten Bundes zu gelten hat« (5). Das Wort aus Lk 23,43 scheint auch Jochen Klepper in der Nacht seines Suizids am 11.12.1942 gemeinsam mit seiner jüdischen Frau und deren Tochter, um diese vor der drohenden Deportation in die Vernichtungslager zu schützen, bewegt zu haben, als Stütze für die Rettung aus aller Not und empfundener eigener Schuld, s. den Bericht seiner Schwester Hildegard Klepper bei: Rita Thalmann, Jochen Klepper. Ein Leben zwischen Idyllen und Katastrophen, München 1977, 378. Die vielfältigen Visionen und Ausmalungen postmortalen paradiesischen Lebens seit der Antike und der Zeit der Kirchenväter, über die der Renaissance und Reformation bis in die Romantik und Moderne lesen sich wie eine Kulturgeschichte der Vorstellungen eines nichtentfremdeten Lebens und sind als solche ein Spiegel der jeweiligen Gegenwart, ihrer Möglichkeiten und Defizite, s. dazu Bernhard Lang/Colleen McDannell, Der Himmel. Eine Kulturgeschichte ewigen Lebens, edition suhrkamp 1286 NF Bd. 586, Frankfurt/M. 1990. Dazu gehören auch die vielfältigen rabbinischen Zeugnisse von den Ideen über mögliche himmlische Tätigkeiten wie z. B. der »himmlischen Akademie« als Fortsetzung des irdischen Lehrens und Erforschens der Tora (Bietenhard, a.a.O. 186ff) oder die Vorstellung, dass jede/r Gerechte im Paradies über eine eigene Wohnung verfügt, wie sie u. a. die Frau des R. Schim'on b. Chalaphta äußert (um 190 n. Chr., Midr Ruth 1,17, 129a, 25; s. Bill IV 1141).

In welchem Zusammenhang stehen das Paradies und das messianisches Reich? Werden sie durch diese Bitte und Jesu Antwort in eins gesetzt? Diese Annahme bleibt ebenso in der Schwebe wie die von der Identität von Gottes Reich und Reich Jesu in Lk 22,16 und 22,29f. Hinzukommt die Unausgeglichenheit allein schon der im Lukasevangelium erwähnten Orte ›jenseitiger‹ Sphären und den damit verbundenen Übergängen. Wie sollten wir Jesu Erwähnung des Paradieses mit den Vorstellungen von Abrahams Schoß und Hades in der Erzählung vom reichen Mann und dem armen Lazarus (Lk 16,19–31), der Auferstehung Jesu (Lk 24) und der doppelt erzählten Himmelfahrt (Lk 24,51; Apg 1,9) in ein schlüssiges System bringen? Wann ist insbesondere Jesus wo? Wie sollen wir diese rasanten ›Ortswechsel‹ verstehen? Auffällig ist, wie wenig geordnet und auch unverbunden diese Aussagen in einem einzigen Gesamtwerk der frühchristlichen Literatur auftauchen. Dies kann als Ausdruck des Bewusstseins von einer größeren Wirklichkeit Gottes gelesen werden, die alle einzelnen menschlichen Begriffe und Bilder übersteigt. Ebenso ist es mit der Zusammenführung der Dimensionen von Raum und Zeit in dem Wort Jesu: das Heute und das Paradies werden eins. Heißt das, dass Jesus und der, der sich ihm anvertraut, an ihrem gemeinsamen Todestag ins Paradies versetzt werden? Wie wird hier etwas Geheimnisvolles zur Sprache gebracht, das ebenfalls einem normalerweise »unsagbaren Wort«, wie es das Oxymoron des Paulus andeutet, gleichkommt? Im Dialog der beiden erscheint die Bitte des einen: »Denke an mich, wenn ...« wie eine sich plötzlich öffnende Tür. Das »Wenn« wird zur Gegenwart, zum »Heute«, zur Lücke in der Zeit, in der sich die Pforte des Paradieses für beide auftut.

Im Lukasevangelium bekommt das »Heute« (*semeron*) nicht nur hier eine qualitative Aufladung, die mehr ist als eine alltägliche Zeitangabe.[47] Es steht über der Geburt des Messias, die von den Engeln auf den nächtlichen Feldern verkündigt wird: in ihm ist die Rettung »für euch« und »heute« geboren (2,11). Es ist das Ziel von Jesu Predigt in der Synagoge zu Nazareth: »Heute hat sich dieses Schriftwort vor euren Ohren erfüllt!« (4,21). Auf dem Weg nach Jerusalem muss Jesus »heute« im Haus des Oberzöllners Zachäus bleiben, und dieses Haus erfährt »heute« die Rettung, weil Zachäus von diesem Tag an verzichtet, sich auf Kosten der Armen zu bereichern, sondern große Teile seines Vermögens an sie zurückgibt (19,5.9). Bedeutsam ist, dass die ersten öffentlichen, zu Menschen gesprochenen Worte, die Verkündigung des Jobeljahrs in Nazareth, und dann am Kreuz die letzten zu einem Menschen gesagten jeweils die Erfüllung in einem Heute ausrufen.[48] Und noch mehr scheint an diesen Stationen auf: Es sind fundamentale Neuanfänge, zuerst bei der Geburt des Retters, dann folgt der zentrale Neuanfang in der wirkmächtigen

---

47. Außer den im Folgenden genannten Stellen steht *semeron* bei Lk 12,28; 13,32; 22,34, im lukanischen Werk i.g. 20mal gegenüber 8 Stellen bei Mt und einer bei Mk.
48. Vgl. Brown, a.a.O. 1002.1009.

Verkündigung von Tora und Propheten, die die Rettungstaten Gottes in der Geschichte Israels fortsetzt und für Arme, Gefangene, Blinde und Unterdrückte mit dem Auftrag Jesu durch das ganze Evangelium hindurch realisiert[49], bis hin zum neuen Anfang als Lebenswende des Zachäus – kann in einem solchen Zusammenhang das Wort vom Paradies in 23,43 nicht auch einen fundamentalen Neuanfang verheißen? Es scheint, als ob die Biographie des Jesus von Nazareth in Anfang, Mitte und Ende mit dem markanten »Heute« die Zeit Gottes[50] nahe bringt und in der Beziehung zu ihm allen Menschen, die ihr Leben dafür öffnen. Damit rückt die Gegenwart des Paradieses in Lk 23,43 in eine Reihe mit dem befreiten Zachäus, mit der Verkündigung des umfassenden Jobeljahrs in Nazareth, mit der Geburt des Messias, die »heute« für die Hörenden geschieht. Dieses »Heute« ist die Tür, durch die Geburt des Jesuskindes, die Befreiung von der Last des Unrechttuns, der Ruf des Jobeljahrs, die Erscheinung des Gottesgartens in unserem Leben zu uns dringt. Die Biographie Jesu kann sich jederzeit mit der eigenen verbinden, sie begegnet der eigenen Geburt, dem eigenen tätigen Leben zwischen Auftrag, Wunsch und nötiger Umkehr und am Ende der eigenen Vollendung im Sterben.

Betrachten wir den abschließenden Dialog zwischen den beiden Gekreuzigten noch einmal hinsichtlich der Zeitvorstellungen, die sie jeweils formulieren. Der Verurteilte bittet Jesus: Denk an mich, gedenke meiner! Er appelliert an die Zukunft Jesu, auf die er setzt. In dieser Zukunft, so hofft er, wird Jesus sich an ihn erinnern, also die Vergangenheit wieder lebendig werden lassen. Was kann er sich überhaupt erhoffen?

---

49. S. dazu Marlene Crüsemann/Frank Crüsemann, Das Jahr, das Gott gefällt. Biblische Traditionen von Erlass- und Jobeljahr, BiKi 55 (2000) 19–24 = oben S. 40–47.

50. Zum eschatologischen Zeitbegriff als »Zeit in Beziehung zu Gott« s. Luise Schottroff, Die Eschatologie des Neuen Testaments – Sprache über Gott und Sprache zu Gott, in: A. Bieler/L. Schottroff, Das Abendmahl. Essen um zu leben, Gütersloh 2007, wo sie die rabbinische Legende des Propheten Elia aus bSanh 98a vom Messias, der »heute« vor den Toren Roms bei den Armen sitzt, mit diesem u. a. ntl. »Schlüsselworten« über die Zeit verbindet, ebenso wie Jürgen Ebach, Die Grammatik des Gottesreichs. Bibelarbeit über Mk 10,13–16, in: ders., In den Worten und zwischen den Zeilen. Eine neue Folge theologischer Reden, Erev-Rav, Knesebeck 2005, 25–39: »Das Tempus, die Zeit des Gottesreichs ist das aktuale umfassende Präsens, ist das *Heute*: In diesem *Heute* sind Vergangenheit und Zukunft nicht getilgt. Ganz im Gegenteil: Vergangenheit und Zukunft werden zu Zeitformen der Gegenwart. Im *Heute* ist alles, was war, aufgehoben, bewahrt und in ein anderes Licht gestellt; im *Heute* ist alles, was hätte sein können, sein könnte, sein kann und sein wird, schon da« (36). Das in bSanh 98a zitierte »messianische« Heute im Psalmwort von Ps 95,7f wird wiederum in Hebr 3,7f aktualisiert, s. dazu Klaus Wengst, »Heute, wenn ihr doch auf Gottes Stimme hörtet!« Der Text für den Eröffnungsgottesdienst Hebr 4,12f, in: Lebendig und kräftig und schärfer, 31. DEKT Köln 2007, Junge Kirche 67 extra (2006), 2–7: »... im Heute des Hörens bricht sich die Erlösung schon Bahn. Wirkliche Hoffnung gibt es nur da, wo das Erhoffte – wie fragmentarisch auch immer, und sei es selbst in der Kraft des Gedankens – jetzt schon praktiziert und erfahren wird« (4). Zu Elia in der rabbinischen Auslegung und als Prototyp für Jesus in Lk 23,43 s. Kellermann, a.a.O., der auch auf das dreimalige »heute« bei der Hinaufnahme Elias in 2 Kön 2,3.5.9f hinweist (51).

So etwas wie Wiederbringung, Auferstehung, Nicht-Verlorensein, Gemeinschaft mit dem Erinnerten, mit dem, der gedenken soll. Und nun Jesus, dessen Antwort die Bitte bei weitem überholt und überbietet: »Heute wirst du mit mir im Paradies sein.« Dieser Satz bringt die Vergangenheit in der Zukunft zusammen im Jetzt, das zukünftige Gedenken wird zum »Heute« genauer, der kleinen und kurzen Zukunft[51] des Heute, die diesen, einen einzigen Tag umfasst. Jetzt und heute, den restlichen Tag, ab heute wirst du mit mir im Paradies sein, das heißt, diese Zukunft und dieses heute sind eins, ebenso wie die Gemeinschaft dieser beiden, die durch die Zeitkonzentration eine unaufhörliche wird: Im Paradies ist das so. Oder: So ist das Paradies. Eine solche Zeiterfahrung ist Teil der Realität des Paradieses. Mehr wird hier über den Gottesgarten nicht gesagt. Es wird nicht weitererzählt, wie diese beiden Menschen ins Paradies entrückt und aufgenommen werden und was weiter geschah. Aber in diesem qualifizierten »Heute« scheint »jetzt« der Glanz des Paradieses auf – mehr erfahren wir nicht. Aber mehr brauchen wir »heute« auch nicht zu erfahren, um Wesentliches zu wissen.

So taucht inmitten der Passionsgeschichte das Paradies, der Garten Gottes als ein leiser Kontrapunkt, als zarte Spur gegen das schreckliche Geschehen auf. Ähnlich behutsame Hinweise gibt das Johannesevangelium mit seiner auffälligen Erwähnung eines Gartens *(kepos)*, wie hier anders als in den synoptischen Evangelien der Ort in Gethsemane, der Grablegung Jesu und seiner Begegnung mit Maria aus Magdala bezeichnet wird (Joh 18,1.26; 19,41), die ihn demzufolge zunächst für einen Gärtner hält (20,15).[52] Sehr indirekt und in einem diskreten Vokabular verborgen erscheint der Morgen der Auferstehung wie die Wirklichkeit im Paradies: »Ostern ist hier nur angedeutet ..., denn anders als das Leid ist Glück flüchtig wie der Augenblick einer Begegnung, wie der Moment der Wahrheit, wie Seligkeit ... wie ein Traum, in dem Situationen und Personen verschwimmen, wo das Kleinste Bedeutung gewinnen kann, ohne durch Erklärungen zerdrückt zu werden«. Dieser Garten reflektiert den ursprünglichen paradiesischen Garten, wie er war, bevor »die Zeit ... entstanden« ist »und damit die Vergänglichkeit und der Tod«[53], wiederholt aber auch die »Ambivalenz des Gartens Eden«[54]. Im paradiesischen Moment erscheinen die ›normale‹ Welt und die für Gottes Zeit durchsichtige Welt zusammen als die »zwei Wirklich-

---

51. Grammatisch steht hier das Futur: »du wirst sein« *(ese)*.
52. Zu dieser johanneischen »Garten-Topologie« s. Friedrich-Wilhelm Marquardt, Eia, wärn wir da – eine theologische Utopie, Gütersloh 1997, 129ff, und vor allem Magdalene L. Frettlöh, Christus als Gärtner. Biblisch- und systematisch-theologische, ikonographische und literarische Notizen zu einer messianischen Aufgabe, in: »Schau an der schönen Gärten Zier«. Über irdische und himmlische Paradiese. Zu Kult und Kulturgeschichte des Gartens, Jabboq 7, hg. v. J. Ebach/H.-M. Gutmann/M. L. Frettlöh/M. Weinrich, Gütersloh 2007, 161–203.
53. Elisabeth Hölscher, Im Zwischenreich des Glücks. Johannes 20,11–18, in: Predigtstudien für das Kirchenjahr 2006/7, Perikopenreihe V/1, hg. v. V. Drehsen u. a., Stuttgart 2006, 214–216 (214f).
54. Frettlöh, a.a.O. 170.

keiten ungetrennt und unvermischt«. »Das ist ganz erfahrbar, aber nicht festzuhalten.«[55]

Das jeweils Überwältigende ist die Erfahrung, wie in einem so ›begriffenen‹, aber nicht völlig ›begreifbaren‹ Paradies Anfang und Ende, Schöpfung und neue Welt Gottes, im Heute zusammenfallen. Sie ist es umso mehr, als in allen diesen Bildern der Gottesgarten der Ort ist, wo die Schönheit der Erde und des Himmels sich treffen.

---

55. Hölscher, a.a.O. 215.

23. Die Zeit ist »zusammengedrängt«
Ehe und Zeit in 1 Kor 7,29–31

[29]Dies aber sage ich, Schwestern und Brüder: Die Zeit ist »zusammengedrängt«. Folglich sollen die, die Frauen haben, sein wie Nicht-Habende, [30]und die Weinenden wie Nicht-Weinende, die sich freuen wie Nicht-Freuende, die Kaufenden wie Nicht-Behaltende, [31]und die die Welt gebrauchen wie Nicht-Gebrauchende. Denn das Schema dieser Welt vergeht.

Zu den irdischen Strukturen, die der Vergänglichkeit anheimfallen werden, zählt Paulus ganz offensichtlich auch die patriarchale Ehe – eine andere kannte er nicht.

Denn zur positiven Begründung eines der zentralen Themen christlicher Ethik fällt Paulus fast vollkommen aus. Eine Kirche, die »mit der Ehe verheiratet ist«[1], konfrontiert dieser jüdische Apokalyptiker mit seinem Doppelbekenntnis zu Christus und zur Ehelosigkeit. Die Ehe hindere einen ungeteilten Dienst für den Herrn (7,32ff.): Sorge um den anderen, das Bestreben, es ihr/ihm recht zu machen, ein geteiltes, womöglich ein zerrissenes Herz ... das klingt wie eine Variation des Spruches: »*Niemand kann zwei Herren dienen*« (Mt 6,24). Die feministische Exegese der jüngeren Zeit hat sehr schön dargestellt, wie besonders Frauen diese Alternative ergriffen, wie sie die frühchristlichen Gemeinden als Raum der Freiheit und Bewegungsfreiheit erlebt haben müssen[2]: Sie entzogen sich den väterlichen und den ehelichen Herren und damit dem Zwang des Kindergebärens zum Zweck der Sicherung des Vermögens, der Existenz der patriarchalen Großfamilie als Keimzelle des Staates.

Jungfräulichkeit bedeutet das Verfügen über den eigenen Körper und Schonung vor Schmerzen und Tod durch das Gebären. Das Gegenbild – einer verfügt über den Körper der anderen und umgekehrt (1 Kor 7,3ff.) – ist für Paulus Hauptzweck einer deswegen zugestandenen Ehe. »Gerade wegen des Verständnisses der Ehe von der Sexualität aus« betrachtet er aber die »Ehe als Versklavung durch den Partner«[3]

---

1. Manfred Josuttis, Gottesliebe und Lebenslust. Beziehungsstörungen zwischen Religion und Sexualität, Gütersloh 1994, 50ff. Vgl. aber den Hinweis u. Anm. 12.
2. Luise Schottroff, Lydias ungeduldige Schwestern. Feministische Sozialgeschichte des frühen Christentums, Gütersloh 1994; Luzia Sutter Rehmann, »Und ihr werdet ohne Sorge sein ...«. Gedanken zum Phänomen der Ehefreiheit im frühen Christentum, in: D. Sölle (Hg.), Für Gerechtigkeit streiten. Theologie im Alltag einer bedrohten Welt, Gütersloh 1994, 88–95.
3. Luise Schottroff, Wie berechtigt ist die feministische Kritik an Paulus? Paulus und die Frauen in den ersten christlichen Gemeinden im Römischen Reich, in: dies., Befreiungserfahrungen. Studien zur Sozialgeschichte des Neuen Testaments, München 1990, 229–246 (241).

und reflektiert nicht zufällig in diesem Zusammenhang auch Sklaverei und Freilassung: »*Ihr seid teuer erkauft; werdet nicht Sklaven der Menschen.*« (7,23)

Es gab und gibt nun verschiedene Wege, diese doch recht düstere Sicht des erotischen Zusammenlebens von Frauen und Männern zu mildern, allerdings nahezu ausschließlich unter Zurücknahme bzw. Vernachlässigung ihrer frauenbefreienden Wirkung. Ein Pseudo-Paulus schafft es durch die Pastoralbriefe, insbesondere durch 1 Tim, die traditionelle Unterordnungsehe als die wünschenswerte Lebenspraxis, dazu das Gebären als christliches Frauenamt und Mittel zur Erlösung (2,15) zu installieren. Und die Auslegungsgeschichte von 1 Kor 7 zeigt, wie man hier – ganz gegen den Tenor des Kapitels – Paulus doch tendenziell »pro familia« reden lassen kann: Indem einmal ein Teil der Forschung V. 1, »*es ist gut für den Menschen (!!), keine Frau zu berühren*«, als eine Meinung aus Korinth versteht, erscheint der antwortende Apostel immer noch ehefreundlicher als die Adressatinnen, die wahlweise der jüdischen oder gnostisch-heidnischen Radikalaskese geziehen werden.

Zum anderen legen die Verse 29–31 und ihr vielzitiertes »*hos me*«, das »*haben, als hätte man nicht*«, es nahe, in ihnen ein Plädoyer für eine Ehe in eschatologischer Ausrichtung zu sehen: einmal als quasi ›ökologische‹ Anweisung, hier und im Verhältnis zur Welt von völliger Vereinnahmung und Ausbeutung abzulassen, distanziert und rücksichtsvoll einen behutsameren Umgang zu pflegen – eine sympathische Lösung, der die Mehrzahl der neueren Bücher zur neutestamentlichen Ethik und christlichen Ehe – auch feministische Stimmen – zuneigen. Daneben hält sich, vereinfacht gesagt, immer noch eine Auslegungsrichtung, die hier eine ›Als-ob-Haltung‹ bestätigt sieht, mit der man in Sachen Ehe, Geld und Welt praktisch weitermachen könne wie bisher, zumal Paulus sich mit seiner Naherwartung von einem baldigen Weltende offensichtlich geirrt habe.

Demgegenüber dürfen wir jedoch nicht übersehen, wie sehr das ganze Kapitel kontinuierliche Warnungen vor der Ehe ausspricht, und gerade die Verse 29–31 müssen als Wort an Unverheiratete (ab V. 25), für die doch eine Heirat am natürlichsten wäre, einen der schwerwiegendsten Einwände dagegen enthalten. »*Wegen der bevorstehenden Not*« sei es besser für den »*Menschen*«, ledig zu sein (V. 26); zur »*Schonung*« (V. 28), zur Bewahrung vor »*Sorgen*« (V. 32) bemüht Paulus nun in diesem Abschnitt ein äußerst abschreckendes Argument. Seine Konsequenz zeugt wie so viele Texte von einem eher fremden, auch unbekömmlichen Apostel. Die eigentümliche Reihung »Frauen haben, weinen, lachen, freuen, kaufen, gebrauchen die Welt« weckt zunächst Ahnungen von persönlichen Verstrickungen, denen er, auf welche Weise auch immer, entkommen sein mag. Doch stellt sie vor allem eine nahezu zeitübergreifende Schilderung der sozialen Realität im Falle von Eheschließung oder des Zusammenlebens als Paar dar, was ja geeignet ist, die tiefsten und extremsten Gefühle (»lachen und weinen«) hervorzurufen, zwangsläufig fortschreitet zu finanzieller Absicherung der Lebensgemeinschaft mit Konsum und Vermögensbildung (»freuen und kaufen«) und in einen »Gebrauch der Welt« mündet, der innerhalb der vorfindlichen Strukturen darauf aus ist, das Beste für den eigenen Haushalt herauszuholen. So führt gerade die Ehe zur gesellschaftlichen Einpassung in das »Schema dieser Welt«, wovor Paulus mit dem gleichen griechischen Grundwort in Röm 12,2 warnt. Denn die Orientierung an Familie und Ehegatten entzog und entzieht insbesondere Frauen einer größeren Gemeinschaft, einer widerständigen ›familia Dei‹. Das zeigt im Neuen Testament besonders deutlich Apg 5, wo Sapphira sich in Gelddingen ihrem Mann Ananias fügt, sie ihm hilft, die Gemeinde zu betrügen, und beide traurig enden[4].

Doch nun führt Paulus den kritischen Hauptgrund gegen Eheschließungen ins Feld: Die familiären, das heißt, auch die vertrauten Strukturen der Welt – nicht etwa die Welt selbst! – vergehen durch eine veränderte Qualität der Zeit. In V. 29 finden wir als Schlüssel zum »*hos me*« seine eigene Zeiterkenntnis: »*Dies aber sage ich ...*«, und dann fahren fast alle deutschen Übersetzungen fort: »Die Zeit ist *kurz*«. Norbert Baumert hat nachgewiesen, dass diese Wiedergabe des singulären Ausdrucks *kairos synestalmenos* unzutreffend, eine damit suggerierte »kurze Zeitstrecke« geradezu irreführend ist.[5] Das Verb *systello* mit der Grundbedeutung »zusammenstellen« kann nun im Griechischen je nach Zusammenhang »zusammenpacken und -ziehen, gedrungen sein, fertigmachen, zusammenfalten von Kleidern, reffen von Segeln usw.« meinen[6], ist aber im Hinblick auf Zeitangaben sonst nirgends zu finden! So müssen wir eine originelle paulinische Sprachschöpfung annehmen, deren Rätsel auf einfache und naheliegende Weise zu lösen (aber hier nicht hinreichend darzustellen) ist. Gehen wir vom Hebräischen aus, wonach die Hauptbedeutung von Zeit (*et*, griech. *kairos* s. LXX) »mit ›(bestimmter) Zeit(punkt) von/für‹ umschrieben werden kann«[7], so hat jedes »*Vorhaben unter dem Himmel seine Stunde*«: Koh 3,1–8 illustriert die Unterscheidbarkeit der Zeiten im menschlichen Leben dadurch, dass sie nach Tätigkeiten benannt werden können, zum Beispiel »*Zeit des Weinens und Zeit des Lachens*« (V. 4). Dabei stehen die Tätigkeiten jeweils als aufgezählte Alternativen im Bereich menschlicher Möglichkeiten, jedoch nicht die Festsetzung der Zeitpunkte selbst.[8] Gott setzt Zeit und Zeitpunkte, die für Menschen unverfügbar sind.

---

4. Ivoni Richter Reimer, Frauen in der Apostelgeschichte des Lukas. Eine feministisch-theologische Exegese, Gütersloh 1992, 29ff.
5. Norbert Baumert, Ehelosigkeit und Ehe im Herrn. Eine Neuinterpretation von 1 Kor 7 (fzb 47), Würzburg 1984, 208ff, wiewohl ich seinem eigenen Übertragungsvorschlag nicht folge.
6. Belege b. Baumert 1984, 431ff.
7. Ernst Jenni, Art. ʿet Zeit, in: THAT II. 3. Aufl. München 1984, 370–385.
8. Jürgen Ebach, ... und Prediger 3 auslegen hat seine Zeit. Über Zusammenhänge von Exegese und

In diesem Horizont denkt vermutlich Paulus, wenn er für seine Gegenwart mit Schrecken etwas Neues bemerkt: »*Die Zeit ist zusammengestellt!*« – das heißt im Rahmen des hebräischen Zeitdenkens: Die einzelnen Zeiten und Zeitpunkte können nicht mehr unterschieden werden, das bisherige Zeitsystem ist aus den Fugen geraten und damit auch die einst mögliche Orientierung an einem Handlungsrahmen für Menschen in ihren Zeiten. Das sichere Wohnen in einem bekannten zeitlichen Koordinatensystem ist – zur Zeit! – nicht gegeben.

Im Leiden einer widerständigen kleinen Gemeinschaft unter äußerem Druck und politischer Verfolgung im Römischen Reich erscheinen nun Position und Negation gleichzeitig und ununterscheidbar, haben und nicht haben, erwerben und verlieren. Die Adressat_innen sind möglicherweise einem Ineinanderfallen von Gewinn und Verlust gerade in der elementaren Bindung an Ehepartnerinnen und durch sie ausgesetzt, die Paulus als unzumutbar, übergroße Belastung und lähmend im Leben für das Evangelium von Christus betrachtet. Eine traditionelle Ehe mit ruhigen Aufbauphasen kann, so die Meinung des Apostels, kaum gelebt werden. Die erforderliche Kraft fehle dann den Gemeinden. »*Haben, als hätte man nicht*« beinhaltet so gelesen keine ethische Lehre, sondern einen Imperativ der Zeit, in der die Welt von Grund auf umgestaltet wird. Damit wehrt der Text einem »Weiter-machen, als sei nichts geschehen« in ähnlicher Weise wie die apokalyptischen Abschnitte der synoptischen Evangelien, die sich neu erschließen, sobald das alte, rein lineare Verständnis von »Naherwartung« aufgegeben wird.[9]

Zeit der Bedrängnisse, der Umgestaltung: »*Die Schöpfung liegt gemeinsam mit uns in Wehen*«, sie »*wird freiwerden von der Sklaverei der Vergänglichkeit zur herrlichen Freiheit der Kinder Gottes*« und »*wartet*«, dass sie »*offenbar werden*« (Röm 8,20ff). Für ein quasi neugeborenes Zusammenleben der Menschen in enger Paarverbindung hatte Paulus selbst keine Vision, wohl weil ihm die Begabung zur erotischen Beziehung fehlte, wie er einräumt (1 Kor 7,7).

Seine Gefährten und Mitstreiterinnen im Herrn sind darin womöglich weiter gewesen, wobei zu beachten ist, dass bei einer paarweisen Nennung von Frauen- und Männernamen keineswegs automatisch eine Ehe zu unterstellen ist, wie die »Ehefrauisierung«[10] in der Auslegung es gern hätte. Als Folge der negativen Ehelehre des Paulus zeigt sich, wie besonders auch die von ihm beeinflussten Gemeinden eine große Anziehungskraft auf Frauen ausübten und er selbst von der Tradition, wie die

---

Zeit, beobachtet beim Auslegen von Kön 3,1–15, in: Einwürfe 6, hg. v. Friedrich-Wilhelm Marquardt u. a., München 1990, 95–123 (99ff).

9. Schottroff, Lydia, 228ff.

10. Martin Leutzsch, Apphia, Schwester!, in: Dorothee Sölle (Hg.), Für Gerechtigkeit streiten. Theologie im Alltag einer bedrohten Welt, Gütersloh 1994, 76–82.

Thekla-Akten belegen, als Befreier der Frauen aus den Gefängnissen patriarchaler Ehen verstanden worden ist.[11]

Ausblick: Wem wissen sich die offiziellen Stimmen der Kirchen verpflichtet, sofern sie weiterhin keine Abkehr von der patriarchalen Ehe und Familie mit dem Ziel der Aufzucht zahlreicher legitimer Steuerzahler für geboten halten?[12]

So gilt hier und besonders hier: »*Es ist aber noch nicht offenbar geworden, was wir sein werden*« (1 Joh 3,2).

---

11. Zur Ehefreiheit in den Thekla-Akten s. Beate Wehn, »Vergewaltige nicht die Sklavin Gottes!«. Gewalterfahrungen und Widerstand von Frauen in den frühchristlichen Thekla-Akten, Königstein 2006; zur sozialgeschichtlichen Auslegung von 1 Kor 7,1–40 und der dort von Paulus vertretenen Sicht der Ehe insgesamt Luise Schottroff, Der erste Brief an die Gemeinde in Korinth, ThKNT 7, Stuttgart 2013, 112–143.

12. Immerhin hat die EKD im Jahre 2013 mit ihrer Schrift »Zwischen Autonomie und Angewiesenheit. Familie als verlässliche Gemeinschaft stärken. Eine Orientierungshilfe des Rates der Evangelischen Kirche in Deutschland« (Gütersloh 2013) einen Versuch gemacht; »Familie neu zu denken« (141) und dabei, wie nicht zuletzt kritische Stimmen aus dem konservativen Lager zeigen, manche traditionelle Muster in Frage gestellt. Hier wird nunmehr die Familie als Verantwortungs- und Gerechtigkeitsgemeinschaft verstanden.

24. KinderReich
Gott und die Kinder nach Markus 10,13–16

¹³Einige Leute brachten Kinder zu Jesus, damit er sie berühre. Doch die Jüngerinnen und Jünger wiesen sie streng zurück.
¹⁴Als Jesus das sah, wurde er zornig und sagte zu ihnen: »*Lasst die Kinder zu mir kommen, hindert sie nicht daran! Denn für solche wie sie ist das Gottesreich da.*
¹⁵Amen, wahrhaftig, ich sage euch: Wer das Gottesreich nicht annimmt wie ein Kind, wird nicht hineinkommen.«
¹⁶Und er nahm die Kinder in die Arme, lobte Gott und legte ihnen die Hände auf.[1]

Vertraut und fremd

Das »Kinderevangelium« gehört zu den Bibeltexten, die sehr vielen von Kindesbeinen an vertraut sind: aus dem Kindergottesdienst, dem Religionsunterricht, den verschiedenen Kinderbibeln und ihren Bildern von Jesus als Kinderfreund inmitten einer fröhlichen Schar, der Taufliturgie in vielen Landeskirchen. Mir kam es als Kind wie eine getreue Darstellung des Textes vor, wenn die Säuglinge zur Taufschale getragen wurden: »*Man brachte Kinder zu Jesus ...*«, eine Wirkung, die von der historisch-kritischen Forschung als »Missbrauch der Bibel«[2] durch die Kirchenleitungen verurteilt wird, da Mk 10,13–16 in neutestamentlicher Zeit mit einer Kindertaufe nichts tun hat. Und ich erinnere mich an das Gefühl von Freude und Wichtigkeit bei den Worten: »*Lasst die Kinder zu mir kommen ... denn solchen gehört das Reich Gottes*«. Dass Kindern und damit auch mir etwas so undefinierbar Wundervolles wie das Reich Gottes zu eigen sein sollte, war kaum zu fassen! Wie die verschlossene Tür zur Weihnachtsstube, die – lang erwartet, doch dann immer wieder plötzlich – sich öffnet und der Glanz die Sehnsucht noch übertrifft. Der Aussage in V. 14, dass für Kinder das Gottesreich schon da und gekommen ist, sie in ihm leben und mit ihm untrennbar verbunden sind, steht im Neuen Testament nur noch die unbedingte Zusage das Gottesreichs an die Armen in Lk 6,20 zur Seite. Das Größte ist bei den Kleinen.

---

1. Übersetzung für den 30. Deutschen Evangelischen Kirchentag Hannover 2005.
2. Ulrich Luz, Das Evangelium nach Matthäus (Mt 18–25), EKK I/3, Zürich u. a. 1997, 117. Ebensowenig ist die Kindersegnung als selbständiger liturgischer Akt mit diesem Text zu begründen, so Ulrich Heckel, Die Kindersegnung Jesu und das Segnen von Kindern. Neutestamentliche und praktisch-theologische Überlegungen zu Mk 10,13–16 par., ThBeitr 32, 2001, 327–345 (337ff).

Doch wurde das »Kinderevangelium« oft im Gottesdienst und für die Gemeinde ausgelegt und in seinen Einzelheiten besprochen? Bei näherer Beschäftigung zeigt sich zur großen Überraschung, wie lange und wohl auch unerschöpflich die Szene bedacht, befragt, ja an ihr gerätselt werden kann. »Wir sollten die Bibeltexte so genau anschauen, dass das Fremde ein wenig vertrauter und das Vertraute ein wenig fremder wird.«[3]

Nicht zuletzt befremdet und erstaunt dann auch das Bild Jesu: Er ist nicht einfach ein sanfter Kinderfreund, sondern auch ein sehr zorniger, bevor er die Kinder in die Arme nimmt. Der gesamte Auftritt gerät alles andere als idyllisch, da zuvor bereits seine Anhängerschaft mit Strenge und Unwillen auf die reagiert, die Kinder herbeibringen. Wer sind diese Leute? Dass Kinderseelen unter solchen Auseinandersetzungen Schaden nehmen können, vor allem wenn sie sich wiederholen, kann selbst das psychologische Halbwissen feststellen. Und wer möchte gleich von einem fremden Mann umarmt werden, der gerade eben noch so wütend war? Die Frage steht im Raum, welche Konflikte die Menschen der frühchristlichen Gemeinden bewegt haben müssen, um diese Geschichte wieder und wieder zu erzählen und mehrfach schriftlich festzuhalten (Mk 10,13–16; Mt 19,13–15; Lk 18,15–17). Und schließlich stellen sich Assoziationen zu zweifelhaften »Kinderfreunden« wie etwa Michael Jackson ein sowie zu Diktatoren und Politikern, die sich in Tuchfühlung mit Kindern abbilden lassen[4].

Kinder berühren

Nicht näher bezeichnete Menschen bringen Kinder zu Jesus, dass er sie berühre. Was sollte eine solche Berührung bewirken? Heilung, Stärkung, ein segensvoller Zuspruch? Das Wort »berühren, anfassen« (*hapto*) findet sich im Markusevangelium immer im Verlauf von Heilungsgeschichten als Tun Jesu (1,41; 7,33; 8,22) und der Hilfesuchenden gleichermaßen, besonders auffällig bei der Heilung der blutflüssigen Frau (5,27f.30f): Durch bloße Berührung wird die Kraft Gottes übertragen, die heilvolle und unmittelbare Energie, die durch Jesus wirksam ist und die die mit ihm in Berührung Kommenden aufleben lässt. Die blutflüssige Frau nimmt sich geradezu selbständig diese göttliche und heilende Kraft von Jesus, wie auch ganze Volksmen-

---

3. Jürgen Ebach, Die Bibel. Das bekannte Buch – das fremde Buch, in: ders., »... und behutsam mitgehen mit deinem Gott«. Theologische Reden 3, Bochum 1995, 25–41.41.

4. S. die Ausführungen zur »Politisierung der Kindersegnungs-Ikonographie« seit dem 19. Jh. (71–76) von Birgid Diebner/Bernd Diebner, Beispiele zur Bildgeschichte des sogenannten »Kinder-Evangeliums«. Markus 10,13–16, in: Gerhard Krause (Hg.), Die Kinder im Evangelium, Stuttgart u. Göttingen 1973, 52–78. Die Reihe reicht von Napoleon (Abb.7) bis zu Lenin, Hitler, Mao u. a. und ließe sich leicht durch aktuelle Wahlkämpfer-Fotos ergänzen.

gen, die sich um ihn drängen (3,10; 6,56). So ist es naheliegend, dass ebenfalls für die Kinder eine Übertragung göttlicher Kraft gewünscht wird, die ihr Leben schützt. Die Heilung von kranken Kindern wird sonst explizit erzählt (Mk 5,39ff; 7,24ff; 9,14ff). Da Hinweise auf Krankheiten und andere Beeinträchtigungen in Mk 10,13 fehlen, ist anzunehmen, dass Kinder hier per se als schwach und gefährdet angesehen wurden. Der Wunsch nach Berührung wird dann durch Umarmung und Handauflegung übererfüllt (10,16). Das ist in einem Erzählzusammenhang, in dem bereits der Kontakt mit dem Gewand des Retters (6,56) die schlimmsten Krankheiten fortnimmt, Zeichen einer besonders konzentrierten Zuwendung und Ermächtigung, die im Umkehrschluss auf die mögliche große Not von Kindern in jener Zeit hinweist.

Wichtig ist, von Anfang an auf den Einklang zu achten, der im Hinblick auf die Kinder zwischen Jesus und denen herrscht, die diese zu ihm bringen, seien es Eltern, Geschwister, sonstige Angehörige oder Nicht-Verwandte, die sich um sie kümmern. Beide Seiten stehen auf dem Boden der Traditionen Israels[5], die Kinder als Segen Gottes (Gen 1,28) für die Existenz des jüdischen Volkes durch alle Zeiten (Gen 12,2; 15,5; 17,15f) und die einzelnen Familien (Ps 127,3; 128,3f) verstehen. Der Kinderreichtum Israels bringt zugleich Segen für alle Völker der Erde und deren Nachkommen mit sich (Gen 12,3; 28,14). Kinderlosigkeit bedeutet großes Unglück (Gen 30,1ff; 1 Sam 1,1–20; Lk 1,24f) und kann schließlich in soziale Not vor allem für verwitwete Frauen münden (Ruth 1–4; Lk 7,12), da an den Kindern die Versorgung der Eltern im Alter hängt, wie es das Gebot der Elternehrung fordert (Ex 20,12; Dtn 5,16).

Zwischen Israel und den nichtjüdischen Völkern der antiken Mittelmeerwelt herrschte hinsichtlich der grundsätzlichen Wertschätzung von Kindern und auch dem Versuch, anderen schwachen Gruppen der Gesellschaft Überleben und Auskommen zu ermöglichen, auch zu neutestamentlicher Zeit ein signifikanter Unterschied[6], der zu einem größeren Bevölkerungswachstum und zu einer höheren Zahl

---

5. Vgl. Irmtraud Fischer, Über Last und Lust, Kinder zu haben. Soziale, genealogische und theologische Aspekte in der Literatur Israels, in: Gottes Kinder. Jahrbuch für Biblische Theologie 17, hg. v. Martin Ebner u. a., Neukirchen-Vluyn 2002, 55–82 (67–76); sowie in demselben Band: Bettina Eltrop, Kinder im Neuen Testament: Eine sozialgeschichtliche Nachfrage, 83–96 (94). Dieses Jahrbuch enthält außer den hier u. unten zitierten Aufsätzen weitere wichtige biblisch-theologische Beiträge zum Thema »Kinder«.

6. S. die Zusammenstellung mit Belegen und die Einschätzung (52–56) von Martin Leutzsch, Zeit und Geld im Neuen Testament, in: Jürgen Ebach u. a. (Hg.), »Leget Anmut in das Geben«. Zum Verhältnis von Ökonomie und Theologie, Jabboq 1, Gütersloh 2001, 44–104. Reiches sozialgeschichtliches Material zu Kindern in neutestamentlicher Zeit (Land Israel und Umwelt) findet sich in dem wichtigen Aufsatz zu Mk 10,13ff von Wolfgang Stegemann, Lasset die Kinder zu mir kommen. Sozialgeschichtliche Aspekte des Kinderevangeliums, in: Willy Schottroff/Wolfgang Stegemann (Hg.), Traditionen der Befreiung. Sozialgeschichtliche Bibelauslegungen, Band 1: Methodische Zugänge München u. Gelnhausen 1980, 114–144, bes. 117–125.

versorgungsbedürftiger Menschen führte als in der griechisch-römischen Umwelt. Die dort gängigen Mittel der Familienplanung wie Abtreibung, Aussetzung und gar Tötung von Neugeborenen sowie die Kastration von Kindern werden vom Judentum bekämpft.[7] Das Aussetzen und Töten besonders von Mädchen, schwächeren und behinderten Kindern wurde in nichtjüdischen Familien aus ökonomischen Gründen mit großer Selbstverständlichkeit praktiziert. So legt zum Beispiel ein ägyptischer Lohnarbeiter namens Hilarion in einem Brief an seine schwangere Frau Alis im Fall der Geburt eines Mädchens ihr dessen Aussetzung nahe: »Wenn es männlich war, lass es (leben), wenn es weiblich war, setze es aus«[8]. Dass den davon abweichenden jüdischen Grundsätzen auch weitgehend die Praxis entsprach, wird vom römischen Historiker Tacitus registriert: »Doch ist den Juden sehr an Bevölkerungszuwachs gelegen; selbst von den nachgeborenen Kindern eines zu töten, ist in ihren Augen Sünde«[9]. Die Entscheidung über Leben und Tod eines Kindes lag in der Hand des römischen Vaters und seiner *patria potestas*, der väterlichen Gewalt.[10] Wenngleich auch die jüdische Gesellschaft eine durchgehend patriarchale genannt werden muss, die ebenso weitreichende Verfügungen wie Verpfändung von Kindern gestattete, hat die Tora dem Zugriff von Eltern auf das Leben ihrer Kinder in den Jahrhunderten zuvor schon Grenzen gesetzt[11], welche eigenmächtige Tötung ausschließt (Dtn 21,18ff) und auch die kultische Opferung von Kindern bekämpft (Lev 18,21; 20,2ff; Dtn 18,15ff) sowie die Tötung von Kindern zugunsten der Eltern (Dtn 24,16): »Das Leben der Kinder steht nicht zur Disposition der Eltern«[12].

War somit die unmittelbare Gefahr von Leib und Leben für die Kinder der Evangelientexte eher nicht aus der Familie selbst zu erwarten, so zeigten sich doch an den Kindern als dem schwächsten Bevölkerungsanteil schnell die Notlagen einer

---

7. PsPhokylides 184f; Josephus, ContrAp 2,254; Philo, Spec.leg. III,110ff; frühe (Did 2,2; Barn 19,5) und spätere christliche Schriften schließen sich dem an (z. B. Justin, Apol I,27; Tertullian, Apol 9). Zu dieser jüdisch-christlichen Traditionsbildung einer Ethik gegen Normen und Praxis der Umwelt s. ausführlich Christina Tuor-Kurth, »Dein Leben verachtend«. Antike Stellungnahmen zur Aussetzung von Neugeborenen, KuI 19, 2004, 47–60.

8. P.Oxy. IV 744, Datum: entspr. d. 17. Juni, Jahr 1 v.Chr.; Text und Kommentar b. Adolf Deißmann, Licht vom Osten, Tübingen 1923, 134ff.

9. Tacitus, Hist V,5. Eine Ausnahme hinsichtlich der nichtpraktizierten Kindstötung findet Tacitus auch bei den Germanen (Germ 19). Diese u. a. Ansätze paganer Kritik, die freilich nicht normverändernd gewirkt hätten, diskutiert Tuor-Kurth, a.a.O. 53ff.

10. Sie umfasste das *ius necisque* (Züchtigungs- und Tötungsrecht), das *ius exponendi* (das Recht, Neugeborene auszusetzen) sowie das *ius vendendi* (das Recht, Kinder jeden Alters zu verkaufen, zu verpfänden oder Dritten als Dienstleistung anzubieten; s. Bettina Eltrop, Denn solchen gehört das Himmelreich. Kinder im Matthäusevangelium, Stuttgart 1996, 63f (n. Max Kaser, Römisches Privatrecht. Ein Studienbuch, München u. Berlin 1960, 226f).

11. Dazu Frank Crüsemann, Gott als Anwalt der Kinder !? Zur Frage von Kinderrechten in der Bibel, in: Gottes Kinder, Jahrbuch für Biblische Theologie 17, hg. v. Martin Ebner u. a., Neukirchen-Vluyn 2002, 183–197.

12. Crüsemann, Gott als Anwalt, 197.

Epoche. Abgesehen von der hohen Säuglings- und Kindersterblichkeit in der Antike betraf sie die im gesamten Römischen Reich des 1. Jahrhunderts n. Chr. verbreitete Bettelarmut[13] besonders hart. Wiederkehrende Hungersnöte im Land Israel, die hohe Abgaben- und Steuerlast, die aus der aussichtslosen wirtschaftlichen Lage unternommenen Aufstände mit den Folgen von Krieg und Vertreibung machten die Ernährung von mehreren Kindern in einer Familie zum täglichen großen Problem. Schon früh mussten sie wie auch gegenwärtig in vielen Ländern der Erde mit ihrer Arbeitskraft zum Einkommen beitragen, in der Landwirtschaft, in handwerklichen Betrieben, dem Handel und in allen Haushalten. Gravierende Folgen für Kinder gab es auch durch anwachsende Verschuldungen vieler kleinbäuerlicher Familien, wobei Familienangehörige der Schuldner, voran die Kinder, in Schuldsklaverei geraten konnten. Das Gleichnis vom »Schalksknecht« Mt 18,23–35 spiegelt einen solchen Prozess.[14] Im Fall der Insolvenz konnten sämtliche arbeitsfähige Familienmitglieder, namentlich auch die Kinder (V. 30), vom Großgrundbesitzer in Haftung genommen werden. Es ging um Ableistung der Schuld durch Arbeit und im Falle der Weigerung auch um Schuldhaft sämtlicher Familienmitglieder, wie es das Gleichnis schildert. Zwar war die Dauer eines solchen Schuldsklavenverhältnisses in Israel und im Judentum im Unterschied zu allen anderen Mittelmeervölkern vor allem durch das Sabbatjahr (Dtn 15), das alle sieben Jahre einen vollständigen Schuldenerlass fordert, zeitlich begrenzt. Dennoch zerbrachen so viele Familien für kurze oder längere Zeit. Der Sprachgebrauch signalisiert solche Übergänge: als *pais/paidiske/paidion* konnten sowohl Kinder als auch versklavte Personen bezeichnet werden.

Der Konflikt – Erster Teil

Kaum nähert sich die Gruppe mit den vermutlich kleinen Kindern (*paidia*) – in der Lukas-Version ist von Säuglingen die Rede (*brephe*, 18,15) –, kommt es zu einer schockierenden, aggressiven und bedrohlichen Reaktion der Jüngerschaft Jesu (Mk 10,13b). Es ist das einzige Mal im gesamten Evangelium, dass Jüngerinnen[15] und Jünger hilfesuchende Menschen abweisen wollen, und dies geschieht ausgerechnet bei den Kleinsten. Das griechische Verb *epitiman* drückt nicht einfach nur Tadel

---

13. S. Luise Schottroff/Wolfgang Stegemann, Jesus von Nazareth – Hoffnung der Armen, Stuttgart 1978, 26ff; W. Stegemann, Kinderevangelium124f.

14. Dazu Leutzsch, a.a.O. 56ff.

15. Aus Mk 1,31; 3,35; 15,41 geht hervor, dass zu den Nachfolgenden auch Frauen gehören. Die Nachfolgegruppe ist z. B. nach 2,15 u. 10,32 von der Gruppe der »Zwölf« nicht klar abzugrenzen, so dass der Jüngerbegriff bei Mk inklusiv gelesen werden sollte; vgl. Monika Fander, Das Evangelium nach Markus. Frauen als wahre Nachfolgerinnen Jesu, in: Luise Schottroff/Marie-Theres Wacker (Hg.), Kompendium Feministische Bibelauslegung. Gütersloh 1998, 499–512 (501.509).

und Ablehnung aus, sondern steht auch für die Ausübung herrscherlicher Gewalt, mit der Jesus feindliche Mächte in die Schranken weist: den Sturm (Mk 4,39), Dämonen, die Menschen zerstören wollen (Mk 1,25; 3,12; 9,25) und Petrus, als er sich von einer satanischen Seite zeigt (Mk 8,33). »Die Jünger, die von Jesus die Macht bekommen haben Dämonen auszutreiben, missbrauchen diese besondere Gabe. Sie missbrauchen sie, indem sie die Kleinsten der Gesellschaft nicht aufnehmen, sondern sie wegschicken«.[16] Die Kinder sollen also durch verbale Gewalt vertrieben werden. Dem tritt Jesus ebenso emotional entgegen mit Zorn und Empörung (*aganektein*, V.14).

Was will das Verhalten der Jüngergruppe auf der Erzählebene ausdrücken? Welches Problem der frühchristlichen Zeit könnte damit angesprochen sein?

Werfen wir zunächst einen Blick auf die kleine Szene im vorangehenden Kapitel, den sogenannten »Rangstreit der Jünger«, Mk 9,33–37. Sie hängt eng mit unserem Text zusammen. Auf die unter der Jüngerschaft aufgebrochene Frage, wer der Größte unter ihnen sei, antwortet Jesus: Diejenigen, die Erste sein möchten, sollten Letzte werden und allen anderen dienen. Er nimmt ein Kind, umarmt es wie später die anderen Kinder, stellt es in ihre Mitte und erklärt: In seinem Namen sollten Kinder aufgenommen werden. Er selbst und Gott stünden hinter diesen Kindern und würden mit ihnen zusammen aufgenommen (V. 37).

Über die intensive Nähe Jesu zu Kindern und darüber hinaus ihre Gottesnähe müssten also die Anhängerinnen und Anhänger Jesu längst Bescheid wissen. Sie erscheinen vor diesem Hintergrund äußerst begriffsstutzig und stur in ihrer Anstrengung, Kinder zu vertreiben. Es ist, als hätten sie eine wichtige Lektion nicht gelernt, während Leute aus dem Volk schon viel weiter sind. Hier stoßen wir auf ein Kompositionsprinzip des Markusevangeliums. Das mangelnde Verstehen der Jüngerschaft wird wiederholt eingesetzt, um wichtige Lerneffekte für die Menschen zu ermöglichen, die das Evangelium lesen[17]: »das Jüngerunverständnis hat nicht seinen Sinn in sich selbst, sondern schärft jeweils ein bestimmtes Thema ein, das auf aktuelle Probleme der markinischen Christen eingeht. Darin dient es in besonderer

---

16. Carsten Jochum-Bortfeld, Die Verachteten stehen auf. Widersprüche und Gegenentwürfe des Markusevangeliums zu den Menschenbildern seiner Zeit, BWANT 178, Stuttgart 2008, 261.

17. So zuvor die redaktionelle Doppelung der Sturmstillung 4,25ff und 6,45ff sowie des Speisungswunders 6,30ff und 8,1ff, wo jeweils auch die zweite Stufe ein ausgeprägtes Missverstehen der Jüngerschaft zeigt, dazu Stegemann, Kinderevangelium 130ff. Zum engen sozialgeschichtlichen Zusammenhang von 9,33ff und 10,13ff s.a. Martin Ebner, »Kinderevangelium« oder markinische Sozialkritik? Mk 10,13–16 im Kontext, in: Gottes Kinder. Jahrbuch für Biblische Theologie 17, hg. v. M. Ebner u. a., Neukirchen-Vluyn 2002, 315–336, 318ff.330ff, dessen Anliegen es ist, den gesellschaftlichen Rang der Kinder als der »Letzten« herauszuarbeiten und von daher die Hauptintention der Texte in einer Aufforderung zum Statusverzicht der Erwachsenen zu sehen. Als Ausdruck der Zuwendung Jesu zu den Niedrigsten der Gesellschaft verkörpert in den Kindern wird Mk 10,13–16 auch von Jochum-Bortfeld, Die Verachteten, a.a.O. 256–263, interpretiert.

Weise – wie auch die anderen Jüngerinstruktionen – zur Belehrung der markinischen Gemeinde«.[18]

Das aktuelle Problem der Gemeinde sind aufgrund von Mk 9,37 demnach Kinder, die um Gottes Willen auf- oder angenommen (*dexetai*) werden sollen. Das »Kinderevangelium« wiederholt dieses Anliegen. Um was für Kinder handelt es sich?

Das einzelne Kind, von Jesus zuvor in die Mitte gestellt, könnte zur Familie des Hauses gehören, in dem Jesus sich aufhält, oder zufällig von draußen hereingekommen sein. Es könnte mit der Arbeit der Hauskinder und Kindersklaven[19] wie dem Lösen der Schuhriemen, dem Waschen der Füße von Gästen oder deren Versorgung mit Essen beschäftigt sein. Oder es könnte möglichst unsichtbar sein wollen und ganz im Hintergrund stehen. Jedenfalls spielt diese erste Szene in einem bestimmten Haus in Kapernaum, das nur das Haus des Simon Petrus[20] sein kann. Die Frage der Identifizierung der Kinder und des mit ihnen gegebenen Problems soll nach der Auslegung von Mk 10,15 weiter verfolgt werden.

Der Zuspruch

»*Lasst die Kinder zu mir kommen, hindert sie nicht daran! Denn für solche wie sie ist das Gottesreich da*«: Indem Jesus es ausspricht, wird für die Kinder die Zugehörigkeit zum Reich Gottes Wirklichkeit. Niemand wird wie sie im Markusevangelium derartig ausgezeichnet, allenfalls der Schriftgelehrte, der nicht fern davon ist (Mk 12,34). Sonst sollen Menschen dafür ihr Leben fundamental ändern, umkehren von einem falschen Lebensweg (1,15) oder alles verkaufen, was sie besitzen, so dass es für Reiche beinahe unmöglich ist, hinein zu kommen (10,25ff).

Wenn es den kleinsten Menschen schon gehört, die sich nicht selbst schützen können, dann klingt das biblische Wissen vom Königtum Gottes an, das nach Ps 145,10–21 unmittelbare Zuneigung und Hilfe Gottes gegenüber den Geringsten bedeutet: Das Reich Gottes ist unendlich in Zeitdauer und Reichweite. Es bringt den Elenden und Armen lebensrettende Hilfe und freundliche Taten Gottes. Gott hält die Fallenden fest und richtet die Gestürzten und Niedergeschlagenen wieder auf. Gott hört die Schreie aus der Not des Lebens. Alle bekommen zur rechten Zeit ihr Essen ... Diese Momente des Gottesreichs erfüllen auch das Neue Testament.

---

18. W. Stegemann, Kinderevangelium 132.
19. Zu den »niedrigen« Arbeiten von Kindern im antiken Haushalt s. Eltrop, Kinder im Matthäusevangelium 114ff.
20. »*In Kapernaum, im Haus*« (9,33) ist ein bestimmtes Zuhause, quasi Jesu Stützpunkt in Kapernaum, wie die Wendung in 2,1 zeigt, die auf 1,29 zurückweist. Damit ist klar, dass das Haus Simon Petrus und seinen Brüdern gehört.

Brennpunkt Vers 15: Wie Kinder etwas annehmen?
Oder – Kindesannahme!

Mit dem Wort Jesu in Vers 15 wird die Perspektive vom Zuspruch für die Kinder auf das Verhalten von Erwachsenen verlagert. Es wird eine weitreichende Aussage über das Gottesreich gemacht: »*Wer das Gottesreich nicht annimmt wie ein Kind, wird nicht hineinkommen*«. Hierfür sind grundsätzlich zwei Verstehensmöglichkeiten gegeben:

1. Auf den ersten Blick erscheint für die meisten der Sinn klar zutage zu liegen: Das Gottesreich ist anzunehmen, wie Kinder etwas annehmen, vielleicht freudig, selbstverständlich, unbefangen, naiv – viele kindliche Eigenschaften werden in der exegetischen Literatur imaginiert und herangezogen[21]. Dieses nominativische Verständnis des Verses und die damit gegebene Rolle des Kindes als Subjekt, das etwas tut oder gerade nicht tut, prägt solchermaßen auch die Vorstellung vom Kommen des Gottesreichs: Es kommt zu uns, wie zu Kindern, die nur noch die Hände aufhalten müssten, um es wie ein großes Geschenk zu empfangen, kindlich, dankbar, ohne Vorbehalte. In dieser Richtung liegt auch die nach wie vor selbst in Kommentaren und Wörterbüchern zur Stelle anzutreffende antijüdische Denkfigur, wonach das Judentum angeblich auf Leistung und Verdienste der Menschen statt auf die Gnade Gottes ausgerichtet sei, dem Jesus hier mit einem Kind entgegentrete, das nichts leiste und eben keine Verdienste vor Gott beanspruchen könne. Dieser Auffassung ist einmal von der genannten Realität der Kinderarbeit in der Antike entgegenzutreten und zum anderen damit, dass die Vorstellung von der Gottesnähe der Kinder wie sie Ps 8 besingt (V. 3), eine genuin jüdische ist, wie auch die der allein von Gott ausgehenden und von Gott »geleisteten« rettenden Gnade (z. B. Ps 103,3f). Das nominativische Verständnis spricht sozusagen das Kind im Inneren der Auslegenden an, das »Kind im Manne« oder seltener »der Frau«, das etwas geschenkt bekommen möchte. Zusammen mit den sich wandelnden Auffassungen von Kindlichkeit und Kindheit, wobei die gegenwärtigen seit dem Buch von Ariès[22] als Produkt der Neuzeit zu verstehen sind, scheint das matthäische Wort »*Wenn ihr nicht werdet wie die Kinder ...*« (Mt 18,3) viele Auslegungen zu regieren. Doch steht genau dies *nicht* im Markus-Text und sollte nicht von vornherein in ihn hineingelesen werden.

2. Von der Wendung »*annehmen wie ein Kind*« (*dechomai ... hos paidion*) her kann Mk 10,15 auch geradezu umgekehrt gelesen werden: Das Reich Gottes so anzunehmen »wie man ein Kind annimmt«. Bei dieser akkusativischen Lösung wird das Kind ein

---

21. Vgl. bei Luz, Komm. 13f die Auflistung kindlicher Eigenschaften aus exegetischen und literarischen Werken wie u. a. Unschuld, Sanftmut, Einfalt, die im Zusammenhang von Mt 18,3 auftauchen und von daher ebenso bei Mk 10,15.

22. Philippe Ariès, Geschichte der Kindheit, München, 8. Aufl. 1988.

Objekt, das von Erwachsenen anzunehmen, fürsorglich zu behandeln ist. Das Ich der Erwachsenen, die im Vergleich angesprochen werden, bekommt Arbeit – geradezu die traditionelle Arbeit von Frauen: »*Wer das Gottesreich nicht annimmt, wie man ein Kind annehmen soll, wird nicht hineinkommen*«. Das hieße für das angesprochene Ich: Nicht nur die Arme öffnen, damit ein Kind sich einmal wohlfühlt, sondern die tägliche Pflege und Fürsorge für das Gottesreich, damit es unter uns aufwachsen kann wie ein Kind.

Welche dieser doch fundamental verschiedenen Verstehensrichtungen ist die des Markusevangeliums? Da beide sprachlich in dem Vers anklingen und grundsätzlich möglich sind, könnte man von einem gewollten Sprachspiel ausgehen, das die Hörenden auffordert, mal die eine und mal die andere Richtung zu erkunden, sozusagen kindlich das Gottesreich anzunehmen oder sich um es zu kümmern wie um ein Kind. Die verschiedenen Wege eröffnen für eine Bibelarbeit einen im wahrsten Sinne des Wortes großen Spielraum.

An dieser Stelle ist jedoch zu fragen, was die Einzelexegese und der sozialgeschichtliche Hintergrund von Mk 10,13–16 für sich betrachtet nahe legen. Und hier läuft alles auf die akkusativische Lösung zu: es geht um Kindesannahme.[23] Das Hauptargument dafür ist die gesamte Szene selbst, die darum kreist, dass Kinder zu Jesus kommen sollen und diese nach Hindernissen von ihm unmittelbar akzeptiert, also »angenommen« (*dechomai*) werden. Dieses Verb wird im Markusevangelium sonst jedes Mal im Sinn einer »gastlichen Aufnahme« verwendet[24]: In 6,11 sehen sich die angeredeten Zwölf mit Häusern konfrontiert, die sie nicht aufnehmen, und in 9,37 sagt Jesus explizit, dass gerade Kinder aufzunehmen sind, sie ein Zuhause bekommen sollen. Und wer sie aufnimmt, kann gleichzeitig damit noch mehr als dieses eine Kind in seinem oder ihrem Haus begrüßen: »*Wer ein solches Kind in meinem Namen aufnimmt, der nimmt mich auf. Und wer mich aufnimmt, der nimmt nicht mich auf, sondern den, der mich gesandt hat*«. Der viermalige Gebrauch von *dechomai* in diesem einen Vers definiert das Verb unmissverständlich als »gastliche Aufnahme« und damit als Fürsorge für einen Neuankömmling. Dieses Thema wird in 10,15 wiederholt zur erneuten Belehrung der unverständigen Jüngerschaft.

Ich verkenne nicht, dass ein großer Sog die Auslegenden dazu drängt, im Kind ein Beispiel zu sehen für die Art und Weise der Annahme des Gottesreichs und damit selbst in die Rolle des Kindes zu wechseln. Doch steht hier gerade nicht das matthäische »*wenn ihr nicht werdet wie die Kinder …*« (Mt 18,3). Die AutorInnen des Matthäusevangeliums, denen der Markustext vorlag, haben zwar einerseits den Vers Mk 10,15 wohl nominativisch interpretiert[25], aber ihn andererseits nicht in

---

23. Vgl. W. Stegemann, Kinderevangelium 132–135.

24. Vgl. Ebner, a.a.O. 330f.

25. Doch könnte in Mt 18,3f auch ein selbständiges urchristliches Logion rezipiert worden sein, ganz unabhängig von Mk 10,15; s. dazu Luz, Komm. 10f.

ihre Version des Kinderevangeliums (Mt 19,13ff) mit aufgenommen. Er steht bei ihnen im Zusammenhang des »Rangstreits« (Mt 18,1ff) und bedeutet dort: Kindsein heißt, zu den Kleinen und Niedrigen zu gehören. Sich mit ihnen auf eine Stufe zu stellen ist die Bedingung für die erwachsenen Nachfolgenden, ins Reich der Himmel zu gelangen. Das ist ein wesentlich klarerer Gedanke als darüber zu spekulieren, wie Kinder wohl sein mögen, wenn sie etwas annehmen. Der Ausdruck, jemanden »gastlich aufzunehmen« (*dechomai*) wurde folglich in Mt 18,3 fallengelassen. Er ist aber konstitutiv für das Markusevangelium, das zweimal kurz nacheinander diese Wendung im Zusammenhang mit der Fürsorge für Kinder gebraucht, einmal explizit als Handlungsanweisung (9,37) und dann wiederholt (10,15) in einem Rahmen, dessen Thema die Kindesannahme Jesu ist. Die akkusativische Lösung steht also im Vordergrund einer Auslegung des *Markustextes*.

Schließlich zeigt gerade der Zusammenhang mit Mk 9,37, dass die Idee einer Fürsorge für das Gottesreich wie für ein Kind in Mk 10,15 alles andere als sinnlos und unverständlich ist. Vielmehr gibt beides einen guten Sinn: Wer ein Kind aufnimmt, gewinnt dadurch unendlich mehr hinzu. In 9,37 sind es Jesus und Gott selbst. Und der Zusammenhang von 10,14+15 besagt, dass es das Gottesreich ist. Wer Kinder aufnimmt, erweist sich gleichzeitig als Gastgeberin oder Gastgeber für das Reich Gottes. Denn den Kindern gehört es ja schon und es kommt mit ihnen.

Der Konflikt – Zweiter Teil

Warum musste nun die gastliche Aufnahme von Kindern durch ein doppeltes Jesuswort der Gemeinde, die durch die Jüngerinnen und Jünger repräsentiert wird, eingeschärft werden? Eine gastliche Aufnahme bedeutet zuallererst die Versorgung mit dem täglichen Brot und ein Dach über dem Kopf. Dieses scheint in den Gemeinden nicht selbstverständlich gewesen zu sein, sonst hätte es keiner Anweisungen bedurft. Und die Herausforderung trat nicht nur allgemein durch die zahlreichen unversorgten Kinder an sie heran, die durch Kriege und wirtschaftliche Not auf die Straße gesetzt wurden und für sich selbst aufkommen mussten. Sie resultierte aus ihren eigenen existenziellen Widersprüchen.[26]

Im Grunde liegt ein zentraler Konflikt der Nachfolgegemeinschaft in den Texten offen zutage. Es ist Petrus, der fast im Anschluss an die Kinderperikope gleich nach

---

26. Die sozialgeschichtliche Intention der Aufnahme unversorgter Kinder in die Gemeinden arbeitet W. Stegemann, Kinderevangelium, insgesamt heraus. Die von ihm ebenfalls herangezogenen folgenden Texte (138ff) sind jedoch in ihrer Beleuchtung eines zentralen Widerspruchs der Jesusbewegung zuzuspitzen, der nicht nur durch soziale Notlagen zwangsläufig verursacht war, sondern auch freiwillige Elemente enthielt. Somit sind die verschiedenen Kindertexte auch als Bearbeitung einer eigenen schuldhaften Geschichte zu verstehen.

dem erzählten endgültigen Aufbruch aus Galiläa nach Jerusalem die Opfer benennt, welche die Jesusnachfolge fordern kann. In der Lutherbibel ist der Abschnitt Mk 10,28–31 überschrieben: Der Lohn der Nachfolge. Er könnte aber genauso gut heißen: Die Opfer der Nachfolge. »*Wir haben alles verlassen*«, klagt Petrus, und Jesus bestätigt: »*Haus, Brüder, Schwestern, Mütter, Väter, Äcker*« – und eben auch: »*Kinder*«! Dass sie dann selbst unter Verfolgungen alle und alles – außer den Vätern – hundertfach zurückbekommen sollen, signalisiert einmal wie die Kindertexte zuvor, dass Kindern doch (wieder) ein Platz in der Gemeinde[27] gebührt, vor allem aber auch: Kinder werden schlicht und einfach von ihren Eltern verlassen. Dies geschieht keineswegs zufällig, sondern erscheint als unausweichliche Konsequenz der Jesusnachfolge, »um meinetwillen und um des Evangeliums willen« (10,29). Diese oft erzwungenen, aber wohl auch freiwillig angestrebten Lebensentwürfe der Eltern auf Kosten von Kindern dürften zum kaum lösbaren Dauerkonflikt vieler Mitglieder der Jesusgruppen geworden sein. Er verschärfte sich unter den Bedrohungen von Kriegszeiten zu gegenseitigen tödlichen Denunziationen innerhalb der Familien (Mk 13,12). Nach der Überlieferung hat Jesus selbst harte Familienkonflikte ausgetragen, die ihn als einen willentlich pflichtvergessenen Sohn gegenüber Mutter und Geschwistern zeigen (Mk 3,21.31ff). Jedoch ließ er wenigstens keine eigenen Kinder im Stich.

Der »Sitz im Leben«[28] des in Mk 10,13–16 ausgetragenen Konflikts könnte sich so gesehen für die frühen Gemeinden in der Frage finden: Haben Kinder in der Nähe Jesu (noch) etwas zu suchen, wenn doch auch sie verlassen werden mussten?

Lobpreis und Segen

Diese Frage wird durch eine eindeutige Stellungnahme Jesu bejaht. Die leicht an den Rand zu drängenden Kinder sollen in der Gemeinde wieder die Mitte bilden, denn das Reich Gottes hängt an ihnen. »Diese Heilszusage wird abschließend bestätigt (V. 16) durch ein einzigartiges Tun Jesu. Er segnet die Kinder. Es ist der einzige Text«

---

27. So sollten Kinder auch als selbständige Jesusnachfolgerinnen und -nachfolger gesehen werden, die ihre Familien verlassen, dazu Eltrop, Kinder im NT, 92f.

28. Die ältere Exegese sah gelegentlich ausgehend vom »hindert nicht« (*me kolyete*, Mk 10,14) den »Sitz im Leben« in der Zulassung zur Kindertaufe, s. dazu kritisch Heckel, a.a.O. 332ff, wonach die Verbindung von Text und Kindertaufe erst seit deren Verbreitung im frühen Mittelalter gegeben ist, was die Reformation durch Luthers Taufbüchlein verstärkte. Einen Hinweis auf die Taufe von Kindern in frühchristlicher Zeit sieht die Exegese im Text derzeit nicht (s. Luz, Komm. 114f), mit der Ausnahme von Andreas Lindemann, Die Kinder und die Gottesherrschaft. Markus 10,13–16 und die Stellung der Kinder in der späthellenistischen Gesellschaft und im Urchristentum, WuD 17, 1983, 77–104, der meint, zur Zeit Jesu sei sie kein Thema gewesen, wohl aber in den nachösterlichen Gemeinden (98–101), wenngleich man durch die redaktionelle Einfügung von V.15 »keinesfalls« sagen könne, » Markus bezeuge« sie (103).

in den Evangelien, »der davon erzählt, dass der irdische Jesus Menschen segnete, sie also unmittelbar dem Herrschaftsbereich Gottes zuwies und über ihnen zugleich Gott im Lobpreis anrief«[29]. Alle drei genannten Verben sind als Segenshandlung zusammenzufassen, nicht allein *kateulogeo*, was meist mit »segnen« übersetzt wird. Dies singuläre Wort im Neuen Testament könnte hier aber genauer das Wort als Gotteslob[30] innerhalb einer Segenshandlung bezeichnen, die durch Handauflegung gestisch ausgeführt und von der Umarmung bekräftigt wird.

Wir sehen vor uns also das Bild eines segnenden Jesus, der gleichzeitig für die Kinder und gegen die eigene Jüngerschaft kämpft. Eine spannungsreiche Komposition. Sie enthüllt jenseits aller Idylle eine schmerzliche Lebensrealität, der nicht leicht auszuweichen war. Indem aber der Herr der Gemeinde den Kindern unbedingten Schutz und göttliche Dignität zuspricht, konnte im Bewusstsein bleiben, dass bei dieser »Kinderfrage« Gott auf dem Spiel steht. Die auch durch die Worte Jesu unterschiedlich akzentuierten Texte über Kinder im Verhältnis zur Gemeinde beweisen das selbstkritische Potential innerhalb der Nachfolgegemeinschaft.

Das kinderreiche Gottesreich

Wenn das Reich Gottes mit Kindern kommt, die man annimmt, aufnimmt und hereinlässt, dann ist jedes Kind grundsätzlicher Beachtung wert. Die jeweilige Besonderheit eines aufgenommenen Kindes ist zu respektieren, damit es sich angenommen weiß.

Auf dieser Ebene besteht wiederum die Möglichkeit für die Auslegerinnen und Ausleger des Textes, eigene kindliche Erfahrungen und Bedürfnisse einzubringen – im Wissen um ihre Partikularität. Was braucht ein Kind? Was braucht dieses Kind? Was ist das Wichtigste? Beruhigung von Ängsten und nicht deren Erzeugung, die tägliche vernünftige Nahrung, die auch manchmal unvernünftig sein muss, zuverlässige Nähe und Schutz, keine Gewalt, dafür aber Interesse am einzigartigen Wesen, das sich entfaltet und damit es sich entfalten kann, sich darüber zu freuen, es nicht für eigene Wünsche und Ziele zu missbrauchen, die ihm nicht entsprechen, daran zu denken, dass es von woanders her gekommen ist – von Gott ...

Die Verbindung von Mk 10,14–15 dringt darauf, dass das Zusammensein und das Zusammenwirken aller Beteiligten die Wirklichkeit des Gottesreichs verbreitet: die Kinder, die es bringen und die Erwachsenen, die diese – und damit ES! – betreuen.

---

29. Lindemann, a.a.O. 96.
30. Vgl. das verwandte Verb *eulogeo*, das in Mk 6,41; 14,22 absolut gebraucht wird und als Lob Gottes zu verstehen ist.

25. Wunder in unserem Leben und in der Bibel

I.

Inzwischen habe ich zum Thema »Wunder« wohl die unterschiedlichsten, ja widersprüchlichsten Meinungen und Redensarten gehört: »Die Zeit der Wunder ist vorbei« (Stephan Hermlin); »jeder Tag ist ein Wunder«; »die Wunder gibt es ja nicht«; »jetzt kann nur noch ein Wunder helfen«; »das ist ja kein Wunder, dass sie nicht kommen, so wie du dich benommen hast«; »weißt du noch, wie wir uns zusammen die ›Wunder des Lebens‹ angesehen haben?« (das ist ein Bilderbuch über die Evolution). Und Wörter, die begrifflich damit zusammenhängen, werden genauer betrachtet: Heißt »wunder-bar« nicht auch »ohne Wunder«? – weshalb man zuweilen lieber »wunder-voll« sagen sollte, um ein Entzücken auszudrücken ...

Einen der schönsten Sätze dazu aber hat meine Lehrerin aufgeschrieben, die einer anderen Schülerin folgendes wünschte: »Ich wünsche dir, dass du immer staunen kannst über die Wunder Gottes in deinem Leben«. Der Satz setzt ja einiges voraus: dass weiterhin Wunder geschehen, und nicht nur irgendwo, sondern im Leben einer einzelnen Schülerin, und dass diese, also biographische Begebenheiten, auch noch die Wunder Gottes sind, die sie staunend betrachten kann. Sein Gewicht liegt aber darin, dass einfach festgestellt wird: in deinem Leben ereignen sich Wunder Gottes. Es liegt an dir, die Aufmerksamkeit dafür zu bewahren. Aber falls du es nicht oder nicht immer kannst, will ich es dir wünschen, dazu soll dir meine Kraft helfen. Ich fand und finde den Satz wundervoll. Ich weiß nicht, ob die die Adressatin ihn beherzigt, aber ich habe es selbst versucht, was sozusagen ein kleiner Raub, eine Aneignung gewesen ist. Vielleicht ist das eine doch auch angemessene Haltung gegenüber Wünschen und Geschichten von anderen: aufzuhorchen, sie sich ein bisschen sehnsuchtsvoll anzueignen und damit zu rechnen, dass sie ihre Wahrheit schon zeigen können, überall.

Und so liegen heute weitere Goldkörner herum, Edelsteinsplitter, unebene und runde Perlen, alles, was mit den Wundern zusammenhängt, und wartet darauf, von Ihnen geraubt zu werden. Zu geben ist ja sehr löblich, manchmal aber sind Nehmerqualitäten angebrachter. Und eben nicht nur, was die Katastrophen betrifft – da bleibt uns kaum etwas anderes übrig –, sondern mit Blick auf die sensible Materie der Wunder, die vorüberfliegen, wenn sie nicht begriffen werden.

Dazu nun die folgenden Momentaufnahmen, also zufällige Gesichtspunkte, die mir im Augenblick wichtig erscheinen.

II.

Eine theologische Lehre von den Wundern gibt es ja nicht, nur eine naturgemäß nicht enden könnende Debatte über die Realität biblischer Wunder, historische Wirklichkeitsauffassungen, heutige wissenschaftliche Weltbilder, Glauben und Aberglauben. Was die Wundergeschichten besonders im Neuen Testament betrifft, so sind sie für das aufgeklärte Gemüt eine große Herausforderung, allein schon wegen ihrer Menge. Jesus ist ja in den Evangelien, die allein Konkretes aus seinem Leben erzählen, ohne seine Wundertaten undenkbar. Und nun denken Sie an die vielen derartigen Predigttexte in unseren Gottesdiensten. Immer wieder die plötzlichen und auch massenhaften Heilungen in aussichtslosen Fällen, Blindenheilungen, gar Totenerweckungen. Dieses Evangelium, die Freudenbotschaft »heute« zu bringen, steht allen Predigenden wie ein nicht einfach zu versetzender Berg vor Augen.

Es gibt Hilfskonstruktionen, die sind notwendig, aber nicht begeisternd: Das Eigentliche sei die Botschaft Jesu vom Reich Gottes, also die Theologie, die Wundergeschichten seien etwas für das einfache Volk der damaligen Zeit gewesen.[1] Die hätten in ihrer Not etwas Handfestes für ihr schlichtes Gemüt gebraucht, um Jesus als Gottes Sohn zu erkennen. Solche übernatürlichen Taten, Durchbrechungen der Naturgesetze, brauchten wir heute nicht, aufgeklärt, differenziert und anspruchsvoll wie wir sind.

Ist es so? Das Verlangen der Notleidenden und in Abgeschiedenheit Lebenden sagt etwas anderes. Was sie in den Kirchen nicht finden, suchen sie woanders. Unser Zeitalter ist ganz und gar nicht aufgeklärt. Esoterik, Spiritismus, Astrologie, Okkultismus, der Glaube an Mächte, Strahlungen, Sterne, Filme und Bücher voller Zauberei, aller Aberglaube ist ein großes Geschäft. Es zahlen alle Bildungsschichten und Berufe.

Was heute nicht möglich ist, kann es morgen doch geben, auf welche Weise auch immer. So sind »Wunder« anscheinend groß in Mode und werden gern und immer öfter konsumiert. Das »Wunder von Mailand« bezieht sich in jüngerer Zeit

---

1. Gerd Theißen, Urchristliche Wundergeschichten. Ein Beitrag zur formgeschichtlichen Erforschung der synoptischen Evangelien, Gütersloh 1974, 249 u.ö. Theißen formuliert sozialgeschichtlich, was die historisch-kritische Forschung bisher als ein theologisches Adiaphoron, den volkstümlichen »Mirakelglauben« an übernatürliche Geschehnisse beschrieben hat, der heute nicht mehr nötig sei, s. z. B. Rudolf Bultmann, Zur Frage des Wunders, in: ders., Glauben und Verstehen Bd. 1, 4. Aufl. Tübingen 1961, 214–228. Ein Überblick über die historisch-kritische Diskussion zur Hermeneutik der ntl. Wundergeschichten seit den rationalistischen Interpretationen der Aufklärung bei: Gerd Theißen/Annette Merz, Der historische Jesus. Ein Lehrbuch, 2. Aufl. Göttingen 1997, 260–264.279–283 (sowie insgesamt 256–284 zu den Wundern Jesu) u. Stefan Alkier, Wen wundert was? Einblicke in die Wunderauslegung von der Aufklärung bis zur Gegenwart, ZNT 7, (4. Jg.) 2001, 2–15; s. a. Klaus Berger, Darf man Wunder glauben?, Stuttgart 1996, 11–40.

bekanntlich nicht auf eine Heiligenlegende, sondern unter anderem auf ein Fuß-ballspiel[2].

III.

Nun möchten wir aber nicht bloß so im Modetrend liegen, jedenfalls nicht durch und durch, sondern suchen etwas Wahres, was uns betrifft und verwandelt, was morgen nicht gleich wieder gelöscht und überholt werden kann durch neue Sensa-tionen. Und wir suchen Gott, wenn wir Gott suchen, als etwas Wirkliches, als Wort und Tat, und wenn es sein muss, auch als Wunder. Darum bleiben wir bei der Bi-bel – trotz gelegentlicher Schwierigkeiten, s.o. – und nehmen auch Worte von Dich-tern und Dichterinnen zur Hilfe, die sich der Wirklichkeit immer in besonders aufrichtiger Weise stellen, und dann und deshalb gelesen werden von vielen Gene-rationen.

>»Ach, aus dieses Tales Gründen,
>Die der kalte Nebel drückt,
>Könnt' ich doch den Ausgang finden,
>Ach, wie fühlt' ich mich beglückt!
>Dort erblick' ich schöne Hügel,
>Ewig jung und ewig grün,
>Hätt' ich Schwingen, hätt' ich Flügel,
>Nach den Hügeln zog' ich hin.«

Friedrich Schiller klagt in seinem Gedicht »Sehnsucht« über eine bedrückende und ausweglose Gegenwart. Sichtbar, aber für das dichtende Ich unerreichbar erscheint das schöne Land einer paradiesischen Freiheit, eines Landes des guten Lebens als eine große Vision: leichte Winde, goldene Früchte, Blumen, die nie erfrieren, grü-nende Hügel zum ausruhen und aufleben. Es gibt keinen Weg dorthin, denn ein reißender Strom verwehrt den Zutritt. Doch tanzt da nicht ein Boot auf den erschre-ckenden Wellen?

>»Einen Nachen seh' ich schwanken.
>Aber ach! Der Fährmann fehlt.
>Frisch hinein und ohne Wanken!

---

2.   Das 1:3 im Achtelfinal-Rückspiel zwischen Inter Mailand und Bayern München im UEFA-Pokal am 7.12.1988, Giuseppe-Meazza-Stadion, Milano, nachdem Bayern zuvor im Münchner Hinspiel noch 0:2 verloren hatte.

Seine Segel sind beseelt.
Du musst glauben, du musst wagen,
Denn die Götter leihn kein Pfand;
Nur ein Wunder kann dich tragen
In das schöne Wunderland.«

Das Wunder als eine Leistung der Seele, des Mutes und der Tatkraft! »Du musst glauben, du musst wagen« – dann ereignet sich das Wunder, welches das Ich von einer bedrückten in eine befreite Existenz tragen kann. Diese Vorstellung des Idealismus lädt aber keineswegs alles Tun allein dem kämpfenden Ich auf, wie Schiller in seiner Ballade »Die Bürgschaft« dann zeigt: der Held Möros oder Damon[3] überwindet alle Gefahren, einen reißenden Strom, Räuber in Überzahl, weitgehend allein und aus eigener Kraft. Doch als er in der Hitze zu verschmachten droht, kommt (ein) Gott dem verzweifelt Betenden zu Hilfe und sendet die rettende Quelle. Aber: ohne Mut und Energie kein Aufbruch, keine Rettung. »Hilf dir selbst, dann hilft dir Gott« – eine manchmal ermutigende, freilich ebenso oft deprimierende Maxime. Wenn nämlich die selbst zu erbringenden Kräfte von vornherein zu armselig sein sollten, ist es nichts mit einem wunderbaren Umschwung. Dennoch, wir halten fest: es könnte doch sein, dass Mut und eigenes Handeln wirkungsvoller sind, als vorher jemals gedacht.

IV.

In den Wundergeschichten der Bibel spielt nun beides eine große Rolle: die Rettung und seltsamerweise auch das Tun derer, die sie begehren. Zuerst die Rettung aus der Not. Ein biblisches Wunder ist im wesentlichen kein Mirakel von plötzlichen Reichtümern, von märchenhaften Wunscherfüllungen mit Luxusgütern, auch nicht das Paradies. Sondern geschenkt wird etwas scheinbar Gewöhnliches, was alle einfachen Menschen besitzen und brauchen, welches aber wie ein unerreichbares und größtes Glück erscheint, wenn es verloren ist: ein nichtgelähmter Körper, das Sehen der Augen, Hören der Ohren, Sprechen der Stimme, Befreiung von Aussatz und Verbannung, vom tödlichen Fieber, von schwerer Erkrankung, die wie ein böser Geist erscheint, von Epilepsie und Suizidversuchen, von Hungersnot und Tod durch Verhungern. Das tägliche Essen zu bekommen ist ein Wunder: das Manna vom Himmel für das Volk Israel in der Wüste, das tägliche Mehl und Öl, das der Prophet Elia für

---

3. Schiller änderte in der letzten Bearbeitung den Namen Möros in Damon, vgl. Schillers Werke Bd. 1, hg. v. Reinhard Buchwald u. K.F. Reinking, Standard-Verlag Hamburg, 2. Aufl. Hamburg o.J. (1952), 59 Anm.9; »Sehnsucht« ebd. 18.

eine arme verwitwete Frau in Sarepta erwirkt, die notwendige Speisung von tausendfachen Menschenmengen, als eigentlich nichts da ist. Kinder werden aus dem Tod zurückgeholt und verzweifelten Eltern neu geschenkt, kinderlose Eltern, alte und unfruchtbare Mütter geraten doch noch in gute Hoffnung.

Es ist keine Sozialromantik, wenn so oft die Armen und arm Gewordenen im Mittelpunkt stehen, die Wunder an ihnen geschehen – und Krankheit, Behinderung, Kinderlosigkeit und Tod von Kindern bedeutete damals neben allem anderen Armut und drohende Verarmung. Gott hilft den Armen und Geschundenen, für sie sollen diese Geschichten leuchten. Vielleicht haben gut verdiencnde Gelehrte, Pfarrer und Beamtinnen deshalb so große Mühe mit diesen Texten. Vielleicht können wir im Weltmaßstab sehr Reichen sie so wenig als aufbewahrte Hoffnung lesen, weil wir spüren, dass wir in unserem materiell behaglichen Dasein hier gerade nicht in erster Linie gemeint sind. Doch alle, die unterschiedlichsten Existenzen werden in diese Wunderereignisse mit hineingezogen, hineinverwoben, wir sehen es bald.

Aber war da nicht noch etwas? Aus der Tatsache, dass Armen geholfen wird, folgt keinesfalls die Armseligkeit der Gabe, im Gegenteil. Das sind keine Sozialpläne zur gerechten Verteilung des Mangels, keine Notfallpäckchen und Hilfsoperationen, die die Patienten gerade so am Leben halten. Überwältigendes und Großartiges geschieht, überreich, überfließend[4]: 12 Körbe Brot bleiben übrig, als die 5000 nur 5 Brote und zwei Fische verspeisen und davon satt werden. Die Freude am Fest darf nicht verderben: für die Hochzeitsgäste in Kana gibt einen Superjahrgangswein für ein endloses Weiterfeiern, gewonnen aus Wasser. Der missratene Sohn wäre schon mit einem Gnadenbrot mehr als zufrieden, da läuft er in die offenen Arme des liebenden Vaters, der ihm selbst entgegenkommt. Ein grandioses Fest beginnt, Ehre erwartet ihn und Heimgekommensein. Die verkrümmte Frau lebt ja trotz ihres 18-jährigen Leidens und kann sogar die Synagoge besuchen. Reicht das nicht? Nein, heute ist dein Sabbattag, deine Erlösung ist da, die Fesseln sind zerschnitten. Sie richtet sich auf und kann in den Himmel sehen.[5]

So wirken wundervolle Ereignisse: Das Herz möchte vor Glück zerplatzen, Jubelschreie, nie geglaubte Wörter und Gesänge stellen sich ein: »*Gott hat sein Volk*

---

4. Diesen Gesichtspunkt der Fülle und des Geschenks ohne Äquivalenz in den biblischen Wundergeschichten betont Jürgen Ebach, »Nein, du hast doch gelacht«. Annäherung an eine biblische Wundergeschichte – zugleich: eine weitere »Ecce-homo-Variation«, in: Einwürfe 4: Welch ein Mensch, hg. v. Friedrich-Wilhelm Marquardt u. a., München 1987, 54–78 (73–76), dort auch weitere Überlegungen zum Thema Wundergeschichten und Wunder.

5. Vgl. die Formulierungen und Akzente der Auslegung von Stefanie Müller, »... und sie richtete sich auf und pries Gott«. Evangelium nach Lukas 13,10–17, in: Claudia Janssen/Beate Wehn (Hg.), Wie Freiheit entsteht. Sozialgeschichtliche Bibelauslegungen, Gütersloh 1999, 65–72.

besucht« (Lk 7,16); *»du krönst mich mit Gnade und Barmherzigkeit«* (n. Ps 103,4); *»das aufstrahlende Licht aus der Höhe hat uns besucht durch Gottes herzliches Erbarmen: Es scheint denen, die in Finsternis sitzen und im Schatten des Todes«* (n. Lk 1,78f).

V.

Mich beschäftigt dieser Gesang aus dem wunderbaren Ereignis heraus, wie auch die Haltung, das Tun derer, die auf Gott und sein Eingreifen warten, die Aktivität der Menschen. Bei der Frage nach der Wirklichkeit seiner Wunder handelt es sich weniger um die Feststellung, dass es sowas mal gegeben hat und vielleicht anderenorts gibt und geben wird, als vielmehr um das Problem: Gibt es das heute, für uns, für mich? Das ist der eigentliche Wunder-Komplex. Und die Antwort lautet, wenn wir die biblischen Berichte und Schriften betrachten: Jede und jeder kann sich oft, jederzeit und immer in ihnen einfinden, in Bereichen, wo die Nähe zu Wundern »heute« möglich ist.

In diesem »Heute« und seinem Verhältnis zu allen anderen Zeiten steckt das Geheimnis.[6] Im Hebräerbrief heißt es über die Nähe der Beruhigung in Gott, welches ausruhen und Heimat ist: *»Gott bestimmt von neuem einem Tag, ein ›Heute‹, und spricht nach so langer Zeit durch David, wie eben gesagt: ›Heute, wenn ihr seine Stimme hören werdet, so verhärtet/verschließt eure Herzen nicht‹«* (Hebr 4,7; Ps 95,7ff). An diesem Wort ist zweierlei zu lernen: Das Wunder, dass Gott heute wieder spricht, besteht darin, dass ein altes Gotteswort plötzlich neu wird für die Angeredeten: Eine christliche Gemeinde am Ende des 1. Jahrhundert n. Chr. steht nun mit dem Volk Israel bei dem Wasserwunder von Massa und Meriba in der Wüste, als es gegen Mose und Gott haderte (Ex 17,1–7). Der Umweg und die Opfer durch Wüste wie damals sollen für die jüngere Gemeinde aber nicht nötig sein, meint der Hebräerbrief, denn Gott spricht heute neu für sie mit einem alten Wort.[7]

Also haben wir eine Kette: die Stelle im Hebräerbrief, wo ein Psalmwort erinnert wird, das wiederum auf eine Episode aus der Wüstenwanderung nach dem Auszug Israels aus Ägypten hinweist. Jedes Wort blitzt sozusagen auf und wird ganz gegenwärtig – wenn – und das ist das Zweite, was im wahrsten Sinne des Wortes beherzigt werden muss: Wenn ihr eure Herzen nicht verstockt, verhärtet und verschließt! Die Taten Gottes verlangen ein offenes Herz. Dieses Herz aber kann sozusagen fliegen, eine Zeitreise unternehmen und an jedem Punkt der Geschichte Gottes mit Israel und den Völkern haltmachen, kann dort gegenwärtig sein, und kann schließlich in

---

6. Vgl. oben S. 246f.
7. Dabei wird die Ruheverheißung an die Wüstengeneration als weiterhin gültig bestätigt, so Erich Gräßer, An die Hebräer, EKK 17/1, Zürich u. a. 1990, 213f.

und mit dieser Geschichte und diesen Geschichten sein gegenwärtiges »Heute« verwandeln lassen. Es hört die Stimme Gottes.

VI.

Das Herz ist nach hebräischer Auffassung der Sitz des Verstandes, der Weisheit, die Zusammenhänge schaffen und durchleuchten kann. Es symbolisiert den lebendigen inneren Menschen, die Mitte allen Begreifens und sich Bewegens in der Welt, im Verhältnis zu allen Erscheinungen des Lebendigen, zu Gott.[8] Im Herzen fallen alle Entscheidungen, auch die, von denen man selbst zunächst gar nichts weiß. Es ist der Sitz der eigentlichen menschlichen Autonomie und damit der Widerspenstigkeit und Halsstarrigkeit, des Misstrauens, aber auch des Glaubens und Vertrauens. Viele biblische Texte sind als Appell an dieses eigenwillige Herz zu lesen. Hier liegt das wahre Gegenüber zu Gott, weil es Nein sagen kann und Ja, und weil auch Gott diese Antwort nicht erzwingen kann. Im menschlichen Herzen entscheidet sich demnach das Glaubenkönnen, -wollen und -wagen. Ohne diese Aktivität steht es nicht gut um alle Zeichen und Wunder.

In Nazareth, dem Heimatort Jesu, hatte man von seinen mächtigen Taten in anderen Gegenden zwar gehört und wunderte sich darüber. Doch hier fand nun fast gar nichts dergleichen statt. »*Und er konnte dort nicht eine einzige Tat tun, außer dass er wenigen Kranken die Hände auflegte und sie heilte. Und er wunderte sich über ihren Unglauben*« (Mk 6,5f). Der Unglaube ist das einzige entscheidende Hindernis für Jesu Machttaten. Die Bewegung muss da sein, hin zu diesem Menschen, in dem die Kraft Gottes wohnt, damit sie sich mitteilen kann.[9] Einige geheilte Kranke immerhin gibt es in Nazareth, aber keine großen Geschichten. Diese großen Geschichten berichten hingegen von dem vertrauensvollen Entgegenkommen der Menschen, sie fallen vor ihm nieder, wollen ihn berühren, Gelähmte werden herbeigetragen, ja, inständiges Bitten heilt sogar in der Ferne. Die kanaanäische Frau[10] vergleicht die mögliche Heilung ihrer Tochter mit Brocken, die vom Herrschaftstisch für die Hunde herabfallen. Für sie ist eigentlich nichts bestimmt, so hofft sie darauf, dass

---

8. Vgl. Silvia Schroer/Thomas Staubli, Die Körpersymbolik der Bibel, Darmstadt 1998, 45–60; Johannes Taschner, Art. *lev, levav; kardia* – »Herz, Verstand, Inneres«, in: Bibel in gerechter Sprache, 4. erweiterte Aufl. Gütersloh 2011 (Taschenausgabe), 1816f.

9. Das Beziehungsgeschehen zwischen Jesus und den ihn suchenden Menschen in den neutestamentlichen Wundergeschichten hat die feministische Exegese herausgearbeitet, s. bes. Carter Heyward, Und sie rührte sein Kleid an. Eine feministische Theologie der Beziehung, Stuttgart 1986, bes. 73–108; Luise Schottroff, Lydias ungeduldige Schwestern. Feministische Sozialgeschichte des Frühen Christentums, Gütersloh 1994, 80f; Ulrike Metternich, »Sie sagte ihm die ganze Wahrheit«. Die Erzählung von der »Blutflüssigen« – feministisch gedeutet, Mainz 2000, bes. 190–237.

10. Dazu oben S. 163–170.

von den anderen etwas für sie abfällt. Und sie bekommt durch diese Krümel alles, das Ganze, Anteil am Reich Gottes und seiner Kraft, welche ihre Tochter gesund macht (Mk 7,24–30; Mt 15,21–28). Dies ein Beispiel für die Bedeutung des eigenen Engagements und für die Qualität des Nehmens und Nehmenkönnens, wodurch ein winziger Anteil die Erfahrung der ganzen großen Gottesmacht mit sich bringt wie das Senfkorn den riesigen Baum.

VII.

Nun habe ich ein bisschen stark das eigene Tun, Machen und Laufen betont, als ob es fast wie im Schillerschen Sinn auch nach der Bibel ein Wunder herbeirufen könnte. Doch außer der genannten Herzensaktivität, also des zuweilen vertrauensvollen Glaubens, des Zutrauens, gibt es da keine Rezepte. In jüngerer Zeit sind die Dichter auch erheblich skeptischer geworden, wie Erich Fried in seinem Gedicht »Vorübungen für ein Wunder«[11], es geht da um verschwundene alte Häuser, eine kaputte Uhr, eine unglückliche Liebe. Ihnen gegenüber wartet der Dichter mit geschlossenen Augen, oder starrt sie hingegen an oder denkt einfach intensiv an sie, damit alles wiederkommen und lebendig werden könnte. Wird es das dadurch? Die letzte Strophe weiß, dass es unmöglich ist. Oder gerade nicht? Sie lautet: »das Wiedererwecken von Toten ist dann ganz einfach«. Das heißt, er könnte geradezu Tote lebendig machen, wenn ihm das Wunder an Haus, Uhr und geliebtem Menschen gelänge. Das bringt er selbst wohl alles nicht zustande. Ich kann das Gedicht aber auch so lesen, dass eine Macht, die Tote zu erwecken vermag, nicht vor zerstörten Häusern, Uhren und Liebesleid kapitulieren müsste.

Bloß: wäre es das echte alte Haus aus dem 18. Jahrhundert, die Uhr, deren ursprüngliche, zerbrochene Feder von selbst wieder läuft, und der eine Mensch, der gemeint ist, dessen Herz aber seinen eigenen Sinn hat? Und mit den Menschenherzen hat ja sogar Gott große Schwierigkeiten … Wir halten fest: Bei den Wundertaten geht es in letzter Konsequenz um das Auferwecken von Toten.[12]

---

11. »Vor dem leeren Baugrund/mit geschlossenen Augen warten / bis das alte Haus / wieder dasteht und offen ist // Die stillstehende Uhr / so lange ansehen / bis der Sekundenzeiger / sich wieder bewegt // An dich denken / bis die Liebe / zu dir / wieder glücklich sein darf // Das Wiedererwecken / von Toten / ist dann / ganz einfach«, in: Erich Fried, Liebesgedichte, Verlag Klaus Wagenbach, Berlin 1979, 71.

12. Zum Zusammenhang von täglichem Leben und Auferstehung s. Claudia Janssen, Endlich lebendig. Die Kraft der Auferstehung erfahren, Freiburg i.B. 2013.

VIII.

Mit dieser Erkenntnis haben wir das höchste Ziel, sozusagen das Hauptexamen in der Hochschule der Taten Gottes anvisiert. Das Bild einer Schule mit jüngeren und höheren Klassen, mit folgenden Schulstufen bis zur Universität steht mir vor Augen, wenn ich über die Frage nachdenke, wie unser Leben sich zu den biblischen Wundern verhält. Es gibt Abbrüche, Überspringen, Sitzenbleiben und Neuanfänge. Die Ausbildungsdauer: lebenslänglich, und das ist ein Glück. Der Studieninhalt ist die Bibel: wie sie für uns lebendig wird und wie wir mit ihr lebendig und verwandelt werden. Stufe um Stufe können wir uns in ihre Wunder hineinziehen lassen.

So fällt gleich auf, dass in den Wunderberichten die Rollen offen sind, die wir uns aussuchen können. Wir müssen nicht gleich in der Mitte stehen, fangen besser mit den Zuschauern an, die andere Leidende wahrnehmen, alles beobachten und weitererzählen und mischen uns unter sie: »*Das Volk freute sich über alle herrlichen Taten, die durch ihn geschahen*« (Lk 13,17); »*Außer sich vor Staunen, sagten sie: Er hat alles gut gemacht; er macht, dass die Tauben hören und die Stummen sprechen*« (Mk 7,37). Dieser Lobpreis ist bereits etwas Außerordentliches. Er zeigt, dass sich das zuschauende Ich anrühren lässt von einem fremden Schicksal, von seinem Leid und von seiner Rettung. Eine heilsame Änderung hat zusammen mit den Hilfesuchenden auch die Zuschauer ergriffen: Im Gotteslob angesichts eines anderen Menschen spüren alle etwas vom Reich Gottes.[13]

Dann betrachten wir die Abläufe dieser Geschichten, wie alles anfängt: den Schmerz und die Klage, die Bitte um Rettung: Sie bitten ihn »*inständig, er möge ihm (dem Taubstummen) die Hand auflegen*« (Mk 7,32); der blinde Bettler am Weg schreit: »*Sohn Davids, Jesus, erbarme dich meiner!*« (Mk 10,47) ... Und plötzlich wird uns klar, wie alles auseinander folgt. Die Wundergeschichten sind ja aufgebaut wie viele Gebete Israels, wie die Psalmen![14] In einer großen Gruppe der Psalmen findet sich alles wieder: die Schilderung der Not, das Warten auf Gott, die inständige Bitte um Zuwendung, der Dank für Rettung und Leben am Ende. Aufgeregt wenden wir uns diesen zu, weil wir nun selbst ganz hineinkommen. Wenn ich mich hineinbegebe in diese Seelenarbeit derer, die die Psalmen ursprünglich gesungen haben, kommt dann auch alles zu mir, wofür sie danken? Der Gedanke, dass, wenn ich richtig sprechen lerne, richtiges Beten und Bitten, richtiges Danken und Loben und damit auch Gott meine Freude zurückzugeben, nicht immer nur das Jammern, dieser

---

13. Luise Schottroff, Lydia 80f.
14. So Richard Glöckner, Neutestamentliche Wundergeschichten und das Lob der Wundertaten Gottes in den Psalmen. Studien zur sprachlichen und theologischen Verwandtschaft zwischen neutestamentlichen Wundergeschichten und Psalmen, Walberberger Studien der Albertus-Magnus-Akademie Bd. 13, Mainz 1983, eine wichtige gesamtbiblische Arbeit, die nach Methodik und Inhalt ausbaufähig ist.

Gedanke bringt mein Leben in die Texte hinein. Nun beginnt quasi ein neues Schuljahr.

IX.

Denn es gibt sehr viel zu entdecken, morgens und abends, mit langen Pausen oder manchmal am Stück und sehr gründlich: die vielen Psalmgebete, ihre vielfältigen Übersetzungen, die immer neue ungekannte Einzelheiten zutage fördern. Mit ihnen lerne ich, nicht Sagbares zu denken und vorzubringen:

> Psalm 39,3.6c.7.8.13: »*Still bin ich und stumm, verschweige auch das Gute, doch aufgewühlt hat mich mein Schmerz ... Ein Hauch ist alles, jeder, der da lebt. Der Mensch geht wie ein Schattenbild einher, sein Lärmen ist umsonst, er rafft zusammen und weiß doch nicht für wen. Und nun, was hoffe ich noch, (Gott/Adonaj), mein Warten gilt nur Dir ... Hör mein Gebet, (Gott/Adonaj) und meinen Schrei, schweig nicht zu meiner Träne, bin ich ein Fremdling doch bei Dir, ein Gast wie alle meine Väter (und Mütter)*«[15].

Durch das Gebet wird mir klar, dass ich nun selbst mitten hinein geraten bin in eine Geschichte, in der es um alles geht, in der alles gesagt werden kann, in der mit allem zu rechnen ist. Am Ende sogar mit einer wunderbaren Rettung, denn ich möchte mich gern bis zum Schluss der einzelnen Psalmen durcharbeiten, übe es immer und immer wieder: »*... mit Dank Dir's zu vergelten. Denn vom Tod hast du errettet meine Seele, ja, vom Sturz meine Füße, damit ich wandle vor Gottes Angesicht im Licht des Lebens*« (Ps 56,13b+14).

Wenn ich so ganz allmählich wieder von mir selbst absehen und mich umsehen kann, entdecke ich, dass ich inzwischen in eine größere Gesellschaft versetzt worden bin. Die Geschichte Jesu hat mich über die Psalmgebete in die Lieder des Volkes Israels und dessen Geschichte befördert. An seine Seite, nicht an seine Stelle.[16] Ich darf dort dabei sein, mitgehen als seine Angehörige aus den Völkern und nun mitsingend das erfüllen, wozu der 105. Psalm ermuntert: »*Dankt (Gott/Adonaj), ruft Seinen Namen, verkündet Seine Taten unter den Völkern. Singt ihm! Spielt! Erzählt*

---

15. Übersetzung nach Alisa Stadler, Die Berge tanzten. Die Psalmen, Wien u. München 1986, sowie auch die folgenden Psalmzitate.

16. Siehe dazu Jürgen Ebach, Hören auf das, was Israel gesagt ist – hören auf das, was in Israel gesagt ist. Perspektiven einer »Theologie des Alten Testaments« im Angesicht Israels, EvTh 62, 2002, 37–53; Frank Crüsemann, Das Alte Testament als Wahrheitsraum des Neuen. Eine neue Sicht der christlichen Bibel, Gütersloh 2011, 192–212.

von all seinen Wundern ... Die (Gott/Adonaj) suchen, sollen sich freuen. Denkt an die Wunder, die (Gott) vollbracht ...« (V. 1-2.3b.5a).

Gemeinsam mit dem Volk Israel kann jetzt ich darüber nachsinnen, warum dieselbe Geschichte, die der 105. Psalm so glücklich besingt, nämlich besonders die Rettung aus dem Sklavenhaus Ägyptens, die Wunder beim Zug durch die Wüste – Wolkensäule und Feuer am Himmel sind ja keine Kleinigkeit und all' die besonderen Ernährungsmaßnahmen bis ins gelobte Land! – warum alles in diesem Psalm wie ein so überaus glückender Prozess geschildert wird, ein harmonisches Miteinander von Gott und Menschen.[17] Und warum ganz genau dieselbe Geschichte im nächsten Psalm 106 ihre Katastrophenseite offenbart. Hier steht man plötzlich gebannt vor den vielen Umgekommenen während des wunderbaren Exodus, seiner langen Dauer, den Fehlern des Volkes.[18] Es ist, als ob an den verschiedenen Stationen des Lebens die eigene Biographie völlig unterschiedlich erzählt wird, als Geschichte der Bewahrung und daneben als Geschichte des Scheiterns. Wie sie ganz am Ende lautet, ist noch ungewiss. Hier wird das Wissen laut, dass erfahrene Wunder nicht vor Katastrophen schützen und dass andererseits noch im größten Unglück die tröstende Nähe Gottes spürbar sein kann. Denn davon singt der Psalm besonders: von der Treue Gottes. Doch gerade der eher negativ akzentuierte Psalm 106 hilft auch mit einer überraschenden Erklärung: Die Unglücksperspektive und damit das Unglück kommt mit der Vergesslichkeit: »*Unsre Väter (und Mütter) in Ägypten verstanden deine Wunder nicht und sie vergaßen die Fülle Deiner Gnade*« (V. 7).

Damit geht alles zurück auf Anfang, sozusagen in die erste Schulklasse, denn es gilt, von vorn zu beginnen, mit dem Erinnern und dem Erzählen. Wenn soviel an der Vergesslichkeit des widerspenstigen Herzens liegt, dann kann ihm geholfen werden durch Erinnerung der Taten Gottes. Wir brauchen sie, um nicht mehr alles grau und schwarz zu sehen, um nicht die wunderbarsten Geschehnisse zu verleugnen. Und Gott liebt unsere Erinnerung und unser Gedächtnis, das sich in unseren Lobgesängen und Gebeten Bahn bricht. Er braucht das alles, so drückt es die Bibel aus, um sich als Gott zu erweisen, der neu zu uns spricht.

---

17. Beginnend mit dem ersten Aufruf ab V.1 ist die ganze Rekapitulation der Befreiungsgeschichte Israels als ein imperativischer Hymnus gestaltet. Das Tun Israels steht durch diese Form gleichermaßen im Mittelpunkt wie das Handeln JHWHs, und ist damit Teil des Lobpreises; vgl. Frank Crüsemann, Studien zur Formgeschichte von Hymnus und Danklied in Israel, WMANT 32, Neukirchen-Vluyn 1969, 76ff; Klaus Seybold, Die Psalmen, HAT 1/15, Tübingen 1996, 411–418.

18. Trotz des hymnischen Anfangs mündet Ps 106 in eine Art Beichte (F. Crüsemann, Hymnus, 55 Anm. 3, mit H. Gunkel), entstammt aber ebenso wie Ps 105 wohl der Exilszeit, ist vielleicht etwas späteren Datums, vgl. Seybold, a.a.O. 418–425.

X.

Zum Schluss nach allen Gebeten und Gesängen, ein letztes Lied, was ein Gedicht ja auch ist. Es ist ein Kontrapunkt zum Suchen und Ergreifen. Das Ich lässt sich sein, buchstäblich, lässt sich los und lässt sich leben. Es betrachtet die Welt, Gottes wunderbare Schöpfung und sich selbst darin als ein unverwechselbares Teil, aber eben als nur ein Teil, und bejaht dieses. Es ist, finde ich, eines des größten Gedichte deutscher Sprache:

Annette von Droste-Hülshoff

Im Grase

»Süße Ruh, süßer Taumel im Gras,
von des Krautes Arom umhaucht,
tiefe Flut, tief, tieftrunkene Flut,
wenn die Wolk am Azure verraucht,
wenn aufs müde schwimmende Haupt
süßes Lachen gaukelt herab,
liebe Stimme säuselt und träuft,
wie die Lindenblüt auf ein Grab.

Wenn im Busen die Toten dann,
jede Leiche sich streckt und regt,
leise, leise den Odem zieht,
die geschlossne Wimper bewegt,
tote Lieb, tote Lust, tote Zeit,
all die Schätze im Schutt verwühlt,
sich berühren mit schüchternem Klang,
gleich den Glöckchen, vom Winde umspielt.«

In diesen ersten beiden Strophen sehen wir sie: liegend im Gras eines sonnigen Septembers oder Junis, tief untergetaucht auf einem winzigen Stück Wiese und gleichzeitig im Himmel mit seinen Wolken. Sie liegt unten, das Grab klingt an, doch es ereignen sich in ihrer Wahrnehmung ungeahnte Momente der Auferstehung: die Stimme, ihr Lachen, die Verstorbenen, alle einzeln, auch das, was sie »tote Lieb, tote Lust, tote Zeit« nennt und Schätze, »im Schutt verwühlt«. Schüchtern und behutsam werden sie lebendig. Und dann kommt alles zurück und wird gleichzeitig in seiner Fragilität benannt, »flüchtig« ist alles:

»Stunden, flüchtiger als der Kuss
eines Strahls auf den trauernden See,
als des ziehenden Vogels Lied,
das mir niederperlt aus der Höh,
als des schillernden Käfers Blitz,
wenn den Sonnenpfad er durcheilt,
als der flüchtige Druck einer Hand,
die zum letzten Male verweilt.«

Dann aber, in der letzten Strophe, fließt alles zusammen in einem »Dennoch« der Dichterin: Sie und jede andere Menschenseele gehört selbst diesen flüchtigen Erscheinungen an und findet Freiheit und Zugehörigkeit, indem sie diesen ihren Platz bejaht inmitten aller flüchtigen und vergänglichen Geschöpfe. Sie verbindet sich mit ihnen:

»Dennoch, Himmel, immer mir nur,
dieses eine nur: für das Lied
jedes freien Vogels im Blau
eine Seele, die mit ihm zieht,
nur für jeden kärglichen Strahl
meinen farbigschillernden Saum,
jeder warmen Hand meinen Druck,
und für jedes Glück einen Traum.«

Das Beglückende liegt in der Möglichkeit, sich immer, solange das Leben währt, den befreienden und freundlichen Erscheinungen zuzuschreiben, mit ihnen zu ziehen, ihnen entgegenzukommen. Und die Größe des sich äußernden Ichs liegt darin, gleichzeitig etwas für die anderen zu wünschen: kein Vogel soll allein fliegen, eine sehnsüchtig ihm folgende Seele sei mit ihm.

Mit dem letzten Vers aber, der diesem Gedanken im Aufbau der Strophe genau korrespondiert, ist in der Überlieferung des Gedichtes etwas Bemerkenswertes passiert. Fast in allen gedruckten Ausgaben, die derzeit zu haben sind, heißt es am Ende: »jeder warmen Hand meinen Druck und für jedes Glück *meinen* Traum«[19]: Statt des

---

19. Die Lesart »einen Traum« erscheint im Erstdruck des Gedichts in der Kölnischen Zeitung, 24. November 1844 (s. dazu z. B. Herbert Kraft, Annette von Droste-Hülshoff, rowohlt monographie, Reinbek 1994, 123 Anm. 84, sowie ders., »Mein Indien liegt in Rüschhaus«, Münster 1987, 168–172, bes. 171 f u. 349 Anm. 237, das Gedicht ist ebd. 256 abgedruckt) und in der ersten posthumen Werkausgabe von Levin Schücking (Hg.), Gesammelte Schriften von A. Freiin v. D.-H., Erster Teil. Lyrische Gedichte, Stuttgart 1878, 357 f. Vorherrschend ist aber gegenwärtig die Variante »meinen Traum«: z. B.

einzigartigen Gedankens, dass da jemand spricht, der oder die dem Glück, jedem denkbaren Glück, jeder möglichen Glückserfahrung etwas wünscht – nämlich: es soll immer Menschen geben, die sich genau dieses Glück wünschen, damit es nicht allein bleibt, als ein nicht gewünschtes und ein nicht gefundenes – statt dieses einzigartigen Gedankens erscheint nun etwas Gewöhnliches, uns allzu Vertrautes: Für jedes Glück meinen Traum. Das heißt, jedes Glück soll von mir und für mich erwünscht und geträumt werden. Das maßlose Ich inmitten seiner maßlosen Wunschvorstellungen. Für eine solche Existenz wäre jede wunderbare Erfahrung zuwenig. Im Laufe des 20. Jahrhunderts ist die Vorliebe für diese Variante gewachsen[20], als der Größenwahn in jeder Gestalt sich wiederfinden musste. Dies können wir nun loslassen und uns von der Weise hinreißen lassen, wie das Gedicht uns einen neuen Platz erfindet an der Seite von Vögeln und Sonnenstrahlen, in der Gegenwart eines Händedrucks und in den vielfältigen Träumen sehr verschiedener Menschen.

Ein Buchstabe entscheidet über das Glück. Mit diesem Wunder der Sprache wollen wir schließen.

---

in den Werkausgaben von Clemens Heselhaus (Hg.), Annette von Droste-Hülshoff. Sämtliche Werke, Carl Hanser Verlag, München, 2. Aufl. 1955, 271f, und von Bodo Plachta u. Winfried Woesler (Hg.), Annette von Droste Hülshoff. Sämtliche Werke in zwei Bänden, Bd. 1: Gedichte, Deutscher Klassiker Verlag, Frankfurt a. Main 1994, sowie zahlreichen Anthologien, z.B. Marcel Reich-Ranicki (Hg.), Frauen dichten anders. 181 Gedichte und Interpretationen, Insel Verlag, Frankfurt a. Main u. Leipzig 1998, 105f (dazu 107–109 eine Interpretation des Gedichts von Günter Blöcker). Die historisch-kritische Werkausgabe plädiert ebenfalls für »meinen Traum«: Annette von Droste-Hülshoff, Historisch-kritische Ausgabe. Werke/Briefwechsel, hg. v. Winfried Woesler, Bd. 1,1: Gedichte zu Lebzeiten. Text, bearbeitet, Tübingen 1985, 328; sowie die zugehörige Dokumentation. Zweiter Teil, bearbeitet v. Winfried Theiss, Tübingen 1998, 1846–1855: Hier scheint eine unsichere Grundschrift von der Autorin zugunsten der Lesart »meinen« korrigiert worden zu sein. Doch da die Reinschrift der Vorlage für den Druck in der Kölnischen Zeitung verloren ist, nimmt W. Theiss einen Fehler bei der Drucklegung an. Wahrscheinlicher ist, dass die Lesart »einen Traum« in diesem maßgeblichen Erstdruck des Gedichts auf Annette von Droste-Hülshoff selbst zurückgeht.

20. Noch um die Wende zum 20. Jh. war die Variante »einen Traum« geläufig, so z.B. in der Anthologie von Will Vesper (Hg.), Die Ernte aus acht Jahrhunderten deutscher Lyrik, W. Langenwiesche-Brandt, Ebenhausen b. München 1906, 282f.

Erstveröffentlichungen

Auf kleinere Kürzungen, Änderungen und Ergänzungen gegenüber den Erstveröffenlichungen wird nicht eigens hingewiesen.

1. Gott: Glanz in der Welt und des Segens bedürftig. Eine Auslegung von Psalm 104 = Bibelarbeit über Ps 104 im Zentrum für Weltanschauungsfragen, in: Deutscher Evangelischer Kirchentag Hamburg 1995. Dokumente, hg. v. Konrad von Bonin, Gütersloh 1995, 65–74.

2. Gerechtigkeit als Beziehung. Hauptvortrag im Themenbereich I: Glaube und Kirche in: Deutscher Evangelischer Kirchentag Leipzig 1997. Dokumente, hg. v. Konrad von Bonin, Gütersloh 1997, 236–247 = epd-Dokumentation Nr. 29/97, 7. Juli 1997, 1–8.

3. (zus. m. Frank Crüsemann) »Das Jahr, das Gott gefällt«. Die Traditionen von Erlaß- und Jobeljahr in Tora und Propheten, Altem und Neuem Testament (Dtn 15; Lev 25; Jes 61; Lk 4), in: Das Jahr, das Gott gefällt. Bibelsonntag 1999, Materialheft für Gottesdienst und Gemeindearbeit, hg. Deutsche Bibelgesellschaft u. a., Stuttgart 1999, 3–10. = Bibel und Kirche 55, 1/2000, 19–24.

4. Sklaverei in Freiheit. Sozialgeschichtliche Bibelauslegung zu Röm 6,19–23, Junge Kirche 63, 2002, 59–61.

5. »Heißt das, dass wir die Tora durch das Vertrauen außer Kraft setzen?« Röm 3,28–31 und die ›Bibel in gerechter Sprache‹, in: Fragen wider die Antworten. FS Jürgen Ebach zum 65. Geburtstag, hg. v. Kerstin Schiffner/Steffen Leibold/Magdalene L. Frettlöh/Jan-Dirk Döhling/Ulrike Bail, Gütersloh 2010, 486–500.

6. Du wirst gebraucht! Exegetische Skizze zu 1 Kor 12,21–27 – Feierabendmahl, in: Soviel du brauchst (Ex 16,18). Die biblischen Texte für den 34. Deutschen Evangelischen Kirchentag Hamburg 1.–5. Mai 2013, Exegetische Skizzen, Fulda 2012, 52–58.

7. Gefäße der Ehre. Sozialgeschichtliche Bibelauslegung zu 1 Thess 4,1–8, Junge Kirche 59, 1998, 518–520. = Gefäße der Ehre. Erster Brief an die Gemeinde in Thessalonich 4,1–8, in: Claudia Janssen/Beate Wehn (Hg.), Wie Freiheit entsteht. Sozialgeschichtliche Bibelauslegungen, Gütersloh 1999, 80–83.

8. »Wer nicht arbeiten will, soll auch nicht essen«. Sozialgeschichtliche Beobachtungen zu 2 Thess 3,6–13, in: Essen und Trinken in der Bibel. Ein literarisches Festmahl für Rainer Kessler zum 65. Geburtstag, hg. v. Michaela Geiger/Christl M. Maier/Uta Schmidt, Gütersloh 2009, 212–223.

9. Von der Macht des Gotteswortes. Vortrag bei der 62. Hauptversammlung des Reformierten Bundes, Hamburg, 15.–17.2.2007, in: epd-Dokumentation 8/2007, 8–14.

10. »Mein Seele lobt ›die Lebendige‹. Beten im Neuen Testament, in: Zeitschrift für Gottesdienst und Predigt 31. Jahrgang, 4/2013, 6–8.

11. Reise zum Herzen Gottes – Das Vaterunser. Der Text für den Schlussgottesdienst: Matthäus 6,9–13, in: ... da wird auch dein Herz sein (Mt 6,21): 33. Deutscher Evangelischer Kirchentag Dresden 2011, Junge Kirche extra/2011, 72. Jhg., 9–14.

12. Zur Übersetzung und graphischen Gestaltung des Gottesnamens in beiden Testamenten der »Bibel in gerechter Sprache«, in: Helga Kuhlmann (Hg.), Die Bibel – übersetzt in gerechte Sprache? Grundlagen einer neuen Übersetzung, Gütersloh 2005, 2.–3. Aufl. 2006, 4. Aufl. 2007, 173–177.

13. Der Gottesname im Neuen Testament (2 Kor 3,16), in: Junge Kirche 68, 2007, 16–18.

14. Wolkensäule und Feuerschein. Sozialgeschichtliche Bibelauslegung zu Ex 13,20–22, Junge Kirche 60, 11/1999, 639–642.

15. Eine neue Perspektive auf Paulus = Artikel »Paulus«, in: Elisabeth Gössmann/Helga Kuhlmann/Elisabeth Moltmann-Wendel/Ina Praetorius/Luise Schottroff/Helen Schüngel-Straumann/Doris Strahm/Agnes Wuckelt (Hg.), Wörterbuch der Feministischen Theologie, 2., vollständig überarbeitete u. erweiterte Auflage Gütersloh 2002, 444–448.

16. Antijudaismus und chistlicher Feminismus = Ist Antijudaismus noch ein Thema im christlichen Feminismus? Kirche und Israel 15, 1/2000, 26–30.

17. Unrettbar frauenfeindlich: Der Kampf um das Wort von Frauen in 1 Kor 14,(33b)34–35 im Spiegel antijudaistischer Elemente der Auslegung, in: Luise Schottroff/Marie-Theres Wacker (Hg.), Von der Wurzel getragen. Christlich-feministische Exegese in Auseinandersetzung mit Antijudaismus, Biblical Interpretation Series 17, Leiden 1996, 199–223. Leicht gekürzt in: Claudia Janssen/Luise Schottroff/Beate Wehn (Hg.), Paulus. Umstrittene Traditionen – lebendige Theologie. Eine feministische Lektüre, Gütersloh 2001, 23–41 = engl. Übersetzung: Journal for the Study of the New Testament 79, 2000, 19–36.

18. Lebendige Widerworte. Die kanaanäische Frau in Mt 15,21–28 = Lebendige Widerworte. Der Text für das Feierabendmahl: Matthäus 15,21–28, in: Lebendig und kräftig und schärfer ..., 31. Deutscher Evangelischer Kirchentag Köln 2007, Einführung in die Texte der Bibelarbeiten und Gottesdienste, Junge Kirche 67, extra/2006, 44–48.

19. Einig über die Nächstenliebe. Die Erzählung vom Samaritaner in Lukas 10,25–37 = Einig über die Nächstenliebe. Der Text für die Bibelarbeit am Freitag: Lukas 10,25–37, in: Mensch, wo bist du?, 32. Deutscher Evangelischer Kirchentag Bremen 2009, Einführung in die Texte der Bibelarbeiten und Gottesdienste, Junge Kirche 69, extra/2008, 11–18.

20. Eine Christologie der Beziehung. Trost, charis und Kraft der Schwachen nach dem 2. Brief an die Gemeinde in Korinth = Trost, charis und Kraft der Schwachen: Eine Christologie der Beziehung nach dem 2. Brief an die Gemeinde in Korinth, in: Christus und seine Geschwister. Christologie im Umfeld der Bibel in gerechter Sprache, hg.v. Marlene Crüsemann/Carsten Jochum-Bortfeld, Gütersloh 2009, 111–137.

21. Das weite Herz und die Gemeinschaft der Heiligen. 2 Kor 6,11–7,4 im sozialgeschichtlichen Kontext, in: Dem Tod nicht glauben. Sozialgeschichte der Bibel, FS für Luise Schottroff zum 70. Geburtstag, hg. v. Frank Crüsemann/Marlene Crüsemann/Claudia Janssen/Rainer Kessler/Beate Wehn, Gütersloh 2004, 351–375.

22. Die Gegenwart des Verlorenen. Zur Rede vom »Paradies« im Neuen Testament = (von Marlene Crüsemann verfasster neutestamentlicher Teil aus) Frank Crüsemann/Marlene Crüsemann, Die Gegenwart des Verlorenen. Zur Interpretation der biblischen Vorstellungen vom »Paradies«, in: »Schau an der schönen Gärten Zier«. Über irdische und himmlische Paradiese. Zu Kult und Kulturgeschichte des Gartens, Jabboq 7, hg. v. Jürgen Ebach/Hans-Martin Gutmann/Magdalene L. Frettlöh/Michael Weinrich, Gütersloh 2007, 25–68, hier: 44–68.

23. Die Zeit ist zusammengedrängt. Ehe und Zeit in 1 Kor 7, 29–31 = Zusammengedrängte Zeit. 1. Kor 7,29–31 (Sozialgeschichtliche Bibelauslegung zum 20. Sonntag n. Trinitatis), Junge Kirche 55, 1994, 494–496 = (weitgehend identisch mit) Die Zeit ist »zusammengedrängt«. Erster Brief an die Gemeinde in Korinth 7,29–31, in: Claudia Janssen/Beate Wehn (Hg.), Wie Freiheit entsteht. Sozialgeschichtliche Bibelauslegungen, Gütersloh 1999, 128–132.

24. KinderReich. Gott und die Kinder nach Markus 10,13–16 = KinderReich. Der Text für die Bibelarbeit am Freitag: Markus 10,13–16, in: Wenn dein Kind dich morgen fragt ..., 30. Deutscher Evangelischer Kirchentag Hannover 2005. Einführung in die Texte der Bibelarbeiten und Gottesdienste, Junge Kirche 66, 0/2005, 32–41.

25. Wunder in unserem Leben und in der Bibel. Vortrag am »Salonabend« (13.11.2002) im Haus der Stille, Bethel, sowie auf dem 1. Ökumenischen Kirchentag in Berlin, 31. Mai 2003, im Museum für Kommunikation Berlin; unveröffentlicht.

Bibelstellenregister

(Fettdruck verweist auf intensivere Behandlung)

4,7–18	198	**12,9–10**	185, **197–204**
4,7	76	**12,9**	**199f**
4,8ff	216	12,11–21	215
4,10f	185	12,11	237
4,11–12	203	12,15	216
5,1ff	216	13,2	202
5,1	199	**13,3–4**	**197–205**
5,4	199	13,4	185
5,12	207		
5,17	228	*Gal*	
6,1f	214	1,15f	134
6,1	137	1,16	238
6,4ff	216	2,15	136
6,6–10	198	**3,28**	136, **160**
6,11–7,4	**206–227**	4,6	207
6,11	185, 206	4,19	137
6,16	185	5,6	135
7,3	185, 203, 207	5,14	135
7,5	215		
7,6–7	**188–191**	*Eph*	
8–9	**191–197**, 203, 215, 227	5	145
8,6	202	6,81	105
8,16	207		
9,7	207		
9,11–15	104	*Phil*	
10–13	215	1,7	207, 217
11	215	3,4ff	136
11,4–23	237	4,2	132
11,11	216	4,3	219
11,23–33	198	4,6	105
11,24	219	4,7	207
12,1–5	109		
12,1–4	**236–243**	*Kol*	
12,4	230	1,3	105
12,5f	237	3	136, 145
12,6f	127	3,5	76
12,7–10	198	4,4	105
12,7–8	198		
12,7	219, 241f	*1Thess*	
12,8	102, 237	1,1	75